LA

GUERRE D'ITALIE DE 1859,

CONSIDÉRÉE

AU POINT DE VUE DE LA STRATÉGIE ET DE LA TACTIQUE.

Paris. — Imprimerie de L. MARTINET, rue Mignon, 2.

LA

GUERRE D'ITALIE DE 1859

CONSIDÉRÉE

AU POINT DE VUE DE LA STRATÉGIE

ET DE LA TACTIQUE

PAR

F. DE LA FRUSTON

ancien officier d'artillerie

AVEC

LA CARTE GÉNÉRALE DU THÉATRE DE LA GUERRE

Et les plans des batailles de Magenta et de Solferino.

PARIS

CH. TANERA, ÉDITEUR

LIBRAIRIE POUR L'ART MILITAIRE, LES SCIENCES ET LES ARTS

Quai des Augustins, 27.

1861

LA

GUERRE D'ITALIE DE 1859,

CONSIDÉRÉE

AU POINT DE VUE DE LA STRATÉGIE ET DE LA TACTIQUE.

Aucune des trois puissances qui ont pris part à la dernière guerre, dite guerre de l'indépendance italienne, n'a encore publié de rapport général et détaillé sur l'ensemble des opérations des armées belligérantes. On est donc réduit, pour se former une idée de la manière dont cette guerre a été conduite de part et d'autre, à des données officieuses, nécessairement incomplètes et dépourvues d'un caractère authentique.

Cette absence de documents officiels doit nous être un motif de plus pour mettre une extrême réserve dans nos jugements et nos appréciations. Pour échapper à des erreurs et à des méprises qui ne manqueraient pas d'être reconnues plus tard, nous ne nous appuierons que sur des principes incontestables et sur des faits incontestés, évitant avec soin toute exagération et toute critique passionnée.

Dans cette mémorable campagne, tous les succès furent du côté des alliés et tous les revers du côté des

Autrichiens. Il serait intéressant de savoir la cause d'une fortune aussi inégale. Les Français ont-ils vaincu leurs ennemis parce qu'ils ont mieux appliqué les principes de la stratégie et les règles de la tactique, ou bien n'ont-ils combattu qu'au hasard et sans plan prémédité? leurs victoires ne sont-elles dues qu'à leur élan naturel et à leur bouillante valeur? Les Autrichiens ont-ils succombé en dépit d'une prudente stratégie et d'une tactique intelligente? A ce point de vue, une appréciation impartiale de la guerre d'Italie est d'un haut intérêt pour l'homme de guerre.

Mais, à côté de ces questions principales, il y en a d'autres qui, pour n'être pas historiques, méritent également d'attirer l'attention.

On voudrait pouvoir préjuger la durée et l'issue de cette guerre dans le cas où l'Empereur des Français aurait persisté à faire la conquête de la Vénétie. On se demande aussi quelle influence l'Autriche pourra exercer sur les destinées de l'Italie par la position stratégique du quadrilatère qui lui a été maintenu.

Nous essayerons de satisfaire cette légitime curiosité.

Bien que nous n'écrivions que dans l'intérêt de la science, il sera difficile à notre caractère militaire de rester, en présence de certains faits graves, aussi froid et aussi impassible que nous le voudrions : du moins nous rendra-t-on, nous l'espérons, la justice que notre critique n'est ni amère ni malveillante.

La stratégie est la science de la guerre, tandis que la tactique n'en est que l'art pratique. La première détermine le plan général, par conséquent la nature, le temps, le lieu, la base et la ligne d'opération ou de défense, l'objectif, la force de l'armée active, etc.; elle est donc la science propre du général en chef.

La tactique, au contraire, enseigne la manière dont le plan stratégique doit être exécuté sur le terrain; elle est indispensable à tout commandant de troupe, même au plus subalterne.

La guerre dont l'Autriche a pris l'initiative en 1859 contre le Piémont doit être rangée au nombre des guerres défensives. Elle est, relativement à l'attitude définitivement prise par cette puissance, ce que le général Jomini appelle une guerre défensive-offensive; mais l'expression moins juste de guerre défensive-active a prévalu.

Toute armée, soit offensive, soit défensive, placée en face d'une autre, occupe le centre d'un cercle dont l'armée ennemie occupe un point de circonférence. Réciproquement, l'armée ennemie pivote, à son point de vue, sur un point central dont l'armée opposée occupe un point de la nouvelle circonférence. Ainsi, le point qui est central pour l'une des deux armées, est périphérique pour l'autre, et réciproquement. Il s'ensuit que la position régulière d'une armée placée en face l'une autre est l'un des points extrêmes d'un même rayon de cercle. Or, ce rayon n'est autre chose que le plus court chemin de l'une des deux armées à l'autre.

Le premier principe qu'enseigne la stratégie, c'est que le général-commandant doit se placer à un point central d'où il puisse, d'une part, atteindre l'ennemi par la voie la plus courte, et, d'autre part, gagner, dans le même espace de temps ou dans un espace moindre, tout point de sa circonférence ou tout autre point situé en dehors de sa circonférence.

Rendons ce principe sensible par une figure géométrique.

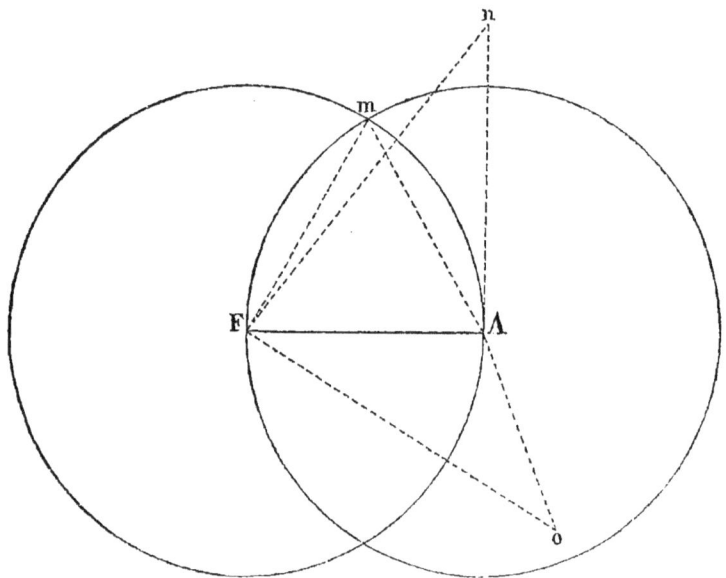

Soit F un point quelconque occupé par une armée française, et A un autre point occupé par une armée autrichienne. Le point F est, au point de vue français, le centre d'un cercle dont le rayon est égal à la droite qui joint les deux points F et A. Réciproquement, le point A est, au point de vue autrichien, le centre d'un autre cercle dont le rayon est, comme dans le premier cas, égal à la droite qui joint les points F et A. Pour tourner la position autrichienne, le général français est obligé de passer ou par le point de coïncidence des deux circonférences, ou par un point situé dans l'intérieur de la circonférence autrichienne, ou par un point situé en dehors de cette même circonférence.

Dans le premier cas, le général autrichien peut se trouver au point de passage en même temps que l'ennemi qui veut le tourner, car $Fm = Am$.

Dans le deuxième cas, le général autrichien peut prévenir son adversaire sur le point par où il est menacé d'être tourné, car $Fo > Ao$.

Dans le troisième cas, le général autrichien, en suivant la tangente An, peut encore prévenir son adversaire au point n, car $An < Fn$.

Ce principe de stratégie est tellement essentiel et décisif qu'il ne doit pas même être sacrifié aux avantages tactiques les plus grands et les plus certains. Il n'y a qu'un seul cas où il puisse être abandonné : c'est lorsqu'on est sûr de n'être pas coupé de sa base d'opération par l'ennemi qui se jetterait sur les derrières de l'armée tournante.

Dans le cas où l'ennemi aurait commencé son mouvement de conversion le premier, le général qui se verrait en danger d'être tourné, ne devrait jamais se porter sur le point menacé, car l'ennemi conserverait toujours son avance : les têtes de colonnes qui arriveraient pour défendre le point menacé trouveraient toujours l'ennemi massé et concentré. Dans ce cas fâcheux, il faudrait se décider ou à rétrograder ou à combattre dans les conditions les plus défavorables. Le meilleur parti serait incontestablement de rétrograder et de gagner un point plus éloigné d'où l'on pût opposer à l'ennemi un nouveau front.

C'est d'après ce principe élémentaire de stratégie que nous jugerons les opérations de la guerre d'Italie.

Mais il est encore un autre élément essentiel dont nous devons tenir compte pour les juger avec parfaite connaissance de cause : c'est l'organisation et la force respective des armées belligérantes.

ARMÉE AUTRICHIENNE.

Infanterie de ligne.

Chacun des 62 régiments d'infanterie de ligne de l'armée autrichienne était composé, à l'époque de la guerre d'Italie (1), de 4 bataillons à 6 compagnies sur le pied de paix. L'effectif de guerre était très élastique. En ce cas, le nombre des bataillons pouvait être porté jusqu'à 6 : 4 bataillons à 6 compagnies, 1 bataillon de grenadiers à 4 compagnies et 1 bataillon de dépôt à 4 compagnies.

L'effectif de guerre de la compagnie de campagne était de 4 officiers, 14 sous-officiers, 12 exempts de service (caporaux de pose), 4 musiciens, 2 charpentiers (sapeurs) et 180 simples soldats. Total, 216 hommes.

Il s'ensuit que l'effectif de guerre d'un bataillon de fusiliers (centre) pouvait être porté à 1,300 hommes

---

(1) Cette organisation a été profondément modifiée depuis la guerre : au lieu de soixante-deux, l'Autriche a aujourd'hui quatre-vingts régiments de ligne, et le régiment ne compte plus que trois bataillons.

et celui d'un bataillon de grenadiers à 868 hommes, en y comprenant l'état-major de 4 officiers.

Un régiment au grand complet de guerre de 4 bataillons de fusiliers (centre) et d'un bataillon de grenadiers pourrait donc être porté au chiffre de 6,078 hommes. Il convient, toutefois, de remarquer que rarement cet effectif était atteint en réalité.

Une compagnie de dépôt n'avait que 133 hommes sur le pied de guerre, et le bataillon était composé de 536 hommes. L'infanterie de ligne était armée du fusil rayé (système Lorenz).

La balle est un cylindre plein à langue de carpe dont la partie antérieure est plus lourde que la partie postérieure. Ce poids relativement supérieur fait que la partie antérieure ne se met en mouvement qu'après la partie plus mince, et que le plomb s'engage avec moins de violence dans les rayures. Ce fusil se chargeait par la bouche du canon. Les fusils des deux premiers rangs n'avaient qu'une visière et un bouton de mire simples; les sous-officiers et les hommes du troisième rang avaient des fusils à visière à hausse.

Infanterie frontière (Croates).

Chacun des 14 régiments de cette arme avait 2 bataillons de campagne à 6 compagnies, 1 bataillon de réserve à 4 compagnies et 1 division (batterie) d'artillerie.

Le bataillon de campagne était de 1,338 hommes. L'effectif de campagne d'un régiment était de 2,820 à 2,840 hommes, y compris 53 artilleurs.

Le bataillon de réserve, destiné à prendre le service actif au moment où les deux autres bataillons entrent en campagne, était de 894 hommes.

Il y avait encore un bataillon de soldats frontières (*Grenzer*) non enrégimenté, dit *Titler-Grenz-Bataillon*.

Chasseurs à pied.

Il y avait un régiment de chasseurs de l'Empereur (*Kaiserjæger*) qui avait 7 bataillons de campagne, 1 à 6 compagnies et 6 à 4 compagnies.

Il y avait de plus 25 bataillons non enrégimentés de chasseurs ordinaires (*Feldjæger*), dont 5 à 6 compagnies et 20 à 4 compagnies.

Sur le pied de guerre, chaque bataillon avait 4 compagnies à une demi-compagnie de dépôt, de sorte qu'une compagnie de dépôt était pour 2 bataillons; chaque bataillon à 6 compagnies avait une compagnie de dépôt entière.

La compagnie d'un bataillon comptait 206 hommes, et le bataillon à 6 compagnies, y compris l'état-major, était de 1,277 hommes; un bataillon à 4 compagnies était de 867 hommes.

Les deux premiers rangs étaient armés de la carabine ordinaire de montagne; le troisième rang était armé d'une carabine analogue à baïonnette à lame tranchante (carabine à épine Dornstutz). Il y avait, en outre, 14 compagnies d'infirmiers qui étaient réparties entre les différents corps d'armée suivant les besoins présumés. Elles étaient armées de carabines rayées à baïonnette; chaque homme portait un bidon et un sac ou une poche en cuir de bandages.

Il résulte de toutes ces données, qu'il est facile de réunir, que l'infanterie régulière et permanente était, au commencement de la guerre, de 445,000 à 450,000 hommes.

Quand un régiment d'infanterie était en ligne sur le terrain, les compagnies se suivaient de droite à gauche, suivant leurs numéros d'ordre. Le bataillon avait le guidon au milieu, de sorte qu'il était divisé en deux ailes, l'une de droite et l'autre de gauche. Chaque bataillon à 6 compagnies était divisé en sous-bataillons composés chacun de 2 compagnies contiguës; chacun de ces sous-bataillons était regardé comme unité tactique.

De plus, chaque compagnie était divisée en quatre sections, dont les numéros allaient de droite à gauche dans les compagnies à numéros impairs, et de gauche à droite dans les compagnies à numéros pairs. Chaque bataillon était rangé sur trois rangs. Le troisième rang servait à former des sections ou des pelotons auxiliaires. Il était principalement destiné au service de tirailleurs; il servait aussi à appuyer le bataillon derrière lequel il était placé, à former des avant-gardes et des arrière-gardes sans nuire au développement du front de bataillon, enfin à occuper sur le front la position de compagnie détachée ou mobile. Il s'ensuit que, moyennant ces modifications, le bataillon n'avait en général que deux rangs proprement dits.

Les marches de flanc se faisaient à double rang. Le

front de marche avait donc un développement de 6 hommes.

La colonne d'attaque se formait et s'ébranlait par le milieu occupé par le guidon.

Pour former le carré d'une colonne en marche ou placée en face de l'ennemi, la compagnie du front de colonne formait aussi le front de carré; celle qui fermait la colonne fermait aussi le carré, tandis que les deux compagnies de milieu de colonne formaient respectivement les flancs de droite et de gauche du carré.

Cavalerie.

La grosse cavalerie avait 8 régiments de cuirassiers et 8 de dragons. Chaque régiment avait 6 escadrons de campagne, et, sur le pied de guerre, un escadron de dépôt. Deux escadrons ordinaires formaient un grand escadron dit division, et chacune de ces divisions avait un étendard. De plus, chaque escadron proprement dit était divisé en quatre sections. L'escadron était de 194 hommes avec 170 chevaux.

Le régiment était donc composé de 1,018 à 1,020 hommes.

La grosse cavalerie était rangée sur trois rangs.

La cavalerie légère était composée de 12 régiments de hussards et de 12 régiments d'uhlans (lanciers). Chaque régiment était divisé en 8 escadrons de campagne; deux escadrons réunis formaient le grand escadron dit division. En temps de guerre, il y avait un escadron de dépôt. L'escadron de campagne comptait 227 hommes et 200 chevaux.

La cavalerie autrichienne était donc composée de 55,000 chevaux.

Artillerie.

L'artillerie de campagne était composée de 12 régiments, de 1 régiment d'artilleurs-frontières et de 1 régiment de fuséens.

L'effectif du pied de guerre d'un régiment de campagne était de 4 batteries à 6, de 3 à 12, et de 6 batteries à cheval; de plus, d'une batterie d'obusiers longs. Chaque régiment d'artillerie comptait plusieurs escadrons destinés à des services particuliers; 9 régiments en fournissaient chacun 4; les 2ᵉ, 9ᵉ et 10ᵉ en fournissaient 5.

14 batteries attelées étaient d'ordinaire l'artillerie afférente à un corps d'armée. Chaque batterie avait 8 bouches à feu, dont 6 canons et 2 obusiers. Parmi les batteries à cheval, les unes avaient (chose étonnante!) des canons de 6 livres de balles, les autres des canons à fulmi-coton. Le canon à fulmi-coton est une pièce chambrée du calibre de la pièce autrichienne de 12 livres de balles, et longue de 8 calibres; elle est à peine du poids de la pièce autrichienne à 6 livres de balles.

Une batterie attelée comptait en moyenne 180 hommes et 140 chevaux.

Le régiment des fuséens avait 20 batteries, dont chacune était divisée en trois compagnies ou sous-batteries.

Le régiment d'artillerie des côtes, chargé de défendre les côtes de l'Adriatique, était de 3 bataillons sur le pied de guerre; chaque batterie était divisée en 5 compagnies ou sous-batteries.

Nous avons parlé plus haut de batteries surnuméraires qui se trouvaient dans chaque régiment d'artillerie : elles étaient destinées à la défense des places fortes; c'est ce qu'on appelait l'artillerie de siége et de défense proprement dite. Elle servait de plus à former des batteries de position du calibre de 18 et des batteries de mortiers de campagne. Chaque corps d'armée avait, sur le pied de guerre, une batterie de position et une batterie de mortiers.

Tous les sous-officiers, à partir du brigadier, à l'exception des brigadiers de l'artillerie des côtes, portaient le sabre de cavalerie, de même que les conducteurs des batteries à cheval. Dans les batteries attelées, les sous-officiers, à partir du brigadier, portaient, en outre, des pistolets rayés.

De toutes ces données, il suit que le nombre des bouches à feu, des hommes et des chevaux de l'artillerie autrichienne était de 35,500 hommes, 27,200 chevaux et 1,570 bouches à feu.

Génie.

Le génie comptait 14 bataillons non enrégimentés à 4 compagnies de campagne sur le pied de guerre et à une compagnie de dépôt.

Les pionniers formaient 6 bataillons à 4 compagnies de campagne sur le pied de guerre et à une compagnie de dépôt. Chaque bataillon était muni de 6 petits trains de pont à 15 voitures. Il y avait de plus une réserve de pontonniers.

Les fantassins de ces deux armes techniques étaient armés d'un court fusil à baïonnette; les sous-officiers et les conducteurs étaient armés du pistolet rayé et du sabre de cavalerie.

Le génie et le corps des pionniers réunis comptaient de 10,000 à 11,000 hommes. Les équipages des flottilles des lagunes de Venise, du lac de Garde, du lac Majeur et des lacs du Mincio à Mantoue étaient composés de 6 compagnies armées du fusil rayé à baïonnette. Les hommes de ces flottilles étaient tout à la fois matelots, artilleurs et chauffeurs.

Les divers trains formaient de 20 à 24 escadrons, dont les conducteurs avaient le sabre de cavalerie, les ouvriers celui d'infanterie, les sous-officiers le sabre de cavalerie et le pistolet rayé.

Les brigades d'infanterie étaient composées, les unes de 4, les autres de 5 bataillons, avec une batterie de 8 canons.

Les brigades de cavalerie étaient composées de la même manière, avec une batterie à cheval.

Les divisions d'infanterie avaient deux ou trois brigades, avec quelques escadrons de cavalerie.

Les divisions de cavalerie étaient composées d'une manière analogue à celles d'infanterie.

Les corps d'armée avaient deux ou trois divisions d'infanterie, avec plusieurs escadrons de cavalerie.

De toutes les données ci-dessus réunies, nous concluons que le corps d'armée autrichien était composé, en moyenne, de 40,000 combattants (24 bataillons, 16 escadrons, 11 batteries).

Des mêmes données, il résulte qu'une armée autrichienne de 5 corps avec 20 batteries de réserve était composée de 200,000 hommes.

COMPOSITION DE L'ARMÉE AUTRICHIENNE D'ITALIE.

Il est impossible de savoir, même approximativement, le nombre de troupes, la force, la composition, la répartition et la dislocation des régiments, des divisions et des corps de l'armée qui opérèrent en Italie : le gouvernement en fait un mystère impénétrable.

Ce qui est cependant certain, c'est que cette armée, qui dans l'origine ne comptait que trois corps réunis sous le commandement du feldzeugmeister Giulay, fut successivement augmentée. A l'époque de la bataille de Solferino, l'Autriche avait en Italie les dix corps suivants :

2ᵉ CORPS. (Prince Édouard DE LICHTENSTEIN.)

1ʳᵉ division (Jellachich).
    1ʳᵉ brigade (Szabo).
        12ᵉ régiment archiduc Guillaume.
        7ᵉ bataillon de chasseurs.
    2ᵉ brigade (Wachter).
        40ᵉ régiment prince Alexandre de Hesse.
        21ᵉ bataillon de chasseurs.

DE 1859.

2ᵉ division (Herdy).
   1ʳᵉ brigade (Kinzl).
      45ᵉ régiment italien Sigismond.
   2ᵉ brigade (Baltin).
      9ᵉ régiment Hartmann.
      10ᵉ bataillon de chasseurs.
      4 escadrons du 12ᵉ régiment de hussards.

3ᵉ CORPS (Prince Edmond DE SCHWARZENBERG)

1ʳᵉ division (Schœnberger).
   1ʳᵉ brigade (Paul Horny).
      58ᵉ régiment archiduc Étienne.
      15ᵉ bataillon de chasseurs.
   2ᵉ brigade (Dientl).
      27ᵉ régiment roi des Belges.
      13ᵉ bataillon de chasseurs.

2ᵉ division (Martini).
   1ʳᵉ brigade (Wetzlar).
      5ᵉ régiment Lichtenstein.
      1ᵉʳ bataillon de frontières Allocans.
   2ᵉ brigade (Hartung).
      14ᵉ régiment Hess.
      23ᵉ bataillon de chasseurs.
      10ᵉ régiment de hussards Prusse.

5ᵉ CORPS (STADION).

1ʳᵉ division (Sternberg).
   1ʳᵉ brigade (Koller).
      32ᵉ régiment Ferdinand d'Este.
      1ᵉʳ bataillon de chasseurs frontières Ogulins.
   2ᵉ brigade (Festétiez).
      21ᵉ régiment Reischach.
      6ᵉ bataillon de chasseurs.

2ᵉ division (Palffy).
    1ʳᵉ brigade (Gaal).
        3ᵉ régiment archiduc Charles Louis.
        1 bataillon de frontières Liccans.
    2ᵉ brigade (Bils).
        47ᵉ régiment Kinsky.
        2ᵉ bataillon de frontières Ogulins.
    3ᵉ brigade (Puchner).
        31ᵉ régiment Culoz.
        4ᵉ bataillon des chasseurs de l'Empereur.
        4ᵉ escadron d'uhlans.

7ᵉ CORPS (ZOBEL).

1ʳᵉ division (prince de Hesse).
    1ʳᵉ brigade (Wuessin).
        1ᵉʳ régiment Empereur.
    2ᵉ brigade (Gablentz).
        54ᵉ régiment Gruber.
        3ᵉ bataillon des chasseurs de l'Empereur.

2ᵉ division (Lilia).
    1ʳᵉ brigade (Weigl).
        53ᵉ régiment archiduc Léopold.
    2ᵉ brigade (Dorndorf).
        22ᵉ régiment Wimpfen.
        1 bataillon de frontières Ottocans.
        4 escadrons des hussards Empereur.

8ᵉ CORPS (BENEDEK)

1ʳᵉ Division (Lang).
    1ʳᵉ brigade (Lippert).
        59ᵉ régiment archiduc Reiner.
        9ᵉ bataillon de chasseurs.
    2ᵉ brigade (Tauber).
        Régiment Weigl.
        3ᵉ bataillon de chasseurs.

3ᵉ brigade (Philippovich).
    17ᵉ régiment Hohenloe.
    5ᵉ bataillon des chasseurs de l'Empereur.

2ᵉ division (Berger).
    1ʳᵉ brigade (Waterwliet).
        7ᵉ régiment Prohaska.
        2ᵉ bataillon des chasseurs de l'Empereur.

    2ᵉ brigade (Roden).
        11ᵉ régiment prince de Saxe.
        2ᵉ bataillon de frontières Szluines.

    3ᵉ brigade (Reichlin), détachée du 6ᵉ corps, et composée de :
        4 bataillons du 9ᵉ régiment Hartmann.
        18ᵉ régiment Constantin.
        27ᵉ régiment Roi des Belges.
        24ᵉ bataillon de chasseurs.

    4 escadrons du régiment des hussards Empereur.

9ᵉ Corps (Schaaffgotsche).

1ʳᵉ division (Mandl).
    1ʳᵉ brigade (Castiglione).
        19ᵉ régiment Rudolph.
        2ᵉ bataillon de frontières Gradiscans.

    2ᵉ brigade (Augustin).
        34ᵉ régiment prince de Prusse.
        16ᵉ bataillon de chasseurs.

2ᵉ division (de Crenneville).
    1ʳᵉ brigade (Fehlmeyer).
        8ᵉ régiment archiduc Louis-Joseph.
        Bataillon Tittler-Grenzer (frontières).
        4 escadrons d'uhlans Sicile.

1ᵉʳ Corps (Clam-Gallas).

1ʳᵉ division (Stankowics).
    1ʳᵉ brigade (Hoditz).
        48ᵉ régiment archiduc Ernest.
        14ᵉ bataillon de chasseurs.
    2ᵉ brigade (Recniczek).
        16ᵉ régiment italien Wernhardt.
        2ᵉ bataillon du Banat.

2ᵉ division (Montenuovo).
    1ʳᵉ brigade (Pastori).
        5ᵉ régiment Wasa.
        2ᵉ bataillon de chasseurs.
    2ᵉ brigade (Brunner).
        29ᵉ régiment Thun.
        1ᵉʳ bataillon du Banat.
        2 escadrons de hussards Haller.

11ᵉ Corps (Von Weigl).

1ʳᵉ division (Blomberg).
    1ʳᵉ brigade (Dobrzensky).
        4ᵉ régiment roi de Hanovre.
        Bataillon de chasseurs.
    2ᵉ brigade (Host).
        57ᵉ régiment grand-duc de Mecklenbourg.
        2ᵉ bataillon de frontières Peterwardein.
    3ᵉ brigade (Baltin).
        9ᵉ régiment Hartmann.
        2ᵉ bataillon de frontières Gradiscans.

2ᵉ division (Schwarzel).
    1ʳᵉ brigade (Sebottendorf).
        37ᵉ régiment archiduc Joseph.
        10ᵉ bataillon de chasseurs.

2ᵉ brigade (Greschke).
    35ᵉ régiment Khevenmueller.
    2ᵉ bataillon de volontaires viennois.
    4 escadrons d'uhlans Empereur.

Une brigade du 4ᵉ corps (archiduc Charles-Ferdinand), stationnée dans le Tyrol, prit part à la bataille de Solferino.

Corps de cavalerie de réserve.

1ʳᵉ division (Zedwitz).
    1ʳᵉ brigade (Vopaterny).
        3ᵉ régiment de hussards Bavière.
        11ᵉ régiment de hussards prince de Wurtemberg.
    2ᵉ brigade (Lauingen).
        3ᵉ régiment de dragons Empereur.
        1 régiment de dragons Stadion.

2ᵉ division (Mensdorff).
    1ʳᵉ brigade (Zichy).
        1ᵉʳ régiment d'uhlans Cavallart.
        4ᵉ régiment d'uhlans Empereur.
    2ᵉ brigade (prince de Holstein).
        5ᵉ régiment de dragons Savoie.
        6ᵉ régiment de dragons Horvath.

L'armée autrichienne d'Italie se composait donc de :

38 régiments de ligne, à 6,000 hommes, formant	228,000 homm.
21 bataill. d'infanterie légère, chasseurs ordinaires	21,462
12 — de chasseurs frontières.	16,058
Total de l'infanterie. .	265,520 homm.

Ce qui donnait, pour chacun des 8 corps d'armée, une moyenne de 33,190 hommes d'infanterie.

La cavalerie comptait :

	Hommes.	Chevaux.
Pour 36 escadrons de cavalerie légère répartis entre les corps d'armée actifs	8,172	5,600

Pour les corps de cavalerie de réserve :

	Hommes.	Chevaux.
Cavalerie légère	7,264	6,400
Grosse cavalerie	4,656	3,980
Total de la cavalerie	20,092	15,980

L'artillerie comptait 112 batteries attelées à raison de 14 batteries par corps d'armée, et se composait de 896 bouches à feu.

Nous ignorons le nombre des batteries à cheval, des compagnies du génie et du train des équipages.

TABLEAU SOMMAIRE DE LA COMPOSITION DE L'ARMÉE FRANÇAISE AU MOMENT DE SON ENTRÉE EN CAMPAGNE.

Commandant en chef : S. M. L'EMPEREUR.

GARDE IMPÉRIALE :

Commandant, REGNAUD DE SAINT-JEAN D'ANGELY.

1re division (Mellinet).
    1re brigade (Cler).
        Régiment de zouaves.
        1er régiment de grenadiers.
    2e brigade (de Wimpffen).
        2e régiment de grenadiers.
        3e régiment de grenadiers.
    Artillerie.
    Génie.
    Train des équipages.

2ᵉ division d'infanterie (Camou).

  1ʳᵉ brigade (Manèque).
    1ᵉʳ régiment de voltigeurs.
    2ᵉ régiment de voltigeurs.
    Bataillon de chasseurs.

  2ᵉ brigade (Decaen).
    3ᵉ régiment de voltigeurs.
    4ᵉ régiment de voltigeurs.
  Artillerie.
  Génie.
  Train des équipages.

Division de cavalerie (Morris).

  1ʳᵉ brigade (Marion).
    1ᵉʳ régiment de cuirassiers.
    2ᵉ régiment de cuirassiers.

  2ᵉ brigade (de Champeron).
    Régiment de dragons.
    Régiment de lanciers.

  3ᵉ brigade (de Cassaignoles).
    Régiment de chasseurs.
    Régiment de guides.
  Artillerie [4 batteries à cheval, et 2 batteries mixtes].
  Génie [2 compagnies].
  Trains des équipages [1ʳᵉ et 2ᵉ compagnies].

1ᵉʳ CORPS (BARAGUEY D'HILLIERS).

1ʳᵉ division d'infanterie (Forey).

  1ʳᵉ brigade (Beuret).
    74ᵉ régiment de ligne.
    84ᵉ régiment de ligne.
    17ᵉ bataillon de chasseurs.

  2ᵉ brigade (Blanchard).
    91ᵉ régiment de ligne.
    98ᵉ régiment de ligne.

Artillerie [6ᵉ batterie du 8ᵉ régim., et 14ᵉ batterie du 10ᵉ rég.].
Génie [3ᵉ compagnie du 2ᵉ bataillon du 2ᵉ régiment].
Train des équipages [2ᵉ compagnie du 1ᵉʳ escadron].

2ᵉ division d'infanterie (de Ladmirault).

   1ʳᵉ brigade (Niol).
      15ᵉ régiment de ligne.
      21ᵉ régiment de ligne.
      10ᵉ bataillon de chasseurs.

   2ᵉ brigade (de Négrier).
      61ᵉ régiment de ligne.
      100ᵉ régiment de ligne.

Artillerie [15ᵉ batterie du 10ᵉ régim., 7ᵉ batterie du 11ᵉ régim.].
Génie [5ᵉ compagnie du 1ᵉʳ bataillon du 1ᵉʳ régiment].
Train des équipages [1ʳᵉ compagnie du 5ᵉ escadron].

3ᵉ division d'infanterie (Bazaine).

   1ʳᵉ brigade (Goze).
      1ᵉʳ régiment de zouaves.
      33ᵉ régiment de ligne.
      34ᵉ régiment de ligne.

   2ᵉ brigade (Dumont).
      37ᵉ régiment de ligne.
      75ᵉ régiment de ligne.

Artillerie [12ᵉ batterie du 12ᵉ régim., 9ᵉ batterie du 13ᵉ régim.]
Génie [6ᵉ compagnie du 2ᵉ bataillon du 1ᵉʳ régiment].
Train des équipages [2ᵉ compagnie du 3ᵉ escadron].

Division de cavalerie (Desvaux).

   1ʳᵉ brigade (Genestet de Planhol).
      5ᵉ régiment de hussards.
      1ᵉʳ régiment de chasseurs d'Afrique.

   2ᵉ brigade (de Forton).
      2ᵉ régiment de chasseurs d'Afrique.
      3ᵉ régiment de chasseurs d'Afrique.

Artillerie [8ᵉ batterie du 16ᵉ régiment, 11ᵉ batterie du 8ᵉ régiment, 8ᵉ batterie du 9ᵉ régiment, 17ᵉ batterie principale du 5ᵉ régiment].

2ᵉ Corps (de Mac-Mahon).

1ʳᵉ division d'infanterie (De La Motterouge).

    1ʳᵉ brigade (Lefèvre).
        Régiment de tirailleurs algériens.
        45ᵉ régiment de ligne.
        65ᵉ régiment de ligne.
    2ᵉ brigade (Polhes).
        70ᵉ régiment de ligne.
        71ᵉ régiment de ligne.
    Artillerie [12ᵉ batterie du 7ᵉ régim., 11ᵉ batterie du 11ᵉ régim.].
    Génie [4ᵉ compagnie du 2ᵉ bataillon du 2ᵉ régiment].
    Train des équipages [2ᵉ compagnie du 5ᵉ escadron].

2ᵉ division d'infanterie (Espinasse).

    1ʳᵉ brigade (Gault).
        2ᵉ régiment de zouaves.
        72ᵉ régiment de ligne.
        11ᵉ bataillon de chasseurs.
    2ᵉ brigade (de Castagny).
        1ᵉʳ régiment étranger.
        2ᵉ régiment étranger.
    Artillerie [2ᵉ batterie du 9ᵉ régim, 13ᵉ batterie du 13ᵉ régim.].
    Génie [2ᵉ compagnie du 2ᵉ bataillon du 1ᵉʳ régiment].
    Train des équipages.
    Brigade de cavalerie (Gaudin de Villaine).
        4ᵉ régiment de chasseurs.
        7ᵉ régiment de chasseurs.
    Réserve d'artillerie [11ᵉ batterie du 10ᵉ régiment; 14ᵉ batterie du 11ᵉ régiment, 3ᵉ et 6ᵉ batteries du 14ᵉ régiment, 16ᵉ batterie principale du 2ᵉ régiment].

3ᵉ Corps (Canrobert).

1ʳᵉ division d'infanterie (Bourbaki).

    1ʳᵉ brigade (Vergé).
        11ᵉ régiment de ligne.
        14ᵉ régiment de ligne.
        18ᵉ bataillon de chasseurs.

2ᵉ brigade (Ducrot).
- 46ᵉ régiment de ligne.
- 59ᵉ régiment de ligne.

Artillerie [7ᵉ batterie du 9ᵉ régiment, 12ᵉ batterie du 11ᵉ régiment].
Génie [1ʳᵉ compagnie du 1ᵉʳ bataillon du 2ᵉ régiment].
Train des équipages [1ʳᵉ compagnie du 2ᵉ escadron].

2ᵉ division d'infanterie (Trochu).

1ʳᵉ brigade (Bataille).
- 43ᵉ régiment de ligne.
- 44ᵉ régiment de ligne.
- 19ᵉ bataillon de chasseurs.

2ᵉ brigade (Collineau).
- 64ᵉ régiment de ligne.
- 88ᵉ régiment de ligne.

Artillerie [7ᵉ batterie du 7ᵉ régiment, 10ᵉ batterie du 8ᵉ régiment].
Génie [5ᵉ compagnie du 1ᵉʳ bataillon du 3ᵉ régiment].
Train des équipages [3ᵉ compagnie du 4ᵉ escadron].

3ᵉ division d'infanterie (Renault).

1ʳᵉ brigade (Picard).
- 23ᵉ régiment de ligne.
- 41ᵉ régiment de ligne.
- 8ᵉ bataillon de chasseurs.

2ᵉ brigade (Jannin).
- 56ᵉ régiment de ligne.
- 90ᵉ régiment de ligne.

Artillerie [9ᵉ batterie du 8ᵉ régiment, 11ᵉ batterie du 12ᵉ régiment].
Génie [3ᵉ compagnie du 1ᵉʳ bataillon du 2ᵉ régiment].
Train des équipages [1ʳᵉ compagnie du 4ᵉ escadron].

Division de cavalerie (Partouneaux).

1ʳᵉ brigade (de Clérambault).
- 2ᵉ régiment de hussards.
- 7ᵉ régiment de hussards.

2ᵉ brigade (Dalmas de Lapérouse).
  6ᵉ régiment de hussards.
  8ᵉ régiment de hussards.
Artillerie [5ᵉ batterie du 15ᵉ régiment].
Réserve d'artillerie [5ᵉ et 8ᵉ batteries du 7ᵉ régiment, 3ᵉ et 7ᵉ batteries du 17ᵉ régiment, 17ᵉ batterie principale du 1ᵉʳ régiment].

4ᵉ CORPS (NIEL).

1ʳᵉ division d'infanterie (Vinoy).
  1ʳᵉ brigade (de Martimprey).
    52ᵉ régiment de ligne.
    73ᵉ régiment de ligne.
    6ᵉ bataillon de chasseurs.
  2ᵉ brigade (de La Charrière).
    85ᵉ régiment de ligne.
    86ᵉ régiment de ligne.
  Artillerie [12ᵉ batterie du 8ᵉ régiment, 9ᵉ batterie du 9ᵉ régiment].
  Génie [7ᵉ compagnie du 2ᵉ bataillon du 3ᵉ régiment].
  Train des équipages.

2ᵉ division d'infanterie (de Failly).
  1ʳᵉ brigade (O'Farrel).
    2ᵉ régiment de ligne.
    53ᵉ régiment de ligne.
    15ᵉ bataillon de chasseurs.
  2ᵉ brigade (Saurin).
    56ᵉ régiment de ligne.
    75ᵉ régiment de ligne.
  Artillerie [7ᵉ batterie du 10ᵉ régiment, 12ᵉ batterie du 13ᵉ régiment].
  Génie [3ᵉ compagnie du 2ᵉ bataillon du 3ᵉ régiment].
  Train des équipages.

3ᵉ division d'infanterie (de Luzy de Pélissac).
  1ʳᵉ brigade (Douay).
    30ᵉ régiment de ligne.

49ᵉ régiment de ligne.
5ᵉ bataillon de chasseurs.

2ᵉ brigade (Lenoble).
6ᵉ régiment de ligne.
8ᵉ régiment de ligne.

Artillerie [13ᵉ batterie du 12ᵉ régiment, 7ᵉ batterie du 13ᵉ régiment].

Génie [3ᵉ compagnie du 1ᵉʳ bataillon du 1ᵉʳ régiment].

Train des équipages.

Brigade de cavalerie (Richepanse).
2ᵉ régiment de chasseurs.
10ᵉ régiment de chasseurs.

Réserve d'artillerie [15ᵉ batterie du 12ᵉ régiment, 10ᵉ batterie du 13ᵉ régiment, 2ᵉ batterie du 15ᵉ régiment, 5ᵉ batterie du 15ᵉ régiment, 18ᵉ batterie principale du 3ᵉ régiment].

5ᵉ Corps (S. A. I. le prince Napoléon [Joseph]).

1ʳᵉ division d'infanterie (d'Autemare).

1ʳᵉ brigade (Neigre).
3ᵉ régiment de zouaves.
75ᵉ régiment de ligne.
89ᵉ régiment de ligne.

2ᵉ brigade (Corréard).
93ᵉ régiment de ligne.
99ᵉ régiment de ligne.

Artillerie [13ᵉ batterie du 7ᵉ régiment, 13ᵉ batterie du 8ᵉ régiment].

Génie [2ᵉ compagnie du 1ᵉʳ bataillon du 2ᵉ régiment].

Train des équipages.

2ᵉ division d'infanterie (Uhrich).

1ʳᵉ brigade (Grandchamp).
18ᵉ régiment de ligne.
26ᵉ régiment de ligne.
14ᵉ bataillon de chasseurs.

2ᵉ brigade (Cauvin du Bourguet).
  80ᵉ régiment de ligne.
  82ᵉ régiment de ligne.
Artillerie [5ᵉ et 6ᵉ batteries du 9ᵉ régiment].
Génie [3ᵉ compagnie du 1ᵉʳ bataillon du 3ᵉ régiment].
Train des équipages.

Brigade de cavalerie (de Lapeyrouse).
  6ᵉ régiment de hussards.
  8ᵉ régiment de hussards.

Réserve d'artillerie [4ᵉ batterie du 14ᵉ régiment, 15ᵉ batterie du 11ᵉ régiment, 15ᵉ batterie du 13ᵉ régiment, 1ʳᵉ batterie du 14ᵉ régiment, 5ᵉ batterie du 17ᵉ régiment].

Parc d'artillerie [13ᵉ batterie principale du 3ᵉ régiment, 18ᵉ batterie principale du 4ᵉ régiment].

Bien qu'en droit l'effectif de guerre d'un régiment d'infanterie soit de 3,000 hommes, il est certain qu'aucun des 62 régiments de l'armée d'Italie n'a atteint ce chiffre. Le maximum que nous puissions admettre serait 2,500 hommes par régiment; mais nous ne garantirions pas que ce chiffre ne fût encore exagéré.

Partant de cette supposition assez généralement admise, chacun des six corps d'armée aurait été, en moyenne, de 26,666 hommes (1), et l'infanterie de l'armée d'Italie de 160,000 hommes, la cavalerie (20 régiments à 1,000 chevaux) de 20,000 chevaux, l'artillerie de 354 bouches à feu, le génie de 15 compagnies, et le train des équipages de 9 compagnies.

(1) L'opinion générale, parmi les officiers français qui ont fait la campagne d'Italie, est que l'armée française était composée de 160,000 hommes, et que les 1ᵉʳ, 2ᵉ, 3ᵉ et 4ᵉ corps étaient en moyenne de 30,000 hommes, mais que la garde impériale et le 5ᵉ corps n'atteignaient pas ce chiffre.

Tous les régiments d'infanterie tirés de l'Algérie, ceux de la garde impériale et les chasseurs à pied, étaient armés du fusil Minié modèle 1842 transformé (rayé). Sous ce rapport, l'infanterie autrichienne, dont tous les régiments étaient armés du fusil rayé, avait un avantage marqué sur l'infanterie française. Pourvu d'une visière fixe, et plus court que l'ancien fusil uni à percussion, le nouveau fusil porte jusqu'à 600 mètres de distance. Pour atteindre à une distance de 200 mètres et au delà, il suffit d'un simple mouvement déterminé du pouce et de l'index, suivant certaines instructions.

Depuis 1858, l'infanterie française n'est plus que sur deux rangs. Les marches de flanc se font par files doublées. Deux files contiguës forment un groupe de ce qu'on est convenu d'appeler dans l'armée camarades de combat. Dans la colonne serrée, la distance des deux fronts est de cinq pas au lieu de six.

Presque tous les canons de l'artillerie étaient rayés (système de l'Empereur). Sous ce rapport, l'armée française avait un avantage immense sur l'armée autrichienne, qui n'avait pas un seul canon rayé et qui avait un grand nombre de pièces d'un très faible calibre.

Quant à la cavalerie, celle de l'Autriche passe pour la plus belle et la plus nombreuse de l'Europe; mais cet avantage était à peu près neutralisé pour l'Autriche en Italie, parce que la nature des lieux ne permet pas d'opérer par grandes masses de cavalerie, et que d'ailleurs l'action de cette arme ne peut se déployer qu'à la suite de victoires remportées.

COMPOSITION SOMMAIRE DE L'ARMÉE SARDE.

Commandant en chef : LE ROI VICTOR-EMMANUEL.

1re division (Castelborgo).
    1re brigade (Scozia di Calliono).
        1er et 2e régiments de grenadiers de Sardaigne.
    2e brigade (Perrier).
        1er et 2e régiments de Savoie.
    Bersaglieri [3e et 4e bataillons].
    Artillerie [3 batteries de campagne].

2e division (Fanti).
    1re brigade (Mollard).
        3e et 4e régiments de Piémont.
    2e brigade (Cerale).
        5e et 6e régiments d'Aoste).
    Bersaglieri [1er et 9e bataillons].
    Cavalerie [1er et 2e régiments, chevau-légers de Novare et d'Aoste].
    Artillerie [3 batteries de campagne].

3e division (Durando).
    1re brigade (Arnoldi).
        7e et 8e régiments de Cuneo.
    2e brigade (Morazzo della Rocca).
        3e et 14e régiments de Pignerol.
    Bersaglieri [2e et 10e bataillons].
    Cavalerie [2 escadrons du régiment d'Alexandrie].
    Artillerie [4e et 9e batteries de campagne].

4e division (Cialdini).
    1re brigade (Villamarina).
        9e et 10e régiments de la Reine.

2ᵉ brigade (Broglio di Montbello).
    15ᵉ et 16ᵉ régiments de Savone.
Bersaglieri [6ᵉ et 7ᵉ bataillons].
Cavalerie [régiment de Montferrat].
Artillerie [7 et 8ᵉ batteries de campagne].

5ᵉ division (Cucchiari).
    1ʳᵉ brigade (di Pettinengo)
        11ᵉ et 12ᵉ régiments de Casale.
    2ᵉ brigade (de Tréville).
        17ᵉ et 18ᵉ régiments d'Acqui.
Bersaglieri [5ᵉ et 8ᵉ bataillons].
Cavalerie [régiment Saluces et demi-régiment d'Alexandrie].
Artillerie [3 batteries de campagne].

Division de cavalerie (Sambuy).
    Régiments Nice, Piémont-Royal, Savoie, Gênes.
    Artillerie [2 batteries à cheval].
    Corps des chasseurs des Alpes (Garibaldi).
    Corps des chasseurs des Apennins.

Nous croyons pouvoir porter l'armée sarde, y compris les deux corps de chasseurs des Alpes et des Apennins, au chiffre de 80,000 hommes, et le total de l'armée des alliés à 240,000 hommes d'infanterie.

LES FRONTIÈRES DE LA LOMBARDO-VÉNÉTIE CONSIDÉRÉES COMME BASES DE DÉFENSE ET D'OPÉRATION.

Au point de vue de la stratégie, la ceinture de frontière des provinces italiennes de l'Autriche se divise, pour le cas particulier de la dernière guerre, en deux parties essentiellement différentes : la partie neutralisée et la partie active des opérations militaires. La première se compose, d'une part, de la longue ligne qui sépare la Haute Italie du territoire de la Confédération germanique et de la Suisse, et qui s'étend du golfe de Venise à l'embouchure du Tessin dans le lac Majeur, et, d'autre part, de la ligne qui sépare la Vénétie des États de l'Église, depuis l'Adriatique jusqu'au duché de Modène, en suivant le Pô. Il ne restait ouvert aux hostilités que les côtes occidentales de l'Adriatique et la section de frontière terrestre comprise entre l'extrémité orientale du duché de Modène et le lac Majeur ou la frontière suisse. Par suite de l'engagement que la France avait pris de son propre mouvement, la position militaire de l'Autriche en Italie se trouvait très simplifiée. Si cette puissance voulait se tenir sur la défensive, sa tâche se bornait à empêcher le passage du Pô ou du Tessin, ou le débarquement d'une armée ennemie sur les côtes de l'Adriatique. Si, au contraire, elle préférait l'offensive, elle pouvait, en tout temps et sans obstacle, se jeter sur les alliés en partant de sa base de Plaisance ou les prévenir par cette position avancée, par le Pô, par le Tessin, séparément ou simultanément. Par contre, la France se mettait, pour l'attaque, dans une condition aussi difficile que dangereuse.

Une attaque sérieuse sur les côtes occidentales de l'Adriatique était une entreprise difficile. Le débarquement d'une armée de plus de 200,000 hommes avec munitions et chevaux était à peu près impossible dans les eaux basses et laguneuses du golfe de Venise, et, dans le cas d'un débarquement exécuté dans les plus heureuses conditions, il restait aux alliés la perspective de la destruction de Venise en compensation du succès. La France n'avait donc pas le choix de la ligne d'attaque : force lui était d'opérer par la section des lignes du Pô et du Tessin. Elle s'était interdit jusqu'à la faculté de faire une sérieuse démonstration sur une autre section quelconque.

Mais cette section de ligne depuis la frontière orientale du duché de Modène jusqu'au lac Majeur est loin d'être avantageuse pour une attaque dirigée sur la Lombardo-Vénétie.

Au point de vue stratégique, il convient de la diviser en deux parties : celle qui s'étend de l'extrémité orientale de l'État de Modène à la hauteur de Pavie, et celle qui de Pavie s'étend au lac Majeur.

Le général Bonaparte effectua en 1796 le passage du Pô sans coup férir. Mais, depuis cette époque, les rives méridionales du fleuve ont subi des modifications importantes. Le général français, pour opérer le passage, put alors s'appuyer sur Plaisance; mais, en 1859, cette ville, peuplée de 30,000 âmes, était convertie en place de guerre autrichienne de premier ordre : elle était munie d'un grand nombre de retranchements en terre formant autant de forts détachés, avec un camp retranché de 60,000 hommes sur la rive droite et une forte tête de pont sur la rive gauche. Tous ces ouvrages pouvaient être augmentés et complétés sous le feu d'une armée assiégeante. Cette place était donc un obstacle sérieux dont une armée envahissante ne pouvait faire abstraction sans s'exposer à de graves dangers. Elle n'avait, sur cette section de ligne, que le choix entre une attaque dirigée sur Plaisance et un mouvement tournant au-dessus ou au-dessous de cette place. Dans le premier cas, elle devait s'attendre à une défense énergique et à toutes les lenteurs d'un long siège, pendant lequel les assiégés pouvaient sans cesse réparer leurs pertes, se ravitailler, refaire, consolider et augmenter leurs forts. Le succès du passage était donc problématique, et l'opération ne pouvait être tentée qu'après la perte d'un grand nombre d'hommes et de ressources de toute espèce.

Si l'armée envahissante voulait tourner Plaisance en passant au-dessus ou au-dessous de cette ville, sa position était encore plus fâcheuse, car, dans ce cas, ses derrières étaient compromis et pouvaient être attaqués par la garnison de la place tournée; elle courait risque de se trouver entre deux feux, la garnison de la place et l'armée ennemie d'opération agissant de front.

Si l'armée d'invasion, pour éviter la place de Plaisance, voulait pénétrer en Lombardie par le bassin du Pô piémontais, sur la rive droite ou sur la rive gauche, sa tâche était encore plus difficile et plus périlleuse. Dans ce cas, elle avait toujours à redouter Plaisance, qui pouvait couper sa ligne d'opérations; de plus, elle se trouvait en face d'une armée autrichienne solidement retranchée dans l'angle formé par le Pô et le Tessin, ou dans le coude de ce dernier fleuve, et, sur la rive opposée, elle rencontrait les places de Crémone, de Pavie et de Casal-Maggior, ces deux dernières avec des camps retranchés. En cas d'insuccès du passage, l'armée envahissante était rejetée à l'ouest sous l'action combinée de l'armée ennemie de front et de la nombreuse garnison de Plaisance. Tout ce qu'une armée attaquante pouvait faire raisonnablement à l'est de Pavie, ou plutôt de Bereguardo, se réduisait à des manœuvres et à des démonstrations destinées à faire prendre à l'ennemi le change sur ses véritables intentions.

Restait donc, comme ligne d'attaque, la section qui s'étend de Bereguardo au lac Majeur, en suivant le Tessin. Celle-ci était, de toutes, la moins fortifiée par l'art et la nature. Pour pénétrer en Lombardie par cette section, il n'y avait à franchir qu'une rivière plus rapide, à la vérité, que le Pô, mais beaucoup moins large et moins profonde. Ici point de place forte qu'il fallût assiéger ou tourner, et qui pût menacer la ligne d'opération; le camp retranché de Plaisance est à plus de 150 kilomètres du lac Majeur. Cette section seule pouvait se prêter à une opération analogue à celle dont le jeune général de la République française avait donné l'exemple : la différence n'était que dans les lieux. Bonaparte, en 1796, trompa les Autrichiens qui l'attendaient l'arme au bras sur le Tessin, et les tourna sur le Pô près de Plaisance; il restait la perspective de tromper les mêmes ennemis, attendant cette fois sur le Pô, et de les tourner sur le Tessin.

Le dénûment de la section de frontière lombarde sur le Tessin est un fait que l'écrivain stratégiste ne doit pas se borner à enregistrer. Il est intéressant, au point de vue militaire, de rechercher ce qui a pu porter les Autrichiens à laisser cette section dans un abandon complet, tandis qu'ils ont épuisé toutes les ressources de la stratégie et de l'architecture militaire pour se fortifier sur le Pô. Par Plaisance et Mantoue, Crémone, Pavie, Casal-Maggior, etc., ils s'étaient rendus maîtres des deux rives du Pô, fleuve d'un passage difficile ; ils n'ont rien fait pour se rendre militairement maîtres de la rive gauche du Tessin, beaucoup plus facile à franchir. On se demande si cet abandon est l'effet de l'incurie et de l'imprévoyance.

La position militaire de l'Autriche dans la Vénétie est telle que la perte de la Lombardie ne compromet en aucune façon celle de la province orientale. Qu'une armée d'invasion pénètre en Lombardie sans coup férir ou après une victoire et qu'elle fasse la conquête de toute cette province, la Vénétie reste sauve et intacte aussi longtemps que Vérone reste au pouvoir de l'Autriche. En effet, cette place importante n'est éloignée des possessions fédérales de l'Autriche que de 36 à 37 kilomètres. Le siége de cette forteresse mettrait donc en perspective la guerre avec la Confédération germanique et la Prusse ; dans ce cas, l'Autriche, secourue par ses alliés, serait en position de défendre efficacement sa province orientale, de repousser les ennemis et même de reprendre la Lombardie. Si l'armée assiégeante, pour éviter la guerre avec l'Allemagne, voulait absolument respecter le territoire fédéral, elle se verrait réduite à tenir la place indéfiniment assiégée sans pouvoir l'investir. La forteresse de

Trente, qu'il était facile d'entourer d'un réseau de retranchements de campagne, est sur le territoire fédéral : située dans des montagnes inaccessibles, elle n'est éloignée de Vérone que de 42 kilomètres et pouvait être convertie en un vaste camp retranché de 100,000 hommes. Toutes les avenues du Tyrol à la Vénétie, en descendant vers Vérone, se trouvaient au pouvoir de l'Autriche, tandis que l'armée assiégeante ne pouvait s'appuyer sur aucune position solide au nord de Vérone. L'investissement de Vérone était donc à peu près impossible au nord, et, dans le cas où cet investissement aurait été complet, l'armée ennemie, placée dans les conditions d'attaque les plus avantageuses, pouvait à tout moment déboucher de ses fortes positions du Tyrol et fondre sur les assiégeants.

Il est donc évident que l'abandon où l'Autriche a laissé sa frontière lombarde sur le Tessin était calculé : elle a la conviction que sa puissance en Italie n'est pas définitivement perdue tant qu'il lui restera la forteresse de Vérone. L'état-major autrichien a de tout temps regardé comme seule rationnelle et stratégique pour une armée ennemie envahissante la section de frontière comprise entre Pavie et la mer Adriatique, en suivant le cours du Pô.

Cette opinion de l'état-major autrichien peut être fondée; mais il n'en est pas moins certain que l'Autriche a commis une faute stratégique de premier ordre en laissant sa frontière lombarde à découvert au midi. En effet, quand il ne reste à une armée envahissante qu'une rivière ordinaire à franchir pour se rendre maîtresse d'un pays, il suffit que cette armée arrive sur le point de passage une heure et même une demi-heure avant l'armée défensive, et cette différence de temps peut être l'effet de la méprise et du contre-temps les plus ordinaires et les plus imprévus. En laissant la Lombardie ouverte au midi, l'Autriche s'exposait à perdre cette province sans avoir le temps de tirer un coup de canon pour la défendre. Il était cependant facile de la défendre par des constructions analogues à celles qui font la force de son célèbre quadrilatère.

Pavie, dont les fortifications sont aussi défectueuses que restreintes, pouvait devenir le boulevard de la Lombardie. Crémone, Casal-Maggior et d'autres localités voisines du Tessin occupent des positions intérieures qui ne sont point indifférentes pour la défense. Si l'Autriche eût construit une grande forteresse au point intermédiaire entre le lac Majeur et Pavie, soit à la hauteur de Magenta, elle pouvait arrêter l'ennemi à la frontière ou le rejeter sur ses derrières.

Nous avons développé jusqu'ici l'idée que se faisait la France, avant la guerre, de la position défensive de l'Autriche en Italie; nous avons également fait ressortir l'opinion que se faisait l'Autriche elle-même de sa position militaire dans la Péninsule. L'idée française ne diffère pas essentiellement de l'idée autrichienne. Reste à savoir si cette idée est confirmée par le fait, c'est-à-dire par les événements ou par l'histoire de la guerre d'Italie de 1859.

Dans la dernière guerre d'Italie, c'est l'Autriche qui, sous un rapport, a joué le rôle principal : c'est sa conduite militaire qui a déterminé celle des alliés. Obligés de subordonner leur action à celle de leur adversaire, ceux-ci ont plutôt suivi que mené les événements de la guerre. L'Autriche se tint d'abord sur la défensive, puis elle passa décidément à l'offensive. Il convient donc, au point de vue critique, de diviser cette guerre en deux périodes différentes : dans la première, l'Autriche essaya de repousser l'attaque des alliés; dans la seconde, elle reprit le rôle opposé. On pourrait encore en admettre une troisième, celle où l'Autriche ne joua ni l'un ni l'autre de ces deux rôles; mais cette troisième période n'est plus du fait de l'Autriche. N'importe : à l'époque de la conclusion de la paix et au temps subséquent se rattachent des considérations stratégiques que nous ne pouvons omettre sans être incomplet. Nous appellerons la première période la période autrichienne défensive; la deuxième, la période autrichienne offensive, et la troisième la période française.

PREMIÈRE PÉRIODE,
OU PÉRIODE D'ATTITUDE DÉFENSIVE DE L'AUTRICHE.

Au point de vue stratégique, le commencement de cette période remonte au delà de l'époque où l'Autriche prit l'initiative des mouvements militaires par son entrée en Piémont; car cette puissance a commis des fautes stratégiques nombreuses qui datent d'époques plus éloignées et qui n'ont pas été sans influence sur la fortune de la guerre. Mais ces fautes ayant pris le caractère de faits permanents, ne peuvent servir de points de départ pour fixer une période. Nous faisons coïncider le commencement de cette première phase avec le moment où l'Autriche se détermina à faire la guerre, ou, si l'on veut, avec celui où elle acquit la conviction que la guerre était devenue inévitable. Cette attitude défensive dura jusqu'au combat de Melegnano, dernier épisode de l'action offensive des alliés.

Le 11 avril 1859, l'archiduc Albert, frère de l'Empereur, envoyé en mission à Berlin, communiqua au prince régent la résolution qu'avait prise l'Autriche de déclarer la guerre à la Sardaigne, et demanda le concours armé de son allié fédéral. L'Autriche devait donc être fixée, dès le commencement d'avril, sur le plan de campagne qu'elle voulait mettre à exécution, et elle devait en même temps avoir une idée nette des avantages que lui donnait la position d'une nombreuse armée concentrée et prête à entrer en campagne. Après une perte de plus de quinze jours, elle envoie enfin son ultimatum au Piémont, et reçoit, le 26 avril, une réponse négative. Après une nouvelle perte de deux jours, elle franchit le Tessin le 29 sur quatre points séparés, Pavie, Bereguardo, Vigevano et Buffalora. Ce premier mouvement fut aussi une première faute stratégique. Pour avoir une véritable portée, il aurait dû se faire beaucoup plus tôt et partir de la position de Plaisance, bien plus rapprochée des objectifs, situés dans l'intérieur du Piémont que les points de passage du Tessin. A la guerre plus que partout ailleurs, il importe de saisir l'occasion favorable : le temps est irréparable, mais nulle part il ne l'est à des conditions aussi funestes et aussi désastreuses qu'à la guerre. Si l'agresseur eût pris pour base d'opération le camp retranché de Plaisance, il atteignait ses objectifs en deux fois moins de temps que par le Tessin, et les objectifs qu'offrait la première voie étaient de beaucoup les plus importants. Or, il ne fit aucun mouvement sérieux en avant pour atteindre un objectif quelconque du pays ennemi. L'invasion du Piémont ne saurait donc être considérée comme un mouvement de guerre offensif, ou ce serait le comble de l'absurdité au point de vue stratégique.

Considéré comme acte défensif, ce passage exécuté par le Tessin est un véritable non-sens. Dans l'état de dénûment où se trouvait la frontière méridionale de la Lombardie le long du Tessin occidental, la seule position défensive rationnelle était sur le Pô. D'une position solide prise sur le fleuve et ses affluents, l'armée autrichienne pouvait rayonner dans toutes les directions et à des prolongements à peu près égaux sur tous les points de défense importants : nulle autre position n'offrait les mêmes avantages. Si ce mouvement n'est ni offensif ni défensif, il est absurde : entrepris dans le seul but de faire subsister l'armée autrichienne aux dépens du pays ennemi, il n'a aucune raison d'être ; car cette armée pouvait tout aussi facilement faire ses réquisitions dans la partie piémontaise riveraine du Pô.

Pour trouver un motif quelque peu plausible à cet étrange mouvement, on est réduit à le chercher dans la politique. Nous croyons, en effet, que l'Autriche, en franchissant le Tessin, n'avait pour but que de faire une démonstration qui n'avait d'offensif que l'apparence. Au fond, elle voulait tout à la fois imposer à la France qui n'était pas encore prête pour la guerre, et au Piémont qu'elle espérait isoler de son alliée ; mais elle voulait surtout peser sur les puissances neutres et les décider à forcer la Sardaigne au désarmement ou à joindre leurs armes aux siennes. Pour ne pas sortir du domaine militaire, nous nous bornons à faire observer que les puissances neutres n'étaient pas d'humeur à faire une démarche qui n'aurait abouti à aucun résultat et qui les aurait entraînées à une guerre générale.

Il nous paraît donc évident, malgré toutes les apparences contraires, que l'Autriche, tout en prenant l'initiative des mouvements, voulait, dès l'origine, garder une attitude défensive et qu'elle n'avait jamais eu l'intention de faire une guerre offensive. Il serait cependant intéressant, au point de vue où nous nous sommes placé, d'examiner les chances de succès qui se présentaient en perspective, si elle eût pris en temps utile une offensive décidée et intelligente.

Elle avait à se fixer sur deux points essentiels : en premier lieu, la *base* d'opération, avec laquelle étaient donnés la ligne, les objectifs, les points stratégiques ; et, en second lieu, le *moment* où le plan d'attaque pouvait être exécuté le plus utilement.

La base capitale de toute guerre, soit offensive, soit défensive, où l'Autriche puisse se trouver engagée en Italie, c'est évidemment la solide position du quadrilatère de la Vénétie. Mais, pour une offensive contre le Piémont, cette base n'est que médiate : d'une part, elle est trop éloignée des objectifs principaux (armée, ville ouverte ou place forte) pour une armée autrichienne d'opération ; et, d'autre part, les fleuves et les accidents de terrain qui s'interposent entre le quadrilatère et les objectifs, sont gênants pour les mouvements de troupes et rendent les communications difficiles.

Pour une guerre offensive contre le Piémont, l'Autriche avait le choix entre deux systèmes d'opération également avantageux. Elle pouvait, sans danger, si elle prenait en temps utile une initiative énergique, choisir provisoirement deux bases d'opération, ou s'en tenir à une seule.

Dans le premier cas, elle pouvait déboucher simultanément de l'angle-coude formé par le Pô ou plutôt de Plaisance, et de l'angle formé par le confluent du Tessin et du Pô ou d'un point quelconque de la frontière lombarde, et s'avancer en deux corps séparés, au sud et au nord du Pô, jusqu'à la place d'Alexandrie sur le Tanaro. Arrivée là, elle pouvait tenir cette place en respect sur les deux rives et battre l'armée piémontaise concentrée sous les murs : puis détacher des forces suffisantes dans la direction de Turin, emporter Casale et la capitale du Piémont, diriger en même temps le gros de l'armée à Gênes pour battre les Français en détail, et empêcher leur concentration et leur réunion avec l'armée piémontaise.

Nous convenons que ce plan est un peu compliqué et qu'il a le désavantage de diviser une armée en trois ou quatre corps; mais nous soutenons qu'entrepris avec une armée de 200,000 hommes, il était parfaitement praticable, à la seule condition d'être mis à exécution avant la concentration des Français et leur jonction avec les Piémontais.

En effet, l'éventualité la plus défavorable qui, dans ce cas, eût pu se réaliser pour les Autrichiens, c'était de rencontrer sur leur passage le gros de l'armée sarde. Mais c'est précisément cette armée isolée qui devait être leur point de mire : c'était le seul objectif essentiel qu'ils pussent avoir en vue.

Dans le second cas, l'armée autrichienne partait de Plaisance comme point d'opération unique : dans cette supposition, elle suivait au sud le cours du Pô, arrivait également à Alexandrie qu'elle tenait bloquée, mais elle négligeait Turin, objectif sans importance militaire; le gros se portait à Gênes pour empêcher les Français d'arriver à Alexandrie. Dans ce second cas, l'armée envahissante restait compacte et n'avait que deux objectifs situés sur la même ligne, Alexandrie avec l'armée piémontaise et Gênes. Tout faisait supposer que l'armée autrichienne trouverait l'armée sarde concentrée sous les remparts de sa plus importante place forte ou dans une autre forte position d'attente ou de défense voisine; mais, nous le répétons, c'est cette rencontre qu'elle devait désirer : les armées sont aujourd'hui les seuls objectifs importants; les forteresses, comme objectifs, ne viennent qu'en seconde ligne. Si l'armée autrichienne n'avait pas l'assurance de vaincre l'armée sarde même placée dans des conditions de défense avantageuses, à plus forte raison ne devait-elle pas avoir celle de repousser une armée quatre fois plus nombreuse.

Dans l'un et l'autre plan de campagne qui font l'objet de notre supposition, l'armée autrichienne, maîtresse des deux rives du Tanaro à la hauteur d'Alexandrie et de la rive droite du Pô, pouvait s'opposer avec la même facilité aux colonnes françaises arrivant de

Gênes par voie de mer et à celles qui arrivaient par voie de terre de Turin par le mont Genèvre, par le col de Tende, par le mont Cenis, par Suse. Pour exécuter ce plan, qui, en cas de succès, aurait pu être décisif dès le début de la campagne, l'Autriche avait à sa disposition un mois entier qu'elle perdit en marches et contre-marches inexplicables sur un terrain où il n'y avait pas d'ennemis. En effet, malgré une rapidité de mouvement qui tient du prodige, les alliés furent à peine concentrés sous Alexandrie quelques jours avant le 20 mai, journée de Montebello, soit le 15.

Nous avouons qu'il fallait de l'énergie, de la résolution, de l'initiative et de la tactique pour accomplir cette série de mouvements et d'actions partiels et d'en composer une grande unité tactique réalisée sur le terrain; mais, si un général en chef ne réunit pas ces qualités, il est indigne du commandement. Les Allemands répètent que l'exécution de ce réseau d'opérations était difficile et dangereux. La vérité est qu'il n'était ni l'un ni l'autre. Les Autrichiens savaient que les Français étaient absents, et dès lors disparaissaient toute difficulté et tout danger sérieux.

Nous nous dispensons de montrer le revers de la médaille, c'est-à-dire d'examiner la position des Autrichiens dans le cas où, contre toute attente, leur offensive dirigée vers le sud n'aurait pas été couronnée de succès. Cette offensive n'ayant pas été prise, la question n'a aucun intérêt ni d'actualité ni d'avenir prochain.

On est tenté de regretter que les Français ne se soient pas trouvés dans la position des Autrichiens : il n'y a pas de général français qui n'eût saisi au bond l'occasion unique d'exécuter ce beau mouvement stratégique capable de tenter l'esprit le plus réfléchi et de frapper un coup décisif au début de la guerre.

L'Empereur des Français, qui, surpris par la déclaration de guerre de l'Autriche, n'avait pas vu sans inquiétude l'attitude agressive de cette puissance et l'invasion subséquente du territoire piémontais, rejoignit, le 12 mai, le gros de son armée à Gênes; le 14, il établit son quartier-général à Alexandrie, qui devait naturellement servir de base d'opération.

Les alliés n'étaient pas encore prêts à tenir la campagne. Ils se tenaient donc provisoirement sur la défensive jusqu'au moment de leur concentration.

L'armée piémontaise avait prudemment gardé jusque-là une stricte défensive et s'était tenue appuyée aux places d'Alexandrie et de Casale pour s'opposer de front à une attaque éventuelle des ennemis; elle avait de plus élevé des retranchements passagers sur les rives de la Doire-Baltée pour arrêter les Autrichiens et protéger Turin. Enfin, du 15 au 18, l'armée alliée se trouva à peu près complétement organisée et concentrée sous les murs d'Alexandrie.

Les Piémontais formaient l'aile gauche, les Français l'aile droite.

Dès ce moment, l'Empereur des Français, sans avoir encore précisé son plan d'attaque, conçut de hautes espérances. Les récentes fautes diplomatiques et militaires de l'Autriche, ses lenteurs, ses hésitations, sa négligence à saisir le moment favorable pour se porter en avant, le confirmèrent dans la conviction que les ennemis du premier Empire n'avaient pas changé, malgré un laps de soixante ans : la conquête de la Lombardie, réalisée sans coup férir, ne lui parut pas impossible. Restait à prendre les mesures et à exécuter les opérations propres à réaliser ce plan.

Il s'agissait de savoir par quel point on attaquerait ou plutôt par quel point on chercherait à pénétrer en Lombardie et quelle conduite on tiendrait pour faire prendre à l'ennemi le change ; en un mot, il s'agissait de savoir comment on s'y prendrait militairement pour acquérir la Lombardie au meilleur marché possible.

On ne pouvait choisir qu'entre trois points différents : attaquer de front l'armée autrichienne établie sur un point quelconque du Pô ou du Tessin, ou la tourner à gauche ou à droite.

Le premier plan fut écarté tout d'abord comme étant trop coûteux. En effet, pour l'exécuter, il fallait passer sur le ventre de l'armée autrichienne, qui aurait offert une résistance sérieuse. Cette armée pouvait prendre sur le Pô une position presque inexpugnable, et, dans ce cas, il fallait se résoudre à des sacrifices cruels : le choc des deux armées mettait en perspective une boucherie commune à laquelle il ne convenait de recourir qu'en désespoir de cause.

Restait donc de tourner l'armée ennemie, quelle que fût la position qu'elle occuperait.

C'est dans cette mesure que l'Empereur arrêta son plan d'opération dès son arrivée à Alexandrie. On voit que, déterminé sous le rapport du mode d'exécution général, il est encore vague dans ses parties et ses détails. A cette époque, il était impossible de combiner des circonstances qui ne devaient se réaliser que plus tard. C'est de ces circonstances et des faits ultérieurs que l'Empereur se réservait de prendre conseil pour donner à son plan général un caractère plus déterminé.

Il serait aussi long qu'inutile et fastidieux de suivre les marches et contre-marches incohérentes des Autrichiens jusqu'à l'époque du combat de Montebello. Notons seulement que, le 19 mai, le général Gyulai retira son quartier-général de Mortara à Garlasco. Il avait été décidé à faire ce mouvement à l'est par la nouvelle qui lui était parvenue d'un mouvement des alliés vers la droite du Pô. En effet, à cette date, le 1er corps d'armée français était en mouvement d'Alexandrie dans la direction de Plaisance. Dès le 18, les divisions de ce corps étaient cantonnées à Ponte-Curone, à Castel-Nuovo et à Voghera, positions qu'elles occupaient encore à peu près le 20. La division la plus avancée était la division Forey, dont le quartier-général était à Voghera. La brigade Beuret, formant l'aile droite, était échelonnée sur la route de Voghera à Stradella, jusque vers la hauteur de Montebello, sans atteindre ce village. La brigade Blanchard, formant l'aile gauche, était établie sur la rive droite du Pô, à la hauteur d'Oriola. La première division du 1er corps présentait donc, à la date du 20 mai, un développement de front d'environ 2 kilomètres, parallèle au cours de la Staffora.

Du 18 au 20, le 2ᵉ, le 3ᵉ et le 4ᵉ corps étaient en marche d'Alexandrie à Valenza et à Tortone pour se mettre en communication, à gauche, avec l'armée piémontaise, dont le quartier-général était à Occimiano et dont l'aile gauche atteignait Vercelli, et, à droite, avec le 1ᵉʳ corps, qui avait pris les devants vers le sud-est. L'Empereur, avec la garde, était encore à Alexandrie.

En combinant ces données, on voit que l'armée alliée formait un réseau qui s'étendait de Voghera à la hauteur de Vercelli, suivant la ligne de la Sesia; elle couvrait tout à la fois le passage du Pô à la hauteur de Casale et celui de la Sesia à la hauteur de Vercelli. Son développement de front formait sensiblement un demi-cercle armé dont les ailes débordaient celles de l'armée autrichienne établie le long de la rive opposée de la Sesia. L'attitude des alliés était encore essentiellement défensive. Leur front se développait sur une ligne de plus de 20 kilomètres, position très vicieuse pour une attaque directe; mais cette disposition était déjà à cette époque, dans l'esprit de l'Empereur, le commencement du mouvement tournant qui devait se terminer par la bataille de Magenta. Son dessein était de s'assurer d'avance la ligne du Tessin supérieur pour entrer en Lombardie à la gauche de l'armée autrichienne au cas où celle-ci ne le préviendrait pas par un mouvement offensif. Dans l'éventualité d'une attaque générale de l'armée autrichienne sur la ligne des alliés, les places d'Alexandrie, de Valenza et de Casale, formant un triangle plus ou moins fortifié, devaient servir de points d'appui pour tomber au besoin, à gauche ou à droite, sur les flancs de l'armée ennemie qui déboucherait par un point quelconque de la Sesia ou du Pô.

Le 20 mai, le feld-maréchal comte Stadion, commandant du 5ᵉ corps d'armée, fit un mouvement offensif vers l'extrémité supposée de la ligne des alliés. Les forces mises à sa disposition se composaient des deux divisions Urban et Paumgarten du 5ᵉ corps.

La 1ʳᵉ division était composée des deux brigades Schaaffgotsche et Braum. La 1ʳᵉ brigade était formée d'un bataillon de chasseurs et du 39ᵉ régiment de ligne don Miguel, moins quelques bataillons laissés à Plaisance, mais remplacés par un nombre correspondant du 49ᵉ régiment de ligne Hess. La 2ᵉ brigade était formée du 46ᵉ régiment de ligne Rossbach.

La division Paumgarten était composée des trois brigades Gaal, Bils et prince de Hesse, et de deux bataillons de la brigade Boer du 8ᵉ corps.

La brigade Gaal était formée du 3ᵉ régiment de ligne archiduc Charles-Louis et du 1ᵉʳ bataillon de chasseurs frontières Liccans. La 2ᵉ brigade était formée d'un régiment dont nous ne connaissons ni le nom ni le numéro : c'était peut-être le régiment hongrois Zobel. La brigade du prince de Hesse était formée du 31ᵉ régiment d'infanterie de ligne Culoz.

Il résulte des rapports autrichiens mêmes que le feld-maréchal Stadion avait, pour soutenir son infanterie, trois escadrons du 12ᵉ régiment d'uhlans Roi de Sicile et trois escadrons du 12ᵉ régiment de hussards Haller.

Les forces placées sous le commandement du feld-maréchal Stadion se composaient donc de :

29 bataillons d'infanterie (35,000 hommes),
6 escadrons de cavalerie (1,200 chevaux),
5 batteries d'artillerie (40 pièces).

La division Urban, formant l'aile gauche, partit de Broni et suivit la route magistrale de Plaisance à Casteggio. La brigade prince de Hesse, formant l'extrême aile droite, déboucha par la vallée qui conduit de Verrua à Branduzzo. Les deux brigades Gaal et Bils, qui formaient le centre, étaient parties la veille du camp retranché de Pavie et s'étaient avancées jusqu'à la tête de pont de Vaccarizza, d'où elles repartirent le 20 de grand matin pour continuer leur mouvement à l'ouest. La brigade Gaal marchait à droite de la brigade Schaaffgotsche de la division Urban, sur Robbecco. La brigade Bils, placée entre celle de Gaal et celle du prince de Hesse, marchait sur Casatisma. Les deux bataillons Boer et le train d'artillerie, comme réserve, avaient ordre de s'arrêter à Barbianello.

Le général Gyulai avait calculé que ce mouvement convergent ne présenterait plus à l'heure de midi qu'un développement de front de 6 à 7 kilomètres, s'étendant de Casteggio à Branduzzo. A cette heure devait commencer l'ébranlement général sur les postes avancés des alliés.

A midi précis, les brigades autrichiennes débouchèrent simultanément des points désignés et se portèrent, par un mouvement de plus en plus convergent, dans la direction supposée des alliés, c'est-à-dire dans celle de Voghera. L'aile gauche traversa Casteggio et arriva, sans rencontrer d'ennemis, jusqu'à Coppa. C'est là que la brigade Braum, qui formait l'extrême aile droite, rencontra des grand'gardes de cavalerie piémontaise. Ces vedettes faisaient partie des avant-postes de deux régiments de cavalerie légère (Aoste et Novare), et de deux escadrons du régiment Monferrat, sous le commandement du général Sonnaz. L'Empereur des Français avait jugé à propos de faire éclairer et appuyer l'avant-garde de la première division du premier corps par la cavalerie sarde qui connaissait mieux le théâtre de la guerre et qui avait éprouvé moins de fatigue que la cavalerie française.

Les grand'gardes piémontaises se replièrent sur leurs piquets stationnés à Montebello, qu'ils abandonnèrent après quelques coups de carabine insignifiants.

Le général Urban les poursuivit dans la direction de Genestrello sur la route de Voghera. Mais à Genestrello se trouvaient le gros de la cavalerie piémontaise et deux bataillons du 84e régiment de ligne français, qui opposèrent une résistance sérieuse. La brigade Schaaffgotsche, qui marchait à la droite de la brigade Braum, les repoussa derrière le ruisseau du Fossagazzo, qui coule à l'ouest de Genestrello. La cavalerie piémontaise couvrit leur retraite avec une bravoure digne des plus grands éloges. Six fois ces intrépides escadrons se précipitèrent de Genestrello sur les bataillons Hess et don Miguel : six fois ceux-ci formèrent le carré, et, au moment où ils faisaient leurs décharges à bout portant, les escadrons piémontais faisaient volte-face, et les hussards autrichiens les mettaient en désordre ; mais chaque fois les Piémontais se reformèrent et revinrent à la charge ; ils perdirent beaucoup de monde.

La division Urban réussit à dépasser Genestrello : elle s'avança en deux colonnes (brigades Schaaffgotsche et Braum) sur la position que les deux bataillons français avaient prise de l'autre côté du ruisseau : l'une suivait la route de Genestrello, l'autre, plus au nord, le long de la voie ferrée.

Sur ces entrefaites, les deux bataillons français qui avaient été obligés de céder à des forces supérieures, reçurent des renforts.

Il était alors environ deux heures. Vers une heure, le général Forey avait appris à Voghera que les Autrichiens venaient de traverser Casteggio et qu'ils avaient chassé la cavalerie piémontaise de Montebello.

A l'instant, il envoie aux commandants de brigade de sa division l'ordre de se porter au pas de course sur le chemin de fer de Voghera à Casteggio et de le suivre dans la direction de Montebello. Il part avec deux bataillons du 74e de ligne et une batterie d'artillerie. Un peu avant deux heures, il a rejoint les deux bataillons du 74e qui attendaient les Autrichiens derrière le Fossagazzo, et dont la position pouvait devenir très critique. Il dispose ses quatre bataillons sur les deux points où, selon toutes les probabilités, aboutiraient les deux colonnes autrichiennes séparées : les deux bataillons du 84e au sud, l'un à droite, l'autre à gauche de la route ; derrière eux, l'un des deux bataillons du 74e, l'autre, au nord, près de la ferme de Cascine-

Nuove sur la voie ferrée pour couvrir l'aile gauche. Deux pièces d'artillerie sont placées près de la route, à la hauteur du ponceau du Fossagazzo.

La brigade Braum, aile droite des Autrichiens, attaque l'aile gauche des Français commandée par le colonel Cambriels, et soutenue par huit escadrons de cavalerie piémontaise. Le combat s'engage avec fureur : de part et d'autre, les hommes tombent pêle mêle sous une grêle de balles. Le bataillon français ne cède pas d'une semelle. Pendant la lutte que le colonel Cambriels soutient avec une poignée d'hommes contre toute la brigade Braum, le général Forey reçoit des renforts. — 17e bataillon de chasseurs, 3e bataillon du 84e et 3e bataillon du 74e.

Aussitôt il prend, avec six bataillons, l'offensive contre l'aile gauche des Autrichiens et les pousse, l'épée dans les reins, vers Genestrello, laissant un bataillon à Cascine-Nuove. Voyant son aile gauche enfoncée, le général Urban rappela aussi son aile droite qui, du reste, n'avait pas réussi à entamer le bataillon de Cambriels. Six bataillons français concentrés, soutenus par huit escadrons de cavalerie piémontaise, menèrent tambour battant, au delà de Genestrello, sept bataillons autrichiens, soutenus par deux escadrons de hussards Haller et deux pièces d'artillerie.

Les brigades Schaaffgotsche et Braum, en se retirant sur Montebello, rencontrèrent la brigade Gaal. Malgré ce renfort considérable, le général autrichien continua sa retraite sur Montebello. Vers trois heures et demie, la brigade Gaal, encore toute fraîche, occupa le village de Montebello et s'y retrancha. En arrière de cette brigade se plaça la brigade Bils, composée de quatre bataillons intacts, et plus loin, s'établirent, comme réserve, les brigades Schaaffgotsche et Braum qui s'étaient retirées devant les Français décimées et excédées de fatigue.

Pour attaquer les Autrichiens barricadés et retranchés dans Montebello, le général Forey crut devoir concentrer autant de troupes de sa division qu'il pouvait en réunir sans se compromettre sur d'autres points. Il appela donc toute la brigade Beuret : 17e bataillon de chasseurs, 74e et 84e régiment de ligne, et la brigade Blanchard : 91e et 98e régiment de ligne, moins trois bataillons dont deux tenaient tête au prince de Hesse à Oriola, et dont le troisième alla prendre la place du bataillon (du 74e) resté à Cascine-Nuove. Ce dernier se joignit à la brigade Beuret devant Montebello avant l'action.

Ces troupes d'infanterie étaient soutenues par deux batteries d'artillerie; mais il est évident que l'infanterie seule pouvait prendre part au combat de Montebello, car un combat d'intérieur de village barricadé exclut l'emploi de l'artillerie et de la cavalerie. Aussi la cavalerie piémontaise, harassée et décimée, se bornait-elle à protéger dans la plaine les batteries françaises qui, à cause des accidents de terrain, ne pouvaient suivre que par la route ni prendre position que sur le grand chemin.

Le général Forey fit prendre position d'attaque aux trois bataillons de la brigade Blanchard à l'extrême gauche, près de la route, contre le front des Autrichiens qui occupaient la partie sud de Montebello et s'y tenaient sur la défensive. Renforcé d'un bataillon du 93ᵉ du 5ᵉ corps (prince Napoléon) qui était accouru de Voghera au bruit du canon, le général Blanchard prit vivement l'offensive, et refoula les Autrichiens. La brigade Beuret tout entière prit position sur les hauteurs qui se trouvent au sud de la route. Vers cinq heures, elle attaqua Montebello au sud. Le choc entre les Français et les Autrichiens fut terrible : de part et d'autre, on se prit corps à corps ; on se battit à coups de crosse et de baïonnette ; on s'égorgeait, on s'assommait pour prendre une maison, une cour, un jardin, un enclos. Peu à peu, les Autrichiens perdirent du terrain et furent acculés au cimetière, à l'est de Montebello. La lutte pour la possession définitive du cimetière ne fut pas moins acharnée que le combat de rue ; elle ne cessa qu'après six heures du soir sur le signal de retraite que fit donner le feld-maréchal Stadion ; à six heures et demie, Montebello et le cimetière étaient au pouvoir des Français.

Les Autrichiens se retirèrent sur Casteggio sans être poursuivis ; le comte Stadion y rappela aussi les brigades prince de Hesse et Bils.

A Calcababbio et à Oriola, il n'y eut entre la brigade prince de Hesse, renforcée d'un bataillon de la brigade Bils, et les deux bataillons français du 91ᵉ de ligne, que des escarmouches insignifiantes qui ne furent meurtrières ni de part ni d'autre ; la brigade autrichienne se borna à occuper les Français et à les tenir sur place.

De quelque manière que l'on envisage ce premier

mouvement offensif des Autrichiens, comme plan ou exécution, comme reconnaissance ou combat sérieux, dans son ensemble ou dans ses détails, une critique impartiale ne peut y voir qu'une absence totale de sens stratégique et tactique. Toute cette scène militaire, dite *reconnaissance forcée*, n'est qu'un tissu de fautes qui tombent à la charge de tous les chefs supérieurs qui y prirent une part médiate ou immédiate. Le soldat autrichien seul et l'officier subalterne y payèrent bravement de leur personne.

Le terme de *reconnaissance forcée*, inconnu dans le dictionnaire militaire français, désigne une opération militaire particulière aux Autrichiens ou du moins aux Allemands. A en juger par le fait de la démonstration autrichienne, une *reconnaissance forcée* est une reconnaissance vive faite dans des circonstances particulières; mais elle suppose toujours, d'une part, un certain déploiement de forces, et, d'autre part, une retraite opérée, non par suite d'une défaite essuyée, mais en vertu du but même de toute reconnaissance militaire. Or, nous autres Français, nous regardons ce genre de reconnaissance tout simplement comme une absurdité.

Nous reculons pour mieux sauter, nous n'avançons jamais pour mieux reculer; nous ne connaissons le pas du Trocadéro que dans les salons. Faire une reconnaissance avec un grand corps, c'est confondre étrangement le moyen avec le but. Puisque la *reconnaissance forcée* doit être couronnée par une retraite sans combat sérieux, nous préférons envoyer en reconnaissance un caporal avec quatre hommes, ou, si cela n'est pas praticable, attendre l'ennemi de pied ferme ou mieux encore aller au-devant de lui.

Mais, de plus, une *reconnaissance forcée* paraît impliquer encore trois autres choses : 1° ignorance de la position, des forces ou des intentions de l'ennemi; 2° nécessité de sortir d'une position fausse ou périlleuse; 3° certitude ou du moins probabilité de pouvoir démasquer l'ennemi ou de le forcer à se déployer. Si l'une de ces trois conditions vient à manquer, une *reconnaissance forcée* est sans objet; elle n'a pas même le mérite d'une vaine curiosité. Or, il est impossible que le général Gyulai ignorât le 18, le 19 et le 20 mai, ce que toute l'Europe savait par le télégraphe électrique le lendemain de chacun de ces trois jours. Tous ses avant-postes placés le long de la Sesia jusqu'à Vercelli venaient de quitter les rives de cette rivière à l'approche des troupes alliées. A la date des trois jours cités, tout officier de l'armée autrichienne de campagne devait savoir, disons mieux, savait positivement qu'il n'y avait pas d'ennemis à plus de 20 kilomètres de Plaisance et du quartier-général. Pour justifier sa *reconnaissance forcée*, le général Gyulai écrit à l'empereur d'Autriche (1) que les rapports des espions et les observations faites par les avant-postes le long de la Sesia et du Pô avaient fait supposer que l'ennemi avait l'intention de faire, avec des forces considérables, un mouvement contre Plaisance en passant par Voghera. La position de cette place paraissait donc menacée au général Gyulai. Mais, si telles étaient réellement ses craintes, il lui

---

(1) Voir son Rapport après l'affaire de Montebello, page 71.

importait de déjouer le plan de l'ennemi; il devait donc chercher, par les moyens les plus puissants, à l'empêcher d'atteindre Plaisance, s'il ne voulait pas l'y attendre; mais, dans ce cas, ce n'était pas une *reconnaissance forcée* faite avec 35,000 hommes qui pût conjurer le coup dont il était menacé, c'était avec des forces supérieures et concentrées qu'il fallait attaquer l'ennemi et le rejeter : le simulacre d'attaque d'une *reconnaissance forcée*, même couronnée de tout le succès qu'elle comporte, ne pouvait avoir pour effet que de rapprocher l'ennemi de la place en question. Si cette position stratégique paraissait au général Gyulai réellement compromise, il était plus que téméraire de mettre 35,000 hommes aux prises avec deux ou trois corps d'armée alliés qu'il risquait de rencontrer; il était souverainement périlleux de dégarnir l'importante place de Plaisance au point de n'y laisser que quelques bataillons et de la mettre, en cas d'insuccès de la démonstration, dans l'impossibilité de résister à une attaque de vive force.

Les généraux français, quoique surpris jusqu'à un certain point par l'attaque des Autrichiens, accueillirent la rencontre comme une bonne fortune : n'admettant d'autres objectifs essentiels que les armées, ils s'applaudirent, malgré l'infériorité de leurs forces, de pouvoir atteindre l'ennemi en campagne. Par contre, il importait aux Autrichiens de se tenir sur une stricte défensive et de ne pas prêter le flanc à l'ennemi en dehors du rayon de leurs fortes positions.

Pour épuiser la liste des éventualités que pouvait

amener ce mouvement qu'il est impossible de qualifier, faisons toutes les suppositions possibles.

Ou les Autrichiens rencontraient tout le premier corps d'armée français, avec le 93ᵉ de ligne et les 10 brigades piémontaises, éventualité qui se serait infailliblement réalisée si les Autrichiens eussent tenu une heure de plus à Genestrello, et, dans ce cas, cette fatale reconnaissance amenait une bataille meurtrière pour les Autrichiens; ou ceux-ci rencontraient des forces alliées encore plus considérables, et les 35,000 Autrichiens étaient écrasés; ou les Autrichiens ne rencontraient que des forces alliées insignifiantes, et, dans ce cas, une reconnaissance faite par un grand corps d'armée entier n'aboutissait qu'à une inutile et fatigante promenade militaire, dont l'objet pouvait être rempli par un caporal; ou bien enfin ils remportaient, dans un combat d'avant-garde, un avantage analogue à celui qu'ils perdirent en cette journée. Dans ce dernier cas, qui était de beaucoup le plus improbable, ne fût-ce qu'à raison de la proximité des autres brigades du premier corps français et de l'éloignement du quartier-général autrichien, une bataille ou même un combat sérieux ne pouvait avoir lieu : les pertes des alliés ne pouvaient pas être importantes, par la raison toute simple que les gros des armées belligérantes ne se seraient pas mesurés, et que les 35,000 Autrichiens *reconnaissants* se seraient tout bonnement retirés, qui dans leurs lignes de retranchement sur le Pô, qui aux camps retranchés de Pavie et de Casal-Maggior, qui à celui de Plaisance.

L'exécution tactique de cette démonstration fut aussi mal conduite que la conception en était vicieuse. Le front d'attaque général des Autrichiens s'étendait en demi-cercle de Casteggio, par Casalisma, à Branduzzo, puis de Genestrello à Calcababbio, enfin du Fossagazzo à Oriola. Il avait donc un développement presque constant de plus de 8 kilomètres. Il s'ensuit qu'il n'y avait ni unité, ni ensemble dans les mouvements généraux et partiels des Autrichiens. A gauche, le comte Stadion agissait indépendamment du prince de Hesse, qui, à droite, ne voulut perdre de vue à aucun prix les deux bataillons français qui lui faisaient face. Si le général Forey eût eu assez de monde pour lancer un seul bataillon par l'espace qui séparait le comte Stadion du prince de Hesse, la position de ce dernier, pris entre deux feux, devenait des plus critiques. Même le front des colonnes Schaaffgotsche et Braum débouchant de Genestrello par la route et la voie ferrée dans la direction du ponceau du Fossagazzo, était trop développé. La brigade Schaaffgotsche ne fut repoussée par le général Forey que parce que la brigade Braum, trop éloignée, ne pouvait la soutenir, et celle-ci, tenue en échec par le colonel Cambriels et par le général Sonnaz, ne gagna pas de terrain, et se vit obligée de suivre le mouvement de retraite de Schaaffgotsche, parce que ce dernier n'était pas assez rapproché pour appuyer le premier. Nulle part les Autrichiens n'agissaient par grandes masses réunies et concentrées. Sur 35,000 hommes, ils s'étaient ménagé jusqu'à quatre réserves différentes et séparées.

Pendant toute la journée, ils gardèrent en réserve générale, sans y toucher, les deux bataillons Boer, avec de la cavalerie et du train d'artillerie, dont nous ne connaissons pas la quantité.

Au Fossagazzo et à Genestrello ils n'eurent en ligne que 7 bataillons. Non content de la réserve formée des deux brigades Gaal et Bils, le général Urban se réserva encore à Genestrello 4 bataillons de sa propre division. Les Autrichiens ne réunirent pas même toutes leurs forces pour la dernière et suprême lutte du village de Montebello : la brigade prince de Hesse, le 4ᵉ bataillon de la brigade Bils, la réserve de Barbaniello, et les deux brigades Schaaffgotsche et Braum, ne prirent aucune part à cette action.

De toutes ces considérations et de ces rapprochements il résulte que le feld-maréchal Stadion ne mit jamais en ligne le nombre de troupes dont il pouvait commodément disposer, et qui aurait pu lui assurer l'avantage de la journée.

Quant à la brigade prince de Hesse, qui opéra toute la journée comme corps indépendant, on serait en droit de la regarder comme une autre réserve ; car cette brigade, depuis midi et demi jusqu'à six heures, resta dans une inaction presque complète devant deux bataillons français soutenus par deux escadrons de cavalerie sarde. Quatre fois plus nombreuse, elle pouvait anéantir la poignée d'ennemis qui lui tenait tête. Mais, loin de tirer parti de son immense supériorité, elle ne se crut pas assez forte pour lutter avantageusement avec eux. Le prince de Hesse demanda et obtint comme renfort et réserve un bataillon de la brigade Bils. Il fit juste ce qu'il fallait pour empêcher les deux bataillons français d'aller grossir les rangs du général Forey; l'insignifiance de la lutte à Pizzale était telle qu'il n'y eut pas 250 hommes mis hors de combat de part et d'autre. Pour cette conduite, le prince de Hesse, de général-major (général de brigade) fut élevé, immédiatement après l'affaire de Montebello, au grade de feld-maréchal-lieutenant (général de division), nommé colonel propriétaire du 46ᵉ régiment de ligne, et promu, pour le même fait d'armes, il y a quelques jours, aux fonctions de général commandant la deuxième armée autrichienne. Il convient toutefois de remarquer que la direction dans laquelle on avait lancé le prince de Hesse était tellement fausse qu'il ne pouvait, sans danger, pousser au delà d'Oriola, de peur de perdre sa ligne de retraite.

Ce qu'il y a également d'étrange, c'est que les Autrichiens, qui avaient d'abord si vivement mené l'attaque, prirent le rôle opposé pour ne plus le quitter du moment que le général Forey prit l'offensive contre eux. Il leur était cependant facile, à deux reprises différentes, de reprendre leur premier rôle : à Genestrello, à la faveur de la réserve considérable qui vint au devant d'eux, mais surtout à Montebello, où tout semblait leur commander l'offensive : le nombre, l'avantage de la position, l'honneur de la journée.

Du simple exposé des faits que nous avons donné, il résulte que le nombre de troupes françaises mises en ligne par le général Forey n'était pas en grande disproportion (1) avec le nombre de troupes mises chaque fois en ligne par le feld-maréchal Stadion : au Fossagazzo et à Genestrello, 7 bataillons français contre 7 bataillons autrichiens (6,000 contre 8,000); à Montebello, 11 bataillons français contre 11 bataillons autrichiens. La disproportion n'était énorme qu'à Calcababbio et à Oriola. Mais ce qu'il ne faut pas perdre de vue, c'est que le général Forey était forcé de mettre en ligne toutes les troupes dont il pouvait disposer, au point qu'il lui restait à peine un bataillon de réserve et qu'il ne put même jamais mettre à la fois en ligne toutes les troupes de sa division, qui ne lui arrivaient que successivement.

Il est donc vrai de dire qu'une division française de 12,000 hommes battit, à la journée de Montebello, un corps autrichien trois fois plus nombreux (35,000 h.), car il ne dépendait que du feld-maréchal Stadion de mettre en ligne toutes les forces qu'il avait amenées

---

(1) Des journaux ont accrédité l'opinion que la division Forey ne comptait que 6000 hommes à la journée de Montebello, et que 15,000 à 18,000 Autrichiens furent battus par cette poignée de Français. Cette opinion, qui, du reste, ne s'appuie sur le rapport d'aucun des généraux français qui ont commandé à Montebello, est erronée. Toutes les divisions françaises étaient très peu nombreuses au moment de leur entrée en campagne ; mais à l'époque du 20 mai, leur effectif réel était de 10,000 hommes. Le 20 mai, les hommes envoyés dans leurs foyers avec congé temporaire, avaient déjà rejoint leurs régiments en Italie, et la création des quatrièmes bataillons (de dépôt) avait permis de les faire suivre de jeunes soldats dûment instruits. La division Forey était donc composée, à Montebello, de 12 000 hommes, en y comprenant le bataillon de chasseurs et le bataillon du 93e de ligne.

sur le théâtre du combat et qu'il avait constamment sous la main.

On ne revient pas de son étonnement à la vue d'une tactique qui, systématiquement et de parti pris, réduit ses forces vives d'un tiers et de moitié à mesure que le péril augmente. Le général autrichien pouvait facilement écraser un ennemi trois fois plus faible : au lieu d'augmenter ses forces, il les diminue à mesure que l'ennemi devient plus nombreux, plus agressif, plus victorieux.

On ne peut s'expliquer, jusqu'à un certain point, cette éclipse totale de sens tactique qu'en supposant au général autrichien la persuasion qu'il avait un ou deux corps d'armée ennemis sur les bras, et que, dans tout état de cause, sa démonstration devait se terminer par une retraite. Frappé des accroissements que recevait sans cesse l'ennemi et qui lui communiquaient chaque fois un nouvel élan, il craignait de faire une retraite arrêtée en principe dans des conditions d'autant plus désastreuses qu'il engagerait un plus grand nombre de troupes.

Il se peut que le feld-maréchal Stadion ait été décidé à se retirer en voyant de loin arriver par le chemin de fer de Tortone les divisions Bazaine et Ladmirault. Ce qui est constant et avéré, c'est que le combat de Montebello fut commencé, continué et entièrement terminé par onze bataillons français, c'est-à-dire par la division Forey seule, moins deux bataillons.

Le feld-maréchal Stadion commit donc une erreur inconcevable en affirmant dans son rapport que le nombre des ennemis auquel il avait eu affaire s'élevait à 40,000 hommes.

Quand les généraux Bazaine et Ladmirault seraient arrivés à temps à Montebello pour prendre part au combat, ils n'amenaient en bloc que 11,000 hommes qui, ajoutés à ceux du général Forey, ne donneraient que le chiffre de 22,000 hommes; et quand ils auraient amené avant la fin de la lutte tous les bataillons de leurs divisions, on n'arriverait encore qu'au chiffre de 33,000 hommes d'infanterie. Le général autrichien croyait si peu à la supériorité des forces qui l'attaquèrent dans Montebello, qu'il accepta sérieusement le combat et mit plus de la moitié de son corps (18 bataillons sur 29) en réserve inactive.

Nous avons fait vivement ressortir le caractère irrationnel du premier mouvement des Autrichiens considéré comme opération offensive isolée qui ne se rattachait à aucun plan sérieux.

Il nous incombe d'examiner le résultat possible, tranchons le mot, le résultat probable de cette attaque si, combinée avec un plan stratégique et exécutée avec une tactique intelligente, elle eût été immédiatement suivie de l'attaque d'une armée autrichienne de 60,000 ou 80,000 hommes.

Le général Forey, surpris par une avant-garde concentrée et décuple de sa division, eût été écrasé à Genestrello avant d'avoir pu réunir les forces nécessaires pour se défendre : ses bataillons, au fur et à mesure de leur arrivée successive sur le théâtre du combat, n'auraient fait que paraître et disparaître. Les bataillons des autres divisions du premier corps, arrivant plus tard et successivement, auraient eu infailliblement le même sort. On le voit, le mouvement des Autrichiens du 20 mai, conçu et exécuté dans ces conditions, aurait pu avoir pour les alliés des conséquences désastreuses, parce que le premier corps aurait été anéanti en détail avant de pouvoir être secouru par les autres corps disséminés et trop éloignés.

Les alliés s'étaient mis, de gaîté de cœur, à la discrétion d'une attaque générale; de propos délibéré ils s'étaient mis à découvert sur une ligne de plus de 80 kilomètres.

On est parti de là pour les accuser d'avoir méconnu les notions les plus élémentaires d'une saine stratégie. Les Français, dit-on, n'ont vaincu que par hasard et grâce à la maladresse de leurs adversaires. A cette objection, nous répondrons que la stratégie est essentiellement une science de prudence, et que, par conséquent, le plus haut degré de vraie science stratégique coïncide avec la juste mesure de prudence qu'on a employée pour arriver à ses fins : celui qui est trop prudent manque autant de stratégie que celui qui ne l'est pas assez. Or, les Autrichiens n'attaquèrent point les Piémontais lorsqu'ils avaient la partie plus belle qu'à l'époque du 20 mai, où les Français étaient réunis aux Piémontais ; à plus forte raison les alliés n'avaient pas à redouter de mouvement sérieusement offensif à l'époque du 20 mai.

Sans doute, en faisant la supposition d'un plan offensif conçu sur une échelle aussi vaste et aussi hardie, nous sortons du cadre d'idées où nous a confiné le général Gyulai, et nous ôtons à cette attaque le caractère d'une reconnaissance.

Prenons donc ce mouvement pour ce que son auteur nous le donne, c'est-à-dire pour un mouvement qui, en réalité, n'était ni offensif ni défensif. Aussi bien les Autrichiens sont coutumiers du fait des grandes reconnaissances militaires, dont l'issue est toujours la même. Peut-être qu'à force de retourner dans tous les sens cette singulière reconnaissance forcée y découvrirons-nous enfin quelque côté rationnel.

Il n'y a pas de pente plus glissante pour un général victorieux que celle du triomphe même qu'il vient de remporter. Quel moyen de résister à l'ivresse de la victoire et à la tentation de pousser à bout un ennemi qui, trois fois plus nombreux, a cherché son salut dans la fuite et que l'on suppose démoralisé? C'est peut-être sur cette faiblesse de la nature humaine que spéculait de loin l'état-major autrichien. Si tel était le but réel du général Gyulai, nous convenons que cette reconnaissance se justifie jusqu'à un certain point sous le rapport stratégique.

En effet, dans le cas où les alliés auraient donné dans le piége, ils auraient suivi le général autrichien sur la position qu'il lui aurait plu de choisir, soit dans l'angle coude formé par le Pô à l'est, soit dans l'angle formé par le Pô et le Tessin à l'ouest, c'est-à-dire dans celle de ces deux positions qu'il jugeait la plus inexpugnable, et où, par conséquent, il avait le plus de chance de réparer l'échec qu'il venait de subir. Encore une fois, si tel a été, comme on le prétend, le calcul du général autrichien, nous sommes prêt à rendre justice à l'idée stratégique que ce calcul recélait; mais on nous permettra également de faire remarquer que le plan d'opération de l'Empereur des Français ayant porté, dès l'origine, sur un point d'attaque tout autre que celui où le général se flattait de l'attirer, la reconnaissance de Montebello ne put être, en tout cas, qu'un coup d'épée dans l'eau.

Or, c'est cette éventualité que le général Gyulai devait faire entrer dans son plan stratégique, si tant est qu'il en ait eu un; il devait admettre comme possible une attaque sur la frontière ouverte de la Lombardie à la hauteur de Vercelli ou de Novare. Dans cette prévision, la reconnaissance de Montebello devait être menée avec une tactique d'autant plus habile que le côté stratégique en était éventuel et précaire; elle devait au moins être exécutée de manière à pouvoir réussir et à se faire pardonner par le succès. Ce qui a perdu d'emblée les Autrichiens dans cette campagne c'est, comme nous le verrons plus tard, l'idée fixe, mais gratuite, qu'ils ne seraient attaqués que par la ligne du Pô : la conquête de l'Italie autrichienne ayant été effectuée une fois par cette section, ils ne purent démordre de l'idée qu'on ne l'essaierait jamais par une autre section.

De l'attitude apparemment offensive, mais réellement et décidément défensive que maintinrent les Autrichiens à la journée de Montebello, nous concluons une fois de plus que l'Autriche n'avait jamais eu l'idée de faire une guerre offensive, la seule qui, engagée en temps utile, eût pu, selon nous, lui donner la victoire.

A partir de cette journée, le moral de l'armée alliée était décuplé et préludait, dans la pensée de tous, au triomphe définitif.

Après avoir fait ressortir sans ménagement les fautes des généraux autrichiens, il nous reste à parler de la manière dont les généraux français ont rempli leur devoir.

Le général Forey déploya dans cette circonstance toutes les qualités qui distinguent le général de division, disons mieux, le commandant de corps d'armée : promptitude de résolution, inspiration du moment, activité, énergie, rapidité d'exécution, esprit de concentration, d'attaque, de mouvement en avant continus. Les généraux de brigade Beuret et Blanchard, les colonels et les chefs de bataillon, de même que les officiers subalternes, suivirent son impulsion et le secondèrent dignement : chacun, officier et soldat de tout rang, fit, le moment du danger arrivé, noblement son devoir.

Le général Forey déploya un esprit de tactique qui a de quoi provoquer même l'admiration de ses adversaires. A Genestrello et à Montebello, il sut réunir et concentrer habilement le gros de ses forces aux points d'attaque, ne laissant que de faibles troupes sur les points où il voulait s'en tenir à la défensive. C'est ainsi qu'il n'opposa qu'un bataillon au général Braum à Cascine-Nuove, et qu'à Montebello il fit l'attaque principale par 8 bataillons.

Cependant, nous ne pouvons pas nous empêcher de faire remarquer qu'à cette brillante couronne de vertus militaires il manque un fleuron que nous pourrons acquérir, mais que les Autrichiens possèdent : nous autres Français, nous ne savons pas nous *garder*. Dans cette même guerre d'Italie, nous trouverons encore un autre exemple de ce défaut qui nous est propre. Nous laissons à juger à tout général et à tout officier réfléchi quel aurait pu être pour nous le résultat de la journée de Montebello si le général Forey et ses lieutenants ne se fussent pas surpassés eux-mêmes par les qualités qui font le héros sur le champ de bataille, mais qui sont souvent impuissantes contre les surprises.

Le général Forey ne fit pas poursuivre les Autrichiens, qui se retirèrent sur Casteggio. On en a conclu que les Français faisaient *la petite guerre* en Italie, et que leur cavalerie était dans un état déplorable. Le général Forey ne fit pas poursuivre les Autrichiens en retraite, parce qu'après le combat acharné de Montebello toutes ses troupes, infanterie et cavalerie piémontaise, étaient excédées, parce que la nature du terrain était impraticable à la cavalerie, et qu'il n'avait pas d'autorité sur les troupes qui, après l'action, arrivèrent des autres divisions à Montebello. Quant à la cavalerie française, dont un seul peloton du 1er chasseurs d'Afrique, commandé par un sous-lieutenant, était avec les chevau-légers piémontais dès Casteggio, nous la verrons faire ses preuves à Solferino, autant que le permettait la nature du terrain.

Les Autrichiens accusèrent le chiffre de 1,300 hommes

mis hors de combat, dont 294 tués, 718 blessés, et 283 manquants à l'appel. La plupart de ces derniers, blessés à Montebello, furent faits prisonniers dans les maisons (1).

Le général Forey accuse le chiffre de 700 hommes, tant tués que blessés. Les pertes de la cavalerie piémontaise furent d'environ 400 hommes mis hors de combat.

Pour procéder avec méthode, nous sommes obligé de considérer d'abord individuellement les différents mouvements partiels les plus importants des parties belligérantes; nous les rattacherons ensuite, s'il y a lieu, aux mouvements généraux dont ils sont les préludes ou les parties intégrantes. Les alliés, pour réaliser l'affranchissement de l'Italie, avaient à leur disposition deux leviers qui pouvaient devenir également puissants : la force militaire et l'insurrection civile.

Pour fournir aux Italiens l'occasion de s'affranchir eux-mêmes de la domination étrangère, il s'était formé, sous les auspices et dans les États du roi de Piémont, deux corps francs d'Italiens, celui des chasseurs des Alpes et celui des chasseurs des Apennins. Le premier, beaucoup plus nombreux et commandé par Garibaldi, chef de partisans hardi et entreprenant, était destiné à

---

(1) Voir aux Pièces justificatives le Rapport du feldzeugmeister comte Gyulai, commandant la deuxième armée, à Sa Majesté l'Empereur d'Autriche, sur la reconnaissance de Montebello.

soulever les populations sous les pas des Autrichiens.

Dès que ceux-ci, à l'approche des alliés, eurent évacué les environs de Vercelli, Garibaldi franchit sans obstacle le Tessin le 23 et proclama le 24, à Varèse, Victor-Emmanuel roi de la Lombardie.

Le général Gyulai et le général-gouverneur de la Lombardie envoyèrent de Milan à Varèse un détachement composé de 2 bataillons du régiment d'infanterie Kellner de Köllenstein et de 4 compagnies du 4ᵉ régiment de chasseurs frontières Szluines, avec 2 escadrons de hussards Haller et 2 demi-batteries d'artillerie, un peu plus de 3,000 hommes.

Retranché et barricadé dans Varèse, Garibaldi repoussa les Autrichiens, qui se retirèrent à Côme. Le chef victorieux des chasseurs des Alpes les y suivit et les défit une seconde fois. Le général Gyulai, craignant une insurrection générale des populations lombardes, ordonna au général Urban, qui commandait une division de réserve mobile destinée à maintenir la tranquillité de la Lombardie, de réunir à ses troupes toutes celles qui n'étaient pas indispensables dans les villes du Milanais et de marcher contre Garibaldi.

Le général Urban, à la tête d'un corps de 11,000 à 12,000 hommes, rencontra, le 29 mai, un détachement de Garibaldi à 4 kilomètres 1/2 est de Côme et le dispersa. Il s'avança incontinent sur cette ville. A l'approche des Autrichiens, Garibaldi se retira sur Laveno, petit havre autrichien sur le lac Majeur, et attaqua vainement cette petite forteresse. Placé entre le corps du général Urban, qui menaçait ses derrières, la forteresse de Laveno avec le lac Majeur, qui s'opposait de front à son passage, Sesto-Calende et Arona, que le général Gyulai avait fait occuper par plusieurs bataillons sur son flanc gauche, le chef des chasseurs italiens se trouvait dans une position des plus critiques : il ne pouvait en sortir que par un de ces coups de main hardis qui réussissent quelquefois à la guerre, malgré toutes les prévisions contraires.

Cependant, les premières colonnes du 4⁰ corps français entrèrent le 1ᵉʳ juin dans Novare, que les Autrichiens avaient abandonné pour se concentrer sur le Pô. Ce mouvement en avant des alliés décida le général Gyulai à se rapprocher du Tessin et du Pô. La retraite du général Gyulai décida le général Urban à se retirer de Varèse, où il était entré le 31 mai, et la retraite du général Urban décida Garibaldi, délivré contre toute attente, à retourner à Varèse, d'où il se répandit avec son corps, grossi à la faveur des événements ultérieurs de la guerre, dans tout le reste de la Lombardie jusqu'à Milan.

Nous nous arrêtons ici pour apprécier la conduite stratégique et tactique du général Gyulai dans ses rapports avec l'expédition de Garibaldi.

Le corps de Garibaldi, entrant dans la Valteline, pouvait paraître au général Gyulai l'avant-garde de l'armée des alliés. Nous ne lui ferons pas l'injure de lui prêter un instant de doute sur la nature de ce mouvement. En effet, les alliés n'auraient pu pénétrer en Lombardie, à la suite de Garibaldi, qu'à la condition de sacrifier Alexandrie, leur seule base d'opération solide, de compromettre gravement leurs derrières, et, en cas de défaite dans une bataille rangée, d'être rejetés vers les Alpes, à une distance immense de leur objectif. Mais, tout en estimant, sous ce rapport, l'invasion de Garibaldi à sa juste valeur, le général autrichien se trompa gravement sur les suites probables que cette irruption devait avoir sous un autre rapport. Garibaldi, avec le prestige qui s'attachait à son nom, pouvait soulever toute la Lombardie et mettre ainsi les Autrichiens entre l'insurrection armée sur leurs derrières et une armée de 260,000 hommes sur leur front. Tout commandait donc au général autrichien d'étouffer la révolte à sa naissance, disons mieux, de la prévenir, par conséquent, de mettre, dès le commencement, dans l'ouest de la Lombardie, un corps mobile de 12,000 hommes pour repousser la bande envahissante. Il ne fit ni l'un ni l'autre : les forces défensives établies d'abord dans la Valteline se réduisaient à quelques bataillons du 3e régiment d'infanterie archiduc Charles enfermés dans Laveno et à l'insignifiante flottille du lac Majeur. La patrouille intermittente du général Urban était insuffisante contre une bande de 10,000 hommes qui grossissait à vue d'œil, et, au moment où Garibaldi, serré de toutes parts, allait être obligé de déposer les armes ou de s'échapper, à tous risques, sur le territoire neutre de la Suisse, le général Gyulai mit son lieutenant dans l'impossibilité d'achever son œuvre. Il était facile de mettre la Valteline à l'abri d'une irruption et de l'insurrection par le col du Stelvio, par

Milan, par le Pô, par le Tessin ; le général autrichien agit comme s'il ne soupçonnait pas que l'ouest de la Lombardie pût devenir un sujet d'embarras pour lui.

Le fait de la reconnaissance autrichienne de Montebello, envisagé comme conception stratégique et exécution tactique, ne laissa plus de doute, dans l'esprit de Napoléon III, sur trois points essentiels et déterminants : 1° l'attitude définitivement défensive des Autrichiens ; 2° le centre de leur défense effective ; 3° l'avantage qu'il y aurait pour les alliés à leur livrer bataille en dehors du rayon de leurs positions.

Cinquante fois, autant de fois qu'il s'était écoulé de jours du 1er avril au 20 mai, les Autrichiens pouvaient prendre l'offensive avec un avantage décidé : plus le temps marchait, plus leurs chances de vaincre par l'offensive diminuaient : donc ils ne la prendront jamais. Leur défense effective ne peut s'étendre également sur la ligne incommensurable de l'Émilie occidentale à la frontière suisse le long du Pô et du Tessin. Donc, elle se renfermera dans le champ clos qu'ils considèrent avec raison comme leur boulevard extérieur le plus solide et que la plus vulgaire stratégie leur commande de maintenir à tout prix, c'est-à-dire, dans les deux triangles contigus formés par le Pô et le Tessin. Que si, contre toute attente, elle s'étendait au delà de ce rayon, les alliés combattraient sur un terrain plus favorable, contre une armée moins nombreuse et moins condensée, avec une tactique supérieure. Une armée de plus de 200,000 hommes dont tous les corps pouvaient se porter en quelques heures sur un point donné, maîtresse de neuf rives correspondantes et fortifiées, une sur la Sésia, deux sur l'Agogna, deux sur le Tessin oriental, deux en amont, deux en aval du Pô, appuyée sur six places fortes, en première ligne Plaisance, Pavie, Casal-Maggior ; en seconde ligne

Mantoue, Crémone, Pizzighettone, etc. ; sur quatre camps retranchés, Plaisance, Pavie, Casal-Maggior, San-Martino; sur trois têtes de pont, Plaisance, Vaccarizza, San-Martino, etc., pouvait défier l'attaque de toute armée même supérieure en nombre. Si l'on voulait attaquer l'armée ennemie de front, il fallait l'enfoncer sur une profondeur de plus de 40 kilomètres, la couper en deux, la disperser à droite et à gauche, et, en cas de défaite, elle pouvait se retirer dans ses places fortes de derrière et de flanc, d'où elle menaçait encore les devants et les derrières de l'armée victorieuse. En la tournant à l'est, on la laissait intacte et elle pouvait, à volonté, se jeter sur le flanc et les derrières de l'armée tournante, ou lui opposer un nouveau front. Pour l'envelopper, il fallait donner à l'armée enveloppante un front d'une dimension démesurée et l'on ne faisait que concentrer davantage l'armée ennemie dans ses fortes positions et dans ses camps retranchés. Dans ces conditions, il faut l'éviter et la tourner à l'ouest. Si la manœuvre réussissait, la Lombardie conquise sans coup férir en serait le prix : l'ennemi, qui ne voit d'attaque et de défense que sur la ligne du Pô, nous attendra sur ce fleuve jusqu'à ce que nous ayons effectué le passage du Tessin, ou, s'il évente la mèche avant que le tour soit joué, nous serons en mesure de le recevoir chaudement.

Telles étaient les conclusions de l'Empereur des Français à la suite du combat de Montebello. L'idée d'attaquer par le Pô, momentanément reprise à cette occasion, fut définitivement abandonnée.

L'exécution du plan arrêté était hérissée de difficultés et de dangers de toute nature. Pour confirmer l'ennemi dans ses idées fixes, il fallait commencer par concentrer le gros des forces alliées dans des positions parallèles aux siennes, puis faire faire, sous les yeux de l'ennemi, à une armée de plus de 200,000 hommes, un mouvement de conversion sur une ligne de plus de 150 kilomètres. Cette ligne, s'étendant de Voghera, à la hauteur de Novare, pour se rabattre sur la route magistrale de Milan, formait ainsi un angle aigu rentrant à côtés inégaux et présentait l'avantage de pouvoir étreindre l'armée ennemie, si elle osait se porter de front, entre deux ailes dont la gauche, plus condensée, devait enfoncer l'aile droite de l'armée ennemie pour dégager la rive méridionale du Tessin.

Les dangers qu'entraînait cette immense opération étaient tout à la fois à l'est, au nord et au sud, c'est-à-dire de derrière, de front, de flanc droit et de flanc gauche. De tous ces dangers, celui de front était le seul inquiétant, mais en même temps le plus facile à conjurer. En effet, du moment que les alliés sacrifieront Alexandrie comme base d'opération, rien ne sera plus facile aux Autrichiens que de s'interposer entre cette place forte et les derrières de l'armée alliée. Mais hâtons-nous d'ajouter que l'Empereur des Français n'avait aucune appréhension pour sa ligne d'opération : il supposait avec raison que les Autrichiens ne se hasarderaient pas à s'éloigner de leur base principale, les angles du Pô et le quadrilatère, ni à mettre la Lombardie complétement à découvert. Il ne s'embarrassait pas davantage de leurs entreprises sur l'aile droite de l'armée tournante, parce que, d'une part, il était facile de n'accepter le combat qu'en dehors des fortes positions de l'ennemi et que, d'autre part, l'armée alliée, attaquée de flanc droit, aurait toujours l'avance et se trouverait plus concentrée que l'armée ennemie. Une attaque vigoureuse, exécutée sur le front de l'armée alliée avant que le mouvement tournant fût achevé, pouvait évidemment amener des résultats plus sérieux ; mais cette éventualité était, de toutes, la plus improbable.

Car, tant que le mouvement tournant ne sera pas commencé, l'ennemi ne le soupçonnera pas, et si celui-ci ne se met en mouvement qu'après l'armée tournante pour lui opposer un nouveau front, il arrivera trop tard. Il est donc essentiel que les premières colonnes de l'ennemi restent, pendant toute la durée du mouvement, à une distance respectueuse en arrière des nôtres qui doivent toujours conserver leur avance initiale. Les alliés ont donc un double rôle à jouer, un rôle apparent et un rôle réel. Le premier sera dévolu à l'armée sarde; le second sera réservé à l'armée française. La première, occupant l'avant-scène, accomplira, pendant tout le temps nécessaire pour effectuer le mouvement tournant, une série d'évolutions toujours renaissantes pour jeter de la poudre aux yeux de l'ennemi, pour l'empêcher d'approcher et d'avoir vue sur la scène. Cependant l'armée française, à la faveur des voies ferrées, tournera inaperçue derrière le rideau et paraîtra tout d'un coup à l'extrême ouest du théâtre de la guerre, quand l'ennemi la croira encore à l'extrême est, menaçant ses positions du Pô.

Pour que le lecteur ne nous accuse pas de prendre de simples coïncidences ultérieures pour de profondes combinaisons stratégiques, en un mot, de faire de la stratégie posthume, nous le prions de constater avec nous les dispositions que prit l'Empereur en exécution de son plan et les mouvements qui en furent la suite.

Les quatre premiers corps français et la garde impériale commenceront par se concentrer en face des positions autrichiennes et prendront une attitude décidément aggressive. En même temps l'armée sarde et une division (d'Autemare) du 5ᵉ corps français formeront une longue avant-garde apparente s'étendant de l'extrême aile droite française à la hauteur de Vercelli. C'est cette avant-garde développée sur une ligne égale à celle du mouvement tournant qui occupera l'armée autrichienne pendant l'opération de la conversion et qui masquera la marche de l'armée française.

Par ordre de l'Empereur, le 1ᵉʳ corps français (Baraguey-d'Hilliers), formant l'aile droite, se concentra sur la rive droite du Pô et de la Scrivia, à la hauteur de Voghera à l'ouest et de Casei à l'est, menaçant de front la position de Plaisance.

Le 2ᵉ corps (Mac-Mahon), appuyé à la gauche du 1ᵉʳ et formant le centre, occupa la rive droite du Pô et la rive gauche de la Scrivia à la hauteur de Castelnuovo-Scrivia et de Sale, menaçant de front la ligne autrichienne du Pô.

Le 4ᵉ corps (Niel), appuyé à la gauche du 2ᵉ et formant l'aile gauche, s'établit sur la rive droite du Pô et la rive gauche du Tanaro, à la hauteur de Basignana et de Valenza, menaçant également de front la ligne autrichienne du Pô.

En seconde ligne se placèrent le 3ᵉ corps (Canrobert), en arrière de l'aile droite, à la hauteur de Ponte-Curone, et la garde impériale en arrière de l'aile gauche, à la hauteur d'Alexandrie.

Le Roi Victor-Emmanuel reçut ordre d'échelonner

son armée, par divisions et par brigades, à la gauche du 4ᵉ corps français, depuis le Pô jusqu'à Vercelli.

La 5ᵉ division sarde (Cucchiari) prit position sur la rive droite du Pô, l'une de ses brigades à la hauteur de Monte, l'autre à la hauteur de Frassinetto.

La 1ʳᵉ division sarde (Castelborgo) prit position à la hauteur de Casale, l'une de ses brigades appuyée à cette place, l'autre sur la rive gauche du Pô, à la hauteur de Terra-Nuova.

La 2ᵉ division sarde (Fanti) prit position entre le Pô et la Sesia, l'une de ses brigades à la hauteur de Motte di Conti, l'autre à la hauteur de Caresana.

La 3ᵉ division sarde (Durando) prit également position entre le Pô et la Sesia, l'une de ses brigades à la hauteur de Pezzana, l'autre à celle de Prarolo.

Enfin, la 4ᵉ division sarde (Cialdini) occupa Vercelli.

Toute l'économie tactique de cet ordre de bataille est une preuve matérielle de l'impression que l'Empereur voulait produire sur l'esprit du général en chef autrichien.

L'armée française était massée et rangée en bataille, en face des positions ennemies, sur un développement de front de trois corps, égal à celui des lignes ennemies et sur une profondeur d'aile de deux corps.

L'armée sarde, au contraire, était éparpillée, disséminée en long cordon, sans profondeur, parallèle au Tessin.

De cette disposition, jointe au bruit que les alliés

avaient fait courir d'une attaque imminente sur les positions autrichiennes, le général Gyulai dut conclure qu'il n'avait rien à craindre à l'ouest; il dut, en conséquence, se préoccuper uniquement de la défense de sa ligne orientale.

Telle était la position des armées alliées à la date du 25 mai.

A cette même époque, l'armée autrichienne de campagne actuelle, composée de cinq corps, occupait les positions suivantes :

Le 7e corps (Zobel), formant l'aile droite, se trouvait à la hauteur de Candia, se repliant de Vercelli dans l'angle formé par le Tessin et le Pô, et conservant mi-front contre la ligne des Piémontais.

Le 3e corps (Schwarzemberg) et le 5e (Stadion), formant le centre, se trouvaient plus rentrés vers le sommet de l'angle entre Candia et Sannazaro, faisant face au Pô piémontais et à Valenza, et convergeant vers l'est.

Le 2e corps (Lichtenstein) se trouvait comme réserve de l'aile droite sur l'Agogna.

Le 9e corps (Schaaffgotsche) était établi à la hauteur de Pavie comme corps de réserve et comme corps de première ligne, suivant les éventualités.

Le 8e corps (Benedeck), chargé de défendre le triangle formé par le Pô, était établi à la hauteur de Plaisance, faisant face à l'aile droite française.

Cette disposition défensive de l'armée autrichienne ne nous paraît rien laisser à désirer sous les rapports stratégique et tactique. Le général Gyulai pouvait en être justement fier (1).

Pendant les sept jours qui suivirent le combat de Montebello, il n'y eut aucun engagement sérieux entre les parties belligérantes. Les Autrichiens les employèrent à se concentrer et à se fortifier de plus en plus dans leurs positions du Pô, s'attendant à chaque instant à être attaqués. Les alliés les employèrent à

---

(1) La *Gazette de Vienne* publie le communiqué suivant du quartier général de Galasco, à la date du 28 mai :

« L'ennemi commence à comprendre l'importance des positions de
» l'armée autrichienne entre le Pô, la Sesia, le Tessin et l'Agogna.
» Notre armée est renfermée dans un carré stratégique qu'il sera
» difficile de rompre. Tant que nous serons là, il n'est pas possible
» d'attaquer impunément la Lombardie par le Tessin, ni de tenter
» par les Duchés le passage du Pô. Seulement, pour nous contraindre
» à sortir de notre ligne d'action, a été inventée la cauteleuse expé-
» dition de Garibaldi, dont les tentatives ne peuvent en aucune ma-
» nière changer les grandioses opérations sur lesquelles s'appuie
» l'issue de la campagne actuelle. Les Français, qui sont dans le
» défilé entre Tortona et Casteggio, cherchent à effectuer un mou-
» vement de flanc; ils voudraient, si c'était possible, appuyer l'aile
» gauche au Pô dans le voisinage de Beretti, et l'aile droite à Bobbio
» et aux premières hauteurs des Apennins. Nous ne permettrons
» pas cette évolution. Le passage du Pô n'est pas possible tant que le
» lieutenant feld-maréchal Benedeck sera à Lomello. A Bobbio, nos
» troupes ne craignent ni l'impétuosité, ni les démonstrations des
» généraux français. Le roi Victor-Emmanuel se barricade derrière
» les collines de Montferrat, attendant le moment propice d'entrer
» en campagne; quand le canon tonnera sur le Pô, il passera la
» Sesia. Tous ces mouvements n'influeront pas sur nos plans de
» campagne, qui ne seront altérés ni par des caprices, ni par des
» raisons fugitives. Les Franco-Sardes, qui ont été jusqu'ici sur la
» défensive, doivent nécessairement prendre l'offensive. »

faire les préparatifs de leur mouvement de conversion, à combiner les moyens de le dérober à l'ennemi et à opérer les dislocations et les rapprochements nécessaires pour une rapide exécution. Ils déployèrent une activité prodigieuse. Un matériel immense fut amené de toutes les lignes ferrées du Piémont à Alexandrie, à Tortone, à Voghera, pour le transport des troupes et du matériel militaire; les chefs de service et d'administration reçurent ordre de diriger des munitions, des vivres, des bagages sur Vercelli et Novare; la cavalerie et l'artillerie françaises reçurent ordre de se porter sur Turin pour prendre la même direction.

Le 27 mai, toute l'armée alliée s'ébranla à gauche. L'armée sarde partit la première. Trois divisions (Fanti, Durando et Castelborgo) arrivèrent le 28 à Vercelli. La division Cucchiari resta provisoirement à Casale pour maintenir cette place contre une attaque éventuelle des Autrichiens. La division Cialdini était à Vercelli dès le 2 mai. Elle y était entrée à la suite de a r etraite du général Zobel, qui s'était replié dès le 19 pour se rapprocher du Pô. Poursuivant les Autrichiens, elle avait même réussi à prendre pied sur la rive gauche de la Sesia; mais les pluies des derniers jours de mai ayant grossi la rivière et menacé les ponts, elle avait été obligée de revenir sur la rive opposée.

Le transport des divisions sardes s'effectua sans interruption. En effet, il était de la plus haute importance d'occuper au plus tôt Vercelli et la voie ferrée de Novare. Maîtres de Vercelli, les alliés étaient en position de repousser les Autrichiens qui se présenteraient sur la Sesia et qui menaceraient la ligne de communication entre Vercelli et Novare.

Le 3ᵉ corps français (Canrobert) se mit en mouvement de Pontecurone et arriva le 28 en chemin de fer par Alexandrie et Valenza à Casale, où il s'arrêta.

Ce corps partit le premier, parce que, établi en seconde ligne derrière celui du maréchal Baraguey-d'Hilliers, il pouvait se déplacer et se transporter au loin sans être aperçu des Autrichiens. Il s'arrêta à Casale pour appuyer l'armée piémontaise, qui, sur ces entrefaites, s'était portée sur la rive droite de la Sesia, et l'aider à contenir les Autrichiens dans leurs positions ou à les y refouler, si, ayant dépassé Mortara et Robbio dans la direction du sud et du sud-ouest, ils venaient à menacer la ligne de conversion. Dans ce but éventuel, l'Empereur renforça le 3ᵉ corps du 3ᵉ régiment de zouaves du 5ᵉ corps (prince Napoléon).

Le 28, le 4ᵉ corps (Niel) partit par la même voie de Valenza, et s'arrêta le même jour à Pamaro et à Lazzarone, entre Valenza et Occimiano. Il ne dépassa pas Occimiano, pour rester appuyé à sa droite sur le 2ᵉ corps et l'une des deux brigades d'Autemare. Ce corps partit le deuxième, parce que son point de départ était moins éloigné du nouveau point de concentration (Novare) que les points de départ du 1ᵉʳ et du 2ᵉ corps : son déplacement et sa jonction avec le 3ᵉ corps s'opéraient en moins de temps. Pour empêcher l'ennemi de s'apercevoir de la disparition du 4ᵉ corps, placé à Valenza en première ligne, le général Mac-Mahon envoya l'une des deux brigades de la division d'Autemare (1) occuper la position abandonnée à sa gauche.

Le 27, le 2ᵉ corps (Mac-Mahon) partit à pied de Castelnuovo, et s'arrêta à la hauteur de Bassignana, appuyant le 4ᵉ corps. Le général Mac-Mahon laissa à son lieu et place la 2ᵉ brigade d'Autemare. Les deux brigades de la division d'Autemare, qui avait occupé le front du 2ᵉ corps, se trouvent ainsi rangées côte à côte sur la même ligne, l'une appuyée sur le 1ᵉʳ corps à droite, l'autre sur le 2ᵉ corps en arrière, et sur le 4ᵉ à gauche.

Le 27 et le 28, le 1ᵉʳ corps se serra autour de Voghera, appuyant à gauche et envoyant plusieurs reconnaissances et patrouilles dans la direction des positions ennemies.

Le 28, la garde impériale partit d'Alexandrie par voie de fer, et arriva le soir à la hauteur d'Occimiano, où elle s'arrêta. Elle appuya tout à la fois le 3ᵉ corps dans la direction de Casale, et le 4ᵉ dans celle de Valenza. En rapprochant le mouvement de conversion de l'armée sarde exécuté dès le 28 jusqu'à Vercelli du mouvement correspondant de l'armée française qui s'arrêta le même jour à Casale, on voit que la position défensive des alliés en face des Autrichiens était inexpugnable derrière le Pô de Voghera à Casale, mais que de Casale à Vercelli un espace de 50 kilomètres restait

---

(1) La division d'Autemare, du 5ᵉ corps français (prince Napoléon), avait été adjointe au 2ᵉ corps dès le commencement de la campagne; elle avait pour mission de protéger et de masquer les mouvements des Français.

complétement à découvert. Le général autrichien, voyant devant sa ligne de front une masse compacte d'ennemis menaçants, dut croire à une attaque imminente. Tout préoccupé de cette idée et de sa défense, il ne voyait ni le vide laissé par les alliés à leur droite, dans la direction de Plaisance, ni le dénûment de la ligne de Casale à Vercelli. Il ignorait cet état de choses; mais il en eût eu une parfaite connaissance, qu'il ne serait pas sorti de ses retranchements, parce que, ne se doutant pas du mouvement qu'exécutaient les alliés, il ne pouvait admettre qu'une attaque sur ses lignes du Pô.

Le 29, le 3ᵉ corps dépassa Casale à la suite des divisions sardes jusqu'à mi-chemin de Vercelli. C'est ainsi que le vide qui existait le 28 entre Vercelli et Casale se trouva comblé; le même jour le 4ᵉ corps s'interposa entre Vercelli et Casale.

La garde occupa Casale. Le 3ᵉ corps occupa Occimiano. Le 1ᵉʳ corps atteignit Bassignana et Sale, répétant sur le front de l'ennemi les mêmes reconnaissances et patrouilles que la veille. On le voit, la défensive des alliés, dont les corps s'appuyaient les uns aux autres de Vercelli à Bassignana, était le 29 dans les meilleures conditions; la droite seule, c'est-à-dire Voghera, s'était dégarnie, mais en l'état des choses il n'y avait rien à craindre de ce côté.

Le 30, l'Empereur, pour ôter au général autrichien tout soupçon de pouvoir jamais être tourné, fit faire par le 4ᵉ corps et l'armée sarde une démonstration directe du côté de Mortara.

Dès que le général Niel eut reçu avis que les quatre divisions piémontaises avaient passé la Sesia, tout le 4ᵉ corps monta en wagons, et arriva jusqu'à Borgo-Vercelli, à 16 kilomètres de Novare ; le 2ᵉ corps dépassa Casale ; le 1ᵉʳ succéda au 2ᵉ ; la garde impériale se porta par Trino à Vercelli.

Les Autrichiens ne pouvaient donc pas se douter le 30 du mouvement de conversion des alliés ; car ils devaient considérer la pointe que faisaient les Piémontais sur Palestro comme le prélude d'une attaque générale exécutée par la Sesia sur leurs positions à l'ouest du Pô piémontais.

Le 30 mai, la division Lilia, du 7ᵉ corps d'armée autrichien, formant l'extrême aile droite, occupait les villages de Casalino, de Confienza, de Vinzaglio et de Palestro, sur la rive gauche de la Sesia. Elle était composée de la brigade Weigl, 53ᵉ régiment de ligne archiduc Léopold Louis, et de la brigade Dorndorf, 22ᵉ régiment Wimpffen. Le quartier-général de cette division était à Robbio, et celui du corps dont elle faisait partie à Mortara. La seconde division (Reischach) de ce corps occupait la rive gauche de la Sesia inférieure.

Les quatre villages que nous venons de nommer, sont situés à l'est de la Sesia, dans un terrain bas qui a la forme d'un grand réseau de cours d'eau naturels et artificiels, de fossés, de douves et de tauberres creusés pour préserver de l'inondation les nombreuses rizières entre cette rivière et l'Agogna. Ces accidents de terrain augmentent à mesure qu'on approche de ces quatre localités, et sont au même degré gênants pour la marche des troupes. Les quatre villages sont bâtis sur autant de petits plateaux qui s'élèvent comme des îles au-dessus des canaux qui les enveloppent.

Palestro, le plus considérable, est situé sur la route de Vercelli à Robbio, à 7 kilomètres de chacune de ces deux villes, et à 2 kilomètres de la Sesia; il occupe un plateau élevé, dont les abords immédiats sont escarpés et presque inaccessibles du côté du nord et de l'ouest. La route qui entre par le nord est encaissée, aux approches du village, dans une gorge étroite longue de 300 mètres. Il ne peut y avoir d'engagement sérieux que sur la hauteur même, et, pour y arriver, il faut pénétrer par le sud, qui est plus accessible. Au pied méridional du plateau se trouve la Roggia-Gamara, canal profond qui communique avec la Sesia, et qui a un pont conduisant au village.

Casalino est à 6 kilomètres au nord de Palestro, à 2 kilomètres à l'est de Borgo-Vercelli, un peu plus au nord.

Vinzaglio est à 2 kilomètres nord-ouest de Palestro, à 4 kilomètres est de Vercelli.

Confienza est à 4 kilomètres nord-est de Palestro, à 8 kilomètres est de Vercelli.

Ces quatre villages, reliés par de bons chemins qui communiquent avec la route de Vercelli, de Borgo-Vercelli et de Robbio, forment un quadrilatère de stratégie offensive dont le sommet d'angle le plus obtus est occupé par Vinzaglio. De ces quatre positions occupées par les Autrichiens, la plus importante pour les alliés, était évidemment Palestro, tant à cause de sa proximité des lignes alliées que de sa force défensive et offensive. C'est donc sur Palestro que convergeront, du nord au sud, trois divisions sardes, qui doivent chasser d'abord les Autrichiens de Casalino, de Vinzaglio et de Confienza, concurremment avec la 4ᵉ division, envoyée directement à Palestro.

Le 30, de grand matin, la 4ᵉ division sarde (Cialdini) se porta sur l'objectif principal, Palestro; la 3ᵉ (Durando) sur Vinzaglio; la 1ʳᵉ (Castelborgo) sur Casalino; la 2ᵉ (Fanti) sur Confienza.

A la tête de la division Cialdini marchait la 1ʳᵉ brigade (Villamarina), avec le 7ᵉ bataillon de bersaglieri. L'avant-garde, composée de ce bataillon de chasseurs et de deux bataillons du 9ᵉ régiment de ligne Reine, surprit le poste autrichien qui gardait le pont de la Roggia-Gamara, et le rejeta sur les hauteurs. A l'instant Cialdini lança ses bataillons sur le plateau, qui n'était occupé que par un demi-bataillon de grenadiers du 53ᵉ régiment d'infanterie archiduc Léopold. Les Autrichiens furent repoussés à l'extrémité du village. Ayant reçu, sur ces entrefaites, un renfort d'un bataillon du 22ᵉ régiment d'infanterie Wimpffen et de deux compagnies du 53ᵉ régiment archiduc Léopold, ils essayèrent de résister et même de prendre l'offensive. Ils furent écrasés par les forces supérieures des Sardes, et se retirèrent avec des pertes sanglantes, laissant entre les mains de l'ennemi plus de 300 prisonniers, dont beaucoup de blessés. Le général Cialdini accusa, de son côté, le chiffre de 140 hommes mis hors de combat.

La 3ᵉ division sarde (Durando), augmentée de deux régiments de cavalerie (Gênes et Piémont-Royal), se porta sur Vinzaglio par Torrione. Arrivée devant Parnasco, à 2 kilomètres nord-ouest de Vinzaglio, Durando y attaqua de front, après midi, le petit poste autrichien avec des forces très supérieures, encore augmentées par des troupes de la 2ᵉ division et par la brigade Savone de la 4ᵉ division, qui était devenue disponible après l'affaire de Palestro, et le força à la retraite. Les Autrichiens se retirèrent en bon ordre sur Confienza, ne cédant le terrain que pied à pied. Durando accusa le chiffre de 188 hommes mis hors de combat de son côté. Il paraît que les pertes des Autrichiens, abrités derrière des maisons et les retranchements qu'ils avaient faits, furent moindres qu'à Palestro. Ils ne furent point poursuivis, parce que leur ligne de retraite était impraticable à la cavalerie.

La 2ᵉ division sarde (Fanti) se porta par Borgo-Vercelli sur Casalino pour aller de là à Confienza. Retardé dans sa marche par des grand'gardes autrichiennes qu'il rencontra sur sa route, le général Fanti n'arriva à la hauteur de Casalino que dans l'après-midi. Au bruit du canon, qui venait de Vinzaglio, il partagea sa division en deux colonnes, dont l'une arriva encore à Vinzaglio pour prendre part à la fin de la lutte, et dont l'autre alla occuper Confienza, évacuée par les Autrichiens.

La 1ʳᵉ division sarde (Castelborgo) n'arriva à Casalino, nous ne savons pourquoi, qu'à la nuit tombante, et en prit possession sans coup férir.

Le roi Victor-Emmanuel établit son quartier-général à Torrione, à la hauteur de la route de Vercelli, de Borgo-Vercelli, de Palestro et de Robbio, à quelques kilomètres ouest des quatre localités où s'étaient établies les divisions victorieuses de son armée.

La pointe de Palestro, que nous venons d'esquisser, fut exécutée de fait par les divisions sardes seules. Mais elles ne devaient pas rester longtemps abandonnées à leurs propres forces. On avait craint que les quatre points cités (Palestro, Confienza, Vinzaglio, avec Parnasco et Casalino), dont il importait au plus haut degré aux alliés de chasser les Autrichiens, à cause de la proximité du chemin de fer, en d'autres termes, de la ligne de conversion, ne fussent occupés par des forces ennemies supérieures. L'Empereur avait donc ordonné, dès le 27 mai, au maréchal Canrobert de pousser le plus vite possible jusqu'à la hauteur de Prarolo, sur la rive droite de la Sesia.

Le maréchal était arrivé le 29 à sa destination, et se trouvait le 30 à 3 kilomètres de la 4ᵉ division sarde, qui opérait à Palestro; il attendait sous les armes le moment où le roi Victor-Emmanuel ferait appel à son concours pour déloger les Autrichiens de cette position si rapprochée de Vercelli. Les forces sardes s'étant trouvées plus que suffisantes pour amener ce résultat, le concours du 3ᵉ corps était devenu provisoirement superflu; mais il ne devait pas rester longtemps dans l'inaction.

Vercelli est placé au sommet d'un angle obtus dont les côtés sont formés par deux lignes droites, dont la plus longue, de 22 kilomètres, joint Casale à Vercelli, et dont la plus courte, de 21 kilomètres, unit Vercelli à Novare. Les deux côtés de cet angle forment ainsi une ligne brisée convexe de 40 kilomètres, dont les deux extrémités sont jointes par une ligne sensiblement droite de 36 kilomètres, qui passe par Robbio, situé à la lisière occidentale des positions autrichiennes. Cette ligne brisée enveloppe une seconde ligne qui se termine aux mêmes extrémités que la première, et où Palestro occupe une position de sommet analogue à celle de Vercelli sur la ligne enveloppante. Ces doubles données déterminent deux triangles qui ont un côté commun, la ligne qui joint Casale à Novare en passant par Robbio.

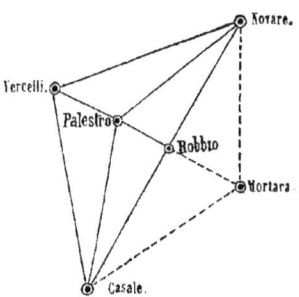

On pourrait appeler le plus petit des deux triangles le triangle autrichien, et le plus grand le triangle français. Le premier, considéré comme position offensive occupée par l'ennemi, tenait dans un péril permanent les derrières, le front et l'aile droite de l'armée tournante. Ce péril n'était pas même conjuré après le mouvement de conversion achevé, si les premières colonnes françaises n'avaient pas pris une avance considérable dans la Lombardie. De Palestro, de Robbio et de Mortara même, placés sur une ligne sensiblement droite d'une longueur totale de 14 kilomètres, les Autrichiens pouvaient se porter en masse sur Vercelli, et couper l'armée française en deux : des mêmes points, pris à volonté, ils pouvaient se jeter, concurremment ou séparément, sur Casale pour couper la ligne de retraite, et sur Novare pour l'attaquer de front.

Si une seule de ces éventualités venait à se réaliser, le sort de l'armée tournante était gravement compromis, et la campagne pouvait être manquée. Dans ces prévisions, le maréchal Canrobert avait reçu l'ordre formel de rendre inoffensif pour les alliés le triangle autrichien. Palestro, le point le plus avancé, par conséquent le plus dangereux pour la ligne des alliés, venait d'être conquis sur l'ennemi. C'est cette position qu'il fallait maintenir à tout prix : ce n'est qu'à cette condition qu'on pouvait espérer soustraire encore pendant deux ou trois jours le mouvement tournant à l'armée autrichienne ; ce n'est que par la ligne délicate et découverte de Mortara, Robbio, Palestro et Vercelli que l'ennemi, fasciné, cloué dans ses positions sous l'hallucination d'une attaque de front, pouvait se douter du mouvement qui le tournait ; les points extrêmes de Casale et de Novare étaient donc saufs, tant que Palestro resterait au pouvoir des alliés.

Dans le cas probable d'un retour offensif de l'ennemi pour reconquérir les positions perdues de la veille, il pouvait se présenter de deux éventualités l'une : les forces ennemies seraient ou inférieures ou supérieures aux forces sardes. Si l'ennemi n'attaquait qu'avec des forces proportionnelles à celles de la veille, on serait fondé à en conclure qu'il ne se doutait pas encore du mouvement tournant dont il était l'objet; dans ce cas, l'armée sarde suffirait pour maintenir Palestro avec ses trois points corrélatifs, et il ne serait pas même besoin de s'inquiéter provisoirement d'un mouvement issu de Robbio et de Mortara; en un mot, tous les points de la ligne tournante de Casale à Novare étaient à l'abri d'un danger imminent. Cependant le 3ᵉ corps pouvait filer commodément sur Novare derrière l'armée sarde, et les autres corps français pouvaient filer en seconde ligne derrière le 3ᵉ corps.

Si, au contraire, les Autrichiens développaient des forces imposantes pour reprendre Palestro, il n'était plus possible de se méprendre sur le but de cette attaque, la mèche était éventée, et il ne serait pas trop des quatre divisions sardes et du 3ᵉ corps français, réunis avec le 3ᵉ régiment de zouaves, pour les repousser et sauver à tout prix la ligne de conversion. Pour que ce but suprême du plan de l'Empereur ne fût pas manqué, le maréchal Canrobert devait, au besoin et au prix des plus grands sacrifices, pousser jusqu'à Robbio et même à Mortara, et balayer toute l'aire du triangle autrichien que nous avons signalé. On était autorisé à supposer que l'ennemi, dans le cas où il serait réellement sorti de son rêve, n'aurait pas eu le temps d'attirer immédiatement des forces supérieures à son extrême aile droite, et que, par conséquent, les troupes mises à la disposition du maréchal seraient suffisantes pour en avoir raison. Cependant les autres corps français, en dépit de l'ennemi, seraient arrivés les premiers à destination de Novare sans être inquiétés.

En prévision d'un retour offensif des Autrichiens, le maréchal avait combiné ses dispositions avec le roi Victor-Emmanuel. Dès le 30 mai, au soir, le 3e régiment de zouaves se trouvait entre la Sesietta et la Sesia, en face de Palestro, prêt à appuyer la division Cialdini, soit pour repousser une attaque des Autrichiens, soit pour marcher sur Robbio : il avait pris position sur la rive droite de la Sesietta, à 2 kilomètres sud-ouest du village. Les trois divisions du 3e corps, à raison des pluies torrentielles qui venaient de tomber, et dont le courant entraînait les chevalets, ne purent rejoindre le 3e de zouaves que le lendemain. Le 31, à quatre heures du matin, la 2e division (Trochu, ci-devant Bouat) et la 3e division (Renault) se placèrent à gauche du 3e de zouaves près de la route magistrale, à égale distance de Palestro, de Torrione et de Vinzaglio : la 1re division (Bourbaki) ne les suivit que plus tard. La ligne de la Sesietta, c'est-à-dire l'accès occidental et méridional de Palestro, était ainsi mise en sûreté contre une surprise. Cialdini, de son côté, avait consacré la nuit du 30 au 31 à se fortifier à l'est. Le général Cialdini, comptant bien que les Autrichiens ne prendraient pas leur parti de l'échec subi la veille, avait pris des dispositions sérieuses et intelligentes. Il avait réparti les quatre régiments de sa division sur tous les points les plus accessibles à l'ennemi à l'est, au sud, au nord. A l'est, sur la route de Robbio, le point directement menacé, était établi le 10ᵉ régiment de ligne Reine de la brigade Villamarina, soutenu par huit pièces d'artillerie. Au nord, accessible par les routes faciles de Confienza et de Vinzaglio, au confluent des deux voies, étaient placés le 16ᵉ de ligne Savone, de la brigade Broglio di Montbello, un bataillon du 15ᵉ Savone de la même brigade, et le 6ᵉ bataillon de bersaglieri. Au sud, le côté le plus vulnérable, pour couvrir les points qui relient les canaux et les chemins, était placé le 9ᵉ régiment Reine de la brigade Villamarina. Le 6ᵉ et le 10ᵉ régiment étaient assez rapprochés pour pouvoir agir de concert, soit à l'est, soit au sud, suivant les circonstances. La droite du général Cialdini étant le point le plus faible, le 6ᵉ régiment prolongeait ses avant-postes aux canaux du Scotti, de la Gamara et du pont de la Brida, qui le mettaient en communication directe avec le 3ᵉ régiment de zouaves. Le reste de la division du général Cialdini, trois bataillons du 15ᵉ régiment de ligne et le 7ᵉ bataillon de bersaglieri avec la réserve d'artillerie, occupaient le centre du village, prêts à se porter partout où besoin serait.

Le 31 mai, entre neuf et dix heures du matin, deux fortes colonnes autrichiennes vinrent se précipiter concentriquement et presque simultanément sur Palestro. Ces deux colonnes étaient formées de la brigade Dorndorf (centre) de la division Lilia du 7ᵉ corps, et de la brigade Szabo (aile gauche) de la division Jellachich du 2ᵉ corps. Une troisième brigade Weigl de la division Lilia, formant l'aile droite, devait emporter dans son passage la position de Confienza et converger à Palestro en même temps que le centre et l'aile gauche. Une quatrième brigade, Kudelka, également du 2ᵉ corps, suivait comme réserve.

La 1ʳᵉ division, prince Alexandre de Hesse (ci-devant Reischach), du 7ᵉ corps, continuait, comme la veille, à faire faction sur la rive gauche de la Sesia inférieure, en face de la division française d'Autemare, s'attendant à chaque instant à une attaque générale des alliés.

La brigade Dorndorf, en dépit des salves meurtrières de toute une brigade sarde (Reine), avança de front jusqu'aux premières cabanes de Palestro; mais, dominée par la position des deux brigades piémontaises, elle fut forcée, après deux heures de lutte acharnée, à battre en retraite sous une grêle de balles et sous le feu croisé de huit canons, laissant près de 800 hommes blessés ou tués derrière elle.

La brigade Szabo, obligée de faire un détour long et sinueux, arriva environ une demi-heure après la brigade Dorndorf par Voltella au sud de Palestro. Repoussant sur son passage les avant-postes piémontais établis sur le pont de la Brida et le canal du Cavo-Sartirana et plusieurs compagnies du 7ᵉ bataillon de bersaglieri et du 16ᵉ de ligne, envoyées au secours des premiers, la brigade autrichienne s'empara, après plusieurs engagements vifs, de la position du moulin de San-Pietro.

Malgré le feu meurtrier de deux batteries françaises, l'une de la division Trochu, l'autre de la division Bourbaki, le 12ᵉ régiment de ligne archiduc Guillaume, précédé du 7ᵉ bataillon de chasseurs et d'une batterie d'artillerie, s'avança carrément sur Palestro par le pont dont il s'était emparé. Le général Cialdini, dont la 2ᵉ brigade (Broglio di Montbello) n'était pas à portée et que l'intrépidité de l'ennemi paraît avoir déconcerté, demande secours au colonel de Chabron, commandant les zouaves, et au général Renault, commandant la 3ᵉ division du 3ᵉ corps. Celui-ci envoya deux batteries (douze pièces) qui, ouvrant un feu vif dans les flancs des Autrichiens, ralentirent la marche du 12ᵉ régiment archiduc Guillaume. Cependant le 7ᵉ bataillon de chasseurs autrichiens, avec la batterie qui tenait la tête, avançait toujours, lorsque le 3ᵉ régiment de zouaves, frémissant sous les armes, s'élança par la Sesietta, ayant de l'eau jusqu'à la ceinture, et fondit, la baïonnette en avant, sur les derrières du 7ᵉ bataillon de chasseurs autrichiens : les zouaves percent, embrochent, effondrent, renversent des rangs entiers, se ruent sur la batterie autrichienne enclavée dans un ravin entre des fossés, tuent les artilleurs sur leurs pièces, s'emparent de 5 canons. Le 7ᵉ bataillon de bersaglieri et le 16ᵉ régiment de ligne sarde arrivent sur ces entrefaites sur le théâtre du combat et font main basse sur les trois autres canons. Cependant les premières colonnes du régiment archiduc Guillaume n'en avançaient pas moins; déjà elles s'approchaient de Palestro. Les zouaves, suivis du 7ᵉ bataillon de bersaglieri et du 6ᵉ régiment de ligne sarde, les attaquent à la baïonnette tout à la fois de front et de flanc et en font un carnage indescriptible.

Les Autrichiens, acculés au pont et au moulin du canal de la Brida, où ils ont une réserve et deux canons, loin de se rendre, assaillent les assaillants : les têtes de colonnes françaises et sardes tombent sous le feu combiné de l'infanterie autrichienne et des deux pièces d'artillerie. Les Français, trop inférieurs en nombre, attendent leurs compagnons d'armes, qui suivent de près. A peine ceux-ci sont-ils en vue, que le colonel de Chabron lance les zouaves en avant ; en un instant le pont, seule issue de retraite des Autrichiens, est enlevé à la baïonnette et jonché de cadavres ennemis.

Là ce ne fut plus une mêlée de combattants : les Autrichiens, battant en retraite sans pouvoir se défendre dans un espace aussi resserré, furent culbutés par masses et précipités dans le fossé de la Brida. Le même sort échut à plusieurs détachements qui, disséminés en tirailleurs, embarrassés dans d'épais massifs d'arbres ou arrêtés par d'autres accidents de terrain, n'avaient pu arriver à temps au pont de la Brida.

Les zouaves, poursuivant les Autrichiens la baïonnette dans les reins, en tuèrent encore un grand nombre et prirent deux autres pièces de canon. Mais dès que les débris autrichiens purent s'appuyer sur la brigade Kudelka, à peu de distance de Palestro, leur fuite se changea en une retraite imposante qui contint les attaques des zouaves. Ceux-ci ne cessèrent de harceler l'ennemi que sur la rive droite de la Bizza-Biraza en vue de Robbio.

Concurremment avec l'attaque de front avait commencé celle de l'aile gauche des Piémontais par deux bataillons de la brigade Dorndorf. Les Autrichiens, chassant devant eux les avant-postes sardes, poussèrent jusqu'au plateau. Mais là, mitraillés par une section d'artillerie et chargés à la baïonnette par le 6ᵉ bataillon de bersaglieri, par le 10ᵉ de ligne et par deux bataillons de réserve du 15ᵉ, ils battirent en retraite vers la route de Robbio, laissant de nombreux cadavres derrière eux.

A trois heures de l'après-midi, Palestro était au pouvoir incontesté des alliés.

La brigade Weigl n'eut pas plus de succès à Confienza. La brigade Mollard, soutenue par deux batteries d'artillerie, repoussa l'attaque de front. Il paraît que les bataillons autrichiens envoyés sur les deux ailes du général Fanti n'attaquèrent pas sérieusement ces deux points défendus par la brigade Corale.

Il n'est pas facile de constater le chiffre exact des pertes que firent les Autrichiens le 31 mai à Palestro et à Confienza. A Palestro, il y eut environ 1,800 tués, 1,000 prisonniers et 500 hommes jetés dans le canal, ce qui, sans compter ceux de Confienza, que nous ne connaissons pas, ferait 3,300 hommes mis hors de combat et prisonniers; mais il paraît qu'environ 300 des Autrichiens jetés à l'eau rejoignirent dans la nuit leurs régiments.

Les bulletins français portent les pertes du 3ᵉ régiment de zouaves à 285 hommes. Les Piémontais, de leur côté, accusent 314 hommes mis hors de combat.

Il ne saurait y avoir de preuve plus concluante de la

profonde ignorance où était plongé le général en chef autrichien, à la date du 30 et du 31 mai, du mouvement tournant qui se consommait à son extrême droite, que le nombre et la disposition des troupes qui occupaient le triangle autrichien ci-dessus. Le 30 mai, Palestro n'était occupé que par un demi-bataillon d'infanterie, auquel vinrent se joindre, pendant l'action, deux compagnies de grenadiers du régiment archiduc Charles et un bataillon du régiment Wimpffen. Nous ne savons au juste le nombre de troupes dont étaient garnies les autres positions, Casalino, Vinzaglio, Parnasco, Torrione, Confienza, etc., etc. Ce qui est certain, c'est que le général Zobel avait disséminé, éparpillé les deux brigades de la division Lilia (1), soit 12,000 hommes, au moins sur douze points différents de la rive gauche de la Sesia à la suite de la 1re division du 7e corps et le long de la voie ferrée de Vercelli à Novare. En admettant pour Palestro 1,800 hommes, maximum d'un bataillon et demi, chacun des onze autres points, tous moins importants, n'a pu avoir, en moyenne, plus de 900 hommes. Il est inutile de faire remarquer que le moindre soupçon d'un mouvement tournant aurait inspiré au général Gyulai l'idée de dispositions tout opposées à celles qu'il prit. Notons cependant que cette dissémination de forces médiocres sur un espace aussi étendu, faute qui a déjà été si souvent fatale aux Autrichiens, était, dans toute hypothèse,

(1) Nous ne faisons entrer dans l'effectif actuel de cette division ni le bataillon de frontières Allocans, ni les quatre escadrons de hussards Empereur, que nous n'avons vus paraître nulle part.

de la stratégie et de la tactique les plus vicieuses : ainsi décousue, jetée en tronçons mal raccordés, formant une longue ligne brisée sans profondeur, à angles tantôt rentrants, tantôt sortants, la division Lilia n'avait ni force offensive, ni force défensive. Le général Gyulai, dont l'esprit était inaccessible à l'idée d'un mouvement tournant exécuté à sa droite, devait au moins supposer qu'il pourrait être attaqué sur son flanc droit, et prendre, par suite, de sérieuses mesures de précaution.

En tenant compte de cette double faute, disproportion de nombre et fausseté de position, on n'est plus surpris de voir les Autrichiens être si facilement chassés, le 30 mai, de toutes leurs positions. A Palestro, ils n'étaient d'abord que 1,800, puis 3,200 contre 12,000 Piémontais; à Vinzaglio, ils étaient encore moins nombreux qu'à Palestro contre plus de 15,000 Piémontais.

Mais ce qui a lieu de surprendre, ce qui paraîtrait incroyable, c'est de voir ces mêmes Autrichiens, à qui, pas plus tard que la veille, quatre divisions sardes bien comptées s'étaient si distinctement et si vivement fait sentir, revenir le lendemain avec trois brigades (1), soit moins de 20,000 hommes à cause des pertes de la veille, contre 47,000 à 48,000 Piémontais.

Cette faute, qu'ils commirent du propos le plus délibéré, ne peut plus être excusée ni par l'ignorance du

(1) Nous ne comptons pas la brigade Kudelka parmi les forces agissantes : les réserves autrichiennes destinées à recevoir les troupes battues n'entrent jamais en ligne.

mouvement tournant, ni par celle de la présence du 3ᵉ régiment de zouaves et du 3ᵉ corps français. Et cependant un moment ils faillirent enlever Palestro. Voici, si nous sommes bien informé, quel était leur plan : ils voulaient emporter la position de Palestro par la gauche des Piémontais. C'est dans ce but qu'ils auraient attaqué presque simultanément le front et la droite par le gros de leurs forces pour attirer de ce côté les troupes du général Cialdini. Sur ces entrefaites, les deux bataillons de la brigade Dorndorf, qui devaient pénétrer par le nord, se seraient emparés du plateau. Nous avons remarqué plus haut qu'ils étaient déjà arrivés au sommet des hauteurs. De ce fait, nous concluons que, sans le secours du 3ᵉ régiment de zouaves, les Piémontais auraient été probablement chassés de Palestro, et que les Autrichiens, malgré leurs fautes, auraient reconquis cette position avancée. Ces derniers, s'ils eussent mieux su combiner leurs moyens d'attaque, auraient peut-être même réussi momentanément à enlever Palestro malgré l'intervention du 3ᵉ de zouaves. Si le général autrichien, laissant deux bataillons de la brigade Weigl devant Confienza pour tenir le général Fanti sur le qui-vive au lieu de l'attaquer par des forces inférieures, eût joint le gros de cette brigade aux deux bataillons chargés d'opérer sur la gauche, les zouaves, engagés à la droite, n'auraient pas pu arriver à temps au nord pour repousser les Autrichiens. Le général Zobel commit donc une faute de la tactique la plus vulgaire en chargeant deux bataillons, déjà affaiblis par le combat de la veille, de porter le coup décisif sur un point d'un accès aussi difficile que la défense en était facile. Cette faute s'aggrave encore par la circonstance que, pendant plus d'une heure, une partie de la brigade Szabo resta dans une complète inaction pendant les premières escarmouches à l'est de Palestro. Mais hâtons-nous d'ajouter que ce sont ces fautes mêmes qui ont préservé les Autrichiens d'un anéantissement complet. En effet, si, organisant mieux leur attaque, ils eussent emporté Palestro, le 3ᵉ corps français tout entier et les quatre divisions sardes réunis en auraient fait un carnage qui ferait pâlir celui qui eut lieu effectivement. Si nous signalons encore l'excessif développement de front et la forme décousue de la ligne générale d'attaque, nous avons à peu près épuisé la liste des fautes que les Autrichiens pouvaient commettre à la journée du 31 mai.

Cependant on est encore en droit de se demander ce qui a pu les porter à vouloir reconquérir, dans l'état d'ignorance complète où ils étaient du mouvement tournant, les positions extrêmes qu'ils venaient de perdre aux limites les plus avancées de leur aile droite, et qui ne se rattachaient que très médiatement à leurs positions du Pô. Les forces médiocres qui gardaient d'abord Palestro et les trois autres villages et avec lesquelles, légèrement augmentées, ils revinrent à la charge, prouvent évidemment le peu de cas qu'ils faisaient de ces positions. S'ils les eussent réellement reprises, ils étaient fatalement amenés, pour appuyer sérieusement leur droite, à retirer le gros de leurs forces des positions du Pô. Or, c'est le maintien de ces positions qui était arrêté comme principe absolu par l'état-major autrichien. Il s'ensuit que le succès complet de la tentative des Autrichiens sur Palestro et Confienza, ne pouvait être, en tout cas, que momentané. Si les alliés avaient l'intention de les attaquer par leur droite, ce qui, pour n'avoir pas été dans leur plan, devait toujours paraître possible aux Autrichiens, ceux-ci, en appuyant de ce côté, auraient craint d'affaiblir leur ligne défensive de front. On pouvait donc admettre avec certitude qu'ils laisseraient leur droite plus ou moins découverte, aussi longtemps qu'ils craindraient une attaque de front, et, dès lors, les alliés avaient beau jeu sur la ligne de Vercelli à Robbio et Mortara, de même que sur celle de Vercelli à Novare.

A part les fautes signalées qui, nous l'avouons, ne peuvent plus être comparées à celles de Montebello, et qui marquent un progrès notable dans leur conduite militaire, les Autrichiens, avec des forces aussi disproportionnées, ne purent mieux se tirer d'affaire qu'ils ont fait à Palestro. Ils déployèrent sur tous les points et dans toutes les rencontres partielles un courage vraiment héroïque. Si l'on fait la part de la différence des forces et des positions respectives, on ne peut être étonné que d'une chose, c'est que les Autrichiens aient sauvé un seul homme des troupes engagées à l'aile droite des Piémontais.

Nous avons encore à considérer la conduite militaire tenue le 30 et le 31 mai par les alliés, conduite qui a été l'objet d'une critique multiple. Au point de vue stratégique, la conquête et le maintien de Palestro, de Vinzaglio, de Confienza et de Casalino, étaient impérieusement commandés par suite du rapprochement de la ligne de conversion.

Considérée dans son rapport avec ce mouvement, la mise en ligne des forces strictement nécessaires et suffisantes pour repousser les ennemis, prouve un esprit de tactique économe et judicieux qui proportionne les moyens à la fin, et subordonne le but intermédiaire au but principal et dominant.

Considéré dans son rapport avec le projet de conquérir la Lombardie, avec la chance de n'avoir pas à livrer de grande bataille, l'emploi sobre et discret des troupes françaises à Palestro est parfaitement justifié; car les autres corps avaient le temps de filer inaperçus sur Novare, à la faveur du bouclier dont ils étaient abrités par le 3e régiment de zouaves, et celui-ci pouvait filer à son tour dans la même direction, derrière le rideau formé par les divisions sardes. Si le 3e corps, au lieu de rester l'arme au bras, se fût mêlé à la lutte de Palestro, la défaite des Autrichiens aurait été, sans aucun doute, dix fois plus sanglante; mais l'illusion du général autrichien qui aurait vu son aile droite menacée par plus de sept divisions alliées, était dissipée. Il était déjà à craindre que la présence des quatre divisions sardes et du 3e régiment de zouaves ne dessillât les yeux du feld-maréchal; il eût été plus que téméraire d'engager trois divisions françaises de plus.

Quant à l'inaction du général Durando à Vinzaglio,

et du général Castelborgo à Casalino, ils avaient reçu les mêmes ordres, les mêmes instructions que le maréchal Canrobert; ils ne devaient ni se laisser séduire par le canon qu'ils entendraient tonner à Confienza et à Palestro, ni compromettre la ligne tournante par des mouvements intempestifs et compromettants. *Blinder* ce mouvement général de conversion jusqu'au bout, c'est-à-dire jusqu'au moment où les premières colonnes d'avant-garde auraient dépassé de quelques kilomètres la ligne du Tessin, voilà quel était, pour le moment, le but suprême de l'Empereur.

Aussi le combat ne fut-il pas plus tôt engagé le 30 à Palestro, que le 4e corps, qui avait eu ordre d'attendre l'issue de l'attaque des Piémontais sur les positions extrêmes des Autrichiens, à mi-chemin entre Casale et Vercelli, formant tête de colonne, arriva le même jour à Borgo-Vercelli : le 2e, entre Casale et Vercelli; le 1er, à Occimiano. La garde arriva le même jour de Trino à Vercelli.

La défensive des alliés était donc, à cette date, dans les meilleures conditions, en même temps que la ligne de conversion se trouvait soustraite à toute indiscrétion de l'ennemi. En première ligne, les Sardes, établis à Palestro, à Vinzaglio, à Casalino et à Confienza, appuyés immédiatement par le 3e corps; le 3e corps et les Sardes, appuyés par le 2e corps; le 1er, appuyant à l'ouest le 2e, à l'est, la division d'Autemare, toujours chargée du modeste rôle de couvrir, sans combattre, les positions abandonnées par les alliés à l'est.

Le 31 mai, le mouvement tournant se poursuivit

avec plus de modération, mais avec moins de sécurité, derrière le 3ᵉ corps et l'armée sarde victorieuse. Le gros de l'armée française prit position d'attente momentanée à Vercelli et en avant sur la route de Novare : le 1ᵉʳ corps, conservant ses communications avec la division d'Autemare, plus rapprochée de Vercelli que les jours précédents ; la garde, à Vercelli même ; le 2ᵉ corps, s'avançant jusqu'à Borgo-Vercelli ; le 4ᵉ corps, poussant en avant jusqu'à Orfengo. On le voit, à la date du 31 mai, la ligne de conversion était plus assurée que jamais contre toute entreprise des Autrichiens. Elle était tout à la fois blindée par les divisions sardes et le 3ᵉ corps à l'est, et défendue immédiatement par des forces françaises massées à la hauteur du point délicat et périlleux de Vercelli. Pour ne rien laisser au hasard, l'Empereur avait ordonné cette concentration momentanée en perspective d'un retour offensif des Autrichiens, lequel, comme nous avons vu, eut réellement lieu. Après la victoire remportée le 31 à Palestro, deux choses étaient définitivement acquises aux débats : 1° les différents corps alliés ne pouvaient plus être attaqués isolément : ils étaient tellement rapprochés les uns des autres, qu'un corps quelconque venant à être l'objet d'une attaque, pouvait être facilement secouru en moins de deux heures par deux autres corps : il est facile de voir que telle était la disposition des corps alliés le 31 : nous verrons jusqu'à quel point elle se maintint les jours suivants. 2° Il n'y avait plus de danger sérieux qu'au front, soit à Novare et sur les derrières, soit à Casale et à Vercelli. Nous avons déjà fait ressortir que les Autrichiens avaient de bonnes raisons pour ne pas jeter le gros de leurs forces sur les derrières de l'armée alliée arrivée à la hauteur de Borgo-Vercelli ; en prenant ce parti, ils auraient complétement découvert tout à la fois la Lombardie et la Vénétie, et ils risquaient, à la date du 31 mai, de perdre ces deux provinces sans pouvoir livrer bataille.

Quant au front des alliés, tous les corps, y compris quatre divisions piémontaises, pouvaient y être concentrés avant l'arrivée des colonnes autrichiennes d'attaque ; car la distance de Robbio et de Mortara à Novare est presque double de celle de Borgo-Vercelli à Novare. Mais le succès de ces dispositions stratégiques était subordonné au prolongement de l'ignorance qui avait pesé jusque-là sur l'esprit du général autrichien. Si celui-ci, désillusionné par les combats de la veille et du jour auxquels des forces alliées considérables avaient pris une part directe ou indirecte, portait le gros de ses forces sur Novare, en même temps qu'avec des forces inférieures il faisait un retour offensif sur Palestro, évidemment les alliés, attaqués de front le 31, étaient dans une position délicate et même périlleuse ; sans artillerie et sans cavalerie suffisantes, ils pouvaient opposer successivement tout au plus trois corps à trois ou quatre corps autrichiens pourvus d'artillerie nombreuse, et, en cas de défaite, ils pouvaient être privés de toute ligne de communication avec leurs bases d'opération, Alexandrie, Casale ou Turin. C'est pour échapper à cette fâcheuse éventualité que toute l'armée alliée resta toute la journée sensiblement réunie et concentrée sur la route de Casale à Novare, et, au nord-est de cette voie, depuis un point pris sur cette route, à la hauteur de Mortara jusqu'à Orfengo, à 6 kilomètres de Novare. Elle formait ainsi un grand arc de cercle long de 24 kilomètres, dont la corde avait une longueur de 15 kilomètres, dont la flèche de Vercelli, à la hauteur de Palestro, avait une longueur de 8 kilomètres, et dont l'aire était solidement garnie de troupes attendant de pied ferme l'ennemi. L'attaque sur le front des alliés n'ayant pas eu lieu le 31 mai, l'Empereur était rassuré pour le lendemain.

Le 1er juin, le 4e corps, qui était le plus avancé au nord, occupa Novare sans coup férir; puis, faisant immédiatement une conversion à droite, alla prendre position à la Bicocca, à 2 kilomètres 1/2 de Novare. Le 1er corps se plaça à la droite du 4e, entre la Bicocca et Orfengo. Ces deux corps faisaient face contre Mortara, d'où l'on craignait une attaque générale. Le 2e corps, dépassant Novare, s'établit à la gauche du 4e, faisant front contre Milan et prêt à repousser toute attaque de front ou de flanc, ou à passer le Tessin, suivant les circonstances. Il formait l'aile gauche des deux corps tournés vers Mortara, en même temps que les deux placés à côté de lui lui servaient d'aile droite et de réserve, pour le cas où la ligne de conversion serait attaquée de front. La garde impériale occupa Vercelli, comme réserve commune. Le 3e corps et les divisions sardes se bornaient, ce jour-là, à garder les positions conquises, et à couvrir de leur manteau le défilé du gros des forces françaises.

Elle était donc enfin atteinte et assurée, l'étape la plus importante, la seule essentielle de toute la ligne de conversion. L'ennemi s'était prêté à cette manœuvre avec la bonhomie la plus admirable. Une seule fois il eut l'air de vouloir lever le voile; en lui tuant quelques milliers d'hommes, on lui fit passer pour toujours cette fantaisie. En vérité, la mariée était trop belle, et on était presque honteux d'un succès si peu disputé. Novare était défendue, le 1er juin, par toute l'armée alliée, moins une division piémontaise (Cucchiari), chargée de veiller aux communications avec Alexandrie et Turin : immédiatement, par quatre corps français, le 4e, le 2e, la garde impériale et le 1er; médiatement, par le 3e corps et par les quatre divisions sardes, c'est-à-dire par près de 200,000 hommes. Le même jour, le 3e corps et les quatre divisions sardes reçurent ordre de suivre immédiatement, à marches forcées, le gros de l'armée.

Le 2 juin, l'armée alliée, dans l'attente d'une attaque, se concentra, s'aligna et se carra dans ses positions de la veille. A défaut d'aucun mouvement apparent de la part de l'ennemi, l'Empereur résolut de s'assurer immédiatement les passages du Tessin, dont il n'était plus éloigné que de 13 kilomètres. A cet effet, le général de Mac-Mahon reçut ordre de lancer sa 2e division (Espinasse) sur la route magistrale de Trecate à Magenta et à Milan. En même temps l'Empereur lança la 2e division (Camou) de sa garde sur la route de Galliate, dans la direction de Turbigo.

La division Espinasse, envoyée en corps mobile pour battre l'estrade, avec ordre de revenir sur ses pas dès qu'elle aurait exploré le Tessin, trouva Trecate entièrement évacué. Laissant le gros de sa division pour protéger éventuellement le village, et poussant au nord avec quelques compagnies opérant comme éclaireurs, le général manda, le soir du même jour, à son chef de corps, qu'il n'avait trouvé nulle part trace d'ennemis présents, mais que tout prouvait que les Autrichiens venaient de quitter, dans la journée même, les deux localités de San-Martino, sur le Tessin, et de Turbigo, de l'autre côté, sur le Naviglio-Grande; qu'il avait trouvé le magnifique pont de pierres sur le Tessin couvert, à la rive droite, par de solides retranchements, à développement continu, sur une étendue de front de 4 kilomètres, embrassant un grand espace, dont faisait partie toute la gare du chemin de fer, et capable de contenir deux corps d'armée; que deux canons, deux obusiers, étaient restés sur leurs affûts; que l'intérieur de la tête de pont, toute fraîche et intacte, était jonché de matériaux et d'instruments de construction, parmi lesquels plusieurs caissons d'artillerie; qu'au premier aspect, on voyait que les ennemis avaient essayé de faire sauter le pont, mais qu'il n'y avait, pour tout dommage, que deux arches sensiblement affaissées; qu'en cet état le pont était praticable à l'infanterie, et qu'il suffirait de quelques heures de travail pour en rendre le passage sûr et facile à la cavalerie et à l'artillerie.

De toutes ces circonstances réunies, le général Espinasse conclut que les ennemis avaient dû mettre une extrême précipitation à quitter ce point de passage; mais il se perdait en conjectures sur le motif qui avait pu les décider à sacrifier, sans combat, une position fortifiée à si grands frais et si importante pour leur défensive. Le général demanda en même temps l'ordre de rester sur le Tessin et d'en assurer le passage.

La division Camou (voltigeurs de la garde), pourvue de nombreux matériaux et équipages de pontons, de cinq batteries de la garde, dont deux à cheval, une mixte, et de deux batteries de la réserve générale, avec un escadron de lanciers, arriva après trois heures sur le Tessin, en face de Turbigo, situé sur le territoire lombard. N'apercevant d'ennemis nulle part, le général Camou ordonna au général du génie Lebœuf d'entreprendre immédiatement la construction de deux ponts. En face de Turbigo, la largeur de la rivière, y compris les îles et les bras collatéraux inévitables, était, à raison des pluies qui étaient tombées, de plus de 240 mètres et la profondeur de 2 mètres. Les deux ponts étaient achevés avant minuit, et à trois heures du matin, la 1re brigade (Manèque) tout entière était établie à Turbigo, à l'abri d'une tête de pont que, sur ces entrefaites, le général du génie Frossard avait construite sur la rive opposée, et munie de plusieurs bouches à feu. Le général Camou s'orienta à gauche, à droite, sur les deux rives du Naviglio-Grande, canal qui passe à l'ouest de Turbigo, sur la route, dans la direction de Castano ; nulle part une ombre d'ennemi à plus de 3 kilomètres de distance.

La 2ᵉ brigade (Decaen) resta sur la rive piémontaise du Tessin, pour parer de ce côté à une attaque éventuelle des ennemis.

Des considérations précédentes, il résulte qu'à la date du 2 juin l'armée des alliés, toute chose égale d'ailleurs, était encore dans une position de défense relativement avantageuse. Les quatre corps français, moins deux divisions, se trouvaient concentrés dans les mêmes positions que la veille, et pouvaient braver l'attaque de forces ennemies même supérieures ; mais il n'en était pas de même des deux divisions envoyées sur le Tessin, ni du 3ᵉ corps et des Piémontais engagés dans une marche longue et pénible. Il est vrai que ces derniers venaient, deux jours de suite, de donner à l'ennemi deux vertes leçons. On pouvait donc espérer qu'il se tiendrait pour dûment averti ; mais on ne pouvait admettre cette inaction comme certaine qu'en supposant en même temps qu'il ne se croyait pas encore tourné. Or, le doute n'était plus possible : l'ennemi ne pouvait plus ignorer, à la date du 2 juin, qu'il était l'objet d'une mystification consommée. Quant aux deux divisions Espinasse et Camou, elles étaient évidemment compromises, si elles rencontraient des forces ennemies supérieures ; mais elles savaient s'orienter, se garder, et, au besoin, se faire appuyer par leurs corps respectifs. L'ennemi étant absent, il n'y avait pas témérité à prendre position sur le Tessin, en présence de secours puissants qui pouvaient arriver en deux ou trois heures au plus.

L'Empereur ne fut pas plus tôt instruit de l'état des choses sur le Tessin, qu'il fit appuyer les deux divisions Camou et Espinasse par la 1re (Mellinet) de la garde et par la 1re (de La Motterouge) du 2e corps, afin de maintenir définitivement les deux passages de la rivière.

La division Mellinet, partie vers huit heures du matin, arriva à midi au pont San-Martino. Aussitôt elle prend la place de la division Espinasse, qui se dirige vers Turbigo en remontant la rive droite.

La division de La Motterouge, partie vers neuf heures, joignit vers trois heures et demie le général Camou à Turbigo. Après avoir communiqué avec ce dernier, qui lui apprit que les différentes reconnaissances qu'il avait ordonnées, n'avaient amené d'autre résultat que la découverte de quelques rares partis de cavalerie aperçus au loin, le général de Mac-Mahon voulut faire de sa personne une reconnaissance de la région. Accompagné de son état-major et d'une escorte de cavalerie, il partit au galop dans la direction de Robecchetto, à 2 kilomètres est de Turbigo, monta au clocher du village, et aperçut, à sa grande surprise, une colonne autrichienne à 1 kilomètre de distance.

Saisissons les Autrichiens quand ils se présentent, dût la clarté de la narration en souffrir, de peur qu'ils ne nous échappent, et rendons leur, à notre manière, les honneurs de la visite que nous attendions depuis si longtemps.

Nous n'avons trouvé nulle part l'ombre d'une attaque tentée ou projetée par les Autrichiens sur la ligne des alliés depuis le 20 mai jusqu'au 3 juin. On ne peut pas considérer le retour offensif du 31 mai sur Palestro et Confienza comme une attaque dirigée vers ce but ; car les Autrichiens ne pouvaient pas aller chercher l'ennemi là où, pour eux, il n'était pas. Tout ce que nous avons pu apprendre, à force de recherches et d'informations, se réduit aux données suivantes. Le feld-maréchal lieutenant baron Zobel von Giebelstadt und Darstadt, commandant du 7° corps d'armée, dont le quartier-général était à Mortara et qui formait l'aile droite des positions autrichiennes, avait reçu le 1er juin, à trois heures du matin, de ses explorateurs, l'avis que des masses considérables de troupes françaises se dirigeaient sur la route de Vercelli sur Novare ; que la garde impériale faisait partie de ces forces, dont le chiffre approximatif paraissait être de 50 à 60,000 hommes.

Le général Zobel transmit immédiatement au général en chef les renseignements qu'il venait de rcevoir, et lui demanda l'autorisation d'attaquer sans tarder Novare à la tête de trois corps d'armée : le 7° (Zobel), le 2° (prince de Liechstenstein) et le 3° (prince de Schwarzenberg). Le général Zobel n'avait pas tout son corps sous la main ; la division prince de Hesse était cantonnée à Candia, faisant front à Casale ; mais il était possible d'en faire l'appoint du corps d'expédition comme réserve, la distance de Candia à Novare n'étant que de 25 kilomètres. Le 2° corps, cantonné depuis le 20 mai sur l'Agogna, à la gauche du 7°, n'avait que 20 kilomètres à fournir. Le 3ᵉ corps avait été rapproché, depuis le 20 mai, de Mortara, et avait tout au plus 15 kilomètres à faire pour atteindre Novare. Les Autrichiens pouvaient donc, le matin du 2 juin, attaquer le point de concentration des alliés avec des forces de près de 72,000 hommes. Le 5ᵉ corps (Stadion), placé entre Candia et Sannazaro, et le 9ᵉ corps (Schaaffgotsche), établi à Pavie, pouvaient atteindre en moins de temps le corps du maréchal Canrobert et l'armée sarde pour les empêcher de prendre en flanc le gros de l'armée autrichienne, marchant sur Novare. De plus, le 1ᵉʳ corps (Clam-Gallas) venait d'arriver, le 1ᵉʳ juin, de la Bohême à Milan, et pouvait être joint au gros de l'armée d'opération, ce qui aurait élevé l'effectif à 144,000 hommes, dont 96,000 destinés à l'attaque de Novare.

Telles étaient les forces que le commandant du 7ᵉ corps proposa par écrit au commandant en chef de réunir immédiatement, et de mettre à sa disposition pour aller attaquer le lendemain matin, 2 juin, au point du jour, l'armée alliée, qui, dans l'opinion du commandant du 7ᵉ corps, ne pouvait pas encore avoir achevé son mouvement de concentration. A cette nouvelle, aussi étrange que la proposition dont elle était accompagnée, le général Gyulai se rendit de sa personne de Garlasco, son quartier-général, à Mortara, pour avoir des détails ultérieurs, pour discuter et combiner de vive voix, s'il y avait lieu, les mesures et les moyens d'exécution avec son lieutenant. Le général Zobel assura l'authenticité, la certitude de ses renseignements, et insista sur la nécessité de l'exécution immédiate d'un plan d'attaque quelconque sur Novare. Soit incrédulité naturelle à l'esprit du général Gyulai, soit doute de la véracité des témoins qui, selon lui, avaient vu les ennemis à travers un prisme, soit impossibilité de se faire à l'idée d'un mouvement tournant, soit plutôt incapacité, le vieux feldzeugmeister crut devoir attendre la confirmation des premiers renseignements avant de prendre des dispositions quelconques. Convertir instantanément sa position défensive en une position offensive, lui paraissait aussi difficile que d'unir les deux pôles. Son esprit était rebelle à tout autre système que celui d'une défensive expectante. C'est ainsi que le 1ᵉʳ juin s'écoula dans l'inaction la plus complète. Ce n'est qu'au soir que le général Gyulai, par suite du rapport de nouveaux explorateurs, acquit la conviction que Novare était occupée, non plus par 50,000 hommes, mais par quatre corps français, soit 120,000 hommes. Il comprit qu'il n'était plus temps de les attaquer dans cette position : deux ou trois corps étaient insuffisants, et les autres étaient trop éloignés. Il prit donc le parti de retirer toute son armée (six corps) des arrogantes positions qu'elle avait occupées jusqu'alors, et de la porter sur la rive gauche du Tessin. En conséquence, dans la nuit du 2 au 3 juin, le 2ᵉ, le 7ᵉ et le 3ᵉ corps, les plus rapprochés de la route de Magenta à Milan, franchirent le Tessin à Vigevano, le 5ᵉ à Bereguardo, détruisant derrière eux les ponts qui ne devaient plus servir. Le 2ᵉ corps, formant tête de colonne, prit, le 3 au soir, position à Magenta, sur le Naviglio-Grande, où il fut réuni à un autre corps dont nous parlerons plus bas. Sortis de leurs positions par colonnes dans l'ordre que nous venons de les nommer, ces quatre corps, qui se dirigeaient sur Magenta par une ligne oblique au Tessin, devaient, à leur arrivée, se concentrer symétriquement, de manière à former un ordre de bataille en forme de croix : le 2ᵉ corps en tête, le 7ᵉ formant l'aile gauche, le 3ᵉ le centre et le 5ᵉ l'aile droite. Le 8ᵉ et le 9ᵉ corps suivaient comme réserve. L'intention du général Gyulai était de gagner de front les Français à Magenta, où il espérait que ses colonnes arriveraient les premières, ou, dans le cas où il y serait prévenus de prendre de flanc les colonnes françaises qui auraient débordé les siennes dans la direction de Milan. Or, il en trouva que ce mouvement et cet ordre de bataille en forme de croix, ou plutôt de croupe, ne purent être réalisés. Une cause mystérieuse (1), et que nous n'avons pas réussi à pénétrer, empêcha ces six corps d'opéra-

---

(1) Cet incident qui aurait empêché le général Gyulai d'opérer, le 3 juin, la concentration de son armée dans la position et la forme qu'il avait fixées, nous paraît tellement étrange pour la conjoncture, que nous hésitons encore à y ajouter une foi entière. Toutefois, cette assertion émanant, selon l'opinion générale, du général Gyulai lui-même, nous avons cru devoir la préférer à des bruits et opinions moins accrédités ou à des suppositions faites de notre chef. On dit que ce retard fut causé par une entrevue que le général Gyulai aurait eu avec le général Hess, et où le plan d'attaque aurait été l'objet d'une discussion commune. Mais une autre version prétend que le général Hess était le 3 juin à Vérone. (Voir aux Pièces justificatives.)

tion d'atteindre, le 3 juin, les positions qui leur étaient assignées pour se ranger dans l'ordre de bataille prescrit. Le 7ᵉ et le 3ᵉ corps avaient déjà dépassé Bereguardo, dans la direction d'Abbiategrasso, lorsqu'ils reçurent du général en chef l'ordre d'arrêter leur marche et d'attendre de nouveaux ordres. Le 8ᵉ corps fut surpris par l'ordre de suspension de marche à Bereguardo même, où il s'arrêta. Le 5ᵉ et le 9ᵉ corps subirent un retard analogue. Il en résulta que le 2ᵉ corps seul se trouva, le 3 juin au soir, au rendez-vous général, soit à Magenta, et qu'au lieu de présenter la forme d'un croupe organique, l'armée autrichienne se trouvait échelonnée en six corps isolés, et placés en file décousue le long de la rive gauche du Tessin. Le 2ᵉ corps, en arrivant le 3 juin à Magenta, y trouva le 1ᵉʳ corps (Clam-Gallas). Celui-ci, tout frais débarqué de la Bohême, et, par suite, ignorant tous les rapports de lieu et de position, avait reçu, le 1ᵉʳ juin, ordre de garder les principaux passages du Tessin en face, à droite et à gauche de Magenta. Ces passages, qui tous menaient en ligne droite à la route magistrale de Milan, étaient au nombre de trois : celui de Turbigo, à 8 kilomètres ouest de Magenta, où la rivière, relativement peu large, se prêtait à la construction d'un pont de campagne; celui de Tornavento, à 18 kilomètres ouest de Magenta, moins important à cause de son éloignement; enfin celui de la ferme de San-Martino, qui, comme nous l'avons déjà dit, assorti d'un pont aussi solide que large, menait à Milan par une ligne perpendiculaire au Tessin. C'est sur la rive droite que le génie autrichien avait construit la tête de pont que nous connaissons déjà. Le général Clam-Gallas, se trouvant isolé au moment où devaient arriver les quatre corps qu'il attendait, ne crut pas pouvoir, avec ses seules forces, entreprendre la défense d'une tête de pont dont la solidité se ressentait de la précipitation qui avait présidé à sa construction, et qui, de plus, devenait inutile par suite du mouvement par lequel un corps français l'évitant, se portait par Galliate sur le pont de Turbigo. Il fit donc miner le pont qu'il désespérait de pouvoir défendre avec succès, et passer tout son corps sur les hauteurs de la rive orientale du Naviglio-Grande. Nous savons déjà avec quel succès le génie autrichien avait réussi à faire sauter ce pont.

On ne peut pas faire au général Clam-Gallas, qui ne connaissait pas les lieux et qui se voyait délaissé, un crime de s'être retiré vers l'est à la nouvelle que les Français débouchaient tout à la fois par la route de Trecate et par celle de Galliate. Resté dans la tête de pont de San-Martino, il risquait d'être tourné à l'ouest, sans pouvoir être secouru. Ce qui surprend davantage, c'est de voir le même général, dans l'isolement où il se trouvait le 3 juin, se porter sur Robecchetto à la vue des troupes françaises qui occupaient déjà la rive droite du Tessin sur deux points différents et peu éloignés; car le lecteur a déjà deviné que les colonnes aperçues par le général de Mac-Mahon du haut du clocher étaient celles du général Clam-Gallas. Ces troupes étaient formées de la seule division Stankowics (ci-devant Cordon), composée de la brigade Hoditz, 48° régiment de ligne archiduc Ernest et 14° bataillon de chasseurs tyroliens, et de la brigade Recniczek, 16ᵉ régiment de ligne italien Wernhardt, et 2ᵉ bataillon de chasseurs frontières du Banat de Temeswar. La 2ᵉ division (Montenuovo) surveillait, à la hauteur du Naviglio-Grande et de Castano, les passages du Tessin à l'est et à l'ouest de Turbigo, en même temps qu'elle servait, au besoin, de réserve. Robecchetto, gros village à 2 kilomètres est de Turbigo, était une position également importante pour les alliés et pour les Autrichiens. Bâti sur un grand plateau, élevé de 25 mètres au-dessus du niveau du Tessin, il se trouvait sur le passage des divisions françaises débouchant de Turbigo pour atteindre, par le chemin le plus court, à Magenta, la route de Milan.

Le général de Mac-Mahon comprit le danger qui menacerait le mouvement des alliés vers l'est, si cette position demeurait au pouvoir de l'ennemi.

Mais, revenu ventre à terre à Turbigo, il ne trouva sur la rive gauche que le régiment de tirailleurs algériens indigènes, dit Turcos (brigade Lefèvre). Le reste de la division de La Motterouge et la division Camou étaient encore sur la rive droite. La division Espinasse, attendue, n'avait pas encore rejoint. N'importe : il ordonne au général de La Motterouge de se mettre immédiatement à la tête du régiment de Turcos, et de s'emparer, avec cette seule troupe disponible, de la position occupée par une division autrichienne.

Il était alors environ deux heures.

Le général de La Motterouge se lance simultanément par trois colonnes sur Robecchetto, le premier bataillon formant l'aile droite, le troisième l'aile gauche, tous deux marchant à la même hauteur de front; le deuxième formant le centre, un peu en arrière des deux autres, appuyant à droite et pouvant servir de réserve commune. Les trois colonnes, précédées de deux compagnies de flanqueurs, arrivèrent ainsi, au pas de course propre aux Turcos, à des intervalles de déploiement proportionnés et, par un mouvement de plus en plus convergent, à quelques mètres du village, la colonne de droite au sud, celle de gauche au nord. Accueillis presque à bout portant par une décharge générale partie des abords du village, ils se couchent ventre à terre, se relèvent, et, sans répondre par un coup de feu, se ruent comme des lions furieux sur le village, qu'ils vident d'ennemis dans l'espace de dix minutes. On aurait cru assister à un coup de théâtre.

Sur ces entrefaites, le général de Mac-Mahon avait envoyé successivement à la suite du régiment de tirailleurs algériens, à mesure qu'ils arrivèrent sur la rive gauche, le 45ᵉ, le 65ᵉ (brigade Lefèvre) et le 70ᵉ (brigade Polhes). Le gros de toutes ces forces, y compris le régiment africain, était particulièrement dirigé vers l'est. Le général de Mac-Mahon espérait couper la ligne de retraite des Autrichiens de Buscate et de Cuggiono. Cette éventualité se serait infailliblement réalisée, si le général de Mac-Mahon eût trouvé deux ou trois régiments sous sa main à Turbigo, ou si les Autrichiens eussent tenu une demi-heure à Robecchetto. Mais le 45ᵉ de ligne arriva tout juste au moment où les Autrichiens, acculés à l'extrémité orientale du village, couvrirent leur retraite par quelques coups de mitraille. Une batterie adjointe au 45° fit taire la pièce autrichienne, et, prenant quatre positions successives, tua quelques hommes à l'ennemi battant en retraite. Le commandant d'artillerie du 2º corps, général Auger, fit enlever un canon qui se traînait péniblement par les champs de blés. Un bataillon du 65°, envoyé dans la direction de Castano, découvrit une colonne de cavalerie autrichienne : quelques coups de canon suffirent pour lui faire tourner bride. Une colonne de chasseurs tyroliens, qui s'était avancée pour détruire le petit pont de Padregnano sur le grand canal, ne fut pas plus heureuse : elle y trouva un bataillon de la garde, avec lequel elle échangea quelques coups de fusil sans arriver à son but. La retraite des Autrichiens se fit sans poursuite ultérieure sur Cuggiono et Buscate. Le général de Mac-Mahon, conformément à ses instructions, se contenta d'avoir dégagé Robecchetto de la présence des ennemis. Dans cette affaire, les Français eurent 40 hommes mis hors de combat, dont 8 tués. Il paraît que les pertes des Autrichiens ne furent pas beaucoup plus graves. Par suite de cette vive opération, le mouvement de l'armée alliée vers la route de Milan n'était plus menacé ni de front ni à gauche. La position conquise fut occupée par les divisions de La Motterouge et Camou.

La tentative d'occuper Robecchetto est une preuve que le général Clam-Gallas avait le sens stratégique ; mais il eut le tort de ne l'avoir pas occupé avant que les Français fussent en présence. L'envoi d'une seule division est une preuve de son sens tactique, car, s'il eût employé tout son corps, il aurait probablement résisté plus longtemps, et alors les masses françaises qui se concentraient sur la rive opposée, seraient arrivées à temps pour prendre part à l'affaire; il en serait résulté un combat où tout le corps autrichien, enveloppé et coupé de sa retraite, eût été taillé en pièces ou fait prisonnier. Il s'ensuit qu'en l'état des choses le général Clam-Gallas aurait mieux fait de rester sur les hauteurs du Naviglio-Grande, soit à Magenta, à portée des secours qu'il espérait, et de s'abstenir de toute entreprise sur Robecchetto; occupée ou non par ses troupes, cette position devait évidemment tomber le jour même au pouvoir des alliés, si ce général ne recevait promptement de prompts et puissants secours.

A la date du 3 juin au soir, la forme de marche, de position et de concentration de l'armée alliée présentait l'aspect le plus singulier et le plus bizarre : deux brigades de deux corps différents, soit une division, étaient établies à Robecchetto, le point d'occupation le plus avancé au nord sur la ligne de conversion; sur la rive droite du Tessin, en face de Turbigo, la division Espinasse, revenue à son corps du pont San-Martino; la division Mellinet, de la garde, à San-Martino, en remplacement de celle du 2ᵉ corps; le 4ᵉ corps, à Novare et à Galliate, comme réserve générale; le 3ᵉ corps, avec les quatre divisions sardes, excédé de marches longues et pénibles, mais avançant infatigablement vers Novare, qu'il devait dépasser le jour même pour atteindre au plus tôt le pont de Turbigo. En liant ces différents points, les uns mobiles, les autres fixes, on trouve un échiquier également vulnérable sur tous les points de la ligne brisée, déchirée et anguleuse qui l'enveloppe. L'armée autrichienne avait donc beau jeu ce jour-là, si elle se fût trouvée en mesure d'attaquer avec des forces considérables. Nous savons déjà qu'il n'en était pas ainsi à beaucoup près.

La disposition locale de l'armée des alliés au 2 et au 3 juin a été l'objet de critiques vives fondées sur les règles de l'art militaire, et l'on est allé jusqu'à conclure que les Français ignorent absolument la grande Tactique.

Arrivé à Novare, l'Empereur, à défaut de preuves matérielles, ne crut pas que le général autrichien pût être plongé plus longtemps dans l'illusion où il avait réussi à l'entretenir jusqu'alors; il croyait même que son rêve devait être dissipé dès le 30 et le 31 mai à la suite des deux affaires de Palestro. L'ayant vainement attendu le 1er et le 2 juin à Novare, il en conclut qu'il s'était replié obliquement ou à l'ouest sur le Tessin pour couvrir Milan, ou à l'est pour prendre position sur l'Adda. Une troisième ligne défensive ne lui parut pas admissible; une offensive dirigée par la rive droite du Tessin sur les derrières et sur le flanc droit de l'armée des alliés lui parut seule possible. Ce sont ces considérations qui le décidèrent à envoyer immédiatement au nord une partie de sa garde et du 2e corps pour ouvrir le passage de la rivière et gagner ainsi sur la rive gauche un point de position avant que l'ennemi pût sérieusement le lui disputer. Quand les inductions de l'Empereur eurent reçu une si éclatante confirmation par le fait de l'absence de forces ennemies considérables sur les deux rives du Tessin (San-Martino et Turbigo), toute sa tactique, grande et petite, consistait à faire passer avec la plus grande vitesse le gros de ses forces sur la rive gauche; pour arriver plus vite à ce résultat, il n'aurait pas trouvé d'inconvénient à ce que toute son armée passât par bataillons, par pelotons, par hommes isolés, de Novare au Tessin, et, si la marche générale en eût été accélérée, il aurait pratiqué par là même la plus haute Tactique.

Ainsi tombent d'elles-mêmes les critiques absurdes et passionnées qui ont accusé le désordre tactique de l'armée des alliés avant le passage du Tessin. Certaines circonstances étant données, la Tactique, comme art positif, est un non-sens, et le véritable Tacticien n'en a que faire, ou plutôt, dans certains cas, l'art tactique et le simple bon sens coïncident dans toute leur étendue.

Quant à la disposition et à l'ordre de bataille dans lesquels les alliés arrivèrent le 4 juin à Magenta, nous en ferons en son lieu un examen raisonné et impartial.

La seule préoccupation de l'Empereur, le 1er, le 2 et le 3 juin, était donc de jeter dans l'unité de temps le plus de forces possible sur l'autre rive du Tessin. Tout portait à croire qu'il atteindrait le point le plus rapproché de la route de Milan, Magenta, dans la matinée du 4 juin. Un seul corps, le 3e, avec l'armée sarde, pouvait n'être pas arrivé au rendez-vous pour le moment critique.

En conséquence, dans la nuit du 3 au 4 juin, il ordonna au 3ᵉ corps de se porter directement sur le pont San-Martino ou Ponte-Nuovo di Boffalora pour passer de là au vieux pont de Boffalora, sur le Naviglio-Grande, en face de Magenta. Le 2ᵉ corps, qui devait d'abord se porter sur le vieux pont de Boffalora, reçut ordre de prendre le chemin le plus court par Cuggiono, Inveruno, Mesero et Marcallo.

Après ces dernières dispositions et contre-ordres, l'Empereur discuta une dernière fois les chances du mouvement offensif général, fixé au 4 juin.

Si l'ennemi se repliait sur la ligne de l'Adda sans chercher à lui couper la route de Milan, parti qui, pour être le plus sûr, n'en était pas le plus honorable ni, par conséquent, le plus probable, la Lombardie serait acquise sans verser une goutte de sang de plus. L'Empereur cependant aurait regretté que l'ennemi prît la résolution la moins digne de lui et la moins propre à abréger la guerre, car, dans ce cas, l'issue de la lutte était rejetée en perspective dans le boulevard du quadrilatère.

Si, au contraire, l'ennemi, comme tout porte à le croire, préfère défendre la ligne de Magenta à Milan, l'armée alliée, sur quelque point, à quelque époque que se fasse la rencontre, se trouvera égale en nombre et en position, supérieure en tactique. L'Empereur ne trouva à sa cuirasse qu'un défaut, celui d'une concentration suffisante à réaliser à temps sur le point de la rive opposée le plus rapproché. Mais le temps pressait : les divisions qui avaient déjà franchi le Tessin pouvaient être attaquées d'un instant à l'autre par des forces supérieures et rejetées au sud. En présence du danger imminent qui menace la ligne de conversion presque fournie et qui peut compromettre le but de la campagne, il n'y a pas à balancer : il faut que la Tactique le cède à la Stratégie. C'est le lendemain que le plan et les combinaisons stratégiques de l'Empereur devaient subir leur plus rude, leur plus décisive et leur plus solennelle épreuve.

Le théâtre restreint où vont s'accomplir des mouvements décisifs pour les destinées des peuples et des empires, a une importance stratégique qui nous impose l'obligation d'en décrire et d'en déterminer toutes les particularités et tous les points marquants.

En liant successivement par des lignes droites, deux à deux, les points de Porto di Turbigo, où les Français avaient construit deux ponts au nord-ouest; la tête de pont de San-Martino ou plutôt le Ponte-Nuovo di Boffalora, sur la route de Magenta; le point de Robecco sur le Naviglio-Grande, au sud-est; celui de Magenta à l'est, sur la route de Milan; celui de Castano au nord, enfin celui de Turbigo, on obtient un grand pentagone irrégulier dont l'aire va être le théâtre d'action générale de deux armées aux prises.

Mais le besoin de notre cause n'exige pas une surface d'aussi grandes dimensions, car, en fait, le champ de bataille actif n'atteignit pas tous les côtés de l'espace que nous venons de circonscrire. Nous fixons donc de préférence les quatre points de Turbigo avec Robecchetto, de Robecco, de Corbetta et de Castano, qui, dans leur ensemble, forment une figure géométrique plus simple et un cadre plus synoptique des mouvements et positions des armées respectives. En unissant ces points, dans le même ordre, par des lignes droites, on obtient un parallélogramme sensiblement rectangle dont les côtés opposés sont à peu près égaux : 18 kilomètres de Turbigo à Robecco, 18 kilomètres 1/2 de Castano à Corbetta, 6 kilomètres de Turbigo à Castano et de Robecco à Corbetta. L'aire de ce quadrilatère a donc une superficie de 109 kilomètres 1/2 carrés.

De ces quatre lignes de contour, celle qui s'étend de Turbigo à Robecco était sans contredit tout à la fois, comme ligne défensive et comme ligne offensive, de beaucoup la plus importante pour chacune des deux armées ennemies. Le côté occidental du rectangle coïncide avec le Naviglio-Grande, qui, plus rapproché du Tessin à la hauteur de Turbigo, s'en écarte en descendant, en raison directe du prolongement de son cours, de sorte que la distance entre les deux cours d'eau, qui est à peine de 670 mètres à la hauteur de Bernate, est de 1000 mètres à celle de Boffalora et de 2000 mètres à celle de Robecco. Ce magnifique canal, encastré entre deux turcies collatérales vivement talutées, vient descendre jusqu'à la route magistrale le long du bord de la vallée pour s'encaisser, au sud, dans le versant des hauteurs orientales. Cette rivière artificielle, large de 20 mètres, était armée de sept ponts minés qui avaient autant de têtes fortifiées et mises en bon état de défense : c'étaient, du nord au sud, les ponts de Padregnano, de Bernate, de Boffalora, de

Ponte-Nuovo di Magenta, du chemin de fer en construction, de Ponte-Vecchio di Magenta, enfin de Robecco.

Turbigo, à 4 kilomètres est du Tessin, et Robecchetto, à 2 kilomètres est de Turbigo, formaient ensemble, pour la défensive, une position développée qui commandait de haut, immédiatement, l'important passage du pont de Turbigo et toute la ligne du Naviglio-Grande jusqu'à la hauteur de Castelletto di Cuggiono; médiatement, le pont de Porto di Turbigo et toute la ligne du Tessin jusqu'à la hauteur du même village, c'est-à-dire toute la partie du Tessin la plus étroite et, par conséquent, la plus exposée aux tentatives de passage de l'ennemi. Turbigo et Robecchetto réunis, malgré leur distance de Magenta, étaient d'une importance hors ligne pour le maintien de la route de Milan, car, si l'ennemi, réussissant à forcer un des points de passage du Naviglio, s'avançait de front sur Magenta, la défense, descendant de ces deux points, fondrait sur son flanc gauche. Ainsi pris de flanc et de front, l'ennemi qui aurait poussé jusqu'à Magenta courrait risque d'être anéanti.

Le gros village de Boffalora, à 2 kilomètres sud de Bernate, est à cheval sur le Naviglio. Le groupe de maisons sur la rive droite forme une tête de pont à angle rentrant droit dont les deux côtés se flanquent. C'est un retranchement tout trouvé qui se prête éminemment aux feux croisés et convergents. L'angle rentrant formé par le talus du Naviglio et l'alignement des maisons, et flanqué de la ferme de Monterotondo, offrait des avantages de position analogues. Boffalora est placé à cheval, au même point, sur le Naviglio, et sur un coude de la route magistrale qui vient du pont de San-Martino au Ponte-Nuovo di Boffalora et se rabat au sud pour aboutir à Magenta : il est le point de départ de six chemins de communication qui conduisent à Cuggiono, à Mesero, à Marcallo, le long du Naviglio sur les deux rives; il forme une position formidable qui commande le quadrilatère que nous avons décrit.

Le Ponte-Nuovo di Magenta, à 400 mètres de Boffalora, est flanqué aux quatre angles de quatre gros bâtiments qui, sur les deux rives opposées, forment deux têtes de pont-redoutes faciles à défendre et offrant l'avantage de produire des feux croisés meurtriers.

Le Ponte-Vecchio di Magenta, à 1 kilomètre 1/2 du chemin de fer, offrait les mêmes avantages que le Ponte-Nuovo.

Robecco, à 5 kilomètres du Ponte-Vecchio, assis à cheval sur le Naviglio-Grande, était une excellente position de défense à tous égards; mais, à raison de son éloignement de la route magistrale de Milan, il nous intéresse moins pour le cas particulier.

Le champ de bataille, immédiatement défendu par la ligne du Naviglio-Grande, que le génie civil et le génie militaire semblaient avoir construite de concert dans le double but de féconder et de préserver de l'invasion ces belles campagnes, était défendu médiatement par une ligne d'eau extérieure qui rivalisait de force avec la première.

Le Tessin, d'une largeur moyenne de 240 mètres de Porto di Turbigo jusque vers la hauteur de Bernate, a une largeur moyenne de plus de 480 mètres jusqu'à la hauteur de Robecco. Sur toute cette étendue partielle de son cours, la rivière n'a qu'un pont permanent qui puisse donner passage à une grande armée avec cavalerie et artillerie. Ce pont est celui de San-Martino. La tâche de la défense se réduisait donc à garder la partie supérieure de la rivière par des forces suffisantes et à empêcher l'ennemi de construire des ponts passagers. Sur la partie inférieure, il suffisait de fortifier le pont de pierres et, au besoin, de le faire sauter, et, dans ce cas, de porter ses forces sur la rive opposée, où la défense, à raison de la largeur considérable de la rivière, était beaucoup plus facile que sur la rive supérieure.

Au point de vue stratégique, le Tessin et le Naviglio-Grande formaient, à l'ouest du quadrilatère, comme deux formidables lignes de circonvallation commodément espacées, de sorte que l'armée défensive venant, contre toute attente, à être délogée de l'intervalle qui sépare les deux lignes, pourrait se réfugier dans notre parallélogramme comme dans un réduit inexpugnable.

La distance qui, sur la longueur que nous avons fixée, sépare le Tessin du Naviglio-Grande est variable : à la hauteur de Turbigo et un peu au-dessous, elle est de 2 kilomètres ; jusqu'à Boffalora, de 1 kilomètre ; jusqu'à Ponte-Nuovo di Magenta, de 3 kilomètres ; jusqu'à Robecco, de 4 kilomètres.

Placée successivement dans l'intervalle derrière chacune des deux lignes de défense, une armée défensive aurait encore beau jeu contre une armée deux fois plus nombreuse.

D'après le plan et les combinaisons obligés des deux généraux en chef, la petite ville de Magenta, peuplée de 4,000 âmes, assise à cheval sur la route magistrale de Milan, à 6 kilomètres est du Tessin, à 3 kilomètres est du Naviglio, devait être l'objectif immédiat des deux armées.

L'armée des alliés ne pouvait atteindre Milan que par la route magistrale, et l'armée défensive ne pouvait espérer rejeter l'ennemi que dans la position de notre quadrilatère. Celle des deux armées qui resterait maîtresse de Magenta serait nécessairement maîtresse de la Lombardie.

En comparaison des lignes et des points que nous venons de considérer, tous les autres, situés soit dans l'intérieur, soit sur le contour, soit en dehors du quadrilatère, sont d'une importance relativement subordonnée.

Ce qu'il importe encore de signaler, c'est la configuration du terrain destiné à être le théâtre du drame sanglant qui allait être joué.

Partant du pont de San-Martino, qui a une longueur de 120 mètres, on arrive à Magenta, soit par le terrassement du chemin de fer, soit par la grande route de Milan. Les deux voies se côtoient et se croisent successivement sur une longueur d'environ 2 kilomètres 1/2. Dès qu'on a franchi le pont, on descend dans le terrain bas de la vallée du Tessin; ce bas-fond, qui se prolonge à perte de vue au sud et au nord de la route entre la rivière et le canal, forme une sorte de longue tranchée sensiblement droite qui, à partir de Bernate, va s'élargissant de plus en plus jusqu'à Robecco. Au-dessus de Bernate, elle forme un boyau étroit jusqu'à la hauteur du ponceau de Padregnano, où elle s'élargit de nouveau. Ce fond, émaillé de prairies naturelles et couvert de buissons touffus, n'est praticable que par le temps sec; la partie inférieure de ce fond est bornée à l'est par une série de collines qui bordent la vallée et qui s'élèvent d'environ 30 mètres au-dessus du niveau du Tessin. Les rives immédiates de la rivière, mais surtout celles du Naviglio-Grande, ont le profil de grandes contrescarpes à la suite desquelles le terrain descend en pente sous forme de glacis.

Le long de la rive occidentale du Naviglio, à partir de la route de Milan et du chemin de fer, ce glacis va s'élargissant progressivement sous forme de plaine légèrement inclinée jusqu'au delà de Robecco; près de la route, il a 100 mètres de largeur; près du Ponte-Vecchio, 250 mètres; près de Robecco, 940 mètres.

Toute la région située à l'est et au nord du grand canal, variée de vignobles, de rizières, de prairies, de bois de nature et de marmenteaux luxuriants, forme, en partant du Tessin, une série d'amphithéâtres toujours renaissants au fur et à mesure que l'on change de position en marchant dans la direction de Magenta, de sorte que les terrasses successives se surplombent les unes les autres de la manière la plus avantageuse pour celle des deux parties belligérantes qui les occupe.

Pour nous résumer, nous dirons que le quadrilatère en question, abstraction faite du côté méridional et du côté occidental, qui, à raison de la position d'attaque des alliés, n'avaient aucune importance stratégique, équivalait à une place forte de premier ordre défendue par un camp retranché fortifié. Ce camp retranché est l'espace compris entre le Tessin et le Naviglio-Grande.

Le côté septentrional, le seul qui, avec le côté occidental, doive être pris en considération, était une position élevée qui dominait tout à la fois le camp retranché avec le Tessin supérieur et l'intérieur du quadrilatère ; aussi facile à défendre à l'état naturel qu'à rendre inexpugnable par l'art, il était fait pour forcer l'ennemi à diriger toute son attaque sur la seule section de ligne qui fermait le champ de bataille à l'ouest.

Nous savons, de reste, que la position défensive des Autrichiens avait déjà subi, le 3 juin, une double atteinte, l'une par l'occupation du point extérieur de San-Martino, l'autre, encore plus grave, par l'occupation du point intérieur de Turbigo avec Robecchetto. Les Autrichiens étaient mis en demeure de faire face à une double attaque qui, partant du nord et de l'ouest, devait converger sur leurs forces concentrées derrière le Naviglio, sur la route de Milan.

L'armée que le feld-maréchal Gyulai avait à sa disposition pour repousser l'attaque des alliés se composait des sept corps suivants :

1ᵉʳ Corps (feld-maréchal lieutenant Clam-Gallas).

1ʳᵉ division Slankowics (ci-devant Cordon).
    1ʳᵉ brigade, général-major Hoditz.
        48ᵉ régiment de ligne archiduc Ernest.
        14ᵉ bataillon de chasseurs.
    2ᵉ brigade, général-major Reczniczek.
        16ᵉ régiment de ligne (italien) Wernhardt.
        2ᵉ bataillon de chasseurs frontières du Banat de Temeswar.
2ᵉ division (feld-maréchal-lieutenant Montenuovo).
    1ʳᵉ brigade, général-major Pastori (ci-devant Burdina).
        5ᵉ régiment de ligne prince Wasa.
        2ᵉ bataillon de chasseurs.
    2ᵉ brigade, général-major Brunner.
        29ᵉ régiment Thun.
        1ᵉʳ bataillon du Banat de Temeswar.
        2 escadrons du 12ᵉ régiment de hussards Haller.

2ᵉ Corps (feld-maréchal-lieut. prince Édouard de Liechtenstein).

1ʳᵉ division (feld-maréchal-lieutenant Jellachich).
    1ʳᵉ brigade, général-major Szabo.
        12ᵉ régiment archiduc Wilhelm.
        7ᵉ bataillon de chasseurs.
    2ᵉ brigade, général-major Wachter (ci-devant Kudelka).
        12ᵉ régiment de ligne, prince Alexandre de Hesse (ci-devant Jellachich).
        21ᵉ bataillon de chasseurs.
2ᵉ division (feld-maréchal lieutenant Herdy).
    1ʳᵉ brigade, général-major Kintzl.
        45ᵉ régiment de ligne (italien) archiduc Sigismond.
    2ᵉ brigade, général-major Baltin.
        9ᵉ régiment de ligne Hartmann.
        10ᵉ bataillon de chasseurs.
        4 escadrons du 12ᵉ régiment de hussards Haller.

3ᵉ Corps (feld-maréchal-lieutenant prince de Schwarzenberg).

1ʳᵉ division, feld-maréchal-lieut. Schœnberger (ci-devant Handl).
    1ʳᵉ brigade, général-major Polhorny (ci-devant Ramming).
        58ᵉ régiment de ligne archiduc Étienne.
        15ᵉ bataillon de chasseurs.

2ᵉ brigade, général-major Dienstl (ci-devant Dürfeld).
    27ᵉ régiment de ligne roi des Belges.
    13ᵉ bataillon de chasseurs.
2ᵉ division, feld-maréchal-lieutenant Martini (ci-dev. Reischach).
  1ʳᵉ brigade, général-major Wetzlar.
    5ᵉ régiment de ligne prince de Liechtenstein.
    1ᵉʳ bataillon de frontières Allocans.
  2ᵉ brigade, général-major Hartung.
    14ᵉ régiment grand-duc de Hesse.
    23ᵉ bataillon de chasseurs.
    10ᵉ régiment de hussards roi de Prusse.

    5ᵉ Corps (feld-maréchal-lieutenant comte Stadion).

1ʳᵉ division, feld-maréchal-lieutenant Sternberg.
  1ʳᵉ brigade, général-major Koller.
    32ᵉ régiment de ligne duc Ferdinand d'Este.
    1ᵉʳ bataillon de chasseurs frontières Ogulins.
  2ᵉ brigade, général-major Festetiez.
    21ᵉ régiment de ligne Reischach.
    6ᵉ bataillon de chasseurs.
2ᵉ division, feld-maréchal-lieutenant Pallfy (ci-dev. Paumgarten)
  1ʳᵉ brigade, général-major Gaal.
    3ᵉ régiment de ligne archiduc Charles-Louis.
    1ᵉʳ bataillon de chasseurs frontières Liccans.
  2ᵉ brigade, général-major Bils.
    47ᵉ régiment de ligne Kinsky.
    2ᵉ bataillon de chasseurs frontières Ogulins.
  3ᵉ brigade, général-major Puchner (ci-devant Dormus).
    31ᵉ régiment de ligne Culoz.
    4ᵉ bataillon de chasseurs Empereur.
    4 escadrons du 12ᵉ régiment de uhlans roi de Sicile.

    7ᵉ Corps (feld-maréchal-lieutenant baron Zobel).

1ʳᵉ division, feld-maréchal-lieut. prince de Hesse (ci-dev. Reischach).
  1ʳᵉ brigade, général-major Wuessin (ci-devant Lebzeltern).
    1ᵉʳ régiment de ligne Empereur.
  2ᵉ brigade, général-major Gablentz.
    54ᵉ régiment de ligne Gruber.
    3ᵉ bataillon de chasseurs Empereur.

2ᵉ division, feld-maréchal-lieutenant Lilia.
    1ʳᵉ brigade, général-major Weigl.
        53ᵉ régiment de ligne archiduc Léopold.
    2ᵉ brigade, général-major Dorndorf.
        22ᵉ régiment de ligne Wimpffen.
        1ᵉʳ bataillon de chasseurs frontières Ottocans.
        4 escadrons du régiment de hussards Empereur.

      8ᵉ CORPS (feld-maréchal-lieutenant comte BENEDEK).

1ʳᵉ division, feld-maréchal-lieutenant Lang.
    1ʳᵉ brigade, général-major Lippert.
        59ᵉ régiment de ligne archiduc Reiner.
        9ᵉ bataillon de chasseurs.
    2ᵉ brigade, général-major Tauber (ci-devant Boer).
        39ᵉ régiment de ligne infant Don Miguel.
        3ᵉ bataillon de chasseurs.
    3ᵉ brigade, général-major Philippowich.
        17ᵉ régiment de ligne Hohenlohe.
        5ᵉ bataillon de chasseurs Empereur.
2ᵉ division, feld-maréchal-lieutenant Berger.
    1ʳᵉ brigade, général-major Watervliet.
        7ᵉ régiment de ligne Prohaska.
        2ᵉ bataillon de chasseurs Empereur.
    2ᵉ brigade, général-major Roden.
        11ᵉ régiment de ligne prince de Saxe.
        2ᵉ bataillon de chasseurs frontières Szluines.
    3ᵉ brigade, général-major Reichlin, détachée du 6ᵉ corps, et composée de 4 bataillons du 9ᵉ régiment de ligne Hartmann, du 18ᵉ prince Constantin, du 27ᵉ roi des Belges, et du 24ᵉ bataillon de chasseurs; 4 escadrons du régiment de hussards Empereur.

      9ᵉ CORPS (feldzeugmeister SCHAAFFGOTTSCHE).

1ʳᵉ division, feld-maréchal-lieutenant Mandl.
    1ʳᵉ brigade, général-major Castiglione.
        9ᵉ régiment de ligne archiduc Rudolph.
        2ᵉ bataillon de chasseurs frontières Gradiscans.
    2ᵉ brigade, général-major Augustin.
        34ᵉ régiment de ligne prince de Prusse.
        16ᵉ bataillon de chasseurs.

2ᵉ division, feld-maréchal-lieutenant de Crenneville.
  1ʳᵉ brigade, général-major Blumenkorn.
    52ᵉ régiment de ligne archiduc François-Charles.
    4ᵉ bataillon de chasseurs.
  2ᵉ brigade, général-major Fehlmayer.
    8ᵉ régiment de ligne archiduc Louis-Joseph.
    bataillon de chasseurs frontières Tittler-Grentzer.
    4 escadrons du 12ᵉ régiment de uhlans roi de Sicile.

La brigade autrichienne étant, dans l'état normal, forte de 6,000 hommes (1), cette armée de 31 brigades comptait 186,000 hommes d'infanterie.

Par suite de retards apportés, par des circonstances dépendantes ou indépendantes de la volonté du général en chef, au mouvement de concentration qui avait déjà reçu un commencement d'exécution, ces sept corps occupaient, dans la matinée du 4 juin, les positions suivantes :

Le 1ᵉʳ et le 2ᵉ corps occupaient seuls l'intérieur du quadrilatère.

(1) Nous savons qu'il s'est fait depuis la guerre, entre les États-Majors français et autrichien, un échange d'états officiels des effectifs réels de bataillons, de régiments, de brigades, de divisions et de corps des armées d'Italie respectives. A défaut de publication officielle de ces états, nous croyons devoir maintenir nos chiffres, sauf à les rectifier ultérieurement, s'il y a lieu. Dans tous les cas, nos considérations stratégiques et tactiques sont indépendantes de l'abaissement de chiffre que les Autrichiens réclament : il y a plus, s'il se confirmait que notre erreur fût telle que nous eussions exagéré les forces autrichiennes d'un tiers, les fautes stratégiques et tactiques qu'ils ont commises à la campagne d'Italie n'en seraient que plus grandes; car plus les forces dont un général dispose sont petites, plus il doit y suppléer par la sagesse de sa stratégie et l'intelligence de sa tactique. Du reste, aux termes du rapport du général de Mac-Mahon sur la bataille de Magenta, un aide-de-camp du général Jellachich donne aux corps autrichiens 25,000 hommes, ce qui fait 6,200 hommes par brigade.

Le 7ᵉ corps avait deux positions séparées : la division prince Alexandre de Hesse (ci-devant Reischach) occupait Corbetta, l'angle oriental du quadrilatère, à 7 kilomètres du Ponte-Nuovo di Magenta; la division Lilia était à Castelletto-Mendosio, dans l'angle méridional formé par la route d'Abbiategrasso à Milan et le Naviglio-Grande inférieur, à 12 kilomètres du Ponte-Nuovo di Magenta, à 10 kilomètres de cette ville.

Le 3ᵉ corps était à la hauteur d'Abbiategrasso, à 12 kilomètres de Magenta. Deux de ses brigades (Hartung et Polhorny, ci-devant Ramming) s'avançaient le long de la rive gauche du Naviglio; les deux autres brigades Wetzlar et Dienstl (ci-devant Dürfeld) s'avançaient le long de la rive droite du Naviglio. Ces deux dernières avaient ordre de se porter sur le pont de San-Martino, et de l'attaquer simultanément sur les deux rives opposées.

Le 5ᵉ corps était en marche entre Garlasco et Abbiategrasso, à 15 kilomètres de Magenta; il avait ordre de se porter sur cette ville.

Le 8ᵉ corps marchait entre Binasco et Bestazzo, à plus de 24 kilomètres de Magenta.

Le 9ᵉ corps, qui s'avançait entre Plaisance et Pavie, était encore à une plus grande distance de sa destination.

Il s'ensuit que le 4 juin, à huit heures du matin, le général Gyulai n'avait à sa disposition immédiate que deux corps d'armée, le 1ᵉʳ et le 2ᵉ, soit 48,000 hommes au plus, c'est-à-dire les huit trente et unièmes de son armée, soit le quart. On pourrait tout au plus ajouter à ce nombre de troupes immédiatement disponibles la division prince de Hesse (ci-devant Reischach), soit 12,000 hommes, qui à Corbetta était encore à 8 kilomètres de Magenta, ce qui ferait 60,000 hommes, soit le tiers du total de ses forces.

En prévision d'une double attaque simultanée par l'ouest et par le nord, ces forces, placées, en l'absence du général en chef, sous le commandement du feld-maréchal-lieutenant Clam-Gallas, étaient disposées de la manière suivante :

Si l'on unit successivement, par des lignes droites (1), les points de Boffalora et de Ponte-Vecchio di Magenta, ceux de Ponte-Vecchio et de Magenta en suivant la voie de communication, ceux de Magenta et de Marcallo, enfin ceux de Marcallo et de Boffalora, on détermine un quadrilatère dont le champ formait la position de défense effective à peu près exacte du gros des forces autrichiennes. L'ensemble des deux corps, séparés en brigades, avait, dans la matinée du 4 juin, avant l'action, un développement de forme et de fond, de front et de flanc identique avec cette figure, dont l'aire était, en outre, divisée en deux parties inégales, l'une septentrionale, l'autre méridionale, par la section de route et de chemin de fer de Ponte-Nuovo à Magenta.

La ligne occidentale était occupée par le 2ᵉ corps (Liechtenstein) ; Boffalora par la division Jellachich ; le Ponte-Nuovo et le Ponte-Vecchio par la division Herdy, avec un détachement à Robecco.

(1) Voir le plan de la bataille de Magenta.

La ligne septentrionale était défendue par le 1ᵉʳ corps (Clam-Gallas); Boffalora, point de coïncidence de la ligne occidentale et de la ligne septentrionale, par la division Monte-Nuovo; la route de Cuggiono à Boffalora au point A par la division Cordon (Stankowics), avec des détachements jusqu'à B.

Des considérations qui précèdent il suit :

1° Que l'ensemble de la ligne de défense générale avait, de front, la forme d'une ligne brisée à angle aigu saillant au nord-ouest.

2° Que chacune des deux lignes partielles, l'une septentrionale, l'autre occidentale, abstraction faite des réserves et des renforts survenant pendant l'action, était réduite à sa propre force, de sorte que l'une ne pouvait pas concourir à la défense de l'autre.

3° Que les deux lignes pouvaient être percées par un double mouvement d'attaque simultané et convergent, issu du nord et de l'ouest, de manière à être rejetées l'une sur l'autre et anéanties entre deux feux.

L'Empereur des Français, après de mûres réflexions, avait définitivement fixé à la matinée du 4 juin l'attaque des Autrichiens dans leurs positions autour de Magenta. Deux raisons dominantes l'avaient décidé à ne pas remettre au lendemain la conquête de la Lombardie, qui lui paraissait sûre, si le moment d'attaque opportun était saisi.

D'après tous les renseignements qu'il avait reçus, le 3 juin, des généraux de Mac-Mahon, Mellinet et Camou, qui avaient exploré les deux rives du Naviglio-Grande et du Tessin, et d'après les reconnaissances qu'il avait directement ordonnées lui-même, l'ennemi n'avait pas encore réuni des forces considérables derrière le Naviglio.

Les différents corps de son armée, disloqués, démesurément éloignés de Magenta, au moment où il apprit qu'il était tourné, et marchant péniblement dans des terrains détrempés par la pluie, ne peuvent se trouver réunis dans la matinée du 4, sur la route de Magenta à Milan, où ils ne peuvent y arriver que harassés de fatigue. Au pis aller, le gros des troupes alliées y arrivera en même temps que le gros des forces ennemies. L'armée alliée, maîtresse de deux points d'attaque avantageux, l'un extérieur, l'autre intérieur au Naviglio-Grande, compensera, par une attaque simultanée sur le front et le flanc droit de l'ennemi, l'avantage qu'assure à celui-ci l'occupation de positions naturellement et artificiellement fortifiées.

D'un autre côté, l'ennemi se fortifie à vue d'œil ; encore un jour, et les ponts du Naviglio, déjà naturellement si faciles à défendre, seront inexpugnables. Battons le fer pendant qu'il est chaud ; nous ne serons pas dans une condition pire que l'ennemi, et demain notre condition sera pire qu'aujourd'hui.

Telle fut la conclusion à laquelle l'Empereur s'arrêta, et l'idée stratégique l'emporta sur l'idée tactique.

Les ordres que les différents chefs de corps avaient reçus dès le 2 juin, portaient en substance ce qui suit :

Le 2ᵉ corps, augmenté de la 2ᵉ division Camou (voltigeurs de la garde), et des quatre divisions sardes, déboucheront, le 4 juin entre neuf et dix heures du matin, de Turbigo et de Robecchetto pour se porter, en deux colonnes, par Cuggiono, sur Bernate et Boffalora, et, par Castano, Buscate, Inveruno, Mesero et Marcallo, sur Magenta.

La 1re division Mellinet (zouaves et grenadiers de la garde), commandée par l'Empereur en personne, débouchera entre huit et neuf heures, du pont San-Martino sur le Ponte-Vecchio di Magenta, suivie du 3e corps et celui-ci suivi du 4e. Le 1er corps, comme réserve, arrière-garde et corps d'observation, suivra le 4e corps, et assurera le flanc droit et les derrières de l'armée d'observation, en occupant fortement Ofengo et la Bicocca et en reconnaissant soigneusement la contrée à sa droite dans la direction de Vigevano et de Mortara. Il s'ensuit que si ces ordres eussent pu être exécutés, les alliés avaient, le 4 juin avant midi, réunies devant Magenta 18 divisions d'infanterie, 14 françaises et 4 sardes, c'est-à-dire l'effectif réel d'une division étant en moyenne de 10,000 hommes, une masse de 180,000 hommes d'infanterie. Mais il s'en faut que ce résultat pût être obtenu pour les heures indiquées.

Nous nous arrêtons ici pour expliquer et justifier ce retard de quatre ou cinq corps (en y comprenant le 1er corps et les quatre divisions sardes qui peuvent compter pour deux corps), de même que la résolution de l'Empereur de forcer les lignes ennemies en l'absence de forces qui paraissaient indispensables pour conquérir les positions ennemies. Tout officier impartial et instruit dans l'art militaire nous accordera que le polygone stratégique que nous avons appelé le triangle autrichien et dont le sommet était occupé par Palestro, ne pouvait séamment pas rester entre les mains de l'ennemi. Plus cette position était dangereuse et menaçante pour la ligne de conversion, plus l'ennemi qui, après un long défaut, devait enfin avoir le vent net, mettrait de prix à la conserver, ou ferait d'efforts pour la reprendre. L'Empereur devait donc supposer, même après le brillant succès du 31 mai, que, réveillé enfin d'un rêve de dix jours et furieux de s'être laissé jouer, disons-le rondement, comme un enfant, le général autrichien voudrait se venger du sanglant affront qu'il venait d'essuyer et qui devait lui faire monter le rouge au front. Il dut donc, pour être prêt à tout événement, faire prendre et conserver une attitude d'attente et de défensive au gros de son armée à la hauteur de Vercelli, de Borgo-Vercelli et de Novare pendant les cinq jours consécutifs du 30 et du 31 mai, du 1er, du 2 et même du 3 juin, sauf à la modifier et à la convertir successivement en mouvement progressif en avant et en attitude offensive, si l'ennemi ne continuait à briller que par son absence. Sans doute, l'attaque des alliés sur Palestro avait pour but de faire croire à l'ennemi qu'on en voulait à sa droite. Mais qui pouvait s'attendre à la complaisance avec laquelle les généraux autrichiens donnèrent tête baissée dans ce piége grossier? Qui pouvait se douter que le double combat de Palestro et de Confienza, auquel participèrent directement ou indirectement, par une présence ostensible ou par un concours actif, huit divisions alliées, plus un régiment de zouaves, soit plus de 80,000 hommes d'infanterie, ne leur inspirât pas même le plus léger soupçon de la mystification inouïe dont ils étaient l'objet? Comment supposer, qu'indignés d'eux-mêmes, qu'on nous passe l'expression, de s'être laissé *berner*, ils ne se ruassent, comme une avalanche destructive, avec toutes leurs forces réunies sur l'armée alliée avant sa parfaite concentration à Novare ou du moins pendant son mouvement en avant de Novare sur le Tessin? Il se trouva, par le fait, qu'ils n'entreprirent rien sur le flanc droit et les derrières des alliés. L'Empereur, s'il eût pu prévoir cette éventualité dont les annales de la guerre parleront encore longtemps, aurait, dès le 31 mai ou le 1er juin, conquis la Lombardie par une simple promenade militaire ; mais, en tenant cette conduite, il n'en aurait pas moins commis un acte de stratégie insensé. Il en résulta un retard fâcheux de quatre ou cinq corps, 3e, 4e, 1er, et des divisions sardes, soit 140,000 hommes ; mais, encore une fois, ce désavantage était plus que compensé par l'avantage d'une parfaite sécurité de flanc droit pendant le mouvement qui s'exécutait sur la section de ligne tournante comprise entre Vercelli et le Tessin. L'Empereur voyait la Lombardie conquise par le fait seul du succès de sa conversion : c'est ce succès qui pouvait être si facilement compromis par le défaut de sa droite, qu'il lui importait d'assurer péremptoirement. Dès lors, l'emploi des mesures de prudence et de précaution les plus serrées était, en principe, l'application d'une idée éminemment stratégique.

Le retard apporté par cette circonspection qui, pour avoir été inutile de fait, ne l'était pas en droit, à la concentration générale sur le Tessin, se trouva avoir, le

4 juin avant huit heures du matin, à peu près les proportions suivantes :

Le 3ᵉ corps et les quatre divisions sardes, arrivées le 3 à la hauteur de Novare, trouvèrent la route encombrée par le 4ᵉ corps, et durent s'arrêter toute la nuit pour marcher au point du jour dans ses traces. Le maréchal Canrobert ne put envoyer comme avantageuse que la brigade Picard, qui se trouva dans la matinée du 4 à la hauteur de Trecate.

Les quatre divisions sardes destinées à renforcer le 2ᵉ corps et arrêtées par le même incident, ne purent bouger qu'après le 3ᵉ corps français. Le 4ᵉ corps français seul, destiné à renforcer la 1ʳᵉ division de la garde, était le 3 au soir et dans la nuit en mouvement de Novare sur Trecate.

Le 4 juin au matin, l'Empereur était donc certain qu'aucune des divisions dont il avait pressé la marche, ne serait arrivée avant midi ni au pont San-Martino, ni, à plus forte raison, à Turbigo. A six et à sept heures du matin, il avait encore tout le temps nécessaire pour donner des contre-ordres et pour ajourner le commencement de la double attaque, soit à une heure plus reculée du jour, soit au lendemain. Il n'en fit rien. Appuyé sur les considérations que nous avons présentées plus haut et sur l'espérance fondée que la division de zouaves et de grenadiers qu'il commandait en personne, recevrait des renforts avant la fin de la journée, il maintint ses ordres dans toute leur rigueur, au risque de n'avoir à opposer à l'ennemi, dont il ignorait les forces, que deux corps séparés par un intervalle de plus de 18 kilomètres, du pont San-Martino à Turbigo.

Cette résolution chevaleresque de l'Empereur, ayant été traitée d'acte de témérité et d'audace qui ne peut être justifié que par le succès, il importe d'en faire l'objet d'un examen sévère et de l'apprécier au point de vue d'une tactique rationnelle.

Mais, pour faire ressortir toute l'économie du plan qu'il adopta définitivement, nous sommes obligé de remonter jusqu'au 1er et au 2 juin, c'est-à-dire aux jours où l'Empereur se vit, contre toute attente, maître incontesté de Novare et où il eût effectué à cette latitude la concentration de son armée.

Les considérations que nous suggère la conduite militaire tenue par l'Empereur dans cette circonstance, nous paraissent tellement importantes pour l'art pratique de la guerre offensive, que nous croyons devoir les développer dans toute leur étendue, au risque de tomber dans la diffusion et même dans des redites partielles. Voyant avec autant de regret que de surprise que l'ennemi ne venait pas à lui, il prit promptement son parti de cette déception.

Puisque l'ennemi ne vient pas à nous, il faut aller à lui, à moins que, ce qui serait encore plus fâcheux, il n'ait l'intention de se dérober à notre poursuite et d'éviter tout combat en dehors de ses fortes positions du Pô.

Se voyant tourné et débordé à son extrême droite, l'ennemi, à défaut d'attaque sur notre flanc droit, n'a d'autre parti à prendre que de se retirer sur la rive gauche du Tessin et de chercher à nous opposer un nouveau front sur un point de la route de Milan, notre ligne de mouvement obligée, ou de se retirer derrière la ligne de l'Adda. Comme il n'est pas probable qu'il veuille sacrifier la Lombardie sans courir le sort des armes, il cherchera à nous barrer la route de Milan. Nous pourrions donc, décampant de pied franc et sans retard et nous portant vivement sur un point du Tessin situé entre le pont San-Martino et Vigevano, le surprendre dans son mouvement oblique de l'autre côté de la rivière, le couper en deux, et le disperser à gauche et à droite. Mais ce plan nous entraînerait à des mouvements pénibles à travers champs dans des terrains accidentés, détrempés, impraticables, dans de fausses routes dont le moindre inconvénient serait de faire traîner l'opération en longueur; une course au clocher mal dessinée à l'horizon faite par une armée de 200,000 hommes serait d'une stratégie contestable et d'une tactique suspecte. Quand l'armée alliée arriverait en un jour au Tessin, il faudrait compter avec la rivière plus large, plus profonde, défendue par des forces ennemies rapprochées. Au cas le plus heureux, elle atteindrait la rive opposée, mais il lui resterait encore à conquérir la route de Milan sur laquelle l'ennemi aurait eu le temps de se masser.

En présence de ces fâcheuses éventualités, force est de nous en tenir, pour attaquer, à la section à laquelle nous faisons front et qui est comprise entre Oleggio (Tornavento) et San-Martino. C'est par cette section que nous sommes le plus rapprochés de la Lombardie; c'est sur cette section que nous sommes en possession de la route magistrale qui conduit à Milan, notre objectif capital; c'est sur cette section qu'il sera le plus facile de jeter des ponts, grâce au peu de largeur de la rivière et à l'absence de forces ennemies. Enfin, c'est par cette seule section qu'il y a chance de conquérir la Lombardie sans dégaîner; pour cela, il suffirait que le gros de notre armée eût sur l'armée ennemie une avance de quelques kilomètres sur la route intérieure de Milan.

Novare communique par deux routes principales et praticables à une grande armée avec deux ponts sur le Tessin,

Turbigo et San-Martino. C'est de ces deux points, ou du moins de l'un des deux, qu'il importe de se rendre maître. C'est Turbigo qui est le plus intéressant pour nous : d'une part, il n'est pas gardé par l'ennemi, qui ne se doute de rien ; d'autre part, de Turbigo il est possible de tourner une fois de plus l'ennemi retranché au pont San-Martino et derrière le Naviglio à Magenta. La prise de possession de la Lombardie sans coup férir ne peut être effectuée, s'il y a lieu, que par le point dominant de Turbigo, d'où les forces alliées se rabattraient comme un double torrent par deux lignes obliques au Naviglio sur la route de Milan.

On a su plus tard que la principale raison qui avait déterminé le général autrichien à abandonner si précipitamment le camp retranché de San-Martino, c'était l'occupation inattendue, foudroyante de Turbigo, accomplie par le général de Mac-Mahon. L'ennemi, se voyant, contre toute attente, tourné au nord, débordé et directement menacé dans ses positions intérieures, ne crut plus possible la défense de sa position extérieure sur le Tessin.

A peine l'Empereur eut-il reçu avis de l'occupation de Turbigo et du pont San-Martino par les généraux de Mac-Mahon et Camou que son plan se dessina avec une netteté et une rigueur mathématiques.

L'attaque se fera tout à la fois par Turbigo et par le pont San-Martino : le premier de ces deux points, dominant immédiatement les positions intérieures de l'ennemi et la route de Milan, sera le principal : c'est par le pont San-Martino que commencera l'attaque par la division des zouaves et grenadiers de la garde soutenue par le 3ᵉ et le 4ᵉ corps. Ce mouvement, commencé avec décision, mais retenu, suspendu à propos, aura pour effet d'attirer le gros des forces ennemies sur la double berge du Naviglio. Pendant ce temps, sept divisions débouchant de Turbigo, se porteront en deux colonnes divergentes et obliques au Naviglio-Grande, sur les deux points les plus essentiels à notre but : l'une d'elles se lancera sur le point intérieur du Ponte-Nuovo di Magenta, où l'Empereur avec la division des grenadiers aura pris l'initiative de l'attaque démonstrative : au moment où la colonne du nord donnera le signal de son arrivée sur le point convenu, une attaque vigoureuse et combinée de l'extérieur et de l'intérieur assaillira simultanément le front, le flanc droit et les derrières de l'ennemi. Cependant la 2ᵉ colonne du nord se portera par la route de Buscate, d'Inveruno, de Mesero et de Marcallo sur Magenta.

Le général de Mac-Mahon, conformément à ses instructions, partit à dix heures de Turbigo. L'ensemble de la 1ʳᵉ division (de La Motterouge) du 2ᵉ corps et de la 2ᵉ division (Camou) de la garde, formant l'aile droite, se porta par Robecchetto, Malvaggio, Cuggiono et Casate, sur Boffalora : en première ligne, la 1ʳᵉ division du 2ᵉ corps; en seconde ligne, celle des voltigeurs de la garde, comme réserve. Elle était suivie de loin de la division sarde Durando, la seule qui, avec la division Fanti, pût atteindre, le 4 juin, le Tessin.

La 2ᵉ division (Espinasse) du 2ᵉ corps, formant l'aile gauche, partit la seconde et se dirigea par Castano, Buscate, Inveruno, Mesero et Marcallo, sur Magenta. Elle était suivie de loin de la division sarde Fanti.

La division de La Motterouge arriva vers midi à Cuggiono sans rencontrer d'ennemis; mais, à Casate, la brigade Lefèvre trouva, vers une heure, l'ennemi rangé en bataille en avant du village : c'était la brigade Hoditz, de la division Cordon, du 1ᵉʳ corps autrichien. Le général de Mac-Mahon, qui se trouvait à l'avant-garde, la fit immédiatement attaquer par le régiment de tirailleurs algériens (Archinard), formant tête de colonne. Les Autrichiens, après une courte résistance, se replièrent sur leur réserve, la brigade Reczniczek de la division Monte-Nuovo, établie à la Cascina-Guzzafame. A peine la division de La Motterouge eut-elle débouché de Casate pour continuer sa marche sur Boffalora, que le général de Mac-Mahon put se convaincre qu'il allait avoir affaire à des forces supérieures. En effet, le gros du 1ᵉʳ corps autrichien était réuni à la hauteur de la Cascina-Guzzafame, dans l'espace qui séparait les deux lignes à parcourir par le général de Mac-Mahon et par le général Espinasse. Ce sont les positions et les mouvements de ces troupes que le général Lebrun, chef d'état-major du 2ᵉ corps, venait d'observer confusément du haut du clocher de Cuggiono. La division de La Motterouge ne pouvait pas être engagée avec des troupes ennemies deux fois plus nombreuses.

Le général de Mac-Mahon ne doute plus que l'ennemi ne prenne des dispositions pour se jeter entre lui et le général Espinasse, et pour isoler ce dernier. Le concours de ses deux ailes étant absolument nécessaire pour emporter Magenta, son objectif capital, il n'hésite pas à attaquer simultanément par toutes ses forces réunies toute la ligne de défense septentrionale de l'ennemi.

A cet effet, rappelant vers Casate son extrême aile droite (tirailleurs algériens), qui s'était avancée jusqu'en vue de Boffalora, pressant la marche du général Camou parti une heure plus tard, et envoyant au général Espinasse l'ordre d'accélérer son mouvement sur Marcallo et d'appuyer ensuite sa droite dans la direction de la Cascina-Guzzafame, il prend les dispositions suivantes :

Il déploie la division de La Motterouge en première ligne de bataille, appuyée à droite à la Cascina-Valisia, à gauche à la Cascina-Malastalla; en seconde ligne, la division des voltigeurs de la garde par bataillons en masse, à intervalles de déploiement. Un temps précieux s'écoule à prendre toutes ces dispositions dictées par la prudence.

Enfin, vers trois heures et demie, le général de Mac-Mahon, sans attendre qu'il soit matériellement appuyé par le général Espinasse, commence l'attaque générale de la ligne autrichienne, s'étendant de Boffalora à Marcallo.

La droite de la division de La Motterouge, composée du régiment de tirailleurs indigènes et du 45ᵉ de ligne, se portant en deux colonnes sur Boffalora, défendu par deux brigades autrichiennes, par une forte batterie d'artillerie et une batterie de fusées, attaque vigoureusement cette position, en même temps que le 2ᵉ régiment de grenadiers de la garde, débouchant du pont San-Martino, l'attaque par le côté opposé. L'ennemi, menacé d'être pris entre deux feux, se hâte de battre en retraite vers Magenta.

Cette position conquise, le général fait faire un quart de conversion à gauche à la division de La Motterouge, qui avait déjà dépassé Boffalora, et, plaçant la division Camou en seconde ligne, il marche sur Magenta. Mais, de plus en plus menacé d'être coupé de son lieutenant par l'ennemi prêt à se jeter dans l'espace compris entre sa position et Marcallo, il se dirige d'abord vers la Cascina-Nuova. Arrivée à cette ferme, la division de La Motterouge rencontre la division autrichienne Monte-Nuovo, la culbute, lui fait 1,500 prisonniers et enlève le drapeau d'un régiment sur le cadavre de son colonel.

Voyant que le général Clam-Gallas n'exécutait pas la menace de se jeter entre lui et le général Espinasse, et qu'il serait difficile à la division de La Motterouge de percer les masses qu'elle aurait devant elle en continuant son mouvement de jonction à l'est par la Cascina-Guzzafame, le général de Mac-Mahon conçoit l'idée de se porter isolément au sud-est sur son objectif principal. Il fait donc cesser le feu, ralentir le mouvement de sa division et rappeler à la Cascina-Nuova son extrême aile gauche, qui s'était étendue jusque vers la Cascina-Guzzafame; puis, mettant sa 1re division en première ligne de bataille, la division Camou en seconde ligne, à 200 mètres en arrière, il ordonne au général de La Motterouge de faire effort sur Magenta et de désigner comme point de direction à ses bataillons le clocher de cette ville. Deux heures s'écoulent à prendre ces dispositions et à établir des communications avec le général Espinasse, heures également pénibles pour l'Empereur, qui craint pour son lieutenant, et pour celui-ci, qui craint pour l'Empereur.

L'attaque, reprise vers cinq heures et demie, a pour effet de faire rebrousser chemin aux forces interlignes autrichiennes vers leur position centrale menacée et de dégager tout à la fois les abords de Marcallo, dont le général Espinasse se rend aisément maître, et ceux de la rive orientale du Naviglio-Grande, où la 1re division de la garde soutenait une lutte désespérée. Dès lors, combinant leur attaque et se développant successivement sur une ligne de front solidement fermée s'étendant de la Cascina-Nuova à la Cascina-Medici, la division de La Motterouge à droite, la division Camou en arrière comme réserve, la division Espinasse, avec un bataillon de bersaglieri, à gauche, descendent carrément sur Magenta, poussant l'ennemi devant elles. La phalange compacte, dont les extrémités convergent de plus en plus vers l'objectif, mais débordent celles de la ligne ennemie et tendent à l'envelopper, attaque l'armée autrichienne, composée du 1er corps tout entier (Clam-Gallas), de trois brigades du 2e corps (Liechtenstein) et de la division Reischach, du 7e corps. Les Autrichiens, sentant que Magenta est la clef de la position, opposent une défense désespérée qui devient bientôt inutile : ils succombent sous l'attaque combinée de l'infanterie et de l'artillerie françaises. Le général Auger, commandant l'artillerie du 2e corps, établissant successivement les batteries de division et de réserve sur la droite de la ligne de bataille, fait taire l'artillerie ennemie placée au débouché de la ville, sur la route de Boffalora.

Vers sept heures, où le gros des forces autrichiennes se retire, 40 pièces en batterie sur le chemin de fer parallèle à la direction de leur ligne de retraite, les prenant en flanc et d'écharpe, jonchent la terre de leurs morts, au moment où elles sont reçues avec la plus grande vigueur par une division (Vinoy) du 4° corps (Canrobert), dont un régiment, le 52° de ligne, concourt encore à l'attaque de Magenta.

Nous avons, pour plus de clarté, considéré isolément et sans interruption l'action générale du 2° corps, qui, pendant toute la journée du 4 juin, agit indépendamment des corps débouchant du pont San-Martino sur le Naviglio et emporta finalement la balance en faveur des Français. A ce mouvement principal et dominant se rattacheront naturellement les mouvements successifs et les luttes partielles qui se développèrent sur la ligne d'attaque subordonnée de l'ouest, et qui furent déterminés par le mouvement issu du nord.

La 1re division (Mellinet) de la garde se trouva réunie vers dix heures sur la rive gauche du Tessin, à l'issue du pont San-Martino, la 2° brigade (Wimpffen) en première ligne, la 1re brigade en seconde. Nous savons de reste, que le moment d'agir n'était pas venu pour la 1re division, dont l'offensive était essentiellement subordonnée à celle du 2° corps.

L'heure de midi était écoulée, et l'Empereur, retenant avec peine l'impatience de sa 1re division, ne recueillit aucun écho de son lieutenant, auquel il avait confié la fortune de la journée. Une heure était écoulée, et les inquiétudes de l'Empereur, en présence d'une situation qui n'avait pas changé, redoublèrent.

Cependant le général de Mac-Mahon avait dû recevoir, dans la matinée même, la confirmation expresse des instructions de la veille; le roi de Sardaigne dont le quartier-général était à Galliate, avait reçu l'ordre de se presser sur les pas du 2e corps. La distance entre Turbigo et Boffalora est d'environ 9 kilomètres; Boffalora pouvait donc être facilement atteint à une heure, Cuggiono et Casate pouvaient l'être à midi.

A chacune de ces trois hauteurs, le général, s'il y est arrivé, a dû rencontrer des ennemis : comment se fait-il qu'il garde le silence? qu'il ne s'annonce pas par un coup de canon? L'ennemi se serait-il jeté entre lui et Espinasse?

Telles étaient les préoccupations de l'Empereur, lorsque tout à coup, vers une heure et demie, le canon se fit entendre dans la direction de Cuggiono.

Le lecteur devine que c'était l'écho du canon dans le premier engagement que le général de Mac-Mahon eut avec l'ennemi à Casate.

Aussitôt toute la 1re division de la garde s'élance en deux colonnes vers le Naviglio-Grande.

La colonne de gauche, composée du 2e régiment de grenadiers et flanquée de quelques compagnies de zouaves comme éclaireurs, se porte, par l'étroite chaussée latérale à la grande route de Magenta, sur Boffalora.

La colonne de droite, composée, en première ligne, du 3ᵉ régiment de grenadiers avec quelques compagnies de zouaves en éclaireurs ; en seconde ligne, de la 1ʳᵉ brigade, c'est-à-dire des deux bataillons restants du régiment de zouaves et du 1ᵉʳ régiment de grenadiers, se porte sur les positions rapprochées de Ponte-Nuovo et de Ponte-Vecchio di Magenta.

Le 3ᵉ régiment de grenadiers, commandé par le colonel Metman et dirigé par le général Wimpffen, suit la chaussée du chemin de fer terrassé et marche directement sur la redoute élevée par les Autrichiens au point d'intersection du canal et de la voie de fer, et qui couvrait tout à la fois les abords de Ponte-Vecchio et de Ponte-Nuovo. C'est le Ponte-Vecchio que le général Regnaud de Saint-Jean-d'Angely, dans son rapport sur la bataille de Magenta, appelle pont de Robecco, parce que ce pont conduit à Robecco par un chemin extérieur au Naviglio-Grande.

La première brigade réduite, les bataillons de zouaves en tête, marche dans les traces du 2ᵉ régiment de grenadiers, et, obliquant à droite, se met en réserve dans les plis de terrain au bas du mamelon-contrefort en face du Ponte-Vecchio, inaperçue des Autrichiens et abritée contre leurs projectiles à la faveur de l'exhaussement du terrain.

En même temps, quatre pièces d'artillerie dressées sur la route magistrale en face du Ponte-Nuovo di Magenta, à hauteur des bataillons de zouaves embusqués, canonnent cette position.

Le 3ᵉ régiment de grenadiers enlève la redoute qui

couvre les abords de Ponte-Vecchio en dépit d'une fusillade meurtrière qui l'accueille au moment où il gravit en colonnes serrées le mamelon d'abri et repousse l'ennemi par le pont sans lui laisser le temps de le faire sauter. Le 1er bataillon se retranche dans la position conquise à l'entrée du pont, le 2e enlève le village de Ponte-Vecchio, le 3e poursuit les ennemis qui se retirent vers Magenta. Ces deux bataillons, emportés par leur ardeur, sont ramenés par les Autrichiens qui, sur ces entrefaites, ont reçu des renforts du 2e corps (Liechtenstein). Assaillis de front, de flanc droit et de flanc gauche, ils se retiraient déjà dans les conditions les plus désastreuses vers la rive droite, lorsque trois compagnies de zouaves, débouchant de leur retraite et traversant le pont au pas de charge, repoussent les ennemis vers Magenta. Mais le renfort qui est arrivé au 3e de grenadiers est insuffisant; les faibles forces françaises échouent contre celles de l'ennemi qui augmentent à chaque instant et contre le feu meurtrier qui part du Ponte-Nuovo. Dans l'impossibilité où il se voit de se faire jour dans la direction de Magenta, le général Wimpffen fait attaquer les bâtiments de la rive droite du Ponte-Nuovo, défendus par la brigade autrichienne Baltin, augmenté de troupes des brigades Kudelka et Szabo. Le lieutenant-colonel de Tryon lance un bataillon du 3e grenadiers contre les deux édifices de granit qui font pleuvoir une grêle de balles dans les rangs serrés des Français. Si les Autrichiens, enfermés dans l'intérieur et coupés de leur brigade par les Français devenus maîtres du pont, succombent, leur retraite devient impossible. Ils se défendent donc en désespérés, mais en vain; les grenadiers enfoncent les portes, pénètrent dans l'intérieur, s'emparent successivement de tous les étages. Mais il importe encore plus de conquérir les deux bâtiments de la rive gauche qui sont même nécessaires au maintien de ceux de la rive droite; car la fusillade partant d'une rive à l'autre est terrible. L'effet des balles françaises sur les Autrichiens est tel qu'on voit déjà leurs mineurs s'approcher du pont pour le faire sauter. Un peloton de grenadiers s'élance par le pont et en prévient la destruction. Mais cette troupe est trop faible pour déboucher du pont défendu à la rive gauche par des forces supérieures; elle est ramenée, mais se maintient sur le pont. A ce moment arrive le général Cler avec les bataillons de zouaves et le 1ᵉʳ de grenadiers. Les zouaves, le colonel Guignard à leur tête, s'élancent par le pont et s'emparent du bâtiment de droite sur la rive gauche. Une fusillade meurtrière s'engage entre les deux bâtiments de la rive gauche, l'un encore occupé par les Autrichiens, l'autre occupé par les Français.

Enfin, après une demi-heure de lutte acharnée, le bâtiment de gauche reste définitivement au pouvoir des Français. Furieuses de la résistance qu'elles ont rencontrée et entraînées par leur fougue, les troupes françaises, à peine fortes de trois bataillons, sortent du poste qu'elles viennent d'emporter et se jettent sur Magenta, centre de la position ennemie. Mais bientôt elles se trouvent en présence de forces supérieures et attaquées de droite et de gauche par des colonnes autrichiennes couvertes de nuées de tirailleurs. En vain les grenadiers et les zouaves font des prodiges de valeur, en vain une batterie d'artillerie vomit le feu sur les ennemis, en vain le général de Cassaignolles à la tête d'un escadron de chasseurs à cheval charge à plusieurs reprises à droite et à gauche les tirailleurs autrichiens; il ne réussit qu'un moment à arrêter la marche de l'ennemi.

L'infanterie, l'artillerie et la cavalerie, qui s'étaient portées dans la direction de Magenta, sont obligées de se retirer entre les deux bâtiments qui forment la tête du Ponte-Nuovo.

Les deux bâtiments, à droite et à gauche du pont, sont fortement occupés par le 3ᵉ de grenadiers et les zouaves qui se préparent à une nouvelle attaque imminente.

Il était alors environ trois heures et demie.

Pour expliquer la résistance inattendue que les bataillons français rencontrèrent au delà du Naviglio et l'inquiétude de l'Empereur qui en fut la suite, nous sommes obligé de passer au camp autrichien et de rechercher la cause qui amena les retours offensifs de l'ennemi déjà effectués et ceux qui étaient en perspective.

La première division de la garde avait conquis avec une facilité relative les débouchés du Naviglio; elle avait été repoussée dès qu'elle eut dépassé le canal; l'ennemi, ne s'en tenant plus à la défensive, faisait des retours auxquels il était impossible de résister. Il avait donc reçu des renforts.

Le général Gyulai, instruit, dès le matin du 4 juin, de l'état exact des choses au nord et à l'ouest, ne partit d'Abbiategrasso, son quartier-général, qu'après midi, c'est-à-dire au moment où l'attaque était déjà inaugurée sur les deux lignes contiguës.

Arrivé vers trois heures, avec son état-major, à Magenta, il trouva la ligne de défense du nord gravement compromise : la position de Boffalora emportée à l'extrême nord-ouest ; le 1er corps battu et repoussé à la Cascina-Nuova dans un combat sanglant qui préludait à une attaque combinée plus sérieuse du nord sur sa position centrale ; son extrême droite menacée par la division Espinasse.

La ligne de l'ouest se présentait sous un aspect plus rassurant. La seule position attaquée était le Ponte-Vecchio et la redoute adjacente au nord ; disputée avec acharnement par les deux parties, la position n'appartenait encore ni à l'une ni à l'autre ; mais la décision de la lutte paraissait imminente.

Prenant aussitôt le commandement général, il fit avancer, en attendant l'arrivée du 3e corps (Schwarzenberg), qui s'approchait à marches forcées, la division Reischach (prince Alexandre de Hesse) de Corbetta sur le Naviglio-Grande, avec ordre de reprendre la position de Ponte-Nuovo di Magenta, qui, sur ces entrefaites, était tombée au pouvoir des Français.

En même temps, se transportant à Robecco pour diriger une attaque sur le flanc droit des Français, il fit marcher, sans attendre l'arrivée du 3e corps, la brigade Kintzl du pont de Robecco, qu'elle tenait occupé, le long de la rive droite du Naviglio, sur le village de Ponte-Vecchio, qui, avec la redoute, était également tombé au pouvoir des Français. Trois brigades du 3ᵉ corps, dont l'arrivée était attendue à chaque instant, mais qui n'étaient pas encore en vue, suivaient en réserve active; la 4ᵉ brigade (Wetzlar) de ce corps, envoyée en avant, remontait péniblement le fond de la vallée entre le Tessin et le Naviglio pour couper les communications de l'ennemi entre les deux cours d'eau, et détruire le pont San-Martino.

Ces dispositions tactiques prises par le général Gyulai amenèrent sur le Naviglio, contre les positions perdues et occupées par les Français, une double contre-attaque combinée issue de l'est et du sud, analogue à l'attaque générale des Français par le nord et par l'ouest sur Magenta, et plus particulièrement à l'attaque partielle des deux ailes du général de Mac-Mahon sur la position centrale des Autrichiens.

La division Reischach s'avança en échelons par la route magistrale en deux colonnes, dont l'une se porta sur Boffalora, l'autre sur le Ponte-Nuovo di Magenta. La première fut repoussée par le 2ᵉ régiment de grenadiers et par le 70ᵉ de ligne du 2ᵉ corps, solidement établis à l'entrée du village et du pont, et alla rejoindre la colonne qui opérait au sud. C'est cette seconde colonne qui rencontra, comme nous avons vu, les trois bataillons de grenadiers et de zouaves trop fougueux de la garde, et les força à se retirer avec perte dans le réduit entre les deux bâtiments de la rive gauche; elle réussit même à prendre à l'artillerie de la garde un des canons rayés en batterie en avant du pont, après avoir tué tous les servants à leurs pièces. Gagnant toujours du terrain, elle s'apprêta même à attaquer les bâtiments de la droite; mais elle laissa aux grenadiers et aux zouaves le temps de s'y retrancher, et de se mettre en position de maintenir un débouché essentiel aux renforts qui étaient en voie d'arriver.

La brigade Kintzl, en arrivant à l'entrée du village de Ponte-Vecchio, trouva le pont détruit par la brigade Baltin, qui était allée rejoindre son corps à l'est pour défendre Magenta, menacée par le général de Mac-Mahon. Remontant jusqu'au chemin de fer, elle attaqua le général Wimpffen, retranché dans la redoute avec deux bataillons du 3ᵉ de grenadiers, auxquels le général Mellinet amena le secours d'un bataillon du 1ᵉʳ de grenadiers. Les Français se défendent avec une énergie prodigieuse; néanmoins, les Autrichiens gagnaient toujours du terrain, et, renforcés de la brigade Gablentz, qui attaqua par la rive gauche, ils allaient succomber, lorsque, vers quatre heures, le clairon français se fit entendre dans la direction de San-Martino, et annonça les secours si longtemps attendus.

C'était la brigade Picard (1), du 3ᵉ corps. Au mo-

---

(1) D'après tous les renseignements officiels que nous avons recueillis, il ne reste pas de doute sur l'heure à laquelle la brigade Picard parut sur le lieu du combat. Elle n'y arriva pas avant quatre heures. Tous les rapports des généraux, y compris celui du maréchal Canrobert, sont d'ailleurs unanimes à cet égard. Lorsque la brigade Picard déboucha par la chaussée du chemin de fer et se porta au secours du 3ᵉ de grenadiers qui s'était emparé de la re-

ment où la tête de colonne du 23ᵉ de ligne, ayant à sa tête le colonel Auzouy, parut à portée du pont, les grenadiers et les zouaves de la garde, reprenant l'offensive et s'élançant à la baïonnette, repoussent encore une fois l'ennemi vers Magenta, et ouvrent passage aux deux corps d'armée (3ᵉ et 4ᵉ), qui doivent arriver d'un moment à l'autre. La brigade Picard tourne le 45ᵉ régiment de ligne autrichien archiduc Sigismond, qui occupe le village de Ponte-Vecchio, et le force à une retraite désastreuse : les soldats de ce régiment, composés d'Italiens, s'empressent, dit-on, de se rendre prisonniers des Français.

A cinq heures et demie, les Autrichiens avaient donc perdu un terrain considérable sur le Naviglio.

Cette première phase de la contre-attaque autrichienne fut suivie d'une seconde plus décisive.

Vers quatre heures, les trois brigades du 3ᵉ corps autrichien (Schwarzenberg) se développèrent à la hauteur de Robecco. La brigade Hartung, traversant le pont de Robecco, se porta, comme la brigade Kintzl, le long de la rive droite du Naviglio, entre le canal et Carpenzago, pour tomber sur le flanc droit et les derrières des Français au Ponte-Vecchio. La brigade Ramming suivit la rive gauche du Naviglio pour se réunir à la division Reischach, qui s'apprêtait à faire un nouvel assaut sur le Ponte-Nuovo, dont la partie

doute, le combat était engagé depuis plus de trois heures, et la Garde avait déjà eu à soutenir plusieurs retours offensifs des Autrichiens. Il est donc matériellement impossible que la brigade Picard fût, avant quatre heures, sur le théâtre de la lutte.

gauche était toujours maintenue par les Français. La brigade Dürfeld suivait la brigade Ramming comme réserve; au fond de la vallée, la brigade Wetzlar luttait avec les difficultés du terrain, et n'arriva pas en temps utile pour remplir son objet, celui de couper les communications de l'ennemi entre le Tessin et le Naviglio-Grande.

Les brigades Hartung et Dürfeld attaquent la brigade Picard tout à la fois à droite et à revers. Laissant quelques compagnies dans le village même, dont il fait sa position centrale, le général Picard se porte avec ses autres bataillons dans la direction de Carpenzago, où il arrête un instant la marche des ennemis. Mais, pendant ce temps, une partie de la brigade Hartung le tourne par la hauteur et reprend le village. Laissant encore une fois un peloton de tirailleurs vers Carpenzago, il revient avec le reste de ses troupes sur le village, et le reprend à son tour. Mais ce jeu terrible, où il est obligé de se multiplier à chaque minute pour voler successivement d'une colonne autrichienne à l'autre, ne peut pas durer sur un espace aussi resserré. Assailli de droite sur les deux rives opposées, de front et de revers par des forces quadruples, il se rallie avec son régiment, 23ᵉ de ligne, aux grenadiers et aux zouaves, qui tiennent la redoute pour y attendre l'assaut qui est en perspective. Au moment où les Autrichiens attaquent la redoute par deux côtés opposés, apparaît le 90ᵉ de ligne, de la brigade Picard, qui dégage les abords du retranchement, et les Français repoussent une fois de plus les ennemis.

Nous avons laissé la division Reischach (prince Alexandre de Hesse) maîtresse de la partie du Ponte-Nuovo située à la rive gauche et les Français établis en bon état de défense sur la partie de la rive droite. Dans le combat qui venait d'acculer les Français à la rive droite, la mort avait largement moissonné dans leurs rangs : parmi beaucoup de victimes était aussi tombé le général Cler, à la mémoire duquel nous devons un pieux souvenir!... De la rive gauche, les Autrichiens entretenaient sur la rive droite un feu vif qui décimait les bataillons français : déjà la division Reischach attaquait le pont, lorsque, vers cinq heures, peu après la brigade Picard, apparut la division Vinoy du 4ᵉ corps.

Vers cinq heures et demie, le canon résonna de nouveau à gauche du Ponte-Nuovo et l'Empereur pouvait enfin espérer que les abords orientaux de la position allaient enfin être débarrassés d'ennemis qui affluaient sans interruption.

Le général Vinoy lance la brigade de Martimprey au delà du pont contre les troupes du général Reischach, qui sont refoulées de position en position et qui, rappelées pour défendre Magenta contre l'attaque du général de Mac-Mahon, finissent par ne plus opposer qu'une faible résistance.

La brigade de La Charrière vole à droite par les deux rives du Naviglio au secours des généraux Wimpffen et Picard.

Le général Vinoy, marchant avec les troupes de la rive gauche, repousse la brigade Ramming de la partie orientale du village de Ponte-Vecchio et prévient l'attaque de la redoute. Mais ses bataillons sont détruits par le feu d'une artillerie formidable qui les prend d'écharpe. En même temps l'ennemi reçoit un renfort de trois bataillons qui paraissent déboucher du Ponte-Nuovo : c'étaient les troupes autrichiennes, qui avaient échoué dans leur attaque contre Boffalora et qui se rallièrent à la brigade Ramming.

Les bataillons envoyés sur la rive droite contre les troupes de la brigade Hartung ne peuvent pas secourir ceux de la rive gauche à cause de la rupture du pont. La situation des Français luttant sur la rive gauche du canal à la redoute et au Ponte-Vecchio devient extrêmement critique. Enfin, arrive la brigade Jannin, du 3ᵉ corps, ayant à sa tête le général Renault. Elle se porte vivement sur la ligne autrichienne, s'appuyant sur la partie orientale du village de Ponte-Nuovo. Prise et reprise plusieurs fois de suite, cette portion du village isolée par la rupture du pont, reste enfin au pouvoir du général Renault, qui s'y établit définitivement.

Enfin, vers sept heures et demie, les brigades Hartung et Dürfeld se retirent par la rive droite, la brigade Ramming par la rive gauche sur Robecco où elles s'arrêtent.

Le pont rompu du village de Ponte-Vecchio est rétabli, et toutes les mesures défensives sont prises contre un retour offensif qui était possible.

La division Trochu du 3ᵉ corps ne parut sur le théâtre de la lutte que vers huit heures du soir, au moment où les Autrichiens étaient en pleine retraite ; elle occupa le village de Ponte-Vecchio.

La division Bourbaki du 3ᵉ corps, les divisions de Luzy de Pélissac, de Failly du 4ᵉ corps, se trouvaient entre le pont San-Martino et Trecate.

Le 1ᵉʳ corps gardait sa position de réserve sur les derrières des corps qui s'avançaient vers Magenta.

Des quatre divisions sardes, envoyées à la suite du général de Mac-Mahon, une seule (Fanti) réussit à faire arriver un bataillon de bersaglieri et quelques pièces de canon aux derniers moments de la lutte devant Magenta. Le général Fanti, arrivé vers onze heures à Turbigo, apprit que le général autrichien Urban qui, comme nous avons vu, s'était retiré de Varèse pour se replier vers le corps du général Clam-Gallas, était stationné avec 15,000 hommes à la hauteur de Gallarate, menaçant les derrières des alliés. Les renseignements s'étant trouvés inexacts, il poursuivit son mouvement dans les traces de la division Espinasse. A Inveruno il fit de nouveau halte à la vue de quelques partis de cavalerie autrichienne, et ne reprit sa marche que lorsqu'ils furent disparus. Rabattant à gauche entre Menedrago et Marcallo, il entendit bientôt la fusillade venant de Magenta. Le 9ᵉ bataillon de bersaglieri avec quatre pièces d'artillerie, arriva vers sept heures à l'extrême gauche de la division Espinasse, à l'est de la Cascina-Medici : les quatre pièces firent chorus avec l'artillerie divisionnaire du général Espinasse, et les bersaglieri participèrent à l'attaque de Magenta. Le gros de la division Fanti n'arriva qu'après la prise de la position. La division Durando qui marchait à la suite des divisions de La Motterouge et

Camou, n'arriva que jusqu'à Cuggiono. Les divisions Castelborgo et Cialdini ne dépassèrent pas Turbigo (1).

Dans la nuit du 4 au 5 juin, les corps autrichiens prirent les positions suivantes :

Le 1ᵉʳ et le 2ᵉ corps se retirèrent, grâce au combat que soutenaient encore des détachements de leurs régiments dans l'intérieur de Magenta, par Corbetta sur Bareggio, où se réunirent leurs débris et d'où ils repartirent le 5 à trois heures du matin, dans la direction de Milan.

Le 7ᵉ corps (Zobel), dont la division Reischach seule avait pris part au combat, était à Corbetta, la division Lilia en première ligne et faisant front à l'ouest pour couvrir la retraite.

Le 8ᵉ corps (Benedeck) se réunit, à mesure de l'arrivée de ses brigades, derrière le 7ᵉ.

Le 5ᵉ corps (Stadion) se réunit successivement à Castellazzo di Barzi entre le Naviglio et Corbetta, à deux kilomètres de Magenta.

Le 3ᵉ corps (Schwarzenberg) occupait Robecca sur les deux rives du Naviglio, la seule position qui restât aux Autrichiens à l'extrémité du champ de bataille.

Il y eut donc, le lendemain matin 5 juin, aux approches de Magenta, deux nouveaux corps autrichiens, le 5ᵉ et le 8ᵉ, plus une division (Lilia) du 7ᵉ et une

---

(1) Il reste beaucoup d'obscurité sur la cause qui a empêché les quatre divisions sardes de prendre part à la bataille de Magenta. Il paraît certain que le roi Victor-Emmanuel était à Galliate avec le gros de ses forces, dès le matin du 4 juin. On ne peut donc pas s'expliquer le retard démesuré des divisions Castelborgo et Cialdini.

brigade (Wetzlar) du 3°, soit 66,000 hommes au plus et 45,000 au moins de troupes fraîches qui n'avaient pas vu le feu.

C'est avec ces nouvelles troupes que le général Gyulai eut, dit-on, l'intention de recommencer le lendemain sur les positions du Naviglio et sur Magenta, occupées par les alliés victorieux, une nouvelle contre-attaque combinée et issue de l'est (Corbetta) et du sud (Robecco). A cet effet, il fit attaquer le 5 au point du jour par la brigade Hartung le village de Ponte-Vecchio, occupé par la division française Trochu. A peine le combat fut-il commencé, qu'il reçut, dit-on, la nouvelle que le 1ᵉʳ et le 2ᵉ corps avaient décampé avant le jour de Bareggio et se dirigeaient vers Milan. Ces deux corps avaient été tellement maltraités la veille, ils étaient dans un tel désarroi, qu'il n'y a rien d'étonnant à les voir s'éloigner au plus vite pour échapper à la poursuite des Français victorieux. Quand on réfléchit que les deux corps en question avaient eu le dessous dans quatre combats successifs, à Casate, à la Cascina-Nuova, à Marcallo, mais surtout à Magenta où ils furent mitraillés sans merci et où ils laissèrent plusieurs détachements qui, faute d'issue, ne purent échapper, et que, par conséquent, ils durent supporter à eux seuls au moins les trois quarts, soit 7,000 hommes, des pertes que subit l'armée autrichienne autour de Magenta, on est forcément amené à conclure que leur présence à une nouvelle bataille du lendemain valait leur absence. En un mot, ou ces deux corps pouvaient tenir la campagne, et, dans ce cas, le général Gyulai devait empêcher leur éloignement de Bareggio; ou ils avaient besoin d'une réorganisation, et alors il ne devait pas y compter pour recommencer la lutte. S'il avait l'intention sérieuse de tenter de nouveau le sort des armes, il avait encore sous la main cinq corps entiers, soit plus de 90,000 hommes, sur lesquels cinq brigades Ramming, Dürfeld, Hartung, Lebzeltern et Gablentz avaient été seules au feu. Il pouvait, de plus, rappeler, dans tout état de cause, les deux corps en retraite sur Milan et en faire la réserve des deux corps qui auraient attaqué de l'est à l'ouest les Français à Magenta, comme il pouvait faire du 9e corps Schaaffgotsche qui n'était plus éloigné, la réserve des deux corps qui devaient opérer du sud au nord sur le Naviglio-Grande.

De toutes ces considérations il résulte que l'attaque tentée le 5 au matin par la brigade Hartung sur le village de Ponte-Vecchio, n'était qu'une démonstration faite pour couvrir la retraite, décidée dès la veille, de tous les corps autrichiens, tant intacts que battus.

Le 8e corps Benedek se retira vers Melegnano sur le Lambro, pour protéger la ligne de l'Adda. Les autres corps se dirigèrent sur Pavie, pour prendre ultérieurement une direction plus orientale.

État numérique des officiers, sous-officiers et soldats tués, blessés et disparus à l'affaire de Magenta (4 juin).

DÉSIGNATION DES CORPS.	OFFICIERS.			TROUPE.			OBSERVATIONS
	Tués.	Blessés.	Disparus.	Tués.	Blessés.	Disparus.	
Garde impériale.							
État-major............	1	3	»	»	»	»	
1er grenadiers..........	»	6	»	20	88	3	
2e grenadiers..........	2	4	»	26	115	13	
3e grenadiers..........	5	11	»	20	235	133	
1er voltigeurs..........	»	»	»	4	18	»	
3e voltigeurs..........	»	3	»	4	13	»	
Bat. de chasseurs à pied..	»	»	»	5	20	»	
Zouaves...............	1	8	»	51	194	8	
Chasseurs à cheval......	»	1	»	»	14	2	
Guides................	»	»	»	1	»	»	
Artillerie à pied........	»	»	»	1	4	1	
Artillerie à cheval......	»	»	»	3	4	5	
Génie.................	»	»	»	»	2	»	
Train des équipages.....	»	»	»	»	»	»	
	9	36	»	135	707	165	
		45			1,007		
Deuxième corps d'armée.							
État-major............	1	3	»	»	»	»	
45e de ligne...........	1	5	»	8	77	3	
65e de ligne...........	7	17	»	49	203	73	
70e de ligne...........	5	12	»	42	215	63	
Tirailleurs algériens.....	4	14	»	28	178	78	
71e de ligne...........	1	2	»	8	76	13	
72e de ligne...........	»	»	»	5	8	»	
2e de zouaves..........	2	12	»	35	198	33	
2e régiment lég. étr....	4	7	»	21	74	89	
11e bat. de chass. à pied	»	3	»	12	45	10	
4e rég. de chas. à cheval	»	2	»	5	7	»	
7e rég. de chas. à cheval	»	»	»	1	10	2	
Artillerie.............	»	»	»	1	7	»	
Génie.................	»	1	»	»	1	»	
Train des équipages.....	»	»	»	»	»	»	État négatif.
	25	78	»	215	1099	364	
		103			1678		

DE 1859.

Troisième corps d'armée.

DÉSIGNATION DES CORPS.	OFFICIERS.			TROUPE.			OBSERVATIONS
	Tués.	Blessés.	Disparus.	Tués.	Blessés.	Disparus.	
État-major............	1	»	»	»	»	»	
23ᵉ de ligne..........	5	11	»	26	195	65	
41ᵉ de ligne..........	»	1	»	»	54	»	
56ᵉ de ligne..........	»	3	»	4	44	11	
90ᵉ de ligne..........	2	18	»	26	272	49	
8ᵉ bat. de chasseurs....	1	3	»	25	126	23	
43ᵉ de ligne..........	2	7	»	14	88	»	
44ᵉ de ligne..........	»	»	»	2	30	3	
64ᵉ de ligne..........	»	»	»	»	»	»	État négatif.
88ᵉ de ligne..........	»	1	»	»	»	»	
19ᵉ bat. de chasseurs....	»	2	»	11	63	3	
14ᵉ de ligne..........	»	»	»	»	»	»	État négatif.
Artillerie.............	»	»	»	1	»	»	
Génie................	»	»	»	1	»	»	
	11	46	»	110	872	154	
	57			1,136			

Quatrième corps d'armée.

30ᵉ de ligne..........	»	»	»	»	2	»	
85ᵉ de ligne..........	5	30	»	33	199	39	
6ᵉ bat. de chasseurs....	2	4	»	19	72	13	
53ᵉ de ligne..........	»	»	»	»	»	»	État négatif.
55ᵉ de ligne..........	»	»	»	»	»	»	État négatif.
76ᵉ de ligne..........	»	»	»	»	»	»	État négatif.
15ᵉ bat. de chasseurs....	»	»	»	»	»	»	État négatif.
Génie................	»	»	»	»	»	»	État négatif.
	7	34	»	52	273	52	
	41			377			

DÉSIGNATION DES CORPS.	OFFICIERS.			TROUPE.			OBSERVATIONS
	Tués.	Blessés.	Disparus.	Tués.	Blessés.	Disparus.	
Récapitulation. — Affaire de Magenta.							
Garde impériale	9	36	»	135	707	165	
2ᵉ corps d'armée	25	78	»	215	1099	364	
3ᵉ corps d'armée	11	46	»	110	872	154	
4ᵉ corps d'armée	7	34	»	52	273	52	
	52	194	»	512	2951	735	
		246			4198		

Les corps qui ne figurent pas sur les états ci-dessus n'ont pas produit de listes de pertes pour l'affaire de Magenta. (*Moniteur universel* (1) du 21 juin 1859, partie non officielle.)

Les rapports autrichiens accusent environ 10,000 hommes mis hors de combat, savoir :

Tués... { Officiers... 63
Soldats.... 1,302

Blessés.. { Officiers... 218
Soldats.... 4,130

Disparus............ 4,000 à 5,000

Total.... 9,713 à 10,000.

Il nous tarde de quitter le rôle de narrateur pour nous replacer au double point de vue stratégique et

---

(1) Cet état est précédé dans le *Moniteur* d'une notice où l'on fait observer que l'état numérique inséré au *Moniteur* du 19 renfermait

tactique sous lequel nous avons à considérer l'ensemble des mouvements exécutés par les deux armées belligérantes, depuis le 20 mai jusqu'au 5 juin.

Tous les faits de guerre, heureux ou malheureux, se trouvant être, en définitive, les effets de rapports vrais ou faux, de calculs exacts ou erronés, nous passerons, à mesure du développement des faits, de la conception à l'exécution, et du général au particulier.

L'occupation des positions presque inexpugnables du Pô par l'armée autrichienne détermina le mouvement de conversion des alliés sur la ligne donnée de Voghera à Novare; la nature de la ligne de conversion détermina la halte faite à la hauteur de Vercelli et de Novare, dans l'attente d'une attaque générale de l'armée ennemie sur le front et le flanc droit de l'armée alliée; l'absence de l'ennemi sur le front et le flanc droit des alliés détermina le passage du Tessin sur deux points et celui du Naviglio-Grande à Turbigo; enfin, ce triple passage détermina la bataille de Magenta par laquelle la Lombardie fut conquise au vainqueur. Tel est l'enchaînement nécessaire des faits tour à tour imputables à chacune des deux parties belligérantes. La conduite des alliés est caractérisée par une action éminemment positive, tandis que celle de l'ennemi porte un caractère négatif.

quelques erreurs matérielles; que ce premier travail se trouve à peu près complété par l'arrivée des listes nominatives que le ministre de la guerre avait reçues, au 20 juin, du quartier-général, et que le tableau ci-dessus peut être considéré comme résumant exactement tous les renseignements parvenus au ministère de la guerre, à la date du 20 juin inclusivement.

Nous nous empressons, en toute occasion, de reconnaître que la position prise par le général autrichien aux angles du Pô était éminemment stratégique. Outre les avantages nombreux qu'elle assurait à la défense et dont l'ensemble se résume dans la préservation de la section de frontière de Bereguardo à l'Emilie contre l'attaque issue du nord, elle créait à l'armée offensive la situation la plus ingrate, la plus fausse et la plus périlleuse, une situation telle qu'en cas de succès sur la section du Tessin supérieur, elle courait risque d'être anéantie, et qu'en cas de succès obtenu par une bataille ou sans tirer l'épée, la force de la défense n'était pas essentiellement amoindrie. En un mot, victorieuse ou vaincue sur la ligne de l'ouest, l'armée offensive n'avait pas sensiblement avancé sa tâche de conquérir la Lombardo-Vénétie, et l'ennemi conservait à peu près tous ses avantages pour repousser l'attaque ultérieure. Si, au contraire, le centre de la défense n'était pas porté sur le Pô, ou si l'armée offensive réussissait à le traverser, la conquête des deux provinces italiennes de l'Autriche était la conséquence forcée de la victoire : la Lombardie était conquise directement, et la Vénétie, attaquée simultanément par la ligne du Mincio, par celle du Pô supérieur et par la mer Adriatique, ne pouvait plus être défendue que pour sauver l'honneur des armes. Si l'opération par la ligne d'Alexandrie au Pô n'aboutissait pas, l'armée offensive, rejetée sur elle-même, conservait sa ligne et son centre d'opération directs, se réorganisait et résistait à la faveur des places d'Alexandrie et de Casale.

Nous convenons donc sans peine que le général Gyulai ne laissa pas à l'Empereur le choix de sa ligne d'opération et lui suscita des difficultés d'offensive faites pour déconcerter le général le plus consommé dans la science stratégique. Mais nous devons en même temps remarquer qu'à ce résultat se borna, comme nous avons vu, son influence sur le plan de campagne de l'Empereur : subordonné dans le principe à celui de l'ennemi, ce plan s'exécuta dans la suite avec autant d'aisance et de désinvolture que si l'ennemi n'existait pas.

Si l'on considère la nature de la ligne d'opération que le général autrichien imposa à l'Empereur, c'est-à-dire sa forme, sa longueur, sa nudité, ses défauts et ses côtés vulnérables, aussi nombreux que les points matériels dont elle se composait, on est tenté d'abonder dans le sens de nos adversaires et de traiter la conduite stratégique de l'Empereur de téméraire et d'extravagante. Cette ligne, longue de 150 kil. jusqu'à Magenta, brisée à angles saillants au nord à six points différents, Tortone, Alexandrie, Valenza, Vercelli, Novare et Trécate, conviait à autant d'attaques différentes, d'autant plus avantageuses que l'armée subissait nécessairement dans son mouvement tournant tous les accidents de forme, de courbure, de repli et de sinuosité de la ligne concave. Mais cette ligne nulle, disons mieux, cette ligne antistratégique et antitactique à tous égards, si elle est considérée en elle-même, change totalement de caractère, quand on songe à l'adversaire que l'Empereur avait devant lui. Que ne pouvait oser une offensive intelligente et vive, après les fautes grossières que le général autrichien avait commises jusqu'alors, après les faits les plus concluants en faveur de la défense immobile et inerte d'une seule position admise comme objectif de l'ennemi ?

Nous ne rentrerons pas dans le détail fastidieux des fautes commises par le général autrichien jusqu'au moment où l'Empereur se trouva mis en demeure de s'orienter pour trouver une autre ligne d'opération. L'Empereur, par le plus simple des raisonnements, conclut de la conduite passée de son adversaire à sa conduite future : à ses yeux, ces deux extrêmes ne pouvaient pas subitement se toucher. Il peut être autrichien, prussien, anglais ou russe, de faire assaut sur des positions reconnues inexpugnables ou même de renoncer entièrement à la partie ; il sera toujours français de chercher, dans des circonstances semblables, des lignes d'opération tournantes ou enveloppantes, brisées ou courbes, inaccessibles au soupçon de l'ennemi et analogues à celle que déterra l'Empereur, ou plutôt de se passer de toute ligne d'opération stratégique. Nous autres Français, nous croyons faire, dans ce cas, acte de stratégie transcendante, ou, ce qui revient au même, acte de simple bon sens.

Plus l'adversaire qu'un général d'armée a devant lui, est alerte, vif, souple, habile, entreprenant, impétueux, plus celui qui ne possède pas ces qualités au même degré, doit se préoccuper de la manière de neutraliser les avantages que le jeu dextre de ces cordes assure au premier. Il n'y a pas de circonstance de lieu, de temps, de personne, de nombre, de position ou autre, qui permette de déroger à ce principe ; la règle est aussi absolue qu'elle est simple, par la raison que nulle position militaire, fût-elle défendue par un rempart d'airain, n'est jamais absolument solide par elle-même, et que les forces vives le mieux assorties et le plus accumulées ne lui communiquent jamais qu'une solidité relative.

Or, le général autrichien méconnaissait-il les qualités ci-dessus dans les généraux et dans les soldats français, et surtout dans la personne de l'Empereur ? Nous n'avons pas assez mauvaise opinion de lui pour lui supposer un aveuglement aussi profond.

Donc, en dépit de ses positions uniques en leur genre sur le Pô, il devait, s'il le pouvait, savoir, chaque jour et chaque nuit, le *lieu* du centre de l'armée ennemie et celui de son quartier-général, son ordre et sa disposition sur le terrain, l'étendue et la profondeur de son front, la distance respective des corps, leurs mouvements généraux et partiels, etc., et se modifier lui-même, suivant les changements qu'il aurait découverts chez son adversaire.

La facilité avec laquelle le général autrichien pouvait se renseigner à chaque heure, à chaque minute, sur la position des alliés, était telle qu'à notre connaissance elle ne se trouve contestée par personne. En effet, il suffisait d'envoyer, du 27 au 31 mai, un caporal avec quatre hommes de bonne volonté sur un point quelconque de la section de ligne tournante comprise entre Voghera et Casale, ou de monter, une lunette à la main, au clocher du premier village venu, situé à la hauteur du chemin de fer, pour acquérir la conviction que le centre de gravité de l'armée ennemie était complétement déplacé. Mais cette mesure de précaution la plus vulgaire n'était pas même indispensable. A Cairo, à Pieve del Cambio en face de Valenza, à Lomello, à Sartirana, à Candia, à Stroppiano, à Robbio, à Palestro et sur une foule d'autres points encore plus rapprochés de l'*inconnue*, les avant-postes, les grand'-gardes, les patrouilles et reconnaissances étaient assourdis du bruit extraordinaire et suspect qui venait du railway. On dirait, à voir le dédain qu'il affectait par sa conduite et par ses paroles pour les généraux ennemis, que le général autrichien admettait d'abord l'éventualité du mouvement tournant; que, plus tard, il savait que ce mouvement était en voie d'exécution, mais qu'il en faisait gorge chaude comme d'un acte de folie, dont le résultat serait nul, ou plutôt qu'il lui importait peu que la Lombardie tombât au pouvoir de l'ennemi, pourvu qu'il ne fût pas dérangé dans son assiette au Pô et qu'il sauvât précairement la Vénétie.

Tout ennemi qui tourne son adversaire est tourné à son tour.

Le général autrichien était dans les conditions les plus désirables pour faire tourner contre son adversaire la manœuvre par laquelle celui-ci cherchait à le jouer et pour le prendre dans son propre piége. Il pouvait, feignant de ne pas soupçonner le mouvement de conversion et mouvant son centre, conformément aux principes sacrés de la science, suivant les oscillations et les fluctuations de celui de l'ennemi, choisir le point et le moment d'attaque les plus opportuns, et lui infliger la défaite la plus sanglante que les annales de la guerre eussent enregistrée jusqu'alors. Supposons que le général Gyulai, instruit du mouvement tournant, eût eu, le 30 ou le 31 mai, le centre de son armée en A (1), soit à Mortara en face du centre F de l'armée alliée, soit à Vercelli, son aile droite et son aile gauche à la hauteur de celles des Français, il attaquait les alliés, disloqués, échelonnés sans ordre de bataille, surpris tout à la fois par le flanc droit, par le front et à revers.

Qu'on applique notre figure stratégique à une région quelconque située à la droite de la ligne tournante depuis Vercelli jusqu'à Magenta, à la seule condition d'opposer centre à centre sur une ligne perpendiculaire à la tangente, on trouvera que l'attaque avait partout une supériorité incontestable.

Abstraction faite de tout mouvement tournant, le général autrichien savait qu'il était plus vulnérable par sa droite que par son centre. Or, nous avons fait voir dans quel triste état de défense vive était, à l'époque du 30 et du 31 mai, la magnifique position de la région que nous avons appelée le triangle autrichien.

Si, le 30 mai, les Autrichiens eussent été en forces suffisantes à Palestro, ils auraient repoussé les Sardes, donné inévitablement sur la ligne de conversion et livré aux alliés une bataille où toutes les chances étaient pour les attaquants. Revenus même le lendemain avec des forces supérieures, ils pouvaient avoir l'avantage

---

(1) Voir notre figure géométrique, livraison du 15 mai, page 259.

et, dans tous les cas, ils renversaient le plan stratégique tramé contre eux sans être débordés.

Quand il fut abondamment prouvé, par le fait du combat de Palestro et par l'absence d'attaque sur l'aile droite française, que l'ennemi débordé ne pourrait plus prendre l'offensive que sur les rives immédiates du Tessin, soit à la tête de pont de San-Martino, l'Empereur, comme nous avons vu, concerta les voies et moyens de gagner la seconde étape de son mouvement tournant, Milan. La continuation de ce mouvement par le Tessin au pont San-Martino n'était pas entré primitivement dans ses combinaisons. Porto di Turbigo, et, au besoin, Tornavento, soustrait à tous les soupçons de l'ennemi, étaient destinés à être les seuls points de passage pour entrer en Lombardie. L'Empereur était autorisé par tous les précédents à espérer que le mouvement débordant de Novare à Turbigo produirait sur le général autrichien le même effet que le mouvement exécuté de Voghera à Novare; il pouvait, disons-nous, espérer amener l'ennemi, attendant l'attaque dans sa tête de pont et surpris de se voir tourné au nord, à répéter dans la direction ultérieure de Milan ou sur le Mincio la manœuvre de retraite qu'il venait d'exécuter en sortant de ses positions riveraines du Pô pour se porter sur le Tessin. Mais, quand l'Empereur eut acquis, le 3 juin, la certitude que le passage par le pont San-Martino lui était ouvert contre toute attente, il modifia son plan de mouvement et se décida pour le passage immédiat et simultané sur deux points différents du Tessin. Cette désertion d'un point fortifié était une nouvelle preuve du système de retraite que le général autrichien semblait avoir définitivement adopté. Il était évident que, dans le cas où cette retraite se réaliserait, la conquête de la Lombardie serait la suite de simples mouvements stratégiques. Si, au contraire, l'ennemi venait à démentir ses antécédents; si, refusant l'impulsion qui lui était imprimée, il se mettait en travers de la ligne de mouvement, la partie était égale des deux côtés; car la force défensive était balancée par la force offensive, et, si l'armée alliée n'était pas prête au combat, l'armée ennemie l'était encore moins.

Ici nous sommes amené à rechercher et à discuter sérieusement la cause de l'arrivée tardive de la plupart des corps autrichiens à Magenta. Le général Gyulai, n'ayant pris que le 2 juin, dans la nuit, des mesures pour retirer ses forces derrière le Tessin, les différents corps de son armée, à l'exception du 2e et de la division Reischach du 7e, qui occupaient Garlasco et Mortara, ne purent quitter leurs positions sur les rives du Pô que le lendemain matin 3 juin. Tous ces corps étaient donc, le 3 juin au matin, à une plus grande distance de Magenta que les corps français qui bivouaquaient à la hauteur de Novare. Or, si les corps français, en dépit des efforts les plus énergiques, furent en retard pour combiner leur action avec les quatre divisions les plus avancées, à plus forte raison les corps autrichiens durent-ils se trouver en retard à la journée du 4 juin. Il est donc inutile, pour expliquer l'absence de forces autrichiennes supérieures, de recourir à l'incident étrange et suspect par lequel le général Gyulai a cherché à colorer sa stratégie et sa tactique, et à couvrir sa responsabilité. Cet incident ne peut être qu'un fait inventé à plaisir ; car, s'il était vrai, aucune des brigades des corps retardés n'aurait pu, le 4 juin, toucher le Naviglio-Grande ni Magenta.

Il s'ensuit que les calculs de l'Empereur, relativement à l'heure où pourrait arriver le gros des forces autrichiennes sur le champ de bataille présumé, étaient fondés de tous points. L'attaque entreprise sur les positions ennemies avec quatre divisions est donc parfaitement justifiée au point de vue de la science. Du côté de l'ennemi : absence actuelle de forces considérables, impossibilité d'arrivée de renforts en temps opportun et position de défense très dangereuse; du côté des alliés : espérance fondée de recevoir des renforts avant l'ennemi, position d'attaque avantageuse, mais surtout danger croissant des divisions qui avaient passé le Tessin : voilà les considérations qui déterminèrent l'Empereur à ne pas différer l'attaque d'une heure. S'il y avait un reproche à faire à la conduite militaire de l'Empereur, ce serait de n'avoir pas attaqué le 3, à la suite du combat de Robecchetto : Magenta serait tombée sans combat au pouvoir des Français.

Le retard que, par suite de l'encombrement sur une seule route, le mouvement tournant éprouva de Novare à Magenta fut tel que, si, pour attaquer, l'Empereur eût voulu attendre l'arrivée de toutes ses forces, l'ennemi aurait eu le temps d'attirer sur sa position centrale plus de huit corps d'armée: car il lui était facile de s'augmenter du corps de 15 à 16,000 hommes du général Urban, placé en observation au nord de Turbigo. Or, dans ce cas, l'armée française était débordée. C'est ainsi que l'isolement des divisions du général de Mac-Mahon était tout à la fois l'effet de l'absence de l'ennemi aux points de passage et le motif principal de l'attaque précipitée ou anticipée.

A défaut d'attaque sur le Naviglio, ce danger ne devenait sérieux que le 4 juin, à la faveur de renforts qui seraient arrivés à l'ennemi. Celui-ci, rompant les ponts du Naviglio et y laissant des forces médiocres, soit une division pour les défendre contre une attaque éventuelle, aurait pu, avec le gros de ses forces, soit deux corps, repousser le général de Mac-Mahon de Turbigo, et, dans ce cas, le mouvement de conversion était gravement compromis. Au contraire, attaqué, dès le 4 juin, par deux points différents, il était fatalement amené à diviser ses forces inférieures en deux parties à peu près égales qui ne pouvaient pas combiner leur action; pris entre deux feux, il était forcé de céder également à l'une et à l'autre attaque pour reculer entre deux haies de plus en plus convergentes jusqu'au point culminant et fatal : la répartition la plus heureuse de ses forces sur les deux lignes de défense et la rupture faite en temps utile de tous les ponts du Naviglio auraient pu rendre le triomphe plus difficile sans pouvoir l'empêcher. La division de l'ensemble des forces en trois corps séparés avait pour but, en divisant les forces de l'ennemi, de le mettre dans l'impossibilité de faire une résistance sérieuse sur aucun des trois points d'attaque et de l'amener ainsi à reculer concentriquement jusqu'à un point unique, soit Magenta, où la plus grande unité de forces ennemies réunies, assaillie simultanément sur trois points différents, succomberait sous la triple action de la somme des forces attaquantes; en un mot, il s'agissait, pour être sûr de la victoire, de réaliser trois conditions : agir, dans un moment donné, sur le total des forces ennemies concentrées, 1° avec la somme de toutes les forces réunies; 2° d'une manière simultanée; 3° sur trois points différents. Il est intéressant d'examiner les dispositions tactiques prises pour arriver à ce triple résultat et la mesure dans laquelle il a été obtenu.

Il est clair qu'en n'attaquant l'ennemi que par un point, on n'obtenait ni la division initiale de ses forces ni l'attaque finale par deux ou trois points différents. Or, si la tactique d'une double ou triple attaque initiale est ainsi justifiée, l'action finale dirigée sur la somme des forces ennemies réunies et la simultanéité de cette action en étaient évidemment la conséquence logique.

Nous avons déjà vu que l'interposition du Naviglio entre la 1ʳᵉ division de la garde et le général de Mac-Mahon n'avait rien de compromettant pour la position de ce dernier; le danger toujours menaçant d'une attaque combinée des deux rives ne rendait qu'apparent l'isolement du général.

Il en est de même de l'isolement que l'on craint pour le général Espinasse. Si l'ennemi ne l'attaque pas avec des forces supérieures, le général Espinasse peut se défendre; si, au contraire, l'ennemi tourne le gros de ses forces contre lui, il s'expose à perdre sa position centrale mise à découvert.

Mais si la division du 2ᵉ corps en deux ailes distantes est justifiée sous le rapport de la sécurité, on se demande quelle en était l'utilité. Le rôle que cette division avait à jouer à l'extrême gauche était secondaire, mais très ingénieux; sa tâche principale consistait à tenir dégagée la gauche du général de Mac-Mahon, qui pouvait alors fondre librement sur l'ennemi, ou, dans le cas d'une attaque sur celui-ci par des forces ennemies supérieures, de tourner celles-ci et de les forcer à reculer; dans les deux cas, le général de Mac-Mahon se portait, de concert avec son aile gauche, sur la position centrale de l'ennemi. Si le 2ᵉ corps n'est pas divisé en deux parties parallèles, il se trouvera lui-même entre deux feux de Marcallo et de Magenta d'une part, et de Boffalora et Ponte-Nuovo d'autre part.

L'attaque générale échoua sous le rapport de la combinaison par suite de la faiblesse et du morcellement des forces qui furent portées sur le Naviglio. Si le gros de la 1ʳᵉ division de la Garde, au lieu de s'éparpiller sur trois ou quatre points d'attaque, négligeant Ponte-Nuovo, la redoute du chemin de fer et Ponte-Vecchio, se fût porté tout entier sur Boffalora, le front de jonction le plus naturel, le plus rapproché du général de Mac-Mahon et le moins exposé à une attaque de flanc droit, le mouvement concentrique général se serait effectué dans les conditions les plus normales et les plus décisives; la lutte longue et désespérée du Naviglio n'aurait pas eu lieu, et Magenta aurait été emporté avant l'arrivée de renforts français et autrichiens; l'ennemi, débordé sur le Naviglio et menacé par le nord, se serait hâté de quitter tous les points extrêmes et intermédiaires pour se replier sur le centre de sa défense.

• L'Empereur ne supposait ni ne pouvait supposer que l'attaque scindée et affaiblie qu'il dirigeait sur le Naviglio, dont il fallait s'attendre à trouver les ponts détruits, pût réussir indépendamment du concours du 2ᵉ corps; car il était évident que la lutte pourrait se décider avant l'arrivée des renforts. Or, il était à prévoir que ce concours pourrait être contrarié, annulé par suite d'une résistance sérieuse que rencontrerait le général de Mac-Mahon pour opérer la double jonction avec la 2ᵉ division du 2ᵉ corps et avec la 1ʳᵉ division de la Garde. Le mode d'attaque appliqué au Naviglio prouve évidemment que l'Empereur comptait ne rencontrer, le 4 juin, que des forces ennemies très peu considérables; dans tous les cas, moins considérables qu'elles ne l'étaient en effet. C'est cette erreur qui, en détruisant l'unité d'attaque générale sur une grande échelle, fut cause de l'isolement de la 1ʳᵉ division de la garde sur le Naviglio et compromit pendant plusieurs heures le résultat de la journée. C'est le général de Mac-Mahon qui était appelé à réparer d'une manière brillante cette erreur de tactique dont les suites pouvaient être fatales.

La tâche qu'il avait à remplir était double : opérer la jonction concentrique de la 1ʳᵉ division de la Garde à sa droite et celle de la division Espinasse à sa gauche, avec le corps intermédiaire qu'il commandait lui-même.

Arrivé à la hauteur de Cuggiono, il voyait déjà naître le danger où se trouverait son aile gauche, si l'ennemi, qui était en vue, interceptait l'intervalle qui séparait ses deux ailes. Toutefois, le danger ne paraissait pas encore imminent; car son lieutenant était encore loin de Marcallo, et l'ennemi ne prenait pas encore de dispositions sérieuses pour couper les communications. Il se hâte donc de remplir la première partie de sa tâche, et, enlevant la position de Boffalora, il ouvre le passage de ce pont à la 1re division de la garde, qui peut venir librement former son aile droite. Il pouvait alors, descendant le long de la rive gauche du Naviglio, se porter sur Ponte-Nuovo et Ponte-Vecchio, où la 1re division de la Garde était déjà engagée dans une lutte inégale; mais, en prenant ce parti, il laissait son aile gauche à la merci de l'ennemi; il facilitait la tâche de celui-ci en réduisant ses deux lignes de défense à une seule, il détruisait toute convergence de mouvement et se trouvait dépouillé de toute initiative. Se contentant d'avoir ouvert un débouché aussi important aux corps venant de l'ouest, il pouvait encore se diriger immédiatement sur Magenta sans chercher directement à donner la main à son lieutenant en appuyant à gauche vers la Cascina-Guzzafame; il était certain qu'en opérant ainsi il ferait reculer l'ennemi à son point central et qu'il préviendrait toute interception de l'intervalle entre les deux lignes suivies par ses deux colonnes. Mais, à ce moment, vers deux heures, le général Espinasse ne s'était pas encore rendu maître de Marcallo. Le général de Mac-Mahon dut donc, après l'affaire de Boffalora, manœuvrer de manière à rapprocher ses deux colonnes pour ne pas se trouver dans le cas de ne pouvoir opposer à l'ennemi concentré devant Magenta que son aile droite isolée.

Il n'hésite donc pas : il faut que la jonction de sa 2ᵉ division avec la 1ʳᵉ se fasse à tout prix; ce n'est qu'à cette condition que la victoire lui paraît possible ou assurée. Si l'ennemi ne se jette pas entre les deux ailes, la jonction se fera sans difficulté à la hauteur de Marcallo; si, au contraire, l'ennemi manœuvre sérieusement pour intercepter l'espace qui est entre les deux ailes, il suffira, pour le rappeler, que l'aile droite se porte directement sur Magenta, et la jonction se fera entre Marcallo et Magenta; dans les deux cas, la position centrale de l'ennemi sera atteinte par un mouvement convergent et combiné exécuté par les trois divisions réunies.

Quant à la lutte dont le Naviglio fut le théâtre, elle fut soutenue, de part et d'autre, avec un courage, une énergie, une intrépidité, une ténacité, une persévérance dont l'histoire de la guerre offre peu d'exemples.

Quant aux troupes françaises, toujours aux prises avec des forces supérieures et toujours repoussées, constatons qu'elles surent se maintenir dans les positions conquises jusqu'à l'arrivée des renforts; pour ne pas succomber, il fallait que chaque homme se multipliât à proportion de l'affluence croissante des ennemis, de la quantité de terrain perdu et de la diminution progressive du nombre des combattants.

La position que la perspective d'une double attaque combinée, issue du nord et de l'ouest, faisait au général autrichien était difficile et critique, lors même qu'il admettait la supposition favorable d'égalité de forces respectives; mais il n'avait aucun motif pour croire qu'il n'aurait pas toute l'armée des alliés sur les bras.

Ignorant le point d'où viendrait l'attaque principale, il était amené à distribuer également ses forces sur les deux lignes de défense. Dans une conjoncture où tout dépendait d'une juste répartition de forces disproportionnées, il n'en réunissait pas assez sur la ligne la plus essentielle et en avait trop sur la ligne secondaire.

S'il se méprend au point de prendre la ligne secondaire pour la principale, il est perdu d'emblée; si, devinant la ligne principale, il la fortifie en conséquence, il y a lieu, il est vrai, à moins de perplexité. Mais, ne pouvant triompher de l'attaque principale qu'en se mettant entre deux feux, il doit être constamment préoccupé de l'idée de se ménager une retraite et de sauver sa position centrale.

Dans le cas où l'attaque se ferait avec des forces égales sur chacune des deux lignes, les perplexités du général autrichien, les chances de ses méprises et leurs conséquences ne perdaient rien de leur intensité.

La position du général autrichien, il faut en convenir, n'était rien moins que digne d'envie. Voyons de quelle manière il s'y prit pour s'acquitter d'une tâche aussi épineuse.

Il ne résulte pas clairement des dispositions défensives prises par le général autrichien s'il attendait l'attaque principale du côté du nord ou du côté de l'ouest. Si l'on considère la ligne du Naviglio depuis Robecco jusqu'à Boffalora ou Bernate, on la trouve occupée par le gros des troupes autrichiennes : le 2ᵉ corps porté sur quatre positions de Robecco à Ponte-Nuovo, le 1ᵉʳ corps moitié à Boffalora, moitié à Cuggiono. Il s'ensuit que, par cette disposition, la ligne occidentale seule se trouve sérieusement défendue ; la ligne septentrionale ne l'est qu'à son extrême gauche par une division qui est obligée de faire face tout à la fois à une attaque de front et de gauche : l'extrême droite de la ligne septentrionale semble être tout à fait ignorée.

Une autre circonstance qui tend à faire croire que le général autrichien regardait le Naviglio comme la ligne principale, c'est qu'il avait laissé subsister les ponts du canal. En effet, si les ponts sont maintenus, l'attaque méditée sur le flanc droit des Français débouchant du pont San-Martino aura une chance de succès de plus en ménageant la jonction des troupes opérant des deux côtés du canal : si les ponts sont rompus, l'attaque combinée devient presque impossible.

Mais, si l'on considère que la ligne septentrionale est défendue par tout un corps à son extrême gauche, c'est-à-dire au point où doit aboutir naturellement l'attaque combinée, on est amené à supposer que le général autrichien mettait ses deux lignes de défense au même rang : la ligne septentrionale comme étant la plus facile à enfoncer et, par conséquent, comme simplement défensive ; la ligne occidentale comme étant la plus forte et, par suite, comme étant tout à la fois défensive et offensive. Dans tous les cas, il regardait à bon droit comme point le plus essentiel pour sa défense la position de Boffalora, celle que nous avons signalée comme objectif premier et direct auquel aurait dû s'appliquer l'attaque combinée générale des alliés.

En rapprochant ces dispositions défensives de la perspective d'une attaque combinée générale, nous sommes forcé d'avouer que le général autrichien, à l'état où étaient les choses le 4 juin, fit tout ce qu'il put pour faire face à une situation essentiellement fausse et périlleuse. Persuadé qu'il ne pourrait être sauvé que par le succès d'une vigoureuse attaque exécutée sur le flanc droit de l'ennemi au Naviglio, il ne voyait, dès le commencement, de salut possible qu'à céder successivement, tout en faisant bonne contenance, à l'attaque du général de Mac-Mahon, et à tirer cette retraite en longueur jusqu'au moment où, acculé à sa dernière position, il pourrait, grâce à la coïncidence espérée de renforts et d'une contre-attaque, triompher simultanément sur sa position centrale et au Naviglio. Ce n'est, du moins, que de cette manière qu'on peut s'expliquer la différence de résistance qu'il opposa sur les deux lignes d'attaque ; car il pouvait se défendre avec autant de ténacité sur celle du nord que sur celle de l'ouest.

Nous n'avons aucun reproche à faire à ce plan de

défense ni aux dispositions tactiques initiales qui, dans la situation où se trouvait le général autrichien à défaut de forces suffisantes, pouvaient à peine être prises avec plus d'intelligence : il devait évidemment se préoccuper au plus haut degré de la manière de maintenir le plus longtemps possible sa position centrale.

Si nous considérons la manière dont il a cherché à résoudre pratiquement, dans les conditions données, le problème difficile qui lui était posé, nous la trouvons également de tout point irréprochable. Il est de la dernière évidence qu'il ne pouvait ni prévenir ni repousser l'attaque combinée sur Boffalora. Pour la prévenir il fallait aller chercher le général de Mac-Mahon à Turbigo avec des forces supérieures et alors il compromettait toute la ligne du Naviglio, franchissable par les ponts conservés, et, par suite, le point culminant de la position, Magenta. Pour défendre Boffalora, pris entre deux feux, toutes ses forces réunies auraient à peine suffi. Si, avec le gros de ses forces et avant d'avoir perdu Marcallo, il se jette entre le général de Mac-Mahon et le général Espinasse, il arrivera nécessairement de deux choses l'une : ou le général de Mac-Mahon, interrompant son mouvement sur Magenta, volera au secours de son lieutenant menacé, ou, renonçant au mouvement de jonction commencé à gauche, il se portera directement sur Magenta.

Dans le premier cas, le général autrichien prête son flanc gauche au général de Mac-Mahon, son flanc droit au général Espinasse, et s'éloigne de sa position centrale : pendant la lutte qu'il soutient dans des conditions désavantageuses, les colonnes françaises débouchant du Naviglio, pourront emporter Magenta à leur aise, et il pourra ainsi arriver le cas étrange que, vainqueur sur une position accessoire, il soit vaincu dans sa position essentielle.

Dans le second cas, il pourra battre le général Espinasse isolé, mais il perdra infailliblement sa position capitale sous l'action du général de Mac-Mahon, isolée ou combinée avec celle des colonnes de l'ouest.

Il est cependant vrai de dire qu'en l'état des choses dont, du reste, les deux généraux français et autrichien ne pouvaient pas avoir une connaissance exacte, l'interception de l'espace libre entre les deux ailes du général français eût été d'une tactique plus heureuse.

A voir la persistance avec laquelle le général français manœuvrait pour réaliser la jonction de ses deux ailes, le général autrichien aurait dû conclure que son adversaire ne sacrifierait à aucune condition son lieutenant, pas même au prix de la position centrale de Magenta qui lui tendait les bras.

Il devait donc se jeter résolûment entre les deux et pousser le général Espinasse l'épée dans les reins sans se soucier du général de Mac-Mahon. Celui-ci, volant au secours de son aile gauche, se serait éloigné d'autant de Magenta sans pouvoir réaliser l'unité tactique de son corps. Le général autrichien eût pu succomber dans la lutte qui aurait été la conséquence de son intelligente et hardie manœuvre, mais il aurait certainement retardé de quatre ou cinq heures, c'est-à-dire presque à la nuit, le mouvement de son adversaire sur

Magenta, il aurait ménagé à ses renforts le temps d'arriver à Magenta et au Naviglio avant que ces positions fussent compromises : et, selon toutes probabilités, la lutte aurait recommencé le lendemain, non pas moins acharnée, mais plus grandiose.

Si le général autrichien ne se jette pas entre la division de La Motterouge et la division Espinasse avant que celui-ci ait emporté Marcallo, il est forcé, sous l'action combinée et simultanée du général de Mac-Mahon agissant sur son aile gauche à l'ouest, et du général Espinasse agissant sur son aile droite à l'est, de se retirer immédiatement sur Magenta. La jonction des deux ailes du 2ᵉ corps se fait sans difficulté entre Marcallo et Magenta, et, si le général autrichien succombe dans cette dernière position, il est évidemment perdu sans ressource.

Nous savons que c'est cette dernière éventualité qui s'est réalisée. A la vue de l'hésitation du général autrichien à se mettre dans l'espace intermédiaire, ou plutôt à la vue de son inaction complète (1), le général

---

(1) A lire le rapport du général de Mac-Mahon, on serait porté à croire que les choses se sont passées autrement. Voici comment s'exprime le général : « Le mouvement se prolongeant en avant vers » Cascina-Guzzafame, la division La Motterouge se trouva avoir de- » vant elle des forces considérables qui manœuvraient dans l'inten- » tion évidente de s'opposer à la jonction de mes deux divisions et » d'isoler complétement la division Espinasse.

» En ce moment, je ralentis un peu le mouvement de la division » La Motterouge, laissant seulement ses tirailleurs s'engager avec » l'ennemi, afin de donner le temps aux bataillons de la division » de se former en bon ordre, et aux treize bataillons de la division

de Mac-Mahon, rassuré sur son aile gauche, marcha tout droit sur Magenta en pesant fortement sur l'aile gauche de l'ennemi, en même temps que le général

» Camou de prendre également leur ligne de bataille à 200 mètres
» en arrière de la division La Motterouge.
» Ceci fait, j'ordonnai au général de La Motterouge de faire effort
» sur Magenta et de faire prendre pour point de direction à tous
» ses bataillons le clocher de cette ville, en menaçant par son ex-
» trême droite, composée du 45e, la droite de l'ennemi.
» Pendant ce temps, la division Espinasse, marchant de Marcallo
» par Cascina-Medici, abordait l'ennemi par sa droite. »

De ces paroles il suivrait que c'étaient les forces ennemies supérieures en vue, qui auraient déterminé le général à renoncer à son mouvement de jonction à gauche déjà avancé, à faire un quart de conversion à droite pour lancer la division de La Motterouge sur Magenta; par suite, à forcer l'ennemi à revenir sur ses pas et à préserver son lieutenant de l'attaque dont il était menacé; en un mot, il s'ensuivrait que le général de Mac-Mahon regardait comme sérieuse la manœuvre par laquelle son adversaire menaçait de se jeter entre lui et son lieutenant. Mais il n'en est pas ainsi. Le général de Mac-Mahon ne craignait nullement la réalisation de l'éventualité dont on ne le menaçait que pour la forme. S'il eût eu la crainte sérieuse que l'ennemi n'exécutât sa menace, il aurait été puéril de sa part de se flatter de le ramener à sa position centrale par un mouvement de flanc qui, loin de l'entraver, lui eût été favorable, et il aurait été d'une tactique cruelle de sacrifier une division entière pour remporter la victoire à Magenta avec les deux autres divisions.

D'ailleurs, si l'ennemi eût voulu se jeter entre ses deux divisions, il avait toutes les commodités possibles pour le faire pendant les deux heures mortelles que le général de Mac-Mahon passa à mettre ses troupes en ordre d'attaque et à ménager à son lieutenant le temps de prendre position à Marcallo et à tourner la droite de l'ennemi. Concluons que le général de Mac-Mahon ne se porta sur Magenta qu'à la faveur de la certitude qu'il avait que l'ennemi n'exécuterait pas la manœuvre d'isolement qui l'aurait embarrassé.

Espinasse, maître de Marcallo et débarrassé de toutes entraves, marcha au même but en pesant sur son aile droite ; la jonction s'opéra d'elle-même et sans effort au-dessous de Marcallo, et trois divisions, agissant d'une manière simultanée et convergente, suffirent pour emporter la dernière position de l'ennemi avant que celui-ci eût pu recevoir ses renforts.

Résumons et complétons succinctement nos idées sur cette bataille irrégulière et improvisée, que l'on peut regarder à juste titre comme une pierre de touche des deux armées respectives, considérées, soit dans leurs chefs, soit dans leurs soldats, et dont l'issue eut pour effet de démembrer un grand empire de sa plus belle province.

Étant donnée la double ligne d'attaque du nord (Turbigo) et de l'ouest (le Naviglio), il était impossible à l'ennemi de se défendre avantageusement à moins d'avoir le double des forces qui lui étaient opposées. Or, le nombre des brigades autrichiennes qui purent prendre une part active à la bataille, ne fut que de 13, soit 78,000 hommes au plus, 52,000 au moins contre six divisions françaises, soit 60,000 au plus, 50,000 au moins. Il s'ensuit que Magenta, la clef de la Lombardie, dut tomber le jour même au pouvoir des Français.

La bataille se divise naturellement en deux parties distinctes, celle qui précéda et celle qui suivit la contre-attaque autrichienne. Si l'on examine de près la manière dont la défense était constituée de fait et servie par ses forces vives, on est amené à dire que les Autrichiens devaient, ou vaincre dans la première phase, ou être vaincus dans la seconde. Une seule chose eût pu conjurer, du moins momentanément, la défaite de leur armée; nous voulons dire l'interception de l'espace qui existait entre les deux ailes du 2ᵉ corps français. Mais tant d'audace n'entrait pas dans l'âme du général autrichien; il se contentait de tenir, pendant deux heures, l'épée de Damoclès suspendue au-dessus de la tête de son adversaire qu'il espérait intimider par cette attitude et qui, pendant ce temps, disposait tranquillement ses troupes pour enlever la position centrale.

Si le général autrichien, détruisant tous les ponts du Naviglio à l'exception de celui de Robecco, eût attaqué avec des forces supérieures le général de Mac-Mahon entre Cuggiono et Turbigo, la fortune aurait pu prendre un autre cours : le général français, isolé avec deux divisions du reste de l'armée française et privé de l'appui de la division Espinasse, eût pu être anéanti. Mais le général autrichien était-il en mesure d'opposer à cette attaque une contre-attaque équivalente? Nous ne le pensons pas. Nous avons déjà fait voir que les corps dont il aurait eu besoin pour exécuter cette hardie opération, étaient trop éloignés du champ de bataille pour pouvoir se trouver en temps utile à la latitude de Turbigo ou de Cuggiono. Mais supposons même que le 5ᵉ corps autrichien et la division Lilia du 7ᵉ, avec la brigade Wetzlar du 3ᵉ corps, eussent pu, avec le 1ᵉʳ corps, atteindre le général de Mac-Mahon au-dessus de Casate, la contre-attaque méditée et préparée d'avance sur le flanc droit des Français au Naviglio n'aurait pu avoir lieu ; en un mot, si le général autrichien attaque avec des forces supérieures au nord, il s'expose à perdre la bataille par la ligne du Naviglio affaiblie, et réciproquement.

Le mouvement de conversion exécuté sur la ligne tournante de Voghera à Milan n'avait pour but que la conquête la plus prompte, la plus facile et la moins coûteuse de la Lombardie. Il est donc vrai de dire que la bataille de Magenta, qui n'est qu'une interruption momentanée de ce mouvement, n'était, quant à son but, ni stratégique ni tactique; car il ne s'agissait ni de gagner une nouvelle ligne ou base d'opération ni de détruire l'ennemi : le but de l'Empereur était d'affranchir, de la manière la moins sensible pour les deux parties belligérantes, la Lombardie de la domination étrangère.

Mais, rapportée au grand mouvement de conversion dont elle est inséparable, cette bataille est empreinte d'un caractère éminemment stratégique.

La tactique pratique, nous dirions presque la tactique d'actualité et d'inspiration, se personnifia dans le général de Mac-Mahon, dont la conduite, à la journée de Magenta, doit être un objet d'études pour tous les officiers.

Nous avons déjà dit que le morcellement de la 1re division de la Garde sur le Naviglio fut une erreur qui compromit pendant plusieurs heures la fortune de la journée. Si l'Empereur, laissant un régiment devant Ponte-Vecchio et Ponte-Nuovo, eût lancé le gros de sa

1re division sur Boffalora, la position de Magenta serait tombée deux ou trois heures plus tôt entre ses mains.

Quant aux Autrichiens, leur conduite à Magenta fut aussi maladroite ou aussi malheureuse que partout ailleurs. Ils ne surent réparer ou amoindrir aucune des erreurs grossières qu'ils avaient commises jusqu'alors, et l'on peut dire que la perte de la bataille avec ses suites est à peine proportionnée à la grandeur de leurs fautes stratégiques et tactiques.

Leur contre-attaque dirigée sur le flanc droit des Français au Naviglio était sans doute une bonne conception ; mais cette manœuvre, pour réussir, aurait dû se faire ou avant l'arrivée des renforts français ou plus tard avec des forces plus nombreuses. Avec la perspective d'une formidable attaque combinée, ils n'eurent pas même la précaution de détruire les ponts du Naviglio.

A peine la moitié de l'armée alliée avait été sérieusement engagée à la bataille de Magenta. L'Empereur pouvait donc facilement, le 4 juin au soir et surtout le lendemain, faire poursuivre les Autrichiens dans la direction de Pavie et dans celle de Milan. Mais d'une part, la défaite que l'ennemi venait d'essuyer, ne paraissait pas tellement grave qu'il n'y eût à craindre un retour offensif combiné, et, d'autre part, à défaut d'attaque directe sur les positions conquises, la poursuite par la route de Pavie, la seule importante au point de vue tactique, ne permettait pas de maintenir la ligne d'opération de Milan, dont la possession définitive avait été l'objet du grand mouvement de conversion, et mettait en perspective une bataille sur le Pô, où tous les avantages de position étaient du côté de l'ennemi. L'Empereur se borna donc, le 5 juin, à réunir et à concentrer toute son armée autour de Magenta, pour être prêt à toutes les éventualités.

Aucune attaque n'ayant été tentée, l'Empereur se hâta de recueillir les fruits qui découlaient naturellement de la victoire. Toute l'armée alliée s'ébranla le 6 juin vers l'Adda, dans la direction de Lodi.

Le 2ᵉ corps en première ligne, le 1ᵉʳ en seconde ligne, formant ensemble l'aile gauche, suivirent la route magistrale de Milan.

Le 3ᵉ et le 4ᵉ corps, formant l'aile droite, se portèrent, le long du Naviglio et du Tessin, dans la même direction que les deux premiers.

La garde, suivie des divisions sardes, s'avança sur la route de Milan à la suite du 2ᵉ et du 1ᵉʳ corps français. Les têtes de colonne du 2ᵉ corps entrèrent le 7 dans Milan, qu'elles trouvèrent entièrement évacué par les ennemis. La garnison autrichienne avait mis une telle précipitation à décamper, qu'elle ne s'était donné que le temps d'enclouer 41 pièces d'artillerie, laissant dans la citadelle et dans le fort de Tosa une énorme quantité de munitions et d'approvisionnements, et minant sur ses derrières le pont du chemin de fer de Cassano d'Adda.

Le 7 juin au soir, le 2ᵉ corps était déjà à San-Donato, entre Milan et Melegnano ; le 1ᵉʳ, à San-Pietro-l'Olmo, entre Magenta et Milan.

Le 3ᵉ et le 4ᵉ corps, partis d'Abbiategrasso et de Castelletto, où ils prirent la route de Milan, obliquèrent à gauche vers les deux premiers.

Le général autrichien, voyant qu'il n'était pas poursuivi dans la direction de Pavie et s'étant assuré que les alliés tenaient la route de Milan, se hâta de poursuivre sa retraite par la route de Lodi. Il espérait qu'à la faveur du séjour que feraient les troupes des alliés à Milan pour recevoir les ovations de la population, il arriverait le premier sur l'Adda, et qu'après avoir mis cette rivière entre deux, il atteindrait heureusement ses fortes positions de la Vénétie. Le 7 juin, le gros de l'armée autrichienne avait atteint l'Adda.

Le même jour, l'Empereur entra en triomphe dans Milan et fut instruit que les Autrichiens étaient à San-Giuliano et à Melegnano sur le Lambro. A cette nouvelle inattendue, il comprit qu'il était possible de prévenir leur arrière-garde et de la couper du gros de leurs forces. Il ordonna donc au maréchal Baraguey d'Hilliers, dont le corps n'avait pas été au feu et auquel il adjoignit le 2ᵉ corps, de chasser le jour même l'ennemi des deux positions.

Melegnano (1), célèbre dans l'histoire sous le nom de Marignan par la bataille des Géants livrée en 1515 entre les Français et les Suisses, est une petite ville de 5,000 âmes, à cheval sur le Lambro et la route de Lodi, à 10 kilomètres sud-est de Milan. Les bords de la rivière sont sensiblement accidentés et donnent du relief à la plaine luxuriante qu'elle arrose. Les Autrichiens avaient élevé à la hâte une sorte de tête de pont

---

(1) Au mois de mars 1848, lorsque le maréchal Radetzky se retira de Milan à Vérone par Melegnano, il trouva cette ville barricadée et les habitants en armes pour lui disputer le passage. Melegnano fut emporté d'assaut et livré au pillage.

sur la rive droite et accumulé toutes sortes d'obstacles aux abords de la ville. Le maréchal Baraguey d'Hilliers se porta immédiatement à San-Donato, où le maréchal de Mac-Mahon avait son quartier-général. Il fut convenu que le maréchal de Mac-Mahon attaquerait avec sa 1re division San-Giuliano; qu'après en avoir déposté l'ennemi, il se dirigerait sur Carpaniello pour passer le Lambro et se diriger ensuite sur Mediglia.

La 2e division du 2e corps devait prendre à San-Martino la route qui, par Trivulzo et Casa-Nuova, la conduirait à Bettola pour s'avancer à gauche de Mediglia et tourner ainsi la position de Melegnano.

Le 1er corps tout entier, composé de trois divisions, devait se diriger par la grande route de Melegnano, envoyer à droite à Betolma la 1re division (Forey), qui, passant par Civesio et Vibodone, irait à Mezzano. Là, elle devait établir une batterie de 12 pièces pour battre d'abord Pedriano et plus tard le cimetière de Melegnano.

La 2e division (de Ladmirault) devait se porter de San-Giuliano sur San-Brera et y établir également une batterie de 12 pièces pour battre le cimetière et enfiler la route de Melegnano à Lodi.

La 3e division (Bazaine) devait se diriger directement sur Melegnano. L'action simultanée des trois divisions du 1er corps devait enlever la ville dès que le feu des 24 pièces d'artillerie aurait jeté le désordre dans les troupes autrichiennes. En même temps, le 2e corps, débordant Melegnano à l'est et prenant l'ennemi à revers, devait le mettre entre deux feux et lui couper toute retraite.

Pour obtenir ce résultat, la 1ʳᵉ division du 1ᵉʳ corps devait, la position enlevée, se porter sur Cerro, la 2ᵉ et la 3ᵉ sur Sordio, où elles devaient se mettre en rapport avec le 2ᵉ corps, qui, par Dresano et Casalmajocco, s'y dirigerait également.

Le 8 juin au soir, le gros de l'armée autrichienne avait déjà traversé le Lambro dans la direction de Lodi. Il ne restait plus sur cette rivière qu'une division (Berger) du 8ᵉ corps (Benedek), qui formait l'arrière-garde.

La brigade Roden, composée du 11ᵉ régiment de ligne prince Albert de Saxe et du 2ᵉ bataillon de chasseurs frontières Szluines, occupait la ville de Melegnano à la rive droite du Lambro. Elle s'était retranchée dans le cimetière, dont elle avait fait un réduit défendu par plusieurs batteries.

La brigade Boër, composée du régiment de ligne Weigl et du 3ᵉ bataillon de chasseurs tyroliens, occupait la rive gauche entre la rivière et la ville de Lodi.

Le maréchal de Mac-Mahon ne trouva pas l'ennemi à San-Giuliano; passant le Lambro à gué, il se porta sur Mediglia.

Le 1ᵉʳ corps fut considérablement retardé dans sa marche par les convois du 2ᵉ et du 4ᵉ corps, qui encombraient la route. La 3ᵉ division n'arriva qu'à cinq heures et demie à environ 1200 mètres de Melegnano. Flanquée de la 1ʳᵉ à Mezzano et de la 2ᵉ à Brera, à même hauteur, elle se mit en ordre de bataille.

L'ennemi avait élevé une barricade à 500 mètres en avant sur la route et dressé des batteries à l'entrée de la ville, derrière une coupure à hauteur des premières maisons.

La nature du terrain ne permettant que difficilement le développement de l'infanterie de ligne, le général Bazaine jeta un bataillon de zouaves en avant et sur les flancs en tirailleurs. Une canonnade, qui enfilait la route sur laquelle devait s'avancer la colonne d'attaque, les accueillit à portée. L'artillerie de la 3ᵉ division fit taire celle des Autrichiens. En même temps, la 1ʳᵉ division établie à Mezzano appuya par ses tirailleurs et deux batteries la droite de la 3ᵉ division. Quand le maréchal Baraguey d'Hilliers eut jugé que son artillerie avait produit l'effet nécessaire, il ordonna l'attaque.

Les Autrichiens opposèrent une résistance vigoureuse dans les rues, au château, derrière les haies et les murs des jardins; dans l'un des retours offensifs des Autrichiens, l'aigle du 33ᵉ régiment de ligne fut un instant en péril. Enfin, après une lutte acharnée où des deux côtés on s'aborda plusieurs fois à la baïonnette, les Autrichiens, cédant à l'élan des Français, se retirèrent par le pont du Lambro, laissant une pièce d'artillerie entre les mains des Français, qui, à neuf heures du soir, furent maîtres de la position.

La 2ᵉ division, côtoyant la route à gauche de la 3ᵉ, suivit la rivière et fit prisonniers ou tua les ennemis déjà chassés du haut de la ville et dépassés.

C'est cette division, destinée à prendre les Autrichiens à revers sur la rive droite et à couper leur passage sur la rivière, que rencontra la brigade Boër, appelée par le général Berger au secours de la brigade Roden.

D'un autre côté, le maréchal de Mac-Mahon, au bruit de l'artillerie du 1ᵉʳ corps, s'était porté de Mediglia, en passant l'Addetta, sur la rive gauche du Lambro jusqu'à Vizzolo, d'où il balayait la route de Lodi, seule issue de la brigade Roden. Celle-ci, quoique recueillie tant bien que mal par la brigade Boër, dut faire une retraite désastreuse; mais, à la faveur de la nuit, elle put se retirer sans poursuite ultérieure.

Les pertes furent énormes de part et d'autre.

État numérique des officiers, sous-officiers et soldats tués, blessés et disparus à l'affaire de Marignan (8 juin 1859).

DÉSIGNATION DES CORPS.	OFFICIERS.			TROUPE.		
	Tués.	Blessés.	Disparus.	Tués.	Blessés.	Disparus.
Premier corps d'armée.						
État-major................	»	5	»	»	»	»
74ᵉ de ligne..............	»	»	»	»	»	»
91ᵉ de ligne..............	»	»	»	»	»	»
100ᵉ de ligne.............	»	»	»	»	»	»
33ᵉ de ligne..............	5	11	»	8	86	2
34ᵉ de ligne..............	1	»	»	»	11	»
37ᵉ de ligne..............	»	5	»	7	31	»
78ᵉ de ligne..............	»	»	»	»	1	48
1ᵉʳ zouaves...............	6	26	»	108	426	»
Génie.....................	»	1	»	»	»	»
A ajouter par suite d'un supplément et d'un état négatif d'un corps....	»	8	»	18	114	14
	12	56	»	141	669	64
		68			874	

(*Moniteur universel* du 21 juin 1859.)

Le maréchal Baraguey d'Hilliers, dans son rapport sur le combat de Melegnano, s'exprime sur les pertes des Autrichiens de la manière suivante :

« Les pertes de l'ennemi sont considérables; les rues » et les terrains avoisinant la ville étaient jonchés de » leurs morts : 1,200 blessés autrichiens ont été portés » à nos ambulances; nous avons fait de 8 à 900 prison- » niers et pris une pièce de canon. »

Le bulletin de la *Gazette de Vienne*, daté de Vérone 13 juin, parle des pertes autrichiennes comme il suit : « Nous n'avons pas encore le détail des pertes faites au » combat de Melegnano, et, en conséquence, nous ne » pouvons pas donner, dès à présent, les noms des offi- » ciers tués ou blessés; nous le ferons ultérieurement » connaître. Notre perte en morts et blessés s'élève à » 250. »

Enfin, une esquisse de la campagne d'Italie par un officier allemand, publiée dans l'*Almanach militaire* de Vienne, du docteur Hirtenfeld, donne les chiffres suivants :

Tués : Général, 1 ; officiers, 7 ; soldats, 112 ;

Blessés : Officiers, 15 ; soldats, 243 ;

Manquants, 142 ;

Total des hommes mis hors de combat, 520.

Le plan d'attaque sur Melegnano n'était pas bien conçu et l'exécution tactique n'en est point irréprochable. Il était facile de répéter sur une petite échelle à Melegnano le mode d'attaque qui avait si bien réussi à Magenta. Si le 2e corps eût été chargé du même rôle qu'à Magenta et le 1er de celui de la 1re division de la garde, toute la brigade autrichienne, prise entre deux feux, aurait été détruite ou faite prisonnière. Mais, même en l'état des choses, le résultat eût été trois fois plus grand, si le maréchal Baraguey d'Hilliers eût attendu, pour attaquer, que le 2ᵉ corps fût arrivé à la hauteur de Melegnano.

Les Autrichiens, commandés, dit-on, par le feldzeugmeister Benedek lui-même, firent une belle défense; car ils n'eurent d'engagé qu'un régiment de ligne et un bataillon de chasseurs; la brigade Boër, en présence du 2ᵉ corps français, qui lui barrait le passage, ne put arriver qu'à la Cascina-Bernarda pour couvrir la retraite.

A partir du combat de Melegnano, l'armée autrichienne qui avait combattu à Magenta, continua sans interruption sa retraite vers le Mincio.

Le 9 et le 10, le général Gyulai avait son quartier-général à Cavatigozzi, à l'ouest de Crémone.

Le 11 et le 12, l'armée autrichienne était sur l'Oglio, entre Orzi-Nuovi et Verolo-Nuova, quartier-général dans cette dernière localité.

Les 13, 14 et 15, le quartier-général était à Leno, entre la Mella et la Chiese.

Le 16, il était à Castiglione delle Stiviere, entre la Chiese et le Mincio sud-ouest de Peschiera. Le même jour, l'armée franchit le Mincio.

Cette retraite de l'armée de campagne eut pour pendant et suite obligés l'abandon de presque toutes les positions intérieures de la Lombardie.

Pavie, place isolée, peu développée et entourée de

fortifications défectueuses, fut abandonnée dès le 7 juin.

La garnison de Laveno, sur le lac Majeur, abandonnée par le général Urban, s'embarqua le 8 juin sur les vapeurs de guerre et entra par Magadino dans la Suisse neutre, où elle fut désarmée et internée.

Pizzighettone et Brescia furent évacués le 11 juin.

Les Autrichiens évacuèrent même sans nécessité les villes et forteresses qu'ils occupaient dans les Duchés et dans les Légations.

Le 9 et le 10, ils quittèrent Plaisance, qui pouvait soutenir un long siége, détruisant les ponts du Pô et de la Trebia, faisant sauter les quinze forts avec leurs réduits, leurs blockhaus, et embarquant une partie du matériel de guerre sur les vapeurs du Pô.

Vers la même époque, les 10,000 hommes qui formaient la garnison d'Ancône, se retirèrent par Comachio dans la Vénétie.

Le 12 juin, les garnisons de Bologne et de Ferrare passèrent également le Pô près de Ponte-Lagoscuro.

De quelque manière que l'on envisage cet abandon complet de toutes les positions occupées par les Autrichiens à la droite du Pô, on n'y trouvera qu'une mesure négative manquant de toute idée saine de stratégie et de tactique.

Les troupes autrichiennes qui tenaient garnison d'ordre et de police dans quatre villes des États de l'Église, ne couraient aucun risque de perdre leurs communications avec la Vénétie après la déclaration spontanée de l'Empereur des Français relativement à la neutralité des États pontificaux; elles étaient assez nombreuses ou rapprochées pour dompter les révoltes, et, en cas d'envahissement du quadrilatère, il restait toujours assez de temps pour les rappeler.

Que l'Autriche voulût s'en tenir à la défensive suivie jusqu'alors, ou qu'elle eût l'intention de passer à l'offensive, elle avait, comme nous verrons plus loin, assez de troupes disponibles pour compléter et augmenter son armée de campagne. Cette retraite générale se comprendrait, si l'Autriche eût renoncé à l'espoir de reconquérir la Lombardie et de reprendre son influence politique en Italie. Mais cette supposition n'est pas admissible. Donc, elle devait maintenir des positions acquises qui, en cas de succès de ses opérations, devenaient des points d'appui de la plus haute importance, et qui, en cas d'insuccès, n'étaient aucunement compromises; car la place de Plaisance, la seule exposée à une attaque, pouvait soutenir un siége d'un an contre le 5ᵉ corps français, augmenté de toutes les forces italiennes.

Le 12 juin, les alliés étaient sur l'Adda, quartier-général à Gorgonzala.

L'Empereur, justement surpris de la retraite générale des Autrichiens dans la Vénétie, soupçonna à cette opération évidemment stratégique un piége contre lequel il importait de se prémunir. Il concentra donc le plus possible les corps de l'armée alliée pour ne pas les exposer à être attaqués isolément et pour avoir sous la main toutes ses forces pour le cas d'une bataille générale.

Le 13, l'avant-garde passa de la Seria sur l'Oglio, prenant position à Buccaglia, sur la route de Brescia.

Le 14 et le 15, l'avant-garde atteignit Brescia.

Le 16 et le 17, l'armée alliée tout entière se concentra sur la Mella, quartier-général des Français à Travagliato, celui des Piémontais à Castegnate.

Garibaldi, tiré, par la retraite du général Urban, d'une position désespérée, s'était hâté de rentrer dans Varèse. Il passa par Côme et Lecco à Bergame, où il arriva dès le 8 juin. Après les succès des alliés, les volontaires lui affluaient de tous les points de la Lombardie, de sorte qu'il put bientôt envoyer un fort détachement dans la Valteline.

Le 10 juin, il visita Milan pour se concerter avec le roi de Piémont.

Le 13, il occupa Brescia.

Le 15, il se dirigea vers la Chiese dans la direction de Ponte San-Marco. Son intention était de jeter à cette latitude un pont sur la rivière, afin de gagner les bords du lac de Garde contigus à la partie méridionale du Tyrol.

Mais, menacé sur son flanc droit par le corps mobile du général Urban, il laissa un fort détachement à Rezzato, entre Brescia et Ponte-San-Marco, prolongeant ses postes, au sud, jusqu'à la hauteur de Castenedolo.

Dans la nuit du 14 au 15 juin, l'arrière-garde de la division Urban quitta Capriano pour se retirer par Castenedolo sur la Chiese dans la direction de Montechiaro.

Un détachement de cette arrière-garde donna, entre

Rezzato et Castenedolo, sur un poste de chasseurs de Garibaldi et fut repoussé sur Castenedolo, où se trouvait la brigade Rupprecht (Urban).

Les troupes de Garibaldi furent rejetées sur Rezzato.

Par suite, Garibaldi fut obligé de renoncer à la construction d'un pont sur la Chiese pour voler au secours des siens. Il réussit avec peine à opérer sa jonction avec son détachement et fut débarrassé du général Urban, qui le serrait de près avec le gros de sa division, par la division Cialdini, que le roi Victor-Emmanuel envoya de Brescia sur Santa-Eufemia. En présence de forces supérieures, le général Urban, suivant le torrent de la retraite générale des Autrichiens, renonça à l'avantage qu'il venait d'obtenir et prit la direction de Montechiaro, où il fut accueilli le 17 par une division de cavalerie autrichienne.

Du 17 au 23 juin, le gros de l'armée alliée passa la Chiese ; le 23 au soir, les différents corps occupaient les positions suivantes :

Le 1er corps était à Esenta, rive gauche de la Chiese.

Le 2e était à Castiglione delle Stiviere, rive gauche.

Le 3e, à Mezzane, rive droite.

Le 4e, à Carpenedolo, rive gauche.

Près du 4e corps stationnaient aussi deux divisions de cavalerie de ligne formées et réunies des brigades attachées à plusieurs corps, sous le commandement des généraux Desvaux et Partouneaux.

L'infanterie de la garde était à Montechiaro, rive gauche, avec le quartier-général.

La cavalerie et l'artillerie de la garde étaient à Castenedolo entre Montechiaro et Brescia, rive droite.

Quatre divisions sardes, la 1re (Durando, en remplacement du général Castelborgo, nommé gouverneur militaire de Milan), la 2e (Fanti), la 3e (Mollard) et la 5e (Cucchiari) étaient à Lonato et à Desenzano. La 4e (Cialdini) était restée sur la rive droite de la Chiese pour surveiller les passages du Tyrol à l'ouest du lac de Garde.

La division d'Autemare, séparée du gros de l'armée à Piadena, sur la rive droite de l'Oglio, attendait l'arrivée de son corps, le 5e, augmenté d'une division toscane. Le 5e corps ainsi complété devait se porter sur Mantoue. Les mouvements prescrits aux différents corps pour le lendemain 24 juin étaient les suivants :

Le 1er corps se portera d'Esenta sur Solferino.

Le 2e, de Castiglione à Cavriana.

Le 3e, de Mezzane par Vizano, rive gauche, et Castel-Goffredo sur Medole.

Le 4e, avec la cavalerie de ligne, de Carpenedolo sur Guidizzolo.

La garde, de Montechiaro et de Castenedolo sur Castiglone, où s'établira le quartier-général.

Les quatre divisions sardes se porteront de Lonato et de Desenzano sur Pozzolengo, envoyant un fort détachement vers Peschiera. La division d'Autemare restera à Piadena pour se joindre au 5e corps toujours attendu.

De la direction des mouvements exécutés par les alliés depuis la bataille de Magenta, et surtout des dispositions prises le 23 juin et prescrites pour le 24, il résulte clairement que le projet de l'Empereur était de forcer la ligne du Mincio et d'attaquer les Autrichiens dans le boulevard de leur célèbre quadrilatère. L'attaque sur ces positions était la seule perspective qui restât à l'Empereur pour vaincre définitivement les Autrichiens et mettre fin à la guerre. Du reste, leur retraite précipitée et générale de tous les points intérieurs et extérieurs de la Lombardie était bien faite pour le confirmer dans l'idée qu'ils l'attendaient sur les bords du Mincio, ou plutôt qu'ils le laisseraient passer la rivière pour tomber sur lui de leurs forteresses par trois points différents ; en un mot, l'idée que l'ennemi passerait à l'offensive en dehors de ses positions si avantageuses pour la défensive, n'était pas admissible.

C'est cependant cette éventualité contraire à toutes les prévisions qui devait se réaliser. L'Autriche avait résolu de prendre à son tour l'offensive et de la porter sur le terrain qu'elle venait de quitter à l'ouest du Mincio.

Mais, avant de considérer les événements d'une nouvelle phase où va entrer la guerre, nous sommes obligé de revenir sur nos pas et d'examiner l'ensemble des mouvements et opérations exécutés par les deux armées belligérantes depuis la bataille de Magenta jusqu'au 24 juin.

L'ignorance du mouvement tournant détermina l'absence de forces autrichiennes suffisantes à Magenta ; cette insuffisance de forces détermina la contre-attaque de flanc droit ; l'insuccès de cette contre-attaque, c'est-à-dire la perte de la bataille, détermina leur retraite dans la direction de Pavie et de Plaisance, et cette fausse direction elle-même détermina leur rapprochement des positions du Mincio.

C'est ainsi qu'une première erreur entraîna une retraite brisée, anguleuse, désordonnée, de plus de 400 kilomètres de Plaisance ou Montebello au Mincio par la rive gauche de la Sesia, par Palestro, par Magenta, par Pavie, par Melegnano, etc.

Le général autrichien, par suite de sa contre-attaque sur le flanc droit des alliés, ne put se retirer que dans la direction de Pavie. En prenant une ligne de retraite plus rapprochée de la route de Magenta à Milan, il s'exposait à une attaque exécutée par sept corps alliés victorieux sur le flanc gauche et les derrières d'une armée de cinq corps, partiellement battus, désorganisés et privés de toute ligne de défense. La ligne de retraite par Milan ne devait jamais prendre racine dans l'esprit du général autrichien; car, en cas de revers, son armée courait des dangers sérieux en passant par les grands centres de population de la Lombardie.

C'est cette même crainte qui l'avait empêché de chercher à porter le gros de ses forces sur la position immédiate de Magenta et décidé à préférer une attaque de flanc.

La position de l'armée autrichienne, retirée à l'extrême frontière méridionale de la Lombardie, la seule ligne qui, dans la conjoncture, offrît le moins de danger, pouvait devenir très critique. A défaut de poursuite dirigée sur ses derrières et sur son flanc gauche, elle devait se presser de rentrer dans ses fortes positions de la Vénétie; sa présence partout ailleurs était sans objet. Deux voies lui étaient ouvertes pour achever son mouvement de retraite : celle du Pô, par Plaisance, Pizzighettone, Crémone, et celle de la route de Pavie à Lodi. En prenant la première, beaucoup plus longue et plus difficile, elle laissait prendre à l'ennemi une avance dangereuse, et pour elle-même et pour le quadrilatère. Elle se décida donc pour la seconde; mais, en se portant directement sur la ligne d'opération de l'armée ennemie qui pouvait facilement l'y prévenir, elle s'exposait à subir, au passage de l'Adda, de l'Oglio, de la Chiese et du Mincio, un de ces désastres complets dont l'histoire militaire ne présente qu'un petit nombre d'exemples. A la faveur de la halte que firent les alliés dans la capitale de la Lombardie, elle en fut quitte à peu près pour la peur; car c'est à peine si l'on doit mettre en ligne de compte l'échec insignifiant qu'elle éprouva à Melegnano.

La retraite de l'armée autrichienne derrière les traverses successives des rivières qui descendent du nord au sud dans le Pô, le Lambro, l'Adda, l'Oglio, la Chiese, le Mincio, nous paraît donc, dans les limites que nous avons signalées, conforme à une saine tactique.

Les Autrichiens n'auraient pu arrêter la marche des alliés vers l'extrémité orientale de la Lombardie que par une double attaque combinée et simultanée issue du Mincio à l'est, et du Pô au sud sur leur front et sur leur flanc droit. Mais cette opération, dans les conditions où se trouvait réduite leur armée de campagne, était impossible : la moitié des corps, 1ᵉʳ, 2ᵉ et 3ᵉ, avaient besoin d'une réorganisation ; les combinaisons préliminaires d'un plan, pour ce cas imprévu, ne pouvaient être improvisées entre des corps séparés par un grand intervalle, et, par-dessus tout, le général en chef n'était pas à la hauteur de sa mission.

Une attaque isolée sur le front ou le flanc droit des alliés pouvait bien contrarier ou retarder leur mouvement vers l'est ; mais elle ne pouvait pas l'empêcher. L'Autriche, avant la fin de juin, n'avait pas assez de troupes immédiatement disponibles pour agir séparément d'une manière efficace, par deux lignes différentes, contre une armée concentrée et victorieuse de 180,000 hommes, et, en cas de revers, son armée risquait d'être jetée dans l'Adda, l'Oglio, la Chiese, le Mincio ou dans le Pô, et de laisser le quadrilatère ouvert à la discrétion du vainqueur. Concluons, qu'une retraite mesurée, générale, mais non pas totale et absolue, dans le quadrilatère, était une mesure dictée par la prudence.

La distance entre Magenta et des points quelconques des cours d'eau que devait franchir l'armée autrichienne pour entrer dans son quadrilatère, était matériellement d'un quart plus grande que celle que les alliés avaient à parcourir pour atteindre les points de passage ; cette distance se réduit même à un tiers, si l'on considère que les alliés avaient à leur disposition un chemin de fer pour une partie plus ou moins grande sur la ligne de parcours, soit la ligne de Magenta à Milan.

Pour vérifier la justesse de ce rapport, il suffit de lier successivement par des lignes droites le point de Magenta avec des points quelconques pris sur les différents affluents septentrionaux du Pô, ces mêmes points avec des points quelconques situés sur la limite méridionale de la Lombardie; enfin ces derniers avec Magenta, point de départ commun; on déterminera chaque fois un triangle dont le côté septentrional représentera la ligne de parcours des alliés, tandis que les deux autres côtés, formant ensemble une ligne brisée, représenteront la ligne à parcourir par l'armée autrichienne en retraite. Si nous appliquons la construction de ce polygone au cas particulier qui s'est réalisé par la retraite de l'armée autrichienne sur Pavie et par son passage sur l'Adda à Lodi, nous trouverons que les Autrichiens avaient à parcourir 38 kilomètres de Magenta à Pavie et 35 kilomètres de Pavie à Lodi, soit le total de 73 kilomètres, tandis que l'armée alliée, en tenant compte de la voie rapide, n'avait à fournir que 56 kilomètres, dont une partie par chemin de fer, soit en somme 30 à 40 kilomètres. Il s'ensuit qu'il ne dépendait que de l'Empereur d'infliger à l'armée autrichienne au passage de l'Adda, ou d'un autre des cours d'eau ultérieurs, une seconde défaite qui, au lieu de reléguer la solution de la question dans le quadrilatère, aurait probablement amené le vaincu à demander la paix comme une grâce.

Nous savons que l'armée alliée ne fit à peu près rien pour couper la retraite des Autrichiens à travers la Lombardie; car le combat de Melegnano, tardivement commandé, n'avait ni ne pouvait avoir pour but et pour résultat que d'écarter les Autrichiens de la ligne d'opération des alliés ou de surprendre leur arrière-garde. Les alliés employèrent dix-huit jours à franchir la distance de 56 kilomètres de Magenta au Mincio, tandis qu'ils n'en avaient employé que huit pour franchir 150 kilomètres de Montebello à Magenta. Ils laissèrent à l'ennemi le temps de se réorganiser, de se fortifier dans des positions réputées inexpugnables et de passer à l'offensive dans les conditions de succès les plus avantageuses.

Cette mollesse de mouvement doit donc être signalée comme une faute capitale de stratégie et de tactique. En effet, il s'agissait désormais, abstraction faite de complications politiques et internationales dont il y avait lieu de tenir compte, de vaincre l'ennemi nombreux et réorganisé dans les positions défensives réputées les plus fortes du monde, ou de n'achever son œuvre que de moitié. Nous ne sommes pas de ceux qui accusent l'Empereur, autre Annibal, d'avoir perdu son temps à savourer les délices de Milan; l'austérité de son caractère jure avec cette supposition. La conduite militaire de l'Empereur depuis le 5 juin jusqu'au 24 ne peut s'expliquer que d'une seule manière : l'Empereur, dès la bataille de Magenta, par des considérations essentiellement politiques, avait renoncé à la conquête de la Vénétie; toute autre supposition faite de sa tactique serait un problème insoluble.

DEUXIÈME PÉRIODE, OU PÉRIODE D'ATTITUDE OFFENSIVE DE L'AUTRICHE.

La retraite exécutée sur une si prodigieuse échelle par l'armée autrichienne d'Italie dans les lignes comprises entre le Mincio, le Pô et l'Adige, n'était que simulée : cette mesure générale avait, au fond, un caractère de stratégie essentiellement positive et recélait une concentration générale à fin d'une grande offensive.

A l'époque du 24 juin, l'armée générale de l'Autriche, dans l'attente d'une lutte désespérée à soutenir contre un puissant ennemi, avait pris les plus grandes proportions, tant sous le rapport de l'extension des cadres que sous celui du nombre des hommes destinés à les remplir.

Les cadres formés et remplis étaient composés :

1° Des 12 premiers corps : 1er, Clam-Gallas; 2e, Éduard von Lichtenstein; 3e, Schwarzenberg; 4e, archiduc Charles-Ferdinand; 5e, Stadion; 6e, Baumgarten, ci-devant Degenfeld-Schönburg; 7e, Zobel; 8e, Benedek; 9e, Schaaffgotsche; 10e, Wernhardt; 11e, Veigl; 12e, Friedrich von Lichtenstein, et d'un corps de cavalerie, Franz von Lichtenstein;

2° De 62 cinquièmes bataillons de campagne, formés des derniers congés temporaires et des réserves, soit 70,000 à 80,000 hommes;

3° De 27 bataillons de volontaires d'infanterie, tirés

de toutes les provinces de la monarchie, soit 30,000 à 40,000 hommes;

4° De 14 escadrons de hussards volontaires de la Hongrie, de la Servie, de la Croatie et de l'Esclavonie, et de 28 escadrons afférents aux régiments frontières pour le cas de guerre, soit 7,000 à 8,000 chevaux.

L'Autriche, vers le 24 juin, pouvait donc mettre en ligne une nouvelle armée de 100,000 à 120,000 h.

Le 10° et le 11° corps étaient réunis aux sept corps (1er, 2°, 3°, 5°, 7°, 9°) qui, du Tessin, s'étaient retirés sur la ligne du Mincio.

Le 6° corps stationnait dans le Tyrol.

Le 12° était réparti dans les places intérieures de la monarchie et dans les garnisons fédérales.

Les cadres en voie de formation ou à remplir étaient composés :

1° De quatre corps d'infanterie : 13° (Reischach), 14° (Horvath-Petrichevich), 15° (Thun-Hohenstein), 16° (Alexandre, prince de Wurtemberg), et du 2° corps de cavalerie (archiduc Ernest);

2° Des sixièmes bataillons de dépôt, dont les cadres devaient être complétés par le nouveau tirage régulier.

Ces seize corps formaient ou devaient former quatre armées différentes en vue d'une guerre longue et générale.

La première et la deuxième armée, destinées à soutenir le poids de la guerre en Italie, étaient composées des 1er, 2°, 3°, 4°, 5°, 6°, 7°, 8°, 9° et 11° corps.

La troisième armée, formant le contingent fédéral de l'Autriche, sous le commandement en chef de l'archiduc Albert, était composée des 10ᵉ, 12ᵉ et 13ᵉ corps, et du 2ᵉ corps de cavalerie, commandé par l'archiduc Ernest, ces deux derniers en cours de formation; mais, dès les premiers jours du mois de juin, le 10ᵉ corps fut appelé en Italie, et trois de ses brigades étaient, le 22 juin, entre Borgoforte et Mantoue.

La quatrième armée, destinée à la protection des côtes maritimes, et placée en observation dans la Hongrie et la Transylvanie contre la Russie, devait se composer des 14ᵉ, 15ᵉ, 16ᵉ, et du 1ᵉʳ corps de cavalerie.

Par ordre du jour daté du 18 juin, l'empereur François-Joseph prit lui-même le commandement en chef de ses deux armées d'Italie. Son état-major général était composé du feldzeugmeister Hess, des généraux Ramming, Rossbacher et Rueff.

Le feldzeugmeister comte de Wimpffen (1) fut

---

(1) Né en 1797 à Prague, il entra au service en 1813. Il fit la campagne de 1813 en Allemagne, celle de 1814 en Allemagne et en France et celle de 1815 dans la Haute-Italie. En 1833, il fut nommé colonel commandant; en 1838, général-major (général de brigade) commandant; en 1846, feldmarschall-lieutenant (général de division) au 2ᵉ corps d'armée en Italie. Lorsque en 1848 la révolte éclata dans la Vénétie, il rallia le 2ᵉ corps disloqué et le concentra à Vérone. Il se distingua dans la campagne de 1848 contre les Piémontais aux affaires de Vicenza, de Custozza et de Volta. Dans la campagne de 1849, il commandait un corps détaché qui protégeait le flanc gauche et les derrières de l'armée d'opération du feld-maréchal Radetzky; il fut ensuite chargé du commandement des troupes qui occupèrent les Légations, et prit Bologne et Ancône.

Plus tard il fut nommé gouverneur civil et militaire des côtes maritimes de l'Adriatique, et enfin feldzeugmeister, commandant en chef de la 1ʳᵉ armée, quartier-général à Vienne, et gouverneur-

chargé du commandement en chef de la première armée d'Italie.

Le feldzeugmeister Schlick (1), comte de Bassano et

général de l'ensemble des pays formés de la Basse et de la Haute-Autriche, du Salzbourgeois, de la Styrie et du Tyrol. Lorsque la guerre d'Italie éclata, les corps de son armée furent appelés en Italie ; il resta à la tête du 9e corps en Italie jusqu'au moment où l'Empereur le chargea du commandement de la 1re armée.

(1) Né à Prague en 1789, il se distingua de bonne heure par son goût pour l'état militaire. En 1808, lorsque l'Autriche fit des préparatifs si prodigieux pour faire la guerre à Napoléon, il forma un bataillon de landwehr de trois compagnies. Quand la guerre eut éclaté, il entra dans un régiment de cuirassiers et prit part à la campagne de 1809. En 1812, il donna sa démission, parce qu'il ne voulait pas porter les armes pour Napoléon. En 1813, il fut nommé officier d'ordonnance de l'Empereur François Ier. Il prit part aux combats et batailles de Dresde, de Pirna, de Kulm et de Leipzig. Après cette dernière bataille il protégea des prisonniers français contre des Russes qui les maltraitaient : ceux-ci lui crevèrent l'œil droit, depuis il a cet œil bandé. Pendant la période de paix de 1815 à 1848, il monta successivement jusqu'au grade de général de division. En 1848, il commandait un corps détaché de 8 à 9,000 hommes qui de la Gallicie devait se porter sur Kaschau et sur le Theis supérieur. Il eut successivement maille à partir avec les généraux hongrois Meszaras, Klapka, Gorgey ; dans toutes ces affaires il fit preuve d'une grande pénétration et d'un esprit entreprenant. Pendant la bataille de Kapolna, il réussit à opérer sa jonction avec le gros de l'armée autrichienne, commandée par le prince de Windischgraetz, en se portant vers Verpelet, sur le flanc droit des Hongrois. Dans la campagne d'été de la guerre de Hongrie, il commanda le 1er corps de l'armée du général Haynau, resta après les batailles d'Acs et de Komorn devant cette dernière place, suivit plus tard l'armée d'opération et contribua beaucoup aux batailles décisives de Szegedin et de Szoreg. Après la guerre, il fut nommé général de cavalerie et gouverneur-général de la Moravie et de la Silésie. Pendant la guerre d'Orient il commandait la 4e armée. En

de Weisskirchen, reçut le commandement de la deuxième armée, en remplacement du feldzeugmeister Gyulai, démissionnaire.

Le 18 juin, l'empereur d'Autriche avait encore son quartier-général à Vérone.

A cette date, la première armée se concentrait autour de Mantoue.

A la même date, la seconde armée avait les positions suivantes :

Le 1ᵉʳ corps était à Castel-Venzago ;

Le 5ᵉ corps, à l'ouest de Pozzolo et de Goito ;

Le 7ᵉ corps, à Lonato ;

Le 8ᵉ corps, à Castiglione delle Stiviere.

La division de cavalerie de réserve Mensdorf était avec cette armée.

Ce même jour, le général Schlick fit ses dispositions pour l'attaque des alliés au passage de la Chiese, qui paraissait imminent.

Le 19, le général Schlick envoya à l'Empereur, à Vérone, son plan d'attaque détaillé et motivé. Le même jour, le général reçut ordre de retirer toute son armée derrière le Mincio et obéit avec douleur. Les idées du général Hess, qui voulait que l'armée autrichienne s'en tînt à la défensive dans l'intérieur du quadrilatère, avaient un instant triomphé. Le 20 ou le 21, des considérations politiques, fondées sur les notes prussiennes et que nous expliquerons plus loin,

---

1859, il succéda au feldzeugmeister Wimpffen dans le commandement de l'Istrie. A peine y était-il arrivé, qu'il fut chargé du commandement de la 2ᵉ armée autrichienne.

prévalurent dans le sens contraire, et la deuxième armée eut à peine remis le pied dans le quadrilatère qu'elle reçut ordre de franchir le Mincio une fois de plus.

Le 21, le quartier-général de l'empereur François-Joseph fut transféré de Vérone à Villafranca.

La deuxième armée, aile droite, quartier-général à Custozza, avait les positions suivantes :

1er corps, à Quaderni ;

5e corps, à l'est de Salionze ;

7e corps, à San-Zenone ;

8e corps, à l'est de Peschiera.

La division de cavalerie de réserve Mensdorf et la réserve générale d'artillerie étaient à Rosegaferro.

La première armée, aile gauche, quartier-général à Mantoue, était disposée comme suit :

2e corps, à Mantoue ;

3e corps, à Pozzolo ;

9e corps, à Goito ;

11e corps, à Roverbella.

La division de cavalerie de réserve Zedtwitz et la réserve générale d'artillerie étaient à Grezzano et à Mozzecane.

C'est de ces positions que les Autrichiens devaient sortir le 23 et passer le Mincio pour se porter au-devant des alliés vers la Chiese.

DE 1859.

Composition et état numérique (dit ordre de bataille) des deux armées autrichiennes d'Italie.

Première armée (aile gauche), feldzeugmeister WIMPFFEN.

   3ᵉ CORPS (SCHWARZENBERG).

1ʳᵉ division, Schœnberger.
 1ʳᵉ brigade, Pokorny.
  58ᵉ régiment d'infanterie archiduc Étienne.
  15ᵉ bataillon de chasseurs tyroliens.
 2ᵉ brigade, Dienstl.
  27ᵉ régiment roi des Belges.
  15ᵉ bataillon de chasseurs.
2ᵉ division, Martini.
 1ʳᵉ brigade, Wetzlar.
  5ᵉ régiment de ligne prince de Lichtenstein.
  1ᵉʳ bataillon de chasseurs frontières Allocans.
 2ᵉ brigade, Hartung.
  14ᵉ régiment de ligne grand-duc de Hesse.
  23ᵉ bataillon de chasseurs.
  10ᵉ régiment de hussards roi de Prusse.

   9ᵉ CORPS (SCHAAFGOTSCHE).

1ʳᵉ division, Mandl.
 1ʳᵉ brigade, Castiglione.
  19ᵉ régiment de ligne archiduc Rudolph.
  2ᵉ bataillon de frontières Gradiscans.
 2ᵉ brigade, Augustin.
  34ᵉ régiment de ligne prince de Prusse.
  16ᵉ bataillon de chasseurs.
2ᵉ division, de Crenneville.
 1ʳᵉ brigade, Blumenhron.
  5ᵉ régiment de ligne archiduc François-Charles.
  4ᵉ bataillon de chasseurs.
 2ᵉ brigade, Fehlmeyer.
  8ᵉ régiment de ligne archiduc Louis-Joseph.
  8ᵉ bataillon du régiment de chasseurs-frontières Bittler Grenzer.
  4 escadrons du 12ᵉ régiment de uhlans roi de Sicile.

2ᵉ Corps (Édouard de Lichtenstein).
1ʳᵉ division, Jellachich.
    1ʳᵉ brigade, Szabo.
        12ᵉ régiment de ligne archiduc Wilhelm.
        7ᵉ bataillon de chasseurs tyroliens.
    2ᵉ brigade, Wachter.
        46ᵉ régiment de ligne prince Alexandre de Hesse.
        21ᵉ bataillon de chasseurs tyroliens.
        4 escadrons du 12ᵉ régiment de hussards Haller.

11ᵉ Corps (Veigl).
1ʳᵉ division, Blomberg.
    1ʳᵉ brigade, Dobrzenski.
        42ᵉ régiment de ligne roi de Hanovre.
        Bataillon de chasseurs.
    2ᵉ brigade, Host.
        57ᵉ régiment de ligne grand-duc de Mecklenburg.
        2ᵉ bataillon de chasseurs frontières Peterwaradin.
2ᵉ division, Schwarzl.
    1ʳᵉ brigade, Sebottendorf.
        37ᵉ régiment de ligne archiduc Joseph.
        10ᵉ bataillon de chasseurs.
    2ᵉ brigade, Greschke.
        35ᵉ régiment de ligne Khevenhüller.
        2 escadrons du 4ᵉ régiment de uhlans Empereur.
Division de cavalerie de réserve, Zedtvitz.
    1ʳᵉ brigade, Vopaterny.
        3ᵉ régiment de hussards roi de Bavière.
        11ᵉ régim. de hussards prince Alexandre de Wurtemberg.
    2ᵉ brigade, Lauingen.
        3ᵉ régiment de dragons Empereur.
        1ᵉʳ régiment de dragons Stadion.

Deuxième armée (aile droite), général de cavalerie Schlick.

8ᵉ Corps (Benedek).
1ʳᵉ division, Lang.
    1ʳᵉ brigade, Lippert.
        59ᵉ régiment de ligne archiduc Reiner.
        9ᵉ bataillon de chasseurs.

2ᵉ brigade, Tauber.
    39ᵉ régiment de ligne infant Don Miguel.
    3ᵉ bataillon de chasseurs.
3ᵉ brigade, Philippowich (distraite de la division Berger du même corps).
    17ᵉ régiment de ligne prince de Hohenlohe.
    5ᵉ bataillon de chasseurs Empereur.

2ᵉ division, Berger.
    1ʳᵉ brigade, Wattervliet.
        7ᵉ régiment de ligne Prohaska.
        2ᵉ bataillon de chasseurs Empereur.
    2ᵉ brigade, Dua; commandée par le colonel Novey.
        11ᵉ régiment de ligne prince royal de Saxe.
        2ᵉ bataillon de chasseurs frontières Szluines.
    3ᵉ brigade, Reichlin (détachée du 6ᵉ corps), et composée de 4 bataillons du 9ᵉ régiment de ligne Hartmann, du 18ᵉ prince Constantin, du 27ᵉ roi des Belges, et du 24ᵉ bataillon de chasseurs; 4 escadrons du régiment de hussards Empereur.

5ᵉ CORPS (STADION).

1ʳᵉ division, Sternberg.
    1ʳᵉ brigade, Koller.
        32ᵉ régiment de ligne archiduc Ferdinand d'Este.
        1ᵉʳ bataillon de chasseurs frontières.
    2ᵉ brigade, Festetiez.
        21ᵉ régiment de ligne Reischach.
        6ᵉ bataillon de chasseurs Empereur.

2ᵉ division, Pallfy.
    1ʳᵉ brigade, Gaal.
        3ᵉ régiment de ligne archiduc Charles-Louis.
        1ᵉʳ bataillon de chasseurs frontières Lurons.
    2ᵉ brigade, Bils.
        47ᵉ régiment de ligne Kinsky.
        2ᵉ bataillon de chasseurs frontières Ogulins.
    3ᵉ brigade, Puchner.
        31ᵉ régiment de ligne Culoz.
        4ᵉ bataillon du régiment de chasseurs Empereur.
        4 escadrons du 12ᵉ régiment de uhlans roi de Sicile.

1ᵉʳ Corps (Clam-Gallas).
1ʳᵉ division, Stankowics.
   1ʳᵉ brigade, Hoditz.
      48ᵉ régiment de ligne archiduc Ernest.
      14ᵉ bataillon de chasseurs tyroliens.
   2ᵉ brigade, Reczniczek.
      16ᵉ régiment de ligne Wernhardt.
      2ᵉ bataillon de chasseurs frontières.
2ᵉ division, Montenuovo.
   1ʳᵉ brigade, Postori.
      60ᵉ régiment de ligne prince Wasa.
      2ᵉ bataillon de chasseurs tyroliens.
   2ᵉ brigade, Bruner.
      29ᵉ régiment de ligne Thun.
      1ᵉʳ bataillon de chasseurs frontières.
      2 escadrons du 12ᵉ régiment de hussards Haller.

7ᵉ Corps (Zobel).
1ʳᵉ division, prince Alexandre de Hesse.
   1ʳᵉ brigade, Wuessin.
      1ᵉʳ régiment de ligne Empereur.
   2ᵉ brigade, Gablentz.
      54ᵉ régiment de ligne Gruber.
      3ᵉ bataillon du régiment de chasseurs Empereur.
2ᵉ division, Brandenstein.
   1ʳᵉ brigade, Freischhacker.
      53ᵉ régiment archiduc Léopold.
   2ᵉ brigade, Wallon.
      22ᵉ régiment de ligne Wimpffen.
      1ᵉʳ bataillon de chasseurs frontières Ottocans.
      4 escadrons du régiment de hussards Empereur.

Les forteresses du quadrilatère étaient gardées par la division Herdy, du 2ᵉ corps, réduite à une seule brigade (Kintzl) 45ᵉ régiment de ligne archiduc Sigismond; par la brigade Teuchert, composée de 4 quatrièmes bataillons et d'un bataillon de chasseurs frontières; par la brigade Aubin, également composée de 4 quatrièmes bataillons, et par un bataillon du génie.

ÉTAT NUMÉRIQUE DES DEUX ARMÉES AUTRICHIENNES D'ITALIE.

	Bataillons.	Escadrons.	Hommes.	Chevaux.
Première armée, commandant : général de cavalerie WIMPFFEN.				
3ᵉ corps	20	8	26,971	1,937
9ᵉ corps	20	4	20,975	1,312
11ᵉ corps	24	4	23,000	1,300
2ᵉ division Jellachich	10	4	11,000	900
Division Zedtvitz . .	»	28	2,400	2,400
Totaux. .	74	48	84,346	7,849
Deuxième armée, commandant : feldzeugmeister SCHLICK.				
8ᵉ corps.	25	4	26,709	2,111
Brigade Reichlin . .	4	»	4,000	200
5ᵉ corps.	25	4	26,971	1,938
1ᵉʳ corps	20	2	20,620	1,450
7ᵉ corps.	18	4	19,798	1,548
Différentes armes . .	4 1/6	»	2,400	400
Division Mensdorf. .	»	28	3,500	2,400
Totaux. .	96 1/6	42	103,998	10,047
Totaux des deux armées	74	48	84,346	7,849
	96 1/6	42	103,998	10,047
	170 1/6	90	188,344	17,896(*)

(*) Dans l'intérêt de la vérité, nous croyons devoir faire, relativement aux chiffres de bataillons, d'escadrons, d'hommes, de chevaux et de pièces d'artillerie, les observations suivantes.

A défaut d'états officiels, ces chiffres, empruntés aux livres et aux journaux militaires allemands, varient et ne doivent être considérés que comme très approximatifs. C'est ainsi que, d'après certains auteurs, le 3ᵉ corps n'aurait compté que 22,600 hommes, le 1ᵉʳ 18,800, le 7ᵉ 16,300, etc., etc. Tous ces auteurs, ceux qui adoptent les chiffres forts aussi bien que ceux qui les trouvent exagérés et qui en substituent de moindres, font la remarque que tous ces chiffres comprennent non les combattants, mais tous ceux qui étaient portés sur les états du commissariat des vivres, tels que les hommes des trains de toute espèce, les blessés, les brosseurs, les cantiniers, etc. — Pour la cavalerie, il parait positif que le régiment de uhlans de la réserve n'était pas arrivé à l'armée, et que le général Mensdorf n'avait à Solferino que 19 escadrons de 2000 chevaux au plus. Dans les chiffres de chevaux que nous portons, sont compris aussi, dit-on, les chevaux du train d'artillerie, et en général tous les chevaux de selle.

A l'état normal, chaque brigade d'infanterie et de cavalerie a une batterie d'artillerie, ce qui ferait 39 batteries pour les 39 brigades dont les deux armées étaient composées : 312 pièces de canon et de mortiers. Le nombre des batteries de réserve générale afférent à une armée étant, à l'état normal, de 40, les deux armées d'Italie auraient eu 640 pièces de réserve. Mais il parait que les Autrichiens, par suite de mauvaises dispositions, ne purent réunir pour le 24 que 102 batteries, dont 45 seulement auraient donné à Solferino.

Le 22 juin, la concentration se compléta par l'occupation des points de départ définitifs.

Le 23 au matin, la première armée (feldzeugmeister Wimpffen) s'ébranla.

Le 8ᵉ corps se porta des hauteurs orientales de Peschiera sur le Mincio, où il passa la rivière près de Salionze. Il prit position à Pozzolengo, prolongeant ses avant-postes dans la direction de Rivoltella et de Castel-Venzago. Ce corps fut rejoint dans la matinée à Ponte par la brigade Reichlin, venue de Roveredo par Peschiera.

Le 5ᵉ corps passa de Salionze, par Valeggio, sur Solferino, où il s'arrêta, poussant son avant-garde, la brigade Bils, 17ᵉ régiment de ligne Kinsky et 3ᵉ bataillon de frontières Ogulins, vers Le Grole, dans la direction de Castiglione delle Stiviere.

Le 1ᵉʳ corps marcha dans les traces du 5ᵉ corps, dont il formait la réserve active, et s'arrêta à Cavriana.

Le 7ᵉ corps, partant de San-Zenone, passa le Mincio près de Ferri sur un pont de campagne, et arriva à la hauteur de Foresto.

La division de cavalerie Mensdorf passa également le pont volant près de Ferri et prit position près de Tezze.

Il paraît que la moitié de la réserve d'artillerie, qui devait également passer le Mincio près de Ferri, resta sur la rive gauche du Mincio, de sorte que, sur 40 batteries qui doivent former la réserve générale d'une armée, il n'y en aurait eu que 21, le 24, à la bataille.

Tous les corps de la première armée arrivèrent aux positions désignées dans l'après-midi du 23 sans rencontrer l'ennemi.

La deuxième armée (feldzeugmeister Schlick) s'ébranla à la suite de la première.

Le 3ᵉ corps passa la rivière près de Ferri et prit position près de Guidizzolo, sur la route de Mantoue à Montechiaro.

Le 9ᵉ corps passa la rivière à Goïto et prit position à Ceresole, poussant vers Medole ses avant-postes, composés de deux bataillons du 52ᵉ régiment de ligne archiduc François-Charles et de la brigade Lauingen, de la division de cavalerie de réserve Zedtwitz.

Le 11ᵉ corps passa également la rivière à Goïto et se plaça à Castel-Grimaldo, en réserve active de la première armée.

Le 2ᵉ corps, composé de la seule division Jellachich, se porta vers Marcara sur l'Oglio.

La division de cavalerie de réserve Zedtwitz passa aussi à Goïto, où elle se sépara en deux parties égales : la brigade Vopaterny se porta sur Gazzoldo pour appuyer la division Jellachich, chargée de surveiller les passages de l'Oglio, et pour observer par Castel-Goffredo et Acqua-Fredda, Piubega et Marcaria, les passages de la Chiese.

Il paraît que l'artillerie de réserve de la première armée ne fut pas plus nombreuse à Solferino que celle de la deuxième : au lieu de 40 batteries, la première armée n'en aurait eu que 20.

La deuxième armée n'éprouva pas plus de difficultés que la première pour atteindre ses positions.

Le 23 juin, le quartier-général de l'empereur d'Autriche fut établi à Valeggio, celui de la deuxième armée à Volta et celui de la première armée à Cereta.

De l'ordre de bataille qui précède, il suit :

1° Que l'ensemble de l'armée générale commandée par l'empereur d'Autriche était divisé en deux colossales unités tactiques, savoir : la première armée formant l'aile gauche, et la deuxième armée formant l'aile droite;

2° Que ces deux unités tactiques étaient identiquement égales et indépendantes l'une de l'autre;

3° Que l'ensemble des deux armées manquait d'un centre commun;

4° Que les unités tactiques de deuxième, troisième, quatrième, cinquième et sixième ordre n'avaient pas d'élasticité.

Des positions occupées le 23 juin par les gros des corps autrichiens et leurs avant-gardes ou postes avancés, il suit :

1° Que leur front de bataille général avait, dès le 23, un développement de plus de 15 kilomètres, soit de la Casa-Vecchia sur la voie ferrée au nord, à Ceresole au sud, la première armée s'étendant de la hauteur approximative de Medole à Ceresole, la deuxième armée de la Casa-Vecchia à Le Grole;

2° Que la deuxième armée tendait à se développer sur une ligne de front parallèle au Mincio et à la Chiese, tandis que la première armée tendait à suivre une ligne de front oblique à ces deux rivières, représentée avec une exactitude sensible par la route de Goïto à Montechiaro ou par celle de Ceresara à Montechiaro pour faire front au nord-est.

Si nous considérons l'ordre de bataille, ou plutôt la composition de l'armée des alliés, nous trouvons :

1° Que l'ensemble de leurs forces est divisé en six unités tactiques supérieures, cinq françaises et une sarde;

2° Que ces unités sont inégales, mais également indépendantes les unes des autres;

3° Que l'ensemble de ces unités avait un centre commun nettement dessiné (1er et 2e corps);

4° Que toutes les unités tactiques inférieures forment autant de rouages mobiles et souples s'adaptant naturellement et sans effort aux différentes unités qui en étaient les résultantes respectives.

Si nous considérons les positions occupées le 23 par les alliés et les différentes directions de mouvement ordonnées pour le 24, nous trouverons :

1° Que le front général de l'armée alliée avait, le 23 au soir, sur les deux rives de la Chiese, un développement de plus de 20 kilomètres de Desenzano à Carpenedole, et que ce développement devait prendre le lendemain de plus grandes proportions, soit 25 kilomètres de Desenzano à Medole;

2° Que l'ensemble des forces alliées se portait de front vers l'est pour forcer la ligne du Mincio, sans chercher à tourner ou à envelopper l'ennemi, dont la présence sur la rive droite du Mincio n'était pas soupçonnée.

Si l'on considère les directions opposées du gros des deux armées ennemies, on est forcément amené à s'attendre à un choc terrible.

Ne possédant pas, sur l'armée alliée, de données analogues à celles que nous avons produites sur l'armée autrichienne, et qui, d'ailleurs, n'ont qu'une autorité contestable, nous croyons devoir nous en tenir, sous toutes réserves, au mode de supputation suivant :

L'armée autrichienne d'opération d'Italie était composée de 35 brigades d'infanterie, soit de 210,000 hommes au plus, de 190,000 au moins, selon qu'on met la brigade à 6,000 ou à 3,000 hommes.

L'armée alliée était composée de 19 divisions, 14 françaises et 5 sardes, soit 190,000 hommes au plus, 134,000 au moins, selon qu'on met la division française à 10,000 ou à 6,000 hommes, la division sarde étant invariablement de 10,000 hommes. Quelque version de chiffres que l'on adopte pour les deux armées belligérantes, on ne trouvera, dans aucun cas, l'armée autrichienne inférieure en nombre à l'armée alliée (1).

Le champ de bataille où vont se choquer deux armées formidables par le nombre et l'organisation, est

---

(1) Nous venons de recevoir une nouvelle réclamation, émanant d'une source respectable, et qui prétend qu'à Magenta et à Solferino les forces autrichiennes étaient inférieures à celles des alliés. L'auteur de la réclamation nous affirme que cette différence résulte de la comparaison des états d'effectifs échangés entre l'état-major français et l'état-major autrichien. L'incertitude ne pourra cesser à cet égard que par la publication officielle de ces états.

nettement dessiné par la nature et par l'art. A vue d'œil sur la carte, il forme un parallélogramme dont le périmètre est donné à l'est par la ligne du Mincio, à l'ouest par celle de la Chiese, au nord par le chemin de fer et la route de Peschiera au Ponte-San-Marco sur la Chiese, au sud par une droite tirée de Piadena, au confluent du Chioso et de l'Oglio jusqu'à la naissance occidentale du lac supérieur de Mantoue.

La distance en ligne droite de l'une des deux rivières à l'autre est d'environ 26 kilomètres; celle du côté septentrional au côté méridional, de 30.

Toutefois, la lutte proprement dite se développa sur un théâtre de moindres dimensions et dont il est facile de déterminer le contour.

Si l'on unit successivement deux à deux par des lignes droites les points de Peschiera et de Molo della Volta, tête de pont du Mincio, ce dernier et Medole sur la route, et que l'on fasse passer par Peschiera une ligne parallèle au côté méridional, par Medole une ligne parallèle au côté oriental, on aura un carré géométrique d'environ 14 kilomètres de côté. C'est dans cet espace restreint de 196 kilomètres carrés que se concentrera l'action sommaire du drame meurtrier dont nous allons être les spectateurs impartiaux.

L'aire du quadrilatère que nous avons circonscrit présente deux demi-surfaces de forme essentiellement différente. Si l'on joint deux à deux les points de Lonato au nord-ouest, de Castiglione delle Stiviere, Le Fontane, San-Cassiano, Foresto et Volta, on obtient une ligne sensiblement courbe qui partage le champ de bataille, pris dans sa plus grande extension, en deux parties inégales, l'une nord-est, l'autre sud-est, dont la dernière est de beaucoup la plus grande, mais en même temps la moins importante.

La partie sud-est forme une plaine fertile légèrement inclinée dans la direction des cours d'eau qui descendent du nord au sud, et va mourir vers les rives de l'Oglio et du Pô. Ce terroir plantureux, couvert de vignobles, de rizières, de prairies et de quelques petits marais, ne présente à l'horizon, comme points saillants, que des villages, des hameaux, des fermes, des cassines, dont les principaux sont Medole, Castel-Goffredo, Guidizzolo, Ceresara, Volta, etc.

Un espace d'environ 10 kilomètres de long, compris entre Cavriana et Medole, des deux côtés de la route de Goïto à Montechiaro, et qui enveloppe Guidizzolo, fait seul ombre au tableau luxuriant de l'ensemble de la plaine. Lande découverte et légèrement inclinée au sud, cet espace se prête éminemment au développement de toutes les unités tactiques de cavalerie. La surface circonscrite par la ligne brisée qui, partant de Peschiera, passe par Lonato, Esenta, Castiglione delle Stiviere, San-Cassiano, Cavriana, Monzambano, pour aboutir à son point de départ, a une forme sensiblement demi-circulaire dont l'arc est formé par la courbe que nous venons de décrire et dont le centre serait fixé dans la pointe de terre qui s'enfonce dans la partie méridionale du lac de Garde. L'aire de cet espace forme un réseau alternativement montueux et vallonneux dont les chaînes sont autant d'arcs concentriques et parallèles à la chaîne extérieure enveloppante. Tous ces arcs, les uns exhaussés, les autres déprimés et décrits du centre de Colombara, sont issus de la région comprise entre Lonato et Desenzano, où ils prennent, pour ainsi dire, la forme saillante des dernières veines des Alpes. Les chaînes de collines ont des interruptions de continuité nombreuses et offrent autant de positions offensives et défensives également avantageuses.

La direction des petits cours d'eau qui descendent de ces collines, la Venga, le Rivello, la Bragana, la Cerinana, le Reale, qui se jettent dans le lac de Garde; du Redone, qui se jette dans le Mincio; de l'Osone, qui se jette dans le Chioso, indique clairement que le groupe occidental est de beaucoup plus élevé que le groupe oriental et septentrional. C'est la grande chaîne extérieure enveloppante qui présente les points culminants dont le point de Solferino est un des principaux. Le sommet de Solferino s'élève d'environ 212 mètres au-dessus du lac de Garde, lequel s'élève de 72 mètres au-dessus du niveau de la mer Adriatique. Il s'ensuit que les hauteurs de l'ouest, et en particulier celle de Solferino, s'élèvent d'environ 140 mètres au-dessus du lac, ce qui donne une hauteur relative d'environ 33 à 34 mètres.

Ce pays de collines est également très cultivé, et la population est encore plus agglomérée que dans la plaine. Les villages, les hameaux et les fermes paraissent et disparaissent sans cesse aux yeux du voyageur. Presque tous les penchants de collines sont couverts de vignes dont le sarment est à peu près le seul bois des habitants. Les arbres fruitiers et sauvages, et même les buissons, sont rares. Les maisons, solidement construites en pierre, sont entourées de jardins plantés de vignes et clos de murs terrassés.

Les points les plus importants pour l'intelligence des épisodes de la bataille sont sur la ligne de contour extérieure : ce sont ceux de Cavriana, de San-Cassiano, de Le Grole, mais surtout celui de Solferino ; ensuite celui de la Madonna della Scoperta, situé sur une chaîne intérieure ; ceux de San-Martino et de Pozzolengo, au nord du Redone, sur la route qui, sous le nom de Strada Lugana, conduit au lac de Garde. Solferino, le centre de la bataille, est une petite ville de 3,000 âmes, à cheval sur la route qui vient de Cavriana, et aboutit à Castiglione delle Stiviere. Une colline d'environ 30 mètres de hauteur relative, dite la Rocca, s'y élève en forme de cône abrupt ; le sommet de la colline est surmonté d'une tour carrée appelée Spia d'Italia, d'où le spectateur jouit d'un horizon étendu, surtout vers le sud. De cette colline se détachent plusieurs petites chaînes, l'une vers l'ouest dans la direction de Le Grole, une deuxième vers le sud contre la route de San-Cassiano à Castiglione delle Stiviere, une troisième dans la direction de San-Cassiano, enfin une quatrième vers la vallée du Redone. De la Rocca partent trois routes qui s'encaissent dans des gorges et qui conduisent, l'une à San-Cassiano et à Cavriana, la deuxième à Madonna delle Fattorelle et à Castiglione delle Stiviere, la troisième enfin, la plus courte, va joindre la grande route de Castiglione à Cavriana.

Les maisons de Solferino bordent les côtés de ces trois routes à leur naissance, de telle manière que les rangées de bâtiments les plus élevées sur les versants surplombent celles qui sont situées plus bas. La partie méridionale de Solferino est d'un accès assez facile par l'espace peu élevé qui sépare les routes de San-Cassiano et de Castiglione; mais, pour attaquer la position par le nord et par le nord-ouest, il faut d'abord se rendre maître d'un cimetière muré, ensuite de la position élevée de San-Martino au nord, enfin d'un château placé dans un espace entouré de murs, dit Bois de cyprès.

Il résulte de cette topographie générale qu'aucune des élévations de terrain n'a les proportions d'une montagne proprement dite, mais que l'étendue et les accidents de terrain sont tels que la bataille générale ne peut être qu'un composé de combats individuels et isolés.

Toute bataille doit être une unité tactique à la fois subjective et objective : en d'autres termes, elle doit être conçue d'avance comme plan, et le fait de l'exécution doit être conforme à l'idée. A la journée du 24 juin, les deux généraux en chef, deux Empereurs, avaient pleine conscience de leur position offensive : l'Empereur des Français méditait une attaque sur les positions autrichiennes de la Vénétie; l'Empereur d'Autriche voyait son objectif dans l'armée alliée elle-même. Mais, au point de vue de la défensive, l'idée stratégique et l'idée tactique différaient totalement des deux côtés. Le commandant en chef des alliés ne se doutait pas de l'offensive dont l'idée avait, contre toute attente, surgi dans l'esprit de son adversaire, tandis que celui-ci savait pertinemment que les alliés s'approchaient dans un but offensif. Il s'ensuit que, toutes choses égales d'ailleurs, la position de l'état-major autrichien était, sous le rapport offensif, beaucoup plus belle que celle de l'état-major français, au point de vue de la défensive et de l'offensive, sur le terrain où devait se livrer la bataille. Le plan de la bataille de Solferino était une idée autrichienne mûrie et discutée en conseil de guerre, tandis que le rôle que les alliés auraient à y jouer, n'était ni prévu, ni combiné d'avance. En un mot, les Autrichiens avaient le bénéfice de la conception du plan ; les alliés ne pouvaient avoir que le mérite d'en empêcher la réalisation ou de la subir ; leur position était plutôt défensive qu'offensive.

Nous considérerons donc la bataille de Solferino, d'une part, comme réalisation de l'idée offensive autrichienne, et, d'autre part, comme application de l'idée défensive des alliés.

La tâche de l'historien critique est compliquée des difficultés les plus diverses. Les nombreux actes et épisodes qui forment le drame bigarré d'une bataille, se succèdent dans des moments rapprochés du temps, et sont disséminés sur des points multipliés de l'espace. Il est obligé de concilier la simultanéité des faits avec leur succession, leur concentration avec leur localisation, et de chercher à rattacher tous les mouvements à des idées tactiques, vraies ou erronées. Ce n'est qu'à cette condition qu'il peut trouver une issue dans le labyrinthe où il s'engage, et espérer constituer une unité de fait plus ou moins correspondante à l'idée tactique.

La victoire s'étant déclarée à Solferino en faveur des alliés, leur action doit être considérée comme déterminante, et celle de l'ennemi comme subordonnée. Or, de fait, on distingue facilement dans la bataille de Solferino deux périodes d'action différentes : dans la première, l'action des alliés est isolée, successive, tactiquement indécise ; dans la seconde, elle est combinée, concentrée, simultanée, décisive. La première période peut être regardée comme le prélude, la seconde comme le dénoûment de la lutte.

La première période de la bataille est remplie par des combats particuliers entre différents corps alliés et autrichiens : entre le 1er français et le 5e ennemi, entre le 2e français et le 1er ennemi, entre le 4e français et une partie de l'aile gauche autrichienne, enfin entre les divisions sardes et le 8e corps autrichien.

Le 24 juin, à deux heures du matin, le 1er corps (Baraguey d'Hilliers) s'ébranla d'Esenta, où il avait pris position. La 2e division (de Ladmirault) partit la première, et se porta avec quatre pièces d'artillerie, par Astore, dans la direction de Solferino. A trois heures, la 1re division (Forey) se porta sur Castiglione delle Stiviere, qu'elle tourna au nord-est pour suivre, le long de la lisière des hauteurs, la route qui conduit à San-Cassiano. La 3e division (Bazaine), suivie de l'artillerie de réserve et des trains, marcha dans les traces de la 1re.

Vers neuf heures du matin, la division Forey rencontra des postes avancés des Autrichiens à Valscura.

C'étaient de simples grand'gardes de la brigade Bils du 5ᵉ corps (47ᵉ régiment de ligne et 2ᵉ bataillon de chasseurs frontières Ogulins), dont le gros était établi à Le Grole. Deux compagnies du 17ᵉ bataillon de chasseurs à pied les firent rétrograder vers le centre de leur brigade. Le 74ᵉ régiment de ligne français rencontra la brigade Bils à Le Grole : deux bataillons de ce régiment chassèrent les Autrichiens de leur position. A la suite de ce premier engagement, assez vif et opiniâtre, la division Forey tout entière se développa sur les collines entre Valscura et Le Grole, toujours suivie de la division Bazaine. Cependant la division de Ladmirault s'étant à son tour développée à la gauche de la 1ʳᵉ, à la hauteur de Barche di Castiglione, dans le vallon et sur ses deux versants, s'avança dans la direction de Solferino en trois colonnes. La colonne de droite, conduite par le général Douay, était composée de quatre bataillons de ligne et de deux compagnies de chasseurs à pied ; celle de gauche, commandée par le général Négrier, était composée des mêmes forces que celle de droite ; celle du centre, commandée par le général de Ladmirault lui-même, et composée comme les deux premières, était, en outre, soutenue de quatre pièces d'artillerie. Tout le 1ᵉʳ corps se porta ainsi sur l'objectif déterminé en deux colonnes principales, composées chacune d'une division, et chacune de ces colonnes subdivisée en trois colonnes secondaires.

La division de Ladmirault rencontra bientôt l'ennemi rangé en bataille. C'était la brigade Bils, déjà nommée, qui, remplacée à Le Grole par la brigade Puchner (31ᵉ régiment de ligne Culoz et 4ᵉ bataillon de chasseurs Empereur), s'était tournée à droite pour occuper l'issue du vallon d'où devait déboucher la division française. Il y eut un engagement vif où la brigade autrichienne, à la faveur de sa position avantageuse, réussit à repousser vers Astore la colonne française de gauche. La division Forey, s'avançant le long du pied des collines, rencontra la brigade Puchner, avec laquelle elle eut successivement plusieurs engagements opiniâtres, mais toujours avantageux, de sorte qu'elle gagna petit à petit du terrain pour se développer sur le versant des collines au nord de Le Grole. Il en résulta la retraite de la brigade autrichienne sur sa position primitive. La brigade Bils se trouvant isolée, se retira à son tour sur la même position, de sorte que la division de Ladmirault put franchement déboucher du vallon où elle était engagée.

Ces petits avantages, qui assuraient aux Français des positions plus favorables au développement de leurs forces, étaient acquis dès neuf heures et demie du matin.

Vers dix heures du matin, la division Forey attaqua le Monte-Fenile, colline située au sud de Le Grole, entre cette localité et le chemin qui conduit de Castiglione à Solferino, et défendue par les deux brigades autrichiennes Bils et Puchner. Le 84ᵉ régiment de ligne enleva la position après un combat sanglant, à la suite duquel les Autrichiens se retirèrent sur les hauteurs de Solferino. Une batterie de douze pièces canonna cette position à une distance de près de 3,000 pas, à l'effet de mettre en désordre l'ennemi qui l'occupait. Quand le maréchal Baraguey d'Hilliers eut jugé que son artillerie avait produit un effet suffisant, il fit attaquer la position. La 1ʳᵉ brigade de la division Forey descendit par le versant oriental de la colline, enleva les hauteurs placées entre les deux chemins, l'un au sud, l'autre au nord, et arriva jusqu'aux abords de la Rocca et des premières maisons de Solferino. Mais, à cette hauteur, elle fut reçue par un feu meurtrier qui l'obligea de reculer : les Autrichiens la poursuivirent à une certaine distance. Mais l'aile gauche se maintint sur une hauteur près de la route de Castiglione, d'où elle canonna Solferino, de concert avec la batterie du Monte-Fenile, jusque vers midi.

Sur ces entrefaites, la division de Ladmirault, de son côté, s'était avancée sur les hauteurs situées entre Barche et le Redone inférieur, faisant front contre le hameau de San-Martino, occupé par la brigade autrichienne Bils. Vers midi, les brigades Bils et Puchner, qui, jusqu'alors, avaient seules combattu contre le 1ᵉʳ corps français, furent renforcées de la brigade Gaal de la division Palffy du 5ᵉ corps (3ᵉ régiment de ligne archiduc Charles-Louis et 1ᵉʳ bataillon de chasseurs frontières Liccans), et de la brigade Koller de la division Sternberg (32ᵉ régiment de ligne archiduc Ferdinand d'Este et 1ᵉʳ bataillon de chasseurs frontières Ogulins).

Le 2ᵉ corps français (maréchal de Mac-Mahon), pour éviter l'encombrement résultant de la rencontre du 1ᵉʳ, du 2ᵉ et du 4ᵉ corps sur la route de Castiglione-delle-Stiviere à Guidizzolo, ne déboucha de sa position que vers trois heures du matin, en une seule colonne. Cette opération, qui avait exigé un temps considérable, n'était pas encore terminée, lorsque le maréchal fut instruit que son avant-garde se trouvait en face de l'ennemi à la Casa-Marino, sur la route de Castiglione à Guidizzolo. De cette rencontre il résulta, vers cinq heures du matin, un combat de tirailleurs entre l'avant-garde du 2ᵉ corps français et des postes avancés du 3ᵉ corps autrichien.

Le maréchal de Mac-Mahon monta sur la colline dite Monte-Medolano, à l'ouest de la route de Castiglione, près de la ferme de Barcaccia, d'où il put dominer la plaine qui s'étend au sud et à l'ouest. Le maréchal entendit distinctement le bruit du canon du 1ᵉʳ corps dans la direction de Solferino. Il aperçut en même temps des masses autrichiennes qui s'approchaient de la Casa-Marino : c'étaient des troupes du 1ᵉʳ et du 3ᵉ corps, dont les premières venaient de l'est, les secondes de Guidizzolo.

Le maréchal avait à se décider entre deux conduites différentes. Il pouvait être tenté de se tourner à gauche pour appuyer le maréchal Baraguey d'Hilliers, et emporter d'emblée l'importante position de Solferino. Mais, en faisant ce mouvement, il livrait la route de Guidizzolo à Castiglione aux corps autrichiens de l'aile gauche, qui auraient pu se jeter entre les deux corps français et les isoler. Il crut donc devoir, avant tout, assurer ses communications avec le 4ᵉ corps, qui avait dû se porter sur Medole. A cet effet, il envoya son chef d'état-major, le général Lebrun, dans la direction de l'objectif assigné au 4ᵉ corps. Le général Lebrun, arrivé vers six heures et demie à sa destination, trouva le général Niel prenant des dispositions pour enlever la position de Medole. Le commandant du 4ᵉ corps fit répondre qu'il appuierait à gauche dès que la position serait enlevée, mais qu'il ne pouvait prendre l'engagement de combiner son action avec celle du maréchal que lorsque le 3ᵉ corps serait venu appuyer sa droite.

A défaut d'une réunion immédiate, le maréchal de Mac-Mahon crut devoir prendre provisoirement une position d'attente, n'engageant avec l'ennemi, autour de la Casa-Marino, que quelques compagnies de tirailleurs.

Cependant des masses ennemies affluaient de plus en plus nombreuses et compactes dans la plaine qui sépare San-Cassiano de la route de Guidizzolo à Castiglione. Il était évident que la difficulté d'emporter l'avantageuse position de la Casa-Marino augmentait d'heure en heure.

A huit heures il attaqua la position. Vers neuf heures et demie elle était conquise, et le 2ᵉ corps se développa tout entier sur la route de Guidizzolo en deux colonnes principales.

La 1ʳᵉ division (de La Motterouge) se porta à droite de la grande route de Guidizzolo dans la direction de Medole. La 1ʳᵉ brigade était suivie de la 2ᵉ, qui, formant réserve, prit position sur la route entre Barcaccia et San-Marino. La 1ʳᵉ brigade était suivie, à sa droite, du 4ᵉ régiment de chasseurs de la cavalerie de réserve.

La 2ᵉ division (Decaen), se mettant à gauche de la 1ʳᵉ, se porta dans la direction de Solferino. Elle était suivie, à l'extrême aile gauche, du 7ᵉ régiment de chasseurs à cheval.

Il était alors à peu près neuf heures du matin.

A peine ces dispositions étaient-elles prises, que le maréchal aperçut une forte colonne ennemie se développer sur la lande qui environne Medole le long de la route de Guidizzolo. C'étaient des troupes du 1ᵉʳ corps autrichien soutenues d'une nombreuse artillerie, qui se rapprochèrent jusqu'à 1,200 pas de la position de la 1ʳᵉ division du 2ᵉ corps français. Le maréchal, pour répondre au feu des Autrichiens, fit dresser quatre batteries (24 pièces) à la hauteur de sa ligne de tirailleurs. Le général Auger, qui dirigea le feu, eut à cette canonnade le bras gauche emporté.

Vers dix heures, les deux divisions de cavalerie de ligne (Desvaux et Partouneaux) arrivèrent à la plaine de Medole, et prirent position en arrière de l'aile droite de la 1ʳᵉ division. Le maréchal les fit avancer toutes deux sur son aile droite, précédées de leur artillerie. Les canons français, prenant d'écharpe les masses autrichiennes, y portèrent un ravage tel qu'elles reculèrent en désordre. Les deux divisions de cavalerie répétèrent plusieurs fois cette canonnade, qui fut suivie d'autant de charges exécutées avec la plus grande vigueur. Une de ces charges se fit avec un succès tel qu'un bataillon autrichien fut poussé sur la ligne des tirailleurs français, qui firent 600 prisonniers. Le renfort de ces deux divisions de cavalerie, qui, à raison de la nature du terrain, avait une importance tactique plus grande que deux divisions d'infanterie, avait permis au maréchal de renforcer de cavalerie son aile gauche, où il détacha deux escadrons du 4ᵉ régiment de chasseurs.

Le succès de la canonnade et des charges de la cavalerie de l'aile gauche du 2ᵉ corps ne fut pas moins brillant que celui de l'aile droite. La division de cavalerie de réserve autrichienne Mensdorf (deux régiments de uhlans et deux régiments de dragons) s'était portée de Tezze, par le Val di Termine, dans la direction de San-Cassiano. Elle arriva après dix heures en face de l'aile gauche du 2ᵉ corps français, et attaqua vigoureusement la 2ᵉ division du 2ᵉ corps. Le 11ᵉ bataillon de chasseurs à pied et le 72ᵉ régiment de ligne se formèrent en carrés pour recevoir la charge de la cavalerie autrichienne. Six escadrons français tournèrent les carrés à gauche, et poussèrent deux escadrons autrichiens sous le feu de l'infanterie française, qui joncha la terre de cadavres d'hommes et de chevaux.

Cet échec amena la retraite du 1ᵉʳ corps autrichien sur San-Cassiano et sur Cavriana.

Il résulte du simple exposé des faits que l'affaire de Casa-Marino fut tout à la fois un combat d'artillerie, de cavalerie et d'infanterie; mais la principale part du succès revient à l'artillerie, la deuxième à la cavalerie, la moindre à l'infanterie.

Vers onze heures, le maréchal de Mac-Mahon fut informé que le général Niel, qui avait emporté Medole, était à même de s'avancer sur Guidizzolo. Ce mouvement du 4ᵉ corps ne parut pas au maréchal assez rapproché de son aile droite pour lui permettre de se porter franchement en avant. Il dut donc se décider une seconde fois à prendre une position d'attente. Cette position était d'autant plus commandée qu'après le combat de Casa-Marino les deux divisions de cavalerie Desvaux et Partouneaux furent mises à la disposition du général Niel, et que, par suite, il s'ouvrit entre les deux corps français un espace libre que l'ennemi pouvait facilement intercepter pour les isoler. Vers midi et demi, la division de cavalerie de la garde fut mise à la disposition du maréchal en remplacement des divisions Desvaux et Partouneaux. Les communications entre les deux corps français se trouvèrent ainsi assurées par trois divisions de cavalerie.

Dès lors, le maréchal put prendre des dispositions décisives pour marcher sur San-Cassiano et Cavriana.

Le 4ᵉ corps partit à trois heures du matin, en une colonne, de Carpenedole sur Medole par la route de Feniletto : en première ligne, la division Luzy de Pélissac; en seconde ligne, la division Vinoy ; à la suite de celle-ci, l'artillerie; à distance, la division de Failly comme réserve. La cavalerie adjointe à la division Luzy de Pélissac, et commandée par le général Rochefort, était composée de deux escadrons du 10ᵉ régiment de chasseurs.

La position de Medole était défendue par dix compagnies d'infanterie et seize escadrons de cavalerie ennemie. L'infanterie, soutenue de quatre escadrons de hussards et de deux escadrons de dragons, et commandée par le feld-maréchal-lieutenant Zedtwitz, occupait la position avancée de Medole; dix escadrons de cavalerie de réserve, sous le commandement du général Lauingen, étaient postés dans la lande qui s'étend à l'est de Medole.

Les deux escadrons français rencontrèrent sur la hauteur de San-Vigilio des vedettes autrichiennes qui se replièrent sur Medole.

Le général Niel, après avoir fait canonner la position, la fit attaquer par la division Luzy de Pélissac. Medole fut enlevé après un combat vif et assez long. A sept heures du matin, les Autrichiens se retirèrent dans la direction de Guidizzolo. A la suite de ce premier succès, le 4ᵉ corps français s'avança en deux colonnes, dont la première, composée de trois bataillons de la division Luzy de Pélissac, se porta sur Ceresara, en tournant à droite de la Seriola-Marchionale; la deuxième colonne, composée de la 1ʳᵉ brigade de la même division, se dirigea sur Rebecco. Cette dernière colonne trouva le village solidement occupé par l'aile gauche du 9ᵉ corps autrichien. La position était, en outre, défendue au nord par le 3ᵉ corps autrichien, qui occupait Casa-Nuova et les alentours immédiats de cette localité à l'ouest de la route de Castiglione à Guidizzolo. Le général Niel opposa d'abord huit pièces d'artillerie aux troupes de ces deux corps autrichiens, puis fit approcher, à huit heures et demie, la division Vinoy, de telle sorte que son aile gauche était appuyée à la droite du 2ᵉ corps. Peu de temps après arriva l'artillerie de réserve du 4ᵉ corps, qui, avec l'artillerie divisionnaire, fut disposée de manière à couvrir le flanc gauche de la division Vinoy. Sept batteries (42 pièces) furent dressées à bonne portée; en arrière, les divisions de cavalerie Desvaux et Partouneaux.

La position de Casa-Nuova fut emportée d'emblée. Le 3ᵉ corps autrichien ayant essayé de se jeter sur le flanc gauche de la division Vinoy par Quagliara, fut mitraillé par cette formidable artillerie.

Pendant l'affaire de Casa-Nuova, la division Luzy de Pélissac, à son tour, eut à soutenir une lutte plus violente à Rebecco. Cette position était occupée par tout le 9ᵉ corps autrichien. Le combat s'engagea avec des alternatives diverses; mais il finit par prendre une tournure de plus en plus désavantageuse pour les Français. Le général Niel avait épuisé son dernier bataillon de réserve, et la division de Failly, partie à neuf heures de Medole, n'était pas encore en vue. Enfin arriva la brigade O'Farrell, que le général Niel lança sur Baite pour rétablir les communications entre les deux divisions Vinoy et Luzy de Pélissac. La brigade Saurin forma la nouvelle réserve du 4ᵉ corps.

Malgré cet accroissement considérable, le général Niel sentit qu'il lui était impossible de lutter contre les forces autrichiennes, qui augmentaient de quart d'heure en quart d'heure. Cependant l'action du centre français (1ᵉʳ et 2ᵉ corps) était paralysée, et, par suite, le succès de la bataille compromis, si Guidizzolo, l'objectif principal du général Niel, n'était pas emporté. La conquête de la position de Guidizzolo seule pouvait, aux yeux du général, mettre le 1ᵉʳ corps en état de se porter sur Solferino, le 2ᵉ sur San-Cassiano, en même temps que le 4ᵉ corps pourrait tourner la gauche des Autrichiens, et les envelopper; en un mot, le général Niel était persuadé que la lutte se déciderait s'il réussissait à se rendre maître de la position de Guidizzolo. A cet effet, il envoya coup sur coup au maréchal Canrobert, arrivé à Medole, demander des secours qui lui permissent de porter le gros de ses forces sur son objectif, et d'exécuter le mouvement qui lui paraissait décisif pour le gain de la bataille.

Sans préjuger la justesse des idées du général Niel, voyons dans quelle mesure les secours qu'il demanda lui furent fournis; nous examinerons ultérieurement jusqu'à quel point le maréchal Canrobert pouvait ou devait répondre aux demandes du général Niel.

Dans la nuit du 23 juin, des pontonniers piémontais furent envoyés, à la demande de l'Empereur, sur la Chiese, à l'effet de jeter un pont de campagne entre Visano et Acqua-Fredda pour le passage du 3ᵉ corps français. Le maréchal Canrobert y avait envoyé la brigade Jannin pour couvrir la construction. Le lendemain, la brigade Picard en première ligne, la division Trochu en seconde ligne, la division Bourbaki en troisième ligne, partirent à deux heures et demie du matin de Mezzane dans la direction de Visano. La brigade Picard se trouva, vers sept heures, en vue de Castel-Goffredo. La division Renault attaqua cette petite ville, entourée d'un vieux mur, enfonça les portes d'entrée, et, en quelques instants, l'escadron de hussards qui formait l'escorte du maréchal avait chassé les ennemis de la position. Du reste, Castel-Goffredo n'était occupé que par un petit détachement de cavalerie de l'aile gauche de l'armée autrichienne.

La division Renault, suivie à distance des divisions Trochu et Bourbaki, atteignit Medole vers neuf heures et quart. A peine le maréchal Canrobert, qui marchait à la tête de la division Renault, eut-il atteint son premier objectif, qu'il reçut du général Luzy de Pélissac la demande expresse d'envoyer des secours sur l'aile droite du général Niel.

Le général Renault reçut de son chef de corps l'ordre de distraire de sa division autant de bataillons que, dans la circonstance du moment, il pourrait en réunir, et de les mener immédiatement, allégés de leurs sacs, sur le flanc droit du général Niel. Le général Renault, se mettant à la tête de quatre à cinq bataillons du 41° et du 56° de ligne, disposa les bataillons du 41° à l'est de Medole, à 2,500 pas en avant, à cheval sur la Seriola-Marchionale, et dressa sur la route même une section d'artillerie de deux pièces, qui prirent de flanc et d'écharpe des colonnes autrichiennes se retirant de l'ouest par la Seriola-Marchionale sur Rebecco. Les bataillons du 56°, placés en flèche en arrière de ceux du 41°, et faisant front à Cavriana, étaient chargés d'observer les mouvements de l'ennemi autour de cette position.

Le général Niel, trouvant ce renfort insuffisant pour donner suite à son projet, réitéra et pressa ses demandes en secours plus considérables. Mais le maréchal Canrobert venait de recevoir de l'Empereur le renseignement qu'un corps autrichien de 25,000 à 30,000 hommes était parti le 23 au soir de Mantoue pour se porter par Marcaria et Acqua-Fredda sur le flanc droit des alliés. Il ne crut donc pas pouvoir, quant à présent, détacher un plus grand nombre de troupes de son corps.

Il est évident que l'exécution du plan tactique du général Niel ne se trouvait pas sensiblement avancée par le renfort de trois ou quatre bataillons, soit environ 2,000 hommes au plus. Telle était, vers midi, la position du général Niel; renforcé d'une division du 3ᵉ corps, il croyait pouvoir commander la situation; à défaut d'un renfort sérieux, il pouvait à peine se flatter de résister à la pression exercée par l'aile droite ennemie, composée de trois à quatre corps.

Nous avons suivi jusqu'ici les mouvements des alliés au centre (1ᵉʳ et 2ᵉ corps) et à l'aile droite (4ᵉ et 3ᵉ corps). Examinons maintenant ceux de l'aile gauche, composée de l'armée sarde.

La 1ʳᵉ division sarde (Durando), formant l'aile droite, et suivie de l'artillerie de réserve, partit à quatre heures du matin de Lonato. La brigade de grenadiers partit la première, et, soutenue d'un ou de deux escadrons de cavalerie légère, arriva vers cinq heures et demie à Castel-Venzago, d'où elle fit une reconnaissance dans la direction de la Madonna della Scoperta et de Pozzolengo. Les troupes de reconnaissance arrivèrent vers sept heures et demie à la Madonna, occupée par des troupes de l'aile gauche du 8ᵉ corps autrichien (Benedek). Les troupes sardes, à mesure qu'elles s'avançaient, entendaient plus distinctement la fusillade et le canon du 1ᵉʳ corps français engagé avec le 5ᵉ autrichien. Le général Durando, arrivé vers neuf heures à Tiracallo, à moitié chemin de Castel-Venzago, fut informé de l'engagement dont le bruit avait frappé les oreilles de ses troupes envoyées en reconnaissance. L'officier qui conduisait le détachement déclara au général qu'il lui était impossible de pousser par la Madonna della Scoperta et par Rondotto jusqu'à Pozzolengo, but de la reconnaissance, parce que de fortes colonnes autrichiennes le menaçaient tout à la fois de front et de flanc droit. En même temps que cette information, le général Durando reçut de l'Empereur des Français l'invitation pressante de se porter avec le gros de sa division du côté d'où il entendait le bruit du canon français, et de se mettre en communication directe avec le corps du maréchal Baraguey d'Hilliers. Ce n'est que sur cet avis, c'est-à-dire après neuf heures du matin, que le général Durando fit sortir sa seconde brigade (Savoie) de son cantonnement de Lonato. En même temps il envoya à sa première brigade l'ordre de prononcer énergiquement son mouvement en avant de Castel-Venzago à la Madonna della Scoperta.

Arrivé à dix heures à la hauteur de cette localité, le général Durando trouva le gros de sa brigade de grenadiers aux prises avec de fortes colonnes autrichiennes composées de troupes du 8ᵉ corps (Benedek) et du 5ᵉ corps (Stadion).

La brigade sarde fut obligée de battre en retraite

et de reculer indéfiniment de position en position; les Autrichiens, débouchant de la vallée du Redone et de la Casa-Sojeta, la débordèrent et allaient l'envelopper. L'arrivée du reste de la brigade n'eut pour effet que de rendre cette retraite plus modérée et moins meurtrière. C'est dans ces circonstances que le général Durando reçut coup sur coup plusieurs nouvelles invitations de l'Empereur à se mettre en rapport immédiat avec l'aile gauche du 1er corps français. Mais, toujours serré de plus près par les Autrichiens, le général Durando se trouva dans l'impossibilité de répondre aux vœux de l'Empereur; et même la 2e brigade (Savoie), arrivée vers midi au théâtre du combat, fut obligée de se mettre en ligne pour empêcher la 1re brigade d'être écrasée.

La division Cucchiari envoya le matin du 24 de la hauteur de Desenzano et de Lonato une reconnaissance par la voie ferrée sur Radinello. La colonne était composée de deux bataillons d'infanterie de ligne, d'un bataillon de bersaglieri, d'un escadron de cavalerie légère, de deux pièces de canon, et conduite par le colonel Cadorna. Celui-ci, à mesure qu'il avança vers l'est, était assourdi par le bruit du canon qui tonnait à sa droite. Il se hâta donc de tourner vers l'aile gauche du 1er corps français, suivant la route dite Strada-Lugana, et envoyant une compagnie en éclaireur par Armia et Perentonella dans la direction d'Ortaglia, où elle devait joindre le gros des autres bataillons. La jonction s'opéra, sans coup férir, au rendez-vous désigné. Arrivée à Ponticello en vue de Pozzolengo, la colonne trouva devant elle les postes avancés de l'aile droite du 8ᵉ corps autrichien, qui furent repoussés. Mais, bientôt renforcés de plusieurs bataillons, les Autrichiens tombèrent sur le flanc droit des bataillons piémontais, et les menèrent l'épée dans les reins jusqu'à Succole, où, à la faveur du terrain accidenté, les chasseurs à pied autrichiens, abrités dans des plis, causèrent aux Piémontais des pertes sensibles. Les bataillons sardes firent une retraite contenue qui s'arrêta, grâce à l'arrivée de la division Mollard.

Celle-ci envoya le 24, entre quatre et cinq heures du matin, quatre colonnes en reconnaissance vers Peschiera et le Mincio : deux colonnes, composées de la brigade Cuneo, suivirent à droite le chemin de fer ; deux autres colonnes de la brigade Pinerolo suivirent à gauche les bords du lac de Garde. La colonne de l'extrême droite, conduite par le général Mollard lui-même, et marchant dans les traces du colonel Cadorna, fut appelée au secours de celui-ci dès sept heures et demie du matin. Le général Mollard mena sa colonne, composée d'un bataillon d'infanterie de ligne, de deux compagnies de bersaglieri et d'un demi-escadron de cavalerie légère, sur Ortaglia et Succole pour soutenir la colonne du général Cucchiari, et rappela vers lui sa deuxième colonne, la plus rapprochée, composée d'un bataillon d'infanterie de ligne et d'une compagnie de bersaglieri. Cette deuxième colonne, qui était déjà arrivée à la hauteur de Feniletto, revint sur ses pas, prit la Strada-Lugana, et alla prendre position près de l'église de San-Martino et de Casette. La brigade

Cuneo, qui, partie de Desenzano, suivait la ligne du chemin de fer pour reconnaître Rivoltella, reçut ordre de joindre le plus vite possible sa division, et de laisser un bataillon à San-Zenone. La brigade Pinerolo, qui était également en reconnaissance sur Rivoltella, reçut ordre de laisser un bataillon avec quatre pièces de canon. La brigade Cuneo ne fut mise en ligne qu'après neuf heures du matin à l'ouest de la Strada-Lugana. A ce moment, les troupes de reconnaissance réunies de la 3ᵉ et de la 5ᵉ division piémontaise étaient déjà rejetées jusque sur le chemin de fer, et se trouvaient presque enveloppées par quatre brigades du 8ᵉ corps autrichien. Celles-ci occupaient les deux côtés de la Strada-Lugana, les collines et les localités de Presca, de San-Donino, de San-Martino. La brigade Cuneo attaqua les hauteurs de San-Martino, et en chassa d'abord les Autrichiens. Mais ce premier succès fut de peu de durée ; car le général Durando n'avait pour réserve que quelques compagnies de deux divisions différentes (3ᵉ et 5ᵉ), qui formaient un amalgame bizarre qui n'avait pas même de chef commun.

Les Autrichiens précipitèrent la brigade Cuneo des collines de San-Martino, et allaient l'écraser tout entière, lorsque deux batteries de la division Cucchiari arrivèrent à point pour ralentir la poursuite des ennemis. Ceux-ci, gagnant toujours du terrain, avaient à dix heures dépassé le chemin de fer. Un peu plus tard arriva le gros de la division Cucchiari (quinze demi-bataillons de ligne, avec trois escadrons de cavalerie et huit nouvelles pièces d'artillerie).

Le général Mollard mit le 11ᵉ régiment de ligne (brigade Casale) à gauche de la brigade Cuneo, à l'est de la Strada-Lugana, le 12ᵉ régiment de ligne en réserve. Mais, serré de près par les troupes du 8ᵉ corps autrichien, descendant des hauteurs de San-Martino, le général Mollard se vit obligé d'employer aussitôt sa réserve, et de la mettre à droite pour soutenir la brigade Cuneo, ne laissant à l'aile gauche (trois bataillons du 11ᵉ régiment) pour réserve qu'un bataillon du 12ᵉ régiment.

Les quatre bataillons du 11ᵉ et du 12ᵉ régiment attaquèrent vivement l'église de San-Martino, en même temps que les trois bataillons du 12ᵉ et le 10ᵉ bataillon de bersaglieri se jetèrent sur Armia, Selvetto, Monata et Contracania. Pendant cette attaque arriva la tête de colonne de la brigade Acqui, composée du 5ᵉ bataillon de bersaglieri et du 17ᵉ régiment de ligne. Ces troupes s'avancèrent en deux colonnes sur la droite du 11ᵉ régiment pour établir les communications avec le 12ᵉ régiment à San-Martino et à Contracania, et sur la gauche du 11ᵉ régiment pour couvrir le flanc gauche à Corfu-Inferiore.

L'attaque des Piémontais réussit sur toute la ligne de la Casa-Armia à Corfu-Inferiore. Le feu des Autrichiens foudroyait la 5ᵉ division piémontaise, et cependant celle-ci gagnait toujours du terrain. A midi, l'armée sarde semblait définitivement avoir acquis le dessus. Mais, pour maintenir ses avantages, il lui aurait fallu une réserve sérieuse qui n'était pas disponible.

La 2ᵉ division (Fanti), qui formait la réserve générale de l'armée piémontaise, ne partit qu'à onze heures de San-Polo et de Lonato pour établir les communications entre la division sarde et le 1ᵉʳ corps français. Elle ne fut envoyée au secours des divisions Cucchiari et Mollard qu'à une heure et demie, de sorte qu'elle n'arriva pas en temps utile pour les soutenir.

Du simple récit des faits précédents il résulte que, dans la matinée du 24 juin, soit jusqu'à une heure et demie ou deux heures, les deux armées ennemies combattaient sans ensemble et sans unité tactique générale. Le 1ᵉʳ corps français engage des combats isolés contre le 5ᵉ corps autrichien; le 2ᵉ français contre le 1ᵉʳ autrichien; le 3ᵉ et le 4ᵉ français contre le 9ᵉ autrichien; l'armée piémontaise contre le 8ᵉ corps autrichien. Les alliés, dont l'action ne paraît pas encore combinée, ont déjà gagné un terrain considérable; mais ces succès partiels ne permettent pas encore de préjuger l'issue de la journée. L'action de l'ennemi ne présente que peu d'initiative. Prévenu à son centre et à son aile gauche par des attaques vives, il est amené à recourir plutôt à la défensive qu'à l'offensive; son aile droite seule (8ᵉ corps) se distingue par de brillants mouvements en avant; mais ces succès incomplets et neutralisés sont plutôt des épisodes que des actes principaux du drame général; car l'action du 8ᵉ corps autrichien n'est pas plus combinée avec celle des autres corps que l'action des divisions piémontaises avec celle des corps français.

Continuons le récit des faits ultérieurs, en tenant compte des combinaisons qui ont présidé, de part et d'autre, aux mouvements principaux, et résumons dans un ensemble historique le désordre apparent des faits matériels.

L'Empereur des Français, parti vers cinq heures du matin de Montechiaro avec l'infanterie de sa garde, entendit bientôt gronder le canon dans la direction de Castiglione delle Stiviere. Il pressa donc la marche de ses troupes, et envoya à la cavalerie de la garde, qui ne devait quitter Castenedolo que vers neuf heures, l'ordre de se porter immédiatement sur Castiglione, son nouveau quartier-général. Des rapports qu'il y reçut vers sept heures, il résulta clairement qu'une grande bataille était en perspective pour la journée même. Des masses de troupes autrichiennes avaient été signalées à la hauteur de Peschiera à gauche, à Le Grole et à Solferino au centre, à Guidizzolo et à Castel-Goffredo à droite.

De l'extension démesurée de la ligne de bataille autrichienne il conclut à son peu de profondeur, à ses solutions de continuité, par suite à sa faiblesse, à l'inutilité et à la difficulté de la tourner ou de l'envelopper.

Une ligne de bataille de plus de 20 kilomètres de développement de front tend évidemment à nous tourner à gauche ou à droite. Nous ne devons donc diriger notre opération principale ni sur l'aile gauche, ni sur l'aile droite de l'ennemi; celle de ses deux ailes contre laquelle nous nous tiendrions sur la défensive nous prendrait de flanc et à revers, en même temps que nous aurions à lutter de front contre son autre aile. En

266   LA GUERRE D'ITALIE

présence de cette perspective, il faut faire sauter son centre. Cette tactique a d'autant plus de chance de succès qu'évidemment l'ennemi ne s'y attend pas.

Dès que l'Empereur fut fixé sur le point dont il importait de faire le foyer de la bataille, il se hâta d'y faire converger tous les corps de l'armée alliée. A cet effet, il ordonna au maréchal Canrobert, extrême aile droite, d'appuyer successivement à gauche, et de soutenir énergiquement le général Niel, lui recommandant toutefois de se garder sur sa droite contre une surprise éventuelle par un corps de 25 à 30,000 Autrichiens qui, d'après ses renseignements, s'avançaient de Mantoue sur le flanc droit des alliés. En même temps il ordonna au roi de Sardaigne d'appuyer à droite, et d'unir son action à celle du 1er corps français.

Nous avons vu que ces ordres, reçus en temps utile, ne furent que très incomplétement exécutés. L'action du général Niel, insuffisamment soutenue par le maréchal Canrobert, se trouva longtemps paralysée; la gauche du maréchal Baraguey d'Hilliers resta complétement à découvert, l'armée sarde se trouvant à peine assez concentrée pour se défendre elle-même contre le 8e corps autrichien.

A neuf heures, l'Empereur communiquait de vive voix ses instructions au maréchal duc de Magenta. A ce moment, le maréchal était sur le point d'attaquer la position de la Casa-Marino. Mais, pour faire ce mouvement avec sécurité, le maréchal trouva que sa droite n'était pas défendue, et que l'ennemi pouvait facilement intercepter l'espace qui le séparait du général Niel. L'Empereur ordonna donc aux généraux Partouneaux et Desvaux de remplir provisoirement cet intervalle par leurs deux divisions de cavalerie, qui devaient d'abord se joindre au 4ᵉ corps, et recommanda au maréchal d'opérer à tout prix sa jonction avec le 1ᵉʳ corps.

A dix heures, il donna de vive voix ses instructions au maréchal Baraguey-d'Hilliers, et fixa définitivement le point précis où il voulait porter le coup décisif.

Solferino est la clef de la position; si nous nous rendons maîtres de ce point, les deux ailes de l'ennemi rompues par le milieu ne pourront plus combiner leur action; isolées, elles céderont forcément à droite et à gauche sous l'action une et combinée des cinq corps alliés.

Entre neuf et dix heures, la garde impériale, infanterie et cavalerie, arriva à Castiglione, et fut envoyée, entre dix et onze heures, par Le Fontane et Le Grole, vers Solferino.

Entre onze heures et midi, la 2ᵉ division de la garde (zouaves et voltigeurs) fut en ligne derrière le 1ᵉʳ corps; à 600 pas en arrière de celle-ci, la 1ʳᵉ division de la garde (grenadiers), en colonnes serrées, à intervalles de déploiement.

Ces dispositions prises, la division Forey reçut ordre d'attaquer avec décision la position de Solferino. La 2ᵉ brigade (d'Alton), conduite par le général Forey lui-même, et soutenue de quatre pièces d'artillerie de réserve, attaqua vers midi à droite la Rocca et les abords méridionaux de cette position le long de la route de Solferino à San-Cassiano. La colonne, s'avançant carrément sur son objectif, fut accueillie par une fusillade et une mitraillade tellement meurtrières, parties du cimetière, du castel, des murs de jardins et des maisons extérieures, qu'elle fut bientôt obligée de se retirer avec de grandes pertes, sans avoir pu sérieusement aborder la Rocca.

En même temps que la 2e brigade de la 1re division à droite, la 2e division (de Ladmirault) attaqua à gauche la position de San-Martino, qui commande au nord la position de Solferino. Cette attaque fut couronnée d'un plein succès. Mais, sur ces entrefaites, les troupes du 5e corps autrichien furent renforcées de deux brigades (Koller et Gaal), et la division de Ladmirault fut arrêtée dans son mouvement en avant. La brigade Koller essaya même de se jeter entre la division Durando et la division française, et de tourner cette dernière. Mais, accueillie par six pièces d'artillerie, elle fut obligée de rebrousser. La division française dépassa le hameau de San-Martino; mais bientôt elle essuya le feu croisé des Autrichiens partis du castel et du cimetière, qui l'arrêta de nouveau. Le général de Ladmirault, deux fois blessé dans ces attaques réitérées, dut remettre au général Négrier le commandement de sa division.

On le voit, jusqu'à une heure, toutes les tentatives de vive force faites par le 1er corps français pour enlever la position centrale et culminante de Solferino restèrent infructueuses. Cependant, loin d'avoir perdu du terrain, les Français avaient fait des progrès réels. A défaut de fait matériel, nous n'en voulons d'autre preuve que la conduite tenue, à la suite des deux attaques qu'il venait de repousser avec succès, par le commandant du 5ᵉ corps autrichien, le seul que nous trouvions jusqu'ici défendre la position capitale des deux armées ennemies. Le feld-maréchal-lieutenant Stadion, pour recevoir la brigade d'Alton, et la division de Ladmirault attaquant simultanément Solferino par le nord et par le sud, avait employé les trois brigades Puchner, Bils, Koller et Gaal, qui occupaient solidement Solferino même, et ce qu'on pourrait appeler les ouvrages extérieurs de cette position, naturellement fortifiée : la Rocca ou bois de cyprès, le cimetière muré, San-Martino, San-Pietro, plusieurs autres mamelons, monticules et murs de jardins. A peine eut-il réussi à repousser la deuxième attaque du général de Ladmirault, qu'il fait sortir ses trois brigades de leurs positions, et les mène sur les hauteurs situées à l'est et au nord de Solferino, abandonnant la défense de la position à sa réserve, composée de la seule brigade Festetiez (21ᵉ régiment de ligne Reischach et 6ᵉ bataillon de chasseurs à pied Empereur), qui n'occupa plus que trois points, le cimetière, le castel et la Rocca. C'est que le 5ᵉ corps autrichien avait été tellement maltraité et mis en désarroi par le 1ᵉʳ corps français qu'il se vit obligé de choisir une position moins compromettante pour rassembler ses troupes éparses et les remettre en ordre. Pendant ce temps, les trois brigades de ce corps furent renforcées de quelques bataillons, soit tout au plus une brigade du 7ᵉ corps, dont le gros occupait Cavriana. Le gros du 1ᵉʳ corps autrichien, qui avait essuyé le feu du 2ᵉ corps français, était alors en pleine retraite de la Casa-Marino à San-Cassiano, et sa brigade de réserve était en marche de Cavriana sur San-Cassiano.

La position d'attaque des Français entre une heure et deux heures était donc magnifique. L'Empereur disposait de trois corps entiers : le 1ᵉʳ, qui à lui seul, avec deux divisions, avait réussi à faire quitter la position de Solferino au gros du 5ᵉ corps autrichien ; le 2ᵉ corps, qui, débarrassé du 1ᵉʳ corps autrichien, pouvait joindre son action à celle du 1ᵉʳ ; enfin la garde et la division Bazaine, qui n'avaient pas encore été engagées, et qui formaient une réserve de 18 à 20,000 hommes.

L'Empereur donna donc à la brigade Manèque (voltigeurs de la garde) l'ordre de soutenir la brigade d'Alton, et de la tourner à droite pour attaquer la Rocca ; à la division Bazaine, celui de tourner à gauche, et de se joindre à la division de Ladmirault.

La brigade autrichienne Festetiez, qui occupait seule les positions immédiates de Solferino, reçut l'attaque avec vigueur. Pendant la lutte désespérée qu'elle soutenait, les trois autres brigades du 5ᵉ corps et quelques bataillons du 7ᵉ attaquèrent à plusieurs reprises, mais inutilement, les positions extérieures à droite et à gauche. La division Bazaine qui, en s'avançant, s'était placée entre les feux croisés partant du cimetière et de la Rocca, fut décimée. Le maréchal Baraguey d'Hilliers fit dresser à 400 pas une batterie de six pièces pour renverser le mur du cimetière, qui vomissait la mort sur les Français; toutes les batteries qui se trouvaient à portée, y compris l'artillerie de montagne de la division de Ladmirault, dirigèrent leur feu sur le même objectif. Quand la brèche fut praticable, la division Bazaine monta à l'assaut au nord-ouest, en même temps que la brigade de voltigeurs de la garde, soutenue par la division Forey, attaqua le castel par le sud et le sud-ouest, et pénétra dans l'intérieur de Solferino. A deux heures et demie, la position était conquise, et le 5e corps autrichien se hâta de battre en retraite dans la direction de la Contrada-Mescolara et de Pozzolengo.

Cependant le maréchal de Mac-Mahon s'était porté de la Casa-Marino sur San-Cassiano, qui n'était plus occupé que par quelques bataillons du 1er corps autrichien. Le 2e corps, la division de La Motterouge en première ligne, la division Decaen en seconde ligne, fit un quart de conversion à gauche pour se relier à la 2e division de la garde. Dès que la jonction fut opérée, le maréchal de Mac-Mahon lança le régiment de tirailleurs indigènes sur la droite de San-Cassiano, le 45e régiment de ligne sur la gauche. L'attaque qui coïncida avec celle de la brigade Manèque sur Solferino eut un succès complet. Toutes les hauteurs qui entourent San-Cassiano, faiblement défendues par quelques bataillons du 1er corps autrichien, furent également enlevées par le concours du régiment de tirailleurs algériens, du 45e et du 72e de ligne, et de la 2e brigade de la division de La Motterouge.

A deux heures et demie, les Français étaient également maîtres incontestés de San-Cassiano et des collines qui le défendent. Dès lors rien ne s'opposa plus à la marche en avant du centre français, composé du 1ᵉʳ corps, du 2ᵉ corps et de la garde. Leur objectif était Cavriana.

L'Empereur fit occuper les positions conquises de Solferino par la division de Ladmirault et quelques bataillons de sa garde, qui repoussèrent facilement quelques retours offensifs essayés par des bataillons du 5ᵉ corps autrichien. Le mouvement sur Cavriana s'exécuta en trois colonnes. La colonne de gauche, composée de la division de La Motterouge en première ligne, de la division Forey en seconde ligne, flanquée à gauche du gros de la division des voltigeurs de la garde, et suivie d'une brigade de grenadiers de la garde comme réserve, suivit le pied des collines.

La colonne du centre, composée de la division Decaen en première ligne, de la division Bazaine en deuxième ligne, s'avança par la plaine.

La colonne de droite, formée de la cavalerie de la garde, marchant en trois échelons, dont le premier à hauteur de front avec les deux divisions d'infanterie, les deux autres obliquant à droite vers les divisions de cavalerie Partouneaux et Desvaux, placées entre le 2ᵉ et le 4ᵉ corps français, s'avança également par la plaine. Le mouvement des colonnes françaises ne fut pas sérieusement contrarié. Il ne rencontra que des troupes partielles du 5ᵉ, du 7ᵉ et du 1ᵉʳ corps autrichien; deux ou trois bataillons du 5ᵉ, dont le gros s'était retiré dans la direction de Pozzolengo ; deux brigades (Fleischhacker et Wallon) envoyées au secours du 5ᵉ corps par le 7ᵉ, placé à Foresto ; enfin la brigade Brunner du 1ᵉʳ corps, qui, dès midi, s'était retirée sur Valeggio et Quaderni.

Par la conquête des positions de Solferino et de San-Cassiano, le centre de l'armée autrichienne était désorganisé, rompu. Il est important de constater ici la condition offensive et défensive où se trouvait placée l'armée générale autrichienne à la suite de l'enfoncement de son centre.

A l'aile droite, le 8ᵉ corps (Benedek), agissant indépendamment du reste de l'armée, n'avait pas trop de toutes ses forces pour faire face aux quatre divisions piémontaises.

Le centre, composé des 5ᵉ, 1ᵉʳ et 7ᵉ corps, avait été tellement maltraité, qu'il pouvait à peine rentrer en ligne. Le 5ᵉ corps (Stadion) tout entier, engagé à Solferino, était presque détruit. Le 1ᵉʳ corps (Clam-Gallas) avait eu toutes ses brigades successivement engagées à la Casa-Marino, sur les hauteurs de Solferino et à San-Cassiano, à l'exception de sa brigade de réserve (Brunner), composée du 29ᵉ régiment de ligne Thun, d'un bataillon de chasseurs et de deux escadrons de hussards Haller. Ce corps, complétement désorganisé, avait quitté le champ de bataille sans avoir reçu d'ordre de retraite. Le 7ᵉ corps (Zobel) avait eu engagée sur les hauteurs de Solferino la division Brandenstein, qui avait suivi le 5ᵉ corps dans sa retraite. Il restait encore de ce corps la division prince Alexandre de Hesse comme réserve, qui n'avait pas été appelée au feu.

L'aile gauche ou première armée avait fait des pertes moins sensibles.

Le 9ᵉ corps (Schaaffgotsche) et le 3ᵉ corps (Schwarzenberg) avaient été engagés toute la journée avec le 4ᵉ corps français. Le général Niel avait mené l'offensive avec tant de vivacité, que le commandant de la première armée autrichienne feldzeugmeister Wimpffen informa, dès trois heures, l'empereur d'Autriche, qu'accablé par des forces ennemies supérieures il avait donné l'ordre de retraite derrière le Mincio. Le général autrichien s'était vu forcé d'employer successivement toute sa réserve, 11ᵉ corps (Veigl) d'abord, la division Blomberg, qui avait suivi le 9ᵉ corps, se portant de Castel-Grimaldo à Rebecco; ensuite la brigade Baltin, qui avait suivi le 3ᵉ corps de Goïto sur Castel-Grimaldo; enfin la brigade Gretsche, envoyée à la suite des réserves précédentes sur Guidizzolo, de sorte qu'à trois heures la réserve de la première armée se réduisait à la seule brigade Seboïtendorf.

Il s'ensuit qu'après la rupture de leur centre, entre trois et quatre heures, les forces autrichiennes d'infanterie, abstraction faite du 8ᵉ corps, dont l'action, en l'état des choses, ne pouvait pas exercer d'influence décisive sur l'issue de la bataille, se réduisaient, d'une part, à une brigade du 1ᵉʳ corps, une division du 7ᵉ corps et une brigade du 11ᵉ corps, soit quatre brigades ou 12,000 hommes de troupes fraîches, et, d'autre part, à deux corps (3ᵉ et 9ᵉ), plus trois brigades du 11ᵉ, qui, bien que repoussées à Medole, à la Casa-Nuova et à Rebecco, pouvaient encore soutenir la lutte.

La cavalerie de ligne (division Zedwitz), qui avait également beaucoup souffert, avait suivi la retraite de la deuxième armée. La division de cavalerie Mensdorf n'avait eu d'engagée que la brigade Vopaterny; la brigade Lauingen s'était retirée, dès le matin, de son autorité privée de la lande de Medole sur Goïto.

C'est dans ces conditions et avec ces forces amoindries que l'empereur François-Joseph résolut de tenter un dernier effort pour regagner son centre perdu et rétablir l'équilibre. Cette contre-attaque devait se heurter contre cinq corps français victorieux; car, comme nous verrons plus loin, le 3ᵉ corps français finit enfin par se joindre au 4ᵉ.

Pendant que le commandant Zobel du 7ᵉ corps, qui avait le moins souffert, s'épuisait en vains efforts pour réunir à la division intacte du prince Alexandre de Hesse la brigade Fleischhacker, qui avait servi de réserve au 5ᵉ corps à Solferino et qui était le plus rapprochée, les colonnes françaises du centre continuaient, comme nous avons dit, leur marche en avant sur Cavriana sans rencontrer de résistance sérieuse. Le prince de Hesse, qui, à défaut d'autres forces immédiatement disponibles, allait prendre l'offensive avec une seule brigade (Wnessin), n'avait pas encore mis celle-ci en ordre, que la colonne française du centre (division Decaen) rencontra dans la plaine, à la hauteur de Malpetti, la brigade Brunner, réserve du

1ᵉʳ corps en retraite depuis midi. Celle-ci se hâta de se replier sur Cavriana. En même temps, l'aile droite (cavalerie de la Garde) donna la chasse à deux ou trois escadrons de la division Mensdorf, qui menaçaient la droite de la division Decaen. Une des charges de la cavalerie de la garde fut exécutée avec une telle vigueur, que les escadrons autrichiens furent menés sous la ligne de feu du 11ᵉ bataillon de chasseurs à pied de la division Decaen. Ce bataillon, voyant la direction que prendraient les escadrons autrichiens repoussés, s'était formé en carré et couché à terre près de la route de San-Cassiano à Cavriana, dans un pli de terrain où, à la faveur des hautes tiges de blé, il était invisible. La cavalerie autrichienne reçut à bout portant le feu de deux côtés du carré et recula dans le plus grand désordre ; fuyant à toute bride vers Cavriana, elle fut encore mitraillée par une batterie de la division Decaen, qui la prit d'écharpe. Les Autrichiens cherchèrent à ralentir leur retraite par six batteries nouvelles en remplacement de celles qui, ayant fonctionné toute la journée, manquaient à tirer. Ils ne purent lâcher que quelques coups : débordées au bout de quelques minutes, ces batteries s'enfuirent avec la plus grande précipitation par la plaine.

C'est ainsi que le projet de contre-attaque au centre n'eut pas même un commencement d'exécution. Le prince de Hesse prit à trois heures et demie le seul parti qui lui restât, celui de défendre la position de Cavriana. Mais cette défense elle-même, à peine décidée, dut être abandonnée à quatre heures, où, de front avec la division Decaen, arriva en vue de Cavriana la division de La Motterouge, suivie de la division des voltigeurs de la Garde. Avec l'arrivée du centre français à Cavriana coïncida l'ordre de retraite donné par l'empereur d'Autriche aux troupes qui occupaient Cavriana. Cet ordre était, comme nous le verrons plus loin, la suite de l'impossibilité où se voyait l'empereur d'Autriche de pouvoir faire diversion par une offensive méditée sur l'aile droite française (4º et 3ᵉ corps). Les Autrichiens ne se défendirent donc à Cavriana que dans la mesure qui était nécessaire pour couvrir leur retraite. A quatre heures et demie, la position était acquise aux Français. Au même moment éclata un violent orage qui empêcha la poursuite ultérieure.

Pendant que le centre français achevait d'enfoncer sans retour le centre autrichien en se portant de Solferino et de San-Cassiano sur Cavriana, l'aile droite française n'était pas restée inactive. Nous avons laissé le général Niel, à midi, devant Rebecco, où la division Luzy de Pélissac avait tout le 9ᵉ corps autrichien sur les bras. Les quatre ou cinq bataillons de renfort qu'il avait reçus du maréchal Canrobert lui permirent tout au plus de soutenir plus efficacement la division qui luttait péniblement contre des forces supérieures. Le commandant du 4ᵉ corps, convaincu de l'influence décisive qu'il pourrait exercer sur l'issue de la journée s'il était sérieusement soutenu, ne se lassait pas de demander des secours au maréchal Canrobert. Sept aides-de-camp, envoyés depuis neuf heures du matin jusqu'à deux heures de l'après-midi avec des instances de plus en plus pressantes, décidèrent enfin le maréchal à envoyer toute la division Renault soutenir l'aile droite du 4ᵉ corps sur la Seriola-Marchionale. A trois heures, le maréchal se trouva de sa personne près de la Casa-Nuova, où le général Niel lui fit comprendre de quoi il s'agissait. A la suite de cet abouchement, le maréchal fit avancer toute la division Renault sur Rebecco pour remplacer la division Luzy de Pélissac, excédée et rendue. En même temps il promit au général Niel d'envoyer la brigade Bataille et son artillerie de réserve de Medole sur l'aile gauche du 4ᵉ corps.

Dès que le général Niel put compter sur une réserve sérieuse, il reprit son mouvement tournant sur Guidizzolo. Réunissant deux bataillons de la division de Failly, qui formaient toute sa réserve, à quatre bataillons de la division Luzy de Pélissac, il forma deux colonnes qui se portèrent simultanément de la Casa-Nuova et de Baite sur leur objectif.

A leur aile gauche, comme au centre, les Autrichiens essayèrent une contre-attaque. A cet effet, le 3ᵉ corps se porta de Guidizzolo, à droite, sur la Casa-Nuova, le 9ᵉ corps suivi de quelques bataillons du 11ᵉ, à droite, sur Baite pour reprendre Rebecco.

Les colonnes d'attaque françaises, arrivées jusqu'aux premières maisons de Guidizzolo, furent repoussées par le corps du prince de Schwarzenberg, qui débouchait de la position. Sur ces entrefaites, la brigade Bataille, de la division Trochu, arriva vers quatre heures de Medole à la position de la Casa-Nuova.

Le général Niel, toujours dominé par l'idée de couper la retraite des Autrichiens et informé par le maréchal Canrobert de l'approche de la division Bourbaki, fit marcher la brigade Bataille au secours des deux petites colonnes qui avaient échoué contre Guidizzolo. Le général Trochu forma la brigade Bataille en colonnes serrées à intervalles de déploiement, la colonne de droite avancée sur celle de gauche. Arrivé à mi-chemin entre la Casa-Nuova et Guidizzolo, il eut un engagement où il fit des prisonniers. Quelques minutes après, vers quatre heures et demie, éclata le violent orage qui mit fin au combat. Après l'orage, les Autrichiens avaient évacué Guidizzolo, et le combat ne fut plus repris.

Ainsi, de deux contre-attaques, celle qui devait être dirigée sur le centre fut prévenue et se changea en une défense affaiblie à peine capable de couvrir la retraite ; celle qui était dirigée sur l'aile droite française eut un commencement d'exécution, mais échoua contre les forces réunies du 3ᵉ et du 4ᵉ corps français.

Il nous reste encore à examiner le cours des événements qui se passèrent depuis midi sur l'aile droite des Autrichiens. Nous avons laissé les trois divisions piémontaises Cucchiari, Durando et Mollard maîtresses de toute la ligne qui s'étend de la Casa-Armia, par Perentonella et San-Martino, jusqu'à Corfu-Inferiore.

Après avoir pris l'église de San-Martino, le général Cucchiari fit attaquer le village même par son aile droite, qui fut repoussée, faute d'être soutenue par la brigade Pinerolo (division Mollard), qui, à peine arrivée, n'était pas encore formée en ordre de bataille. En même temps, l'aile gauche de cette division eut à essuyer la mitraille de 30 pièces d'artillerie autrichiennes qui vomissaient la mort dans les rangs piémontais. Une batterie divisionnaire sarde ne réussit que tardivement à dresser sur les hauteurs voisines de la Strada-Lugana deux pièces qui furent bientôt obligées de décamper. La réserve, composée de la brigade Pinerolo et de la moitié de la brigade Acqui, fut impuissante à résister; elle se borna à recueillir les troupes de la division Cucchiari, qui fuit sans désemparer à plus de 4 kilomètres dans la direction de San-Zenone et de Rivoltella. A cette latitude, le général Cucchiari reforma sa division et la remit en ordre de bataille, la brigade Casale en première ligne entre Rivoltella et San-Zenone, la brigade Acqui en deuxième ligne derrière Rivoltella, en bataillons massés à intervalles de déploiement, en arrière de l'aile gauche de la brigade Casale. Il y attendit de nouveaux ordres.

Cependant, il s'était fait une heure, et la division Mollard, réduite à ses seules forces, prit une position retirée sur la voie ferrée, en attendant également de nouveaux ordres.

Le général Benedek, pour ne pas étendre démesurément son front, laissa faire le général piémontais et se tourna vers la Madonna della Scoperta et Carlo-Vecchio, où son extrême aile gauche était engagée avec la division Durando. Les Autrichiens n'avaient là que de faibles détachements du 8ᵉ corps, dont le gros avait repoussé les Piémontais au nord. Le général Durando avait mis en ligne toute sa réserve (brigade de Savoie) sans obtenir un avantage décisif. La Madonna della Scoperta ne tomba au pouvoir des Piémontais qu'après deux heures, au moment où les troupes du 5ᵉ et du 7ᵉ corps se retirèrent vers la Contrada-Mescolara et vers Cavriana : elle fut simplement évacuée par la brigade Reichlin, du 6ᵉ corps, qui, à la suite de la perte de Solferino, n'eut plus aucun appui au sud.

A quatre heures, le général Fanti amena à la Madonna la brigade Piémont avec un bataillon de bersaglieri, deux batteries et la cavalerie de la division. L'orage qui éclata à ce moment sépara les combattants.

A la suite de la rupture du centre autrichien, le général Benedek n'opposa plus aux divisions Cucchiari et Mollard qu'une résistance affaiblie.

Vers trois heures de l'après-midi, le général Mollard reçut l'ordre de maintenir sa position jusqu'à l'arrivée de renforts. En même temps, le roi de Sardaigne envoya la brigade Aoste de la division Fanti, et la division Cucchiari à la suite de la division Mollard, retirée sur la voie de fer.

Vers quatre heures, le général Mollard se disposa à faire une nouvelle attaque sur San-Martino. Mettant la brigade Pinerolo en première ligne, la brigade Aoste en seconde ligne, en bataillons serrés à intervalles de déploiement en arrière de l'aile gauche de la première, la brigade Cuneo en réserve, il fit avancer ses colonnes sur l'objectif. En même temps, il envoya une colonne, composée d'un bataillon de ligne, de deux compagnies de bersaglieri et de deux pièces d'artillerie, sur San-Donino, tourner l'aile gauche des Autrichiens par le Val di Sole et attaquer San-Martino par le sud.

La division Cucchiari, qui n'était pas encore en vue, devait, à son arrivée, se porter par Feniletto et soutenir l'attaque par le nord. Toutes les positions situées à l'aile gauche du 8ᵉ corps autrichien étaient depuis longtemps abandonnées par suite de la retraite des 5ᵉ, 1ᵉʳ et 7ᵉ corps, repoussés de Solferino et de San-Cassiano.

Le général Benedek ne fit donc plus rien pour fortifier son aile gauche, qu'il aurait mise à la discrétion des 1ᵉʳ et 2ᵉ corps français. A ce moment de la journée lui arriva, pour surcroît, l'ordre de retraite sur le Mincio.

Le général Mollard commença l'attaque par son artillerie. Elle n'était pas plus tôt commencée, que l'orage vint séparer les combattants. Cependant, la division Cucchiari vint rejoindre en deux colonnes la division Mollard, qui, après l'orage, se disposait à recommencer l'attaque. Le général Mollard fit appuyer son aile gauche par le gros de la brigade Casale, arrivée la première contre l'église de San-Martino et Ortaglia, son aile droite, par quelques bataillons de la même brigade près de Contracania. La brigade Acqui se mit en réserve sur la voie ferrée pour observer Peschiera, d'où le général Mollard craignait une sortie. L'attaque fut repoussée avec la plus grande vigueur. Cependant, seul, que pouvait faire le général Benedek pour rétablir la balance générale? Il céda donc peu à peu, à partir de sept heures, les différentes positions secondaires qu'il occupait, maintenant les hauteurs immédiates de San-Martino jusqu'à huit heures du soir. A ce moment, il ordonna la retraite sur Pozzolengo, repoussa, par un dernier retour offensif vigoureux exécuté par son arrière-garde, la division Mollard, et quitta enfin, malgré ses dents, le champ de bataille où il avait vaincu.

Après l'orage, le général La Marmora vint prendre le commandement de la division Durando et de la brigade Piémont de la division Fanti, réunies. Les positions de la Madonna della Scoperta avaient été occupées par la brigade Reichlin, composée des 4es bataillons d'autant de brigades du 6e corps autrichien, et placée entre le 8e et le 5e corps pour leur servir de trait-d'union. Réduite à ses seules forces depuis la retraite du 5e corps sur Pozzolengo, cette brigade ne s'était pas laissé entamer par la division sarde. Après sept heures du soir, au moment où le général La Marmora se disposa à attaquer cette intrépide brigade par la position de la Madonna pour converger à San-Martino par le sud avec la division Mollard opérant par le nord, le général Benedek lança sur lui sa réserve, la brigade Watervliet (7e régiment de ligne Prohaska et 2e bataillon de chasseurs Empereur), et l'empêcha d'approcher jusqu'au moment où toutes les troupes autrichiennes furent descendues des hauteurs de San-Martino. Après quoi le général autrichien continua, sans être molesté, sa retraite sur Pozzolengo, où il était encore à dix heures du soir.

L'orage, mais surtout la fatigue des alliés, excédés

par un combat de douze heures, protégea efficacement la retraite des Autrichiens sur tous les points.

Au centre, où la retraite avait commencé à quatre heures, dès la prise de Cavriana, la poursuite s'arrêta au Boscoscuro, près de Corte, au sud-est de Cavriana. Deux bataillons du 54ᵉ bataillon de ligne et le 3ᵉ bataillon de chasseurs Empereur de la brigade Gablentz (7ᵉ corps), qui couvraient à cette hauteur la retraite du 1ᵉʳ et du 7ᵉ corps sur Valeggio et Ferri, ne se retirèrent que vers dix heures du soir sur Volta, qui ne fut évacué que le lendemain.

Le centre français cessa le feu dès six heures et demie. A neuf heures, il établit ses bivouacs autour de Cavriana, le 2ᵉ corps sur les hauteurs à l'ouest de Cavriana, à gauche la division de La Motterouge, à droite la division Decaen; le 1ᵉʳ corps, à l'ouest et au nord du 2ᵉ; l'infanterie de la garde à l'ouest du 1ᵉʳ corps, la cavalerie de la garde à l'ouest de la division Decaen.

A l'aile droite française, le général Niel, dont le corps n'en pouvait plus, ne reprit pas la poursuite après l'orage, et le maréchal Canrobert jugea inutile d'engager le sien.

Deux bataillons du 37ᵉ bataillon de ligne archiduc Joseph et le 10ᵉ bataillon de chasseurs tyroliens (11ᵉ corps) couvraient la retraite à Guidizzolo, d'où ils ne se retirèrent non plus qu'à dix heures du soir.

Des divisions piémontaises, les divisions Mollard et Cucchiari, avec la brigade Aoste, établirent leurs bivouacs sur les hauteurs de San-Martino, la division

Durando avec la brigade Piémont à la hauteur de la Contrada-Rondotto.

Le 24 au soir, le quartier-général de la première armée autrichienne était à Roverbella, rive gauche du Mincio, celui de la deuxième armée à Valeggio. L'arrière-garde de la première armée resta sur la rive droite jusque dans la matinée du 25, où, après avoir passé le Mincio à Goïto, elle fit sauter le pont avec sa tête fortifiée. Dans l'après-midi, les Français l'occupèrent avec quelques bataillons qui y bivouaquaient aussi le 26.

La plus grande partie de la deuxième armée autrichienne garda ses positions de retraite pendant le 25 et le 26 sur la rive droite du Mincio; les Français n'occupèrent pas Volta évacué, entre lequel et Valeggio bivouaquait le 1er corps autrichien. Le 25, le quartier-général de la deuxième armée fut transporté à Villa-Franca, le 26 à Vérone, et les fférents corps de cette armée passèrent pendant ces deux jours à la rive droite du Mincio et du Tione.

Les Autrichiens évaluent leurs pertes comme suit :

	Morts.	Blessés.	Disparus.
Généraux............	4	»	»
Officiers............	91	485	59
Soldats..............	2,261	10,160	9,229
	2,356	10,645	9,288
		22,289	
Cavalerie............		861 chevaux.	
Artillerie...........		13 pièces.	

Le *Moniteur universel* porte 30 pièces d'artillerie enlevées à l'ennemi.

Les rapports français donnent les chiffres suivants :

150 officiers tués.
570 officiers blessés.
12,000 soldats tués ou blessés.
―――――
12,720

Les Sardes, de leur côté, donnent les chiffres suivants :

	Morts.	Blessés.	Disparus.
Officiers............	49	167	»
Soldats.............	642	3,405	1,258
	691	3,572	1,258

5,521

Nous ferons remarquer que les chiffres que nous donnons pour les trois armées, ne sont que très approximatifs.

A l'époque du 24 juin, l'armée autrichienne d'Italie avait reçu des modifications profondes dans son esprit et dans sa forme : l'offensive prise en échange de la défensive; deux armées jumelles également fortes substituées à une seule, et dispersées sur un champ de bataille éminemment stratégique et tactique; deux généraux en chef indépendants l'un de l'autre, mais subordonnés à un généralissime; le commandement de l'importante place de Vérone, à peine depuis trois mois entre les mains du général Teimer, transféré au général Urban, etc. (1).

Ainsi, au milieu d'une campagne où les armes au-

―――――

(1) Le général Urban, en prenant le commandement d Vérone, publia la proclamation suivante :

« L'état de siège de la forteresse de Vérone, proclamé le 20 avril

trichiennes n'avaient joué que de malheur, toute la condition stratégique et tactique de l'armée fut renouvelée, essentiellement changée, c'est-à-dire hasardée, risquée. Abstraction faite de leur valeur intrinsèque, aucune de ces modifications, amenées par la nécessité ou opérées arbitrairement, n'avait encore reçu la consécration du temps : hommes et choses étaient également inexpérimentés.

Nous avons déjà dit que, à la date du 18 et du 19 juin, la deuxième armée autrichienne, composée de quatre corps, occupait la rive droite du Mincio pour prendre l'offensive contre les alliés au passage de la Chiese; que, le 20, elle repassa le Mincio pour s'en tenir à la défensive dans l'intérieur du quadrilatère, et que, le 23, elle le repassa une fois de plus en sens contraire pour reprendre l'offensive dont elle avait abandonné l'idée le 20. Il s'ensuit que, jusqu'au 23, l'état-major autrichien balançait irrésolu entre l'offensive et la défensive. Et cependant une bataille gigantesque, amenée par l'offensive de l'Autriche, fut livrée le 24 entre le Mincio et la Chiese. Que l'on se figure

---

» dernier, et les proclamations subséquentes ne sont pas suffisam-
» ment observés.

« » Je le déclare à tous les habitants de la zone de la place qui m'est
» confiée par S. M. l'empereur François-Joseph: J'entends que les
» dispositions de l'état de siége soient observées par chacun de la
» manière la plus rigoureuse : je ne connais pas d'acception de
» personne; je ne punis que l'acte ou l'intention. Pour que les
» habitants sachent à qui ils ont affaire, je déclare que chacun peut
» se fier à moi comme loyal autrichien, et que je ne me fie à aucun
» de vous. »

l'impression que devaient produire sur le soldat ces revirements exécutés à vue d'œil sur sa personne, et l'idée qu'il devait se faire de ses généraux! En vérité, une telle absence de toute idée arrêtée de stratégie et de tactique ferait honte à un caporal !

Les Autrichiens, pour colorer cette conduite militaire, en rejettent la cause sur la Prusse. L'Autriche avait demandé à sa confédérée rivale de lui garantir toutes ses possessions italiennes, y compris la Lombardie, qu'elle venait de perdre.

Tant que le thermomètre de Berlin était à zéro, c'est-à-dire qu'il restait encore la moindre lueur d'espérance d'intervention prussienne, l'armée autrichienne restait dans le quadrilatère, où, à la faveur d'une diversion opérée par la Prusse à la tête de toutes les forces fédérales sur le Rhin ou en Italie, elle avait une position défensive éminemment stratégique.

Le 18 et le 19, le thermomètre prussien descendit de plusieurs degrés au-dessous de zéro, et l'armée autrichienne de franchir le Mincio pour aller attaquer les alliés sur la Chiese.

Le 20, le thermomètre prussien revint à zéro, et la deuxième armée autrichienne de rentrer dans le quadrilatère.

Mais quand, le 23, le thermomètre prussien retomba à 100 degrés au-dessous de zéro, les deux armées autrichiennes repassèrent de concert, et cette fois pour tout de bon, le Mincio en sens contraire. L'empereur d'Autriche reçut, le 20 ou le 22, une note prussienne qui, au lieu d'offrir une garantie quelconque, mit en perspective une médiation de la Prusse agissant comme grande puissance européenne, appuyée de toutes les forces fédérales, et décidée à reconnaître tous les faits accomplis par la guerre. A cette nouvelle, l'empereur François-Joseph, déçu, perdit patience et crut devoir essayer de se relever seul de ses défaites.

On cherche en vain des points objectifs déterminés vers lesquels se serait dirigée l'armée autrichienne dans son mouvement vers la Chiese. Le fait est que cette armée, qui devait prendre l'offensive et qui devait s'attendre à chaque instant à rencontrer l'ennemi, fut surprise par les alliés à neuf heures du matin dans ses positions de la veille. En vue d'une attaque imminente, immédiate, elle n'avait encore, à neuf heures du matin, qu'un ordre de simple marche. La sécurité de l'état-major autrichien était telle, que les dispositions de marche prescrites pour le 23 n'avaient pas été modifiées pour le 24 et que l'ordre de bataille ne devait être mis en vigueur que tout au plus le 25. Cependant, les avertissements de se mettre en garde ne lui avaient pas manqué. Dès le 21 juin, le major Appel qui, avec deux escadrons de uhlans et hussards, et deux pièces d'artillerie montée, battait l'estrade entre le Mincio et la Chiese, lui avait signalé la présence de troupes piémontaises à Pozzolengo, sur la rive gauche du Scolo-Redone, et à Chiodino, près de la Strada-Lugana. Le 22, il avait donné sur les postes avancés de l'armée française à Castiglione delle Stiviere.

Nous avons déjà dit que, sur 80 batteries de réserve, 39 batteries, soit 234 pièces, étaient restées sur la rive gauche du Mincio et faisaient, par conséquent, défaut à la bataille de Solferino.

Cette absence d'ordre de bataille et d'artillerie de réserve était la suite de l'extrême précipitation qui avait présidé au retour à l'offensive. Cette même précipitation fut cause de l'absence du 4ᵉ régiment de uhlans (division Mensdorf) et de l'état d'inanition où se trouvait, le 24, l'armée autrichienne, qui, surprise au moment de manger la soupe, souffrit toute la journée la faim. La brigade de cavalerie de réserve Lauingen n'avait rien mangé, le 24 au soir, depuis plus de trente heures. Les vivres n'avaient pas suivi celle-ci à Grezzano, et, en partant le 23 de cette localité, elle ne put pas même emporter de pain.

Les fautes que nous venons de relever, sont assurément très graves, et l'on serait tenté de se demander si l'armée autrichienne avait un état-major général. Mais ces fautes ne sont que des bagatelles en comparaison de celles qui nous restent à signaler.

Une armée, comme tout corps organique, physique ou moral, a une forme aussi essentielle que le fond. Dans tout organisme, la forme est l'expression vivante de l'idée; déterminée par les qualités et la force du principe intérieur, elle n'a rien d'arbitraire, d'indifférent ni d'équivalent; plus un type est complet dans sa forme, plus il s'élève dans l'échelle des êtres de la même espèce, et réciproquement.

Si l'on se contente de jeter sur l'armée autrichienne un coup d'œil synoptique et superficiel, on en conçoit de prime abord une idée des plus hautes et des plus imposantes : elle apparaît sous la forme d'une unité gigantesque et compacte dont toutes les parties s'adaptent et se graduent successivement avec une parfaite symétrie : un généralissime qui commande à deux généraux d'armée en chef, qui commandent respectivement à quatre chefs de corps, qui commandent à deux généraux de division, qui commandent à deux généraux de brigade, qui commandent à cinq chefs de bataillon, etc. Il s'ensuit qu'en apparence le généralissime commandait par lui-même ou par ses deux organes supérieurs à tous les individus et fractions de son immense armée. Mais, pour peu qu'on y regarde de près et que l'on essaie d'appliquer ces leviers en apparence si hiérarchiquement disposés à l'énorme machine qu'il s'agit de faire mouvoir comme un seul homme, on ne tardera pas d'éprouver une amère déception. En effet, le généralissime, sous peine de n'être généralissime que de nom, doit commander aux deux généraux d'armée en chef; mais, en même temps, les deux généraux d'armée, sous peine de porter des titres usurpés et de n'avoir aucune autorité militaire compétente à un commandant d'armée, doivent à leur tour être aussi indépendants du généralissime qu'ils le sont l'un de l'autre. S'ils reçoivent des ordres du généralissime, ils ne sont plus au fond que de simples chefs de corps; car, qu'on ne s'y trompe pas, la nature du commandement de corps d'armée ne dépend ni du nom, ni de la grandeur, ni du nombre des unités ou fractions tactiques qui en relèvent, mais du rapport de dépendance immédiate où il se trouve du commandement général. Si l'empereur François-Joseph fait acte de généralissime, les deux généraux d'armée Schlick et Wimppfen descendent immédiatement au rang de simples chefs de corps, et ils ne remplissent plus essentiellement que les mêmes fonctions que les généraux Benedek, Schwarzenberg, Stadion, etc. Il s'ensuit que, si cette contradiction dans les termes était maintenue en pratique, c'est-à-dire si le généralissime et les deux commandants d'armée prétendaient exercer en réalité les fonctions inhérentes à leurs commandements, l'armée autrichienne ne pourrait faire un pas ni en avant ni en arrière ; elle serait condamnée, en vertu de la vicieuse organisation du commandement supérieur, à une immobilité absolue ; car elle doit recevoir l'impulsion tout à la fois, et au même moment, du généralissime par l'organe de ses premiers lieutenants, et de ses deux lieutenants-commandants d'armée agissant de leur propre chef.

Heureusement que l'homme est meilleur que les mauvais principes que parfois il professe. Dans le cas particulier qui nous occupe, l'absurdité du système de commandement et l'impossibilité de l'appliquer sont flagrantes. Il faut donc que l'un des deux commandements disparaisse devant l'autre ; le moindre essai de mettre en pratique deux systèmes qui s'excluent en théorie, se heurterait à la brutalité du fait, qui en ferait prompte justice. Dans cette alternative essentiellement arbitraire et irrationnelle, le meilleur parti serait évidemment de maintenir le commandement de généralissime et de sacrifier franchement celui des généraux d'armée, au risque de les réduire au rôle de comparses, de personnages muets ; car, dans ce cas anormal, l'unité de commandement, et, partant, l'unité d'armée et d'action, en un mot la concentration, serait essentiellement sauvée.

Du simple récit que nous avons fait du drame sanglant joué le 24 juin, il ressort clairement que l'état-major autrichien n'eut pas même la chance de saisir ce dernier expédient, qui, en l'état des choses, était le plus inoffensif et le moins compromettant. Nous avons beau nous orienter sur tous les points du champ de bataille ; nulle part nous n'apercevons le bâton de commandement du généralissime ; nous ne le voyons intervenir dans aucun acte principal, ni par un ordre d'attaque ni même par un ordre de retraite. Le 1er corps (Clam-Gallas) de la deuxième armée, dès midi, et de son autorité privée, se retire devant le maréchal de Mac-Mahon ; le 5e et le 7e corps se retirent désorganisés, de leur chef, sur Pozzolengo, à la suite de la rupture du centre autrichien ; le 8e corps seul reçoit du généralissime l'ordre de retraite, quand déjà la bataille générale est perdue. Le feldzeugmeister Wimpffen, commandant les trois corps de la première armée autrichienne, s'imagine être accablé par des forces ennemies supérieures, et, dès trois heures, donne, de son autorité privée, l'ordre de retraite à toute son armée, ce dont il se borne à informer le généralissime.

Il s'ensuit que l'Autriche, le 24 juin, attaqua, bel et bien, avec deux armées distinctes, aussi indépendantes du généralissime commun qu'élles étaient indépendantes l'une de l'autre. Aussi le généralissime nominal avait-il pleine et entière conscience de la position nulle qu'il s'était faite de propos délibéré et en dépit du plus gros bon sens; car, pour jouer son rôle de commandant de paille au naturel, il ne garda pas même une réserve commune aux deux armées.

Ce n'est qu'avec une extrême répugnance que nous continuons notre rôle de critique; car nous n'aurons plus à offrir au lecteur que les suites nécessaires d'une telle absence de toute idée tactique.

La division de l'armée autrichienne en deux unités tactiques d'un poids immense, indépendantes d'un chef supérieur commun, détermina une impuissance radicale d'attaque et de défense que nuls expédients de circonstance ne pouvaient conjurer. Si les alliés, n'opposant qu'un ou deux corps à l'une des armées ou ailes autrichiennes pour l'occuper suffisamment, portent le gros de leurs forces sur l'autre armée, les Autrichiens doivent évidemment perdre la partie; car les alliés sont de beaucoup supérieurs en nombre, et les deux armées autrichiennes ne peuvent pas se soutenir mutuellement, parce que, d'une part, l'aile fictivement attaquée a besoin de tous ses moyens pour se défendre elle-même, et que, d'autre part, elle n'a pas d'ordre à recevoir du commandant de l'armée sérieusement attaquée.

Si les alliés, opposant des forces médiocres aux extrêmes ailes autrichiennes pour les tenir en respect et les occuper, attaquent le centre ennemi, ils ont encore plus beau jeu ; car le centre autrichien est un point situé entre les deux armées à hauteur de front et nu de toutes forces vives. Il ne peut donc être défendu en droit que par l'aile droite, soit le gros de la première armée, ou par l'aile gauche, soit également le gros de la deuxième armée; le concours des deux ailes contiguës est, d'avance et de parti pris, rendu impossible par la division systématique du commandement supérieur et par la diversité des buts que doivent poursuivre les deux armées. Mathématiquement parlant, le centre autrichien n'avait nulle relation ni de corde, ni de flèche, ni de sécante, ni de tangente, ni d'arc, ni de rayon. Chacune des deux armées, considérées isolément, a sans doute toutes ces relations; mais l'armée générale n'en a aucune, par la raison toute simple que toutes ces lignes ne sont occupées que par des forces indépendantes les unes des autres, par deux armées physiquement et moralement séparées. Donc, l'armée générale autrichienne n'avait, à proprement parler, ni centre, ni front, ni ailes, ni réserve, soit d'infanterie, soit de cavalerie, soit d'artillerie; cette armée aurait été vingt fois plus nombreuse, qu'elle restait toujours tronquée des quatre éléments essentiels à toute armée régulière. L'armée autrichienne, à la journée de Solferino, était donc un de ces monstres pour lesquels la langue n'a pas de nom, même allégorique; elle n'était qu'une agrégation informe, inorganique, de deux masses immenses, juxtaposées dans l'espace, sans cohésion, sans ciment unissant.

Il s'ensuit que cette armée devait succomber d'emblée et sans merci à tout choc sérieux porté sur son point le plus vulnérable follement prostitué.

Le fait a brutalement confirmé toutes ces déductions de la théorie. Le centre autrichien ne fut ni ne put être défendu que par des forces insuffisantes. Le 1ᵉʳ corps (Clam-Gallas), qui avait plié sous le choc du 2ᵉ corps français, était, comme nous avons vu, dès midi, en retraite vers Cavriana et ne se crut plus en état de concourir à la défense de Solferino. Sa réserve seule, une brigade, était, pendant le combat de Solferino, en marche vers cette position, mais elle arriva trop tard. Le 8ᵉ corps (Benedek) n'avait pas trop de ses forces pour repousser les Piémontais, et le gros de la première armée fut obligé d'épuiser presque toutes ses réserves pour tenir tête au seul 4ᵉ corps français. Solferino, au moment solennel de l'attaque par trois corps français, ne se trouva donc défendu que par les forces suivantes, savoir : 5ᵉ corps tout entier, dont trois brigades repoussées, à la suite de la première attaque manquée, étaient allées se reformer à 3 kilomètres de la position et dont la 4ᵉ brigade, comme réserve, était encore intacte; une brigade, également fraîche, du 7ᵉ corps, dont le gros était en réserve à Cavriana. La brigade de réserve du 1ᵉʳ corps ne put prêter qu'un appui de retraite aux troupes qui combattaient sur les hauteurs voisines.

Il s'ensuit que le point qui formait la clef de la position, et dont la possession était décisive pour l'issue de la bataille, n'était réellement défendu que par 5 brigades sur 28 dont se composait l'armée autrichienne placée en ligne sur le champ de bataille. Cette flagrante insuffisance de forces vives concentrées était immanquable avec un système de dualité, de désunion, adopté en principe. L'action des deux armées constituées sous deux commandements indépendants ne pouvait pas se combiner; celle des corps de la deuxième armée, attaquée simultanément à l'aile droite par les Sardes, à l'aile gauche, c'est-à-dire au centre de l'armée générale, par les Français, n'avait à opposer en principe que trois corps contre quatre corps français : Garde, 1er, 2e et 4e corps. En fait, la proportion des forces était beaucoup plus faible, parce que le 1er corps autrichien avait été mis d'emblée hors de combat par le canon du général de Mac-Mahon. Mais cette défaite d'un corps isolé était encore une suite du morcellement des forces autrichiennes, de l'étendue démesurée de leur front et, par suite, de la dispersion de leurs troupes, de l'ordre de marche au lieu de l'ordre de bataille, de la faim que souffraient les soldats autrichiens, privés de nourriture depuis la veille. On peut même dire en toute vérité que les Autrichiens, disposés en simple ordre de marche, étaient trop heureux de n'avoir qu'un corps avancé au-delà de la région des collines; car, si les autres corps de la deuxième armée eussent été rencontrés dans la plaine, ils auraient eu infailliblement le même sort que le premier. La première armée autrichienne eut la même chance heureuse de ne rencontrer à Medole qu'un seul corps français; car il est évident par le fait que, si le maréchal Canrobert eût soutenu à temps du gros de ses forces le 4ᵉ corps français, le général Wimppfen, au lieu de battre en retraite à trois heures, aurait été battu à midi.

Ici nous sommes amené à rechercher quel était, à défaut d'un plan de bataille régulier, le but précis et déterminé que se proposait l'état-major autrichien en adoptant la dualité au lieu de l'unité d'armée, en développant cette double armée sur un front et un champ de bataille aussi étendus.

Il est d'abord évident que ces deux armées ne pouvaient pas poursuivre le même but ni avoir en vue le même objet, et que ni l'une ni l'autre, soit de concert, soit séparément, n'en voulaient au centre des alliés : car, étant donnée l'unité de but et d'objet, nous n'oserions pas défier l'état-major autrichien de reconnaître la nécessité de l'unité de direction des forces. Restent donc les ailes de l'armée alliée comme points de mire respectifs des deux ailes autrichiennes. Supposons donc que l'aile droite des alliés, soit le 4ᵉ et le 3ᵉ corps, et éventuellement le 2ᵉ corps français, fût l'objectif de l'aile gauche ou deuxième armée autrichienne, tandis que l'aile droite autrichienne ou deuxième armée avait pour objectif le 1ᵉʳ corps français et les quatre divisions sardes, avec la garde impériale comme réserve.

Le mode de formation et de composition des deux armées autrichiennes ne permet pas de conclure au rôle particulier réservé à chacune de ces deux grandes unités tactiques. Nous sommes donc forcé de recourir à des suppositions et de discuter les différents résultats qui s'en seraient suivis, si ces suppositions se fussent traduites en réalités.

Ou les deux armées autrichiennes devaient chacune combattre de front les ailes respectivement opposées des alliés, ou l'une des deux armées devait combattre de front, tandis que l'autre tournerait l'aile droite ou l'aile gauche des alliés : il n'y a pas de milieu.

Dans le premier cas, la chance de la victoire ne pouvait avoir quelque probabilité que dans le cas où l'armée alliée aurait eu une formation analogue à celle de l'armée autrichienne et aurait poursuivi le même but ; car, dans ce cas, il y aurait eu égalité de conditions tactiques de part et d'autre, et l'avantage de positions naturellement fortifiées aurait pu faire pencher la balance en faveur des Autrichiens ; mais l'improbabilité d'une telle tactique pratiquée par les alliés saute aux yeux de quiconque a une notion de bataille régulière.

Dans la seconde supposition, où l'une des deux armées autrichiennes résisterait de front et appellerait sur elle toutes les foudres des alliés, tandis que l'autre les tournerait à droite ou à gauche, les chances de la victoire en faveur des Autrichiens sont à peine appréciables ; car, dans ce cas, ils perdent la partie, si l'ennemi porte le gros de ses forces sur leur centre, et c'est ce qui est arrivé ; ils perdent encore la partie si l'ennemi porte le gros de ses forces sur leur armée tournante ; car celle-ci, privée de l'appui de sa compagne, doit succomber dans la lutte avec des forces supérieures. Elle ne peut espérer gagner la bataille qu'autant que l'ennemi opposerait deux ailes égales aux deux ailes siennes et disposées de la même manière, c'est-à-dire qu'autant que l'ennemi recourrait à la tactique la plus illogique, la plus irrationnnelle et, par conséquent, la moins probable.

Il paraît que la tactique préméditée de l'état-major autrichien était la suivante. D'après les organes militaires allemands, la deuxième armée autrichienne, commandée par le feldzeugmeister Schlick, devait recevoir le choc des alliés sur un développement de front égal à la distance qui sépare Le Grole du chemin de fer, attirer à elle le gros de leurs forces, et reculer adroitement et successivement vers Peschiera et le lac de Garde. Cependant, la première armée aurait tourné au sud par la plaine vers Solferino, Medole, Castiglione, etc. Les alliés, ainsi pris à revers, par le flanc droit et de front, auraient été écrasés.

Un tel plan, vicieux par l'abstraction qu'il fait du centre exposé à bout portant et par la supposition gratuite que l'armée ennemie revêtirait une forme tactique analogue, pèche, en outre, surtout par la fausse idée que l'armée tournante suffirait à elle seule à écraser l'ennemi. En effet, dans le cas où les alliés, portant l'attaque principale sur l'une quelconque des ailes autrichiennes, l'écraseraient, l'aile autrichienne tournante ne pouvait ni ne devait, en principe, se porter directement au secours de sa compagne en détresse ; car tels n'étaient ni le mouvement ni le but qui lui étaient prescrits. Elle devait absolument accomplir son mouvement tournant, et, attaquant le gros des alliés découverts à la droite, le forcer à faire demi-tour.

Il est clair que, si cette manœuvre pouvait se réaliser sans frottement pour la deuxième armée autrichienne, les alliés se trouveraient dans une position critique. Mais la moindre notion de tactique enseigne que, dans ce cas, la bataille était également perdue pour les Autrichiens ; car, d'une part, le mouvement tournant, qui ne devenait possible que par suite d'un avantage important obtenu sur deux corps alliés, n'aurait pu sauver la deuxième armée, déjà écrasée par des forces supérieures, et, d'autre part, l'armée enveloppante, isolée, aurait eu sur les bras une armée victorieuse de quatre corps. Si l'on est forcé de convenir que la deuxième armée, abandonnée à ses propres forces, aurait succombé à une première attaque exécutée par le gros des forces alliées avant de recevoir un secours efficace de sa compagne, à plus forte raison conviendra-t-on que la première armée aurait échoué dans une attaque dirigée sur le flanc d'une armée victorieuse et maîtresse des positions les plus avantageuses pour la défensive. Il est inutile de faire observer que la position de l'armée alliée, attaquée de flanc droit et à revers, n'est fausse qu'en apparence.

Si l'on suppose que la deuxième armée autrichienne doive tourner les alliés, tandis que la première leur résisterait de front, on arrive évidemment au même résultat fatal pour les Autrichiens, avec cette différence que les alliés auraient vaincu dans la plaine et que, par conséquent, la défaite des Autrichiens aurait été beaucoup plus complète.

Mais rien n'indique positivement laquelle des deux

armées autrichiennes devait exécuter le mouvement tournant. Si l'on tient compte du fait de la formation, c'est-à-dire de l'égalité de ces deux gigantesques unités tactiques placées côte à côte, on est forcément amené à conclure que le rôle à jouer par chacune d'elles était éventuel et devait être déterminé par les circonstances actuelles du combat, c'est-à-dire que la première ou la deuxième armée devait tourner les alliés et leur porter le coup de grâce à revers, selon que ceux-ci porteraient le foyer de la bataille sur l'aile droite ou sur l'aile gauche autrichienne; ce n'est que par cette supposition qu'il est possible de comprendre l'égalité des deux armées; car celle qui avait la plus rude besogne, c'était évidemment celle qui devait manœuvrer de manière à envelopper les alliés : elle devait donc aussi être nourrie de forces vives plus nombreuses que celles qui ne figuraient qu'au second plan.

Outre les vices radicaux que nous avons censurés avec autant de franchise que de sévérité, et qui vouaient fatalement l'armée autrichienne à la défaite, il y eut encore d'autres fautes de tactique vulgaire commises par les généraux autrichiens en chef : nous voulons dire la mauvaise disposition des troupes sur le champ de bataille, le défaut de concentration, l'absence de commandement, etc. Le désordre, à la suite de la prise de la position de Solferino, était tel sur les hauteurs environnantes, que les troupes se trouvaient confondues pêle-mêle les unes avec les autres, avec toutes les permutations possibles, depuis le corps d'armée jusqu'au bataillon, sans être réunies sous un même commandement supérieur. C'est cette absence de commandement qui permit au centre français de s'avancer presque sans obstacle sur Cavriana. A Cavriana même, un vétéran de l'armée autrichienne, le vieux feld-maréchal Nugent commandait, soit en son nom, soit en celui du généralissime, à la place du général Schlick, dont l'action n'atteignait pas aussi loin. La malheureuse brigade de cavalerie Lauingen, qui, également traquée par la faim et par le 2° corps français à Medole, s'était enfuie, de son chef, à tue-tête avec le 1ᵉʳ corps autrichien, est un exemple comique de l'état déplorable où se trouvait le commandement supérieur de l'armée autrichienne. Cette brigade parcourut au trot continu une distance de 13 kilomètres, de Medole à Goïto, où elle espérait trouver de quoi apaiser sa faim. Vers midi, le feldzeugmeister Schlick envoya au général Lauingen, qu'il supposait encore à Medole, l'ordre de se joindre à la division de cavalerie Mensdorf pour intercepter avec elle la lacune ouverte entre le 2ᵉ et le 4ᵉ corps français. Le mouvement d'interception ne put être exécuté, parce que la brigade Lauingen avait décampé sans tambour ni trompette. Le général Zedtwitz, après avoir inutilement envoyé un aide-de-camp à sa recherche, croyait encore, à l'heure de midi, que la journée se passerait en simples combats d'avant-garde. Il se mit donc, de son autorité privée, à battre lui-même la campagne, et finit, entre trois et quatre heures, par retrouver la brebis égarée à Goïto, où il la restaura.

Quant à l'état-major autrichien, nous n'avons pas

d'expressions assez sévères pour censurer sa stratégie et sa tactique générale à la journée du 24 juin. Il a commis, nous le disons à regret d'un personnel d'officiers qui en 1848 et en 1849 avaient donné des preuves d'une si grande capacité, il a commis, en quantité et en qualité, toutes les fautes qu'il pouvait commettre : étendue démesurée de front, de flanc, de champ de bataille, ce qui mettait le généralissime dans l'impossibilité de réaliser l'unité d'action et de mouvement; de là la division de l'armée générale en deux énormes unités tactiques indépendantes, ce qui mit à nu le centre autrichien et empêcha toute combinaison d'action commune, en même temps qu'il affaiblit les ailes et les réduisit à leurs forces isolées : disposition de marche conservée au lieu de l'ordre de bataille, de sorte qu'au lieu d'être massées et placées de front, les troupes étaient échelonnées les unes à la suite des autres. Le feldzeugmeister Hess, qui fut, dit-on, d'avis de s'en tenir à la défensive dans l'intérieur du quadrilatère, n'est pas excusable de s'être effacé au point de laisser commettre les fautes que nous avons signalées; son opinion aurait prévalu, s'il l'eût soutenue avec moins de mollesse. A défaut du général Hess, qui eut le tort de se laisser dominer par la pluralité des voix contraires, ce fut le général Ramming qui, sur le champ de bataille, exerça les fonctions actives de chef d'état-major-général et fut l'âme de tous les mouvements tactiques. Or, le général Ramming, malgré tous les incidents de la matinée, ne put pas démordre, avant midi, de l'idée que tout se réduirait à quelques combats d'avant-postes, et qu'une bataille proprement dite pourrait être livrée tout au plus le lendemain. C'est sous l'empire de cette hallucination que les différentes brigades, déjà vicieusement placées en ordre d'échelon, ne s'avancèrent que successivement et une à une au secours des premières, déjà battues, et furent également, comme celles-ci, étrillées une à une d'importance. Pendant toute la première phase de la bataille jusqu'au moment où l'action de la Garde, du 1er et du 2e corps commença à se combiner, les Autrichiens n'eurent jamais en ligne qu'une seule brigade fraîche, de sorte que, pour le combat décisif de Solferino, et même pour celui qui se préparait à Guidizzolo, le gros de leurs forces était composé de troupes déjà battues.

Nous avons déjà dit que les Autrichiens qui devaient attaquer, surpris en ordre de marche, se trouvèrent sur toute la ligne amenés à recourir à la défensive, c'est-à-dire à la position la plus désavantageuse.

Ce qu'il y a de plus étonnant, c'est qu'à aucun moment de la bataille encore sauve, ils n'essayèrent d'échanger la défensive contre l'offensive, de sorte qu'ils étaient constamment menés par l'ennemi et en quelque sorte à sa discrétion.

Ce n'est qu'à l'extrême aile droite que le 8e corps autrichien joua un rôle qui fait contraste avec celui que jouèrent tous les autres corps. L'illustre général Benedek concentra ses forces contre les Sardes à San-Martino et à la Madonna della Scoperta; avec 23,000 à 25,000 hommes d'infanterie, il en battit 40,000 éparpillés, échelonnés, placés en ordre de marche ; il employa contre eux tout simplement la même tactique que les Français contre les Autrichiens.

La division Jellachich, conduite par le prince Édouard de Lichtenstein, commandant le 2ᵉ corps, s'était portée, pour agir éventuellement sur l'aile droite française, à Marcaria, à plus de 20 kilomètres du foyer de la bataille. Trop éloignée et tenue en respect par la division d'Autemare, établie à Piadena, elle ne put pas exécuter sa manœuvre de flanc.

Abstraction faite de l'élan des troupes françaises, qui est incommunicable, et d'une offensive toujours renaissante et plus vive, qui est le fonds de la tactique de nos officiers, les Autrichiens, grâce à l'avantage de leurs positions, auraient pu vaincre, selon nous, à Solferino aux seules conditions suivantes :

Étant donné le double terrain, montueux au nord et plat au sud, il fallait surtout alimenter le centre par un noyau de troupes compactes avec une nombreuse réserve, ce qui suppose absolument l'unité d'armée générale : le centre sauf, les extrémités de la circonférence, soit l'arc de front, pouvaient être nourries tout à la fois par les rayons et par le périmètre, soit l'arc de revers, par tous les points et par toutes les lignes intérieures et extérieures. Le centre étant maintenu à tout prix à la faveur de l'action combinée de l'armée une et indivisible, l'aile gauche, ou première armée autrichienne, qui pliait sous les efforts répétés du 4ᵉ corps français et se trouvait tournée au sud, était, dans ce cas, sauvée par l'aile droite, ou deuxième armée, qui débouchait par la ligne centrale maintenue, et tournait à son tour l'aile gauche française.

La tactique du roi de Sardaigne à la journée du 24 juin fut encore plus pitoyable, s'il est possible, que celle des Autrichiens. Au moment où une bataille générale était imminente, le roi Victor-Emmanuel, qui, du reste, comme à Magenta, se tint éloigné du champ de bataille proprement dit, envoya le tiers de son armée, plus de 12,000 hommes, en reconnaissance en six colonnes sur autant de points différents. Ces troupes, arrivées en face des Autrichiens concentrés, furent facilement repoussées. Les brigades ultérieures arrivèrent successivement une à une, et furent une à une battues à plate couture. De l'arrivée successive de troupes qui rejoignaient des troupes repoussées, battant en retraite, il résulta un pêle-mêle de divisions, de brigades, de bataillons, de compagnies, qui n'avaient pas de chef commun. Les dispositions initiales prises par les Sardes, loin d'être des dispositions de bataille, n'étaient pas même de bonnes dispositions de marche. Ces fautes impardonnables, jointes au départ tardif des cantonnements, ne purent être réparées par l'activité subséquente. L'état-major sarde, à midi, ne soupçonnait pas encore les événements dont la journée était grosse. Il agit avec tout l'abandon inspiré par la certitude qu'une bataille n'était possible que sur la rive gauche du Mincio. Aussi les généraux sardes durent-ils être bien étonnés de se voir maîtres d'un champ de bataille où ils n'avaient essuyé que des défaites. Nous ne croyons pas qu'une pareille tactique mérite une plus ample discussion.

En revanche, la tactique française commande l'admiration la plus rebelle. L'Empereur sut non-seulement pressentir à temps l'imminence d'une grande bataille, concentrer ses forces en une unité organique solide, et saisir le moment opportun pour une action offensive aussi vive que déterminée, mais encore choisir, avec le coup d'œil du génie militaire le plus consommé, le point précis où il importait de diriger le coup décisif et foudroyant. Dans l'ignorance où il était de l'organisation tactique de l'armée autrichienne, nous voulons dire la division de cette armée en deux armées indépendantes, la démolition du centre tactique de l'armée ennemie était tout à la fois le parti le plus sûr et le plus probable dans le doute, le plus tranchant et le plus décisif en cas de succès, le moins compromettant et le moins périlleux en cas d'échec : le plus sûr, car, le centre ennemi emporté de vive force, le centre victorieux débarrassé de toute résistance sérieuse de front, poursuit son mouvement en avant et emporte la balance ; le plus probable, car le profil du champ de bataille présumé a une étendue telle que le centre ennemi ne saurait avoir qu'une consistance molle et fragile ; le plus tranchant et le plus décisif en cas de succès, car, le centre ennemi percé à jour, il ne reste plus de l'armée générale que deux tronçons impuissants séparés par un abîme infranchissable ; enfin, le moins compromettant et le moins périlleux en cas d'échec, car la concentration des forces est la seule bonne condition d'une retraite mesurée et contenue.

Cette tactique, que nous appelons la tactique centrale, est un chef-d'œuvre de conception, d'inspiration instantanée; car ce n'est que sur le champ de bataille même que l'Empereur qui supposait les Autrichiens renfermés dans leur boulevard défensif, fut convié à choisir entre plusieurs conduites tactiques également périlleuses.

Si, au lieu du centre, il eût porté ses vues sur l'une quelconque des deux ailes ennemies, il l'aurait écrasée isolément, lors même que l'armée ennemie n'aurait pas été une dualité incohérente; mais il n'aurait probablement remporté qu'une victoire incomplète et partielle. S'il eût su que l'Empereur d'Autriche n'était que le généralissime nominal de son armée, il est probable qu'il aurait employé une tactique différente. En effet, si, laissant les Sardes se débattre à l'aile gauche avec le 8ᵉ corps autrichien, il eût porté, comme il l'a fait, le gros de ses forces sur le centre en même temps qu'il aurait fait marcher résolûment le 4ᵉ et le 3ᵉ corps sur Guidizzolo, toute l'armée ennemie aurait mordu la poussière. Dans ce cas, les deux armées ennemies auraient été simultanément enfoncées de front; car du résultat que le général Niel obtint avec un seul corps, on peut conclure à celui qu'il aurait obtenu avec des forces doubles. Ce double résultat, qui amenait la destruction complète des deux armées ennemies, dont l'une et l'autre étaient prises de front et l'une, en outre, de flanc droit, était infailliblement atteint en l'état réel des choses, si les deux généraux commandant les deux ailes extrêmes, le roi de Sardaigne et le maréchal Canrobert, eussent mieux secondé les vues de concentration de l'Empereur.

A l'extrême aile gauche, le roi de Sardaigne, par suite d'une disposition imprévoyante de ses brigades, échelonnées, disséminées, décousues, s'attira sur les bras un corps ennemi commandé par un général habile et vaillant qui l'abîma; il se mit d'emblée, sans rime ni raison, dans l'impossibilité de seconder d'une manière quelconque la tactique centrale de l'Empereur.

A l'extrême aile droite, le maréchal Canrobert, dominé par le fantôme d'un danger imaginaire, ne convergea pas à temps vers le centre, et devint le sauveur involontaire de la première armée autrichienne.

Les idées du général Niel, qui se croyait, avec l'appui du 3ᵉ corps, en mesure d'enfoncer de front la première armée autrichienne, de la tourner, et de lui couper la retraite au sud et au sud-est, de la rejeter au nord-est, de favoriser par là le développement et les progrès du centre français, et de jeter, par suite, un poids décisif dans la balance, étaient justes et fondées de tous points. En effet, réduit à ses seules forces ou à peu près, le général Niel réussit à repousser la première armée autrichienne, composée de trois corps, de Medole, de Quagliara, de Casa-Nuova, de Baite et de Rebecco. Toutes ces positions étaient emportées, sans être cependant définitivement acquises, avant trois heures du soir, c'est-à-dire avant que le 4ᵉ corps fût sérieusement, efficacement soutenu par le 3ᵉ. De là nous concluons hardiment que le succès du général Niel, appuyé, dès midi, par le gros du 3ᵉ corps, aurait été double en quantité et en qualité, et Guidizzolo enlevé avant deux heures. Donc la retraite des Autrichiens par Goïto, par Volta, et même par Valeggio, était gravement compromise. De plus, si Guidizzolo eût été emporté avant deux heures, c'est-à-dire avant le moment de la rupture du centre autrichien, le 4ᵉ corps pouvait converger vers Cavriana, et contribuer puissamment à la réalisation du plan tactique de l'Empereur, en même temps que le 3ᵉ corps se serait avancé de Guidizzolo, par Foresto, par Volta, dans la direction de Valeggio. Il est évident qu'à ces enseignes l'armée autrichienne, repoussée sur une ligne de front égale à la distance en ligne droite de Solferino à Guidizzolo, et plus à l'est, à la distance de Volta, au point de coïncidence des routes de Valeggio à Solferino, et de celle de Volta à Pozzolengo, débordée au sud et au nord, aurait été parquée et broyée dans le triangle formé par ces routes et le Mincio.

C'est là le plan que le général Niel brûlait de réaliser, plan longtemps ignoré du maréchal Canrobert, qui, à distance des lieux, ne pouvait pas même s'en faire une idée.

Voyons jusqu'à quel point le maréchal Canrobert pouvait et devait fournir des secours suffisants et absolument nécessaires pour atteindre le but poursuivi par le général Niel.

1° Le corps autrichien qui devait opérer sur l'extrême droite française n'était composé que d'une division

(Jellachich), qui ne pouvait pas sérieusement menacer, même de flanc, un corps composé de trois divisions.

2° En fait, cette division, déjà trop faible par elle-même pour attaquer, était trop éloignée du champ de bataille, plus de 15 kilomètres, pour rien entreprendre sur le 3ᵉ corps. Pour l'atteindre, elle aurait été obligée de passer sur le ventre de la division d'Autemare, placée à Piadena. D'ailleurs cette division ne devait pas coopérer activement avec le gros de l'armée autrichienne; elle n'avait pour mission que de surveiller les passages de l'Oglio. Il y aurait eu à la place de la division autrichienne un corps de 40,000 hommes, que la droite du maréchal, vu la distance, n'en était pas plus compromise.

3° En se rapprochant du général Niel de manière à l'appuyer efficacement et à combiner son action avec la sienne, le maréchal, loin d'affaiblir sa droite, la fortifiait de tout l'appui qu'il recevait à son tour du 4ᵉ corps.

4° Rien n'était plus facile au maréchal que de s'assurer, à toute heure, de l'absence du danger dont il se croyait menacé. Si, au lieu d'envoyer une reconnaissance tardive à sa région droite, il eût pris cette mesure de prudence avant midi, il serait sorti trois heures plus tôt de l'erreur qui le captivait.

5° Donc, eu égard à ses instructions, à sa propre sûreté, aux instances pressantes et multipliées dont l'obsédait le général Niel, le maréchal Canrobert devait, avant midi, s'être assuré de l'état des choses à sa droite : ayant trouvé sa droite à l'abri d'une attaque, il serait accouru trois heures plus tôt prêter main forte à son collègue aux prises avec des forces trois fois plus nombreuses.

Le caractère spécifique de la bataille de Solferino ressort abondamment de l'exposition historique des faits et de la discussion à laquelle nous les avons soumis. Du côté des Autrichiens, division et fractionnement systématique des forces vives qui doivent emporter la balance ; du côté des alliés, union et combinaison énergique des mêmes éléments. D'un côté, tactique essentiellement négative et irrationnelle ; de l'autre, tactique éminemment positive et condensée. L'issue de la lutte ne pouvait être douteuse. Les alliés, qui avaient à peine le temps de se reconnaître et de s'orienter sur un terrain inconnu, n'avaient pu faire de la stratégie de longue main ; tout devait être pour eux instantané : réunion et concentration des forces, choix du point et du moment d'attaque, estimation des forces et des positions opposées, surveillance des flancs, etc., etc. Les Autrichiens, au contraire, avaient eu le loisir d'exploiter largement tous les avantages des lieux, et, grâce au concours insuffisant que les extrêmes ailes des alliés apportèrent à la tactique de l'Empereur, les positions stratégiques des Autrichiens sauvèrent leur armée d'une destruction complète.

L'Empereur, systématique et réfléchi, gagna la bataille de Magenta par une combinaison stratégique d'un mérite intrinsèque relatif, mais parfaitement approprié au caractère de son adversaire ; inspiré, soudainement éclairé au moment de la surprise, il gagna celle de Solferino par des dispositions tactiques improvisées : dans l'une, il brilla comme stratégiste; dans l'autre, il prima comme tacticien. Le nerf de l'armée autrichienne, dirigée par un état-major et commandée par des généraux dont la stratégie et la tactique, incertaines et inconsistantes à toutes les phases de la campagne, avaient reçu le plus cruel et le plus violent démenti, était brisé. Vaincue dans deux grandes épreuves de nature différente, et devenue inhabile à toute guerre de campagne, soit offensive, soit défensive, cette armée ne pouvait plus servir qu'à la guerre de siége; elle n'était plus bonne qu'à se défendre, pendant plus ou moins de temps, à l'abri de remparts protecteurs.

TROISIÈME PÉRIODE, OU PÉRIODE FRANÇAISE.

Nous arrivons à une nouvelle phase de la guerre que nous appelons *la période française*. Lorsque nous dressâmes le plan de notre histoire critique de la campagne d'Italie, le lendemain de la bataille de Solferino, cette division en deux périodes, autrichienne et française, nous paraissait commandée par la nature des faits accomplis, par la position différente que deux batailles décisives avaient faite à chacune des deux parties belligérantes.

A la suite de la bataille de Solferino, l'armée autrichienne n'avait plus d'attitude militaire dessinée. Elle avait de sa situation une conscience tellement lucide que, malgré l'absence de toute poursuite, elle ne hasarda pas la moindre résistance devant les Français qui s'apprêtaient à passer le Mincio.

Il s'agissait désormais de forcer les Autrichiens dans leurs derniers retranchements pour rendre l'Italie tout entière à elle-même.

A cet effet, de nouvelles forces affluèrent à l'armée des alliés de tous les points de la France et de l'Italie.

La division Uhrich du 5ᵉ corps (prince Napoléon-Joseph), et la division toscane Ulloa firent, le 2 juillet, leur jonction avec la division d'Autemare, stationnée à Piadena, et le 4 tout le 5ᵉ corps, composé de 3 divisions, arriva à Goïto, où le prince établit son quartier général. La division Uhrich, dite vulgairement 5ᵉ *corps*, avait eu pour mission de ménager aux Toscans, aux habitants des deux duchés, et même aux Italiens en général, le moyen de se prononcer pour l'indépendance de l'Italie constituée en État fédératif, et de chasser les Autrichiens des positions extérieures de la Lombardie.

Grâce au grand mouvement stratégique couronné par la victoire de Magenta et à la retraite spontanée des Autrichiens de toutes leurs lignes extérieures, la tâche du prince ne rencontra aucune difficulté d'exécution. Son mouvement de Livourne au Mincio fut une marche tout à la fois lente et décidée qui atteignit parfaitement le but de l'Empereur.

De nombreuses réserves destinées à combler les vides causés par le fer et les maladies, de nouvelles divisions des armées de Paris et de Lyon étaient en marche pour renforcer l'armée française, qui devait désormais agir simultanément en campagne et devant des places fortes.

Une escadre de blocus de 4 bâtiments, commandée par le contre-amiral Jurien de la Gravière, croisait, dès le 15 mai, dans les eaux de l'Adriatique, fermant les ports et capturant les vaisseaux marchands autrichiens.

Le 12 juin, vint s'ajouter à ces forces une flotte de guerre commandée par l'amiral Bouet-Willaumez, et composée de 54 bâtiments, avec plus de 800 canons, dont 19 canonnières, 3 batteries flottantes et quelques vapeurs canonniers de construction récente. Cette flotte, forte de 3 divisions navales, montée par une armée de débarquement, et alimentée par une escadre de transports sous les ordres du contre-amiral Dupouy, était destinée à attaquer les forteresses maritimes de la Dalmatie, et à concourir avec l'armée de terre à la conquête de la Vénétie.

La 3ᵉ division, sous le commandement du contre-amiral Romain-Desfossés, après avoir quitté, sur les réclamations de l'Angleterre, la station du port turc d'Antivari, parut, le 3 juin, comme avant-garde devant le port autrichien de Lussin-Piccolo, et somma la garnison supposée de l'île d'Osera, une des Quarnères, de se rendre à discrétion. A défaut de garnison, le commandant de la division fit débarquer 1,200 hommes d'infanterie de marine, qui prirent possession de l'île. En même temps, il fit occuper la petite ville d'Osera, de l'île de Cherso. Vers le 6 juillet, le port de Lussin-Piccolo, très hospitalier, renfermait plus de cent bâtiments de toutes dimensions. A partir du 6 juillet, les frégates françaises firent différentes visites sur les côtes autrichiennes dans le but de répandre l'alarme parmi les populations, de maintenir dans les places maritimes les garnisons autrichiennes et de les empêcher d'aller grossir les rangs de l'armée de campagne, de chercher de nouvelles stations, et surtout des points de débarquement commodes. Le 6 juillet même, la frégate à roues *le Duc d'Isly*, de 34 canons, parut devant le port hongrois de Fiume, mais s'éloigna le lendemain sans y laisser de garnison, sur la parole d'honneur des autorités que le port ne renfermait pas de vaisseaux de guerre. Le 6 ou le 7 juillet, le vaisseau de ligne français *le Napoléon* s'approcha de Cattaro, défendu par une batterie de côte de pièces de 48. Ce bâtiment eut une de ses machines endommagée, et se retira au port d'Antivari. La frégate à vapeur *l'Impétueuse* parut, le 7 juillet, devant Zara-Vecchia, réclamant un navire marchand français capturé par les Autrichiens. Sur le refus du commandant de place, le capitaine français ouvrit le feu ; mais la batterie de côte autrichienne répondit avec vigueur, et la frégate s'éloigna.

Vers la même époque, les vaisseaux français firent une reconnaissance à l'embouchure du Tagliamento, à l'effet de trouver un point commode de débarquement.

Après ces différentes reconnaissances, la flotte française s'apprêta, le 8 juillet, à quitter Lussin-Piccolo pour se réunir devant Venise.

Les Sardes, de leur côté, avaient également accru leurs forces pour faire face à la nouvelle situation créée par la victoire de Solferino.

Les forces alliées s'élevaient ou étaient sur le point de s'élever à plus de 250,000 hommes, dont 200,000 d'infanterie française de terre et de marine, et 80,000 Italiens (Sardes, chasseurs des Alpes et des Appennins, Toscans, Lombards, etc.).

C'est avec ces forces vives, munies d'instruments et d'engins de guerre d'une puissance formidable, que l'Empereur se disposa à attaquer de front le dernier boulevard de l'Autriche en Italie.

Le plan du siége conçu par l'Empereur était le suivant :

Le gros de l'armée française, sous la conduite personnelle de l'Empereur, se portera sur Vérone pour y bloquer les Autrichiens et couper leurs communications avec Mantoue, Peschiera et Legnago. Le 5ᵉ corps, augmenté d'une division toscane (Ulloa), formant l'aile droite, bloquera Mantoue. Les Sardes cerneront Peschiera, et y mettront le siége. Le corps du général Garibaldi, augmenté d'une division sarde et des bataillons lombards, appuyé sur la place de Brescia, surveillera les défilés et passages principaux du Tyrol méridional : le Stelvio (*Stilfser Joch*), qui conduit dans le val Tellina, dans la vallée de l'Adda et dans le Vintschgau ou vallée de l'Adige supérieur ; le Monte-Tonale, par lequel une route militaire descend également dans la Valteline, en passant par le val Camonica, dans la vallée de l'Oglio, à Riva, port du Lac de Garde et station du corps de flottille, et à Lodrone, près du lac d'Idro, etc.

L'Autriche, de son côté, avait augmenté ou était en voie d'augmenter son armée d'Italie dans des proportions qui lui permissent non-seulement de jeter dans ses forteresses vénitiennes des garnisons de siége respectables, mais encore d'avoir en campagne une armée nombreuse et toujours prête à attaquer les assiégeants de concert avec les assiégés. Ces nouvelles forces se composaient des 4e et 10e corps d'armée (archiduc Charles-Ferdinand et baron de Wernhardt), d'autant de nouveaux quatrièmes bataillons que l'armée autrichienne d'Italie comptait de régiments, de plus de 20 bataillons de volontaires dont l'enrôlement allait toujours croissant dans les provinces de l'Empire, de plus de 24 escadrons de hussards volontaires, etc. Bref, les forces autrichiennes d'Italie se composaient, dans les premiers jours du mois d'août, de plus de 200,000 hommes d'infanterie et de plus de 25,000 chevaux.

Le gros de l'armée française, chargé d'opérer contre Vérone, et composé des 4e et 2e corps et de la Garde Impériale, franchit le Mincio le 28 juin.

Le 4e corps en tête se dirigea sur Villafranca et arriva en face des avant-postes autrichiens. Il était flanqué en arrière et à gauche du 2e corps, à droite de la Garde, à la hauteur de Valeggio.

Le 1er corps suivit les Sardes, dont il formait la réserve. Le 3e corps s'établit à Goïto pour observer Mantoue jusqu'au moment de l'arrivée du 5e corps.

Le 28, l'Empereur avait son quartier-général à Goïto, d'où il dirigeait tous les mouvements préliminaires de siége.

Le même jour, les Sardes arrivèrent devant Peschiera et commencèrent immédiatement les travaux de retranchement sur la rive droite du Mincio.

Le 3 juillet, les Autrichiens, déjà passablement serrés par les Sardes, sortirent de Peschiera et firent bon nombre de prisonniers.

Les préparatifs de siége se faisaient sur la plus vaste échelle, et l'Europe, stupéfaite de la rapidité et de l'éclat des victoires des Français, était solennellement attentive au bruit du canon d'Italie, lorsque tout d'un coup elle reçut la dépêche suivante :

Valeggio, 11 juillet 1859.

« La paix est signée entre l'Empereur d'Autriche et moi.

» Les bases sont :

» Confédération italienne sous la présidence honoraire du Pape.

» L'Empereur d'Autriche cède ses droits sur la Lombardie à l'Empereur des Français, qui les remet au Roi de Sardaigne.

» L'Empereur d'Autriche conserve la Vénétie, mais elle fait partie intégrante de la Confédération italienne.

» Amnistie générale. »

Il est du devoir de l'historien stratégiste et tacticien de soumettre à un examen consciencieux cet acte négatif de stratégie, d'en déduire les motifs et de les apprécier avec impartialité.

On a articulé une foule de motifs qui auraient décidé l'Empereur à interrompre tout à coup, contre l'attente universelle, le cours d'une guerre si brillamment conduite et si féconde en résultats, à laisser son œuvre inachevée et à briser l'engagement qu'il avait contracté à la face de l'Europe, de délivrer l'Italie de la domination étrangère jusqu'à l'Adriatique : difficulté ou impossibilité de chasser les Autrichiens des forteresses de leur quadrilatère ; perspective de guerre avec l'Allemagne et la Prusse, et, par suite, de guerre générale ; danger de mettre en feu les ferments de la révolution partout frémissante ; probabilité ou certitude d'échouer dans ses vues d'organisation politique de l'Italie indépendante ; peu d'empressement des Italiens à se ranger sous les drapeaux sardes ; peu de concours efficace apporté par les Sardes à l'œuvre de délivrance ; désir de ménager le précieux sang de la France pour une cause étrangère, etc.

Nous tenons pour certain que ces motifs influèrent, à des degrés divers, sur le parti en apparence subit que prit l'Empereur de renoncer à son programme, qui devait lui paraître inviolable ; mais tous ne furent pas, à beaucoup près, déterminants.

La difficulté d'expulser les Autrichiens, même vaincus dans deux grandes batailles consécutives, était réelle et sérieuse, mais elle n'était pas insurmontable. Le quadrilatère n'avait jamais été forcé de front dans des circonstances analogues, et l'Empereur s'était spontanément privé de la faculté de le tourner de flanc droit et d'agir d'une manière combinée tout à la fois par voie de terre et par voie de mer ; à droite, le quadrilatère était efficacement protégé par la neutralité des États du Pape, reconnue par les deux parties belligérantes ; à gauche, il était à l'abri d'une attaque sérieuse par suite de l'engagement pris par l'Empereur de respecter les limites fédérales de l'Allemagne, par la nature essentiellement offensive et défensive du Tyrol, par le parti pris chez l'Empereur de localiser la guerre en Italie et de maintenir l'Autriche isolée, réduite à ses propres forces. Tout mettait en perspective un triple ou quadruple siége aussi long que pénible et meurtrier. L'action de l'armée de terre combinée avec celle de l'armée navale n'était possible que par la prise de Venise, et, si Venise était défendue avec intelligence et vigueur, la destruction de la reine de l'Adriatique était le prix de la victoire. Vérone, Mantoue et Peschiera étaient des forteresses qui ne pouvaient être prises qu'à la suite de bombardements répétés, pendant lesquels les assiégeants étaient exposés aux attaques du nord et de l'est, combinées avec les sorties des assiégés. Mais tous ces moyens de défense, dont la force, dans les cas historiquement analogues, paraît incontestable, étaient finalement impuissants pour neutraliser les effets des formidables engins de destruction que l'armée française avait à sa disposition et contre lesquels les engins autrichiens se brisaient comme le pot de terre contre le pot de fer. En effet, d'après des épreuves péremptoires, le canon de siége français à longue portée a une puissance de destruction quadruple au moins, quintuple au plus, du canon ordinaire, c'est-à-dire du canon autrichien. Il s'ensuit que, toutes choses égales d'ailleurs, la prise de chacune des quatre forteresses du quadrilatère était certaine après un bombardement d'une durée quatre à cinq fois moindre que l'unité de durée ordinaire. Nous écartons donc la difficulté ou prétendue impossibilité de réduire le quadrilatère autrichien comme motif principal et déterminant.

La crainte de déchaîner la révolution sur toute l'Europe, et sur l'Italie en particulier, n'était non plus qu'un motif très secondaire; car le fait seul de la guerre d'indépendance d'Italie était une invitation positive à tous les peuples de l'Europe mécontents de leurs gouvernements. D'ailleurs, l'appel solennel adressé par l'Empereur aux Italiens pour s'enrôler sous les drapeaux du roi de Sardaigne, et la formation d'une légion hongroise sous la conduite de Kossuth dans les États sardes, mettent ce motif à néant. La crainte de déchaîner la révolution pouvait être un motif pour ne pas commencer la guerre, pour l'éviter à tout prix; elle ne pouvait pas être une raison pour ne pas l'achever.

La nonchalance des Italiens à prendre les armes pour conquérir leur indépendance nationale, et l'insuffisance de l'armée sarde dans son rôle d'auxiliaire de l'armée française, étaient bien de nature à faire naître dans l'esprit de l'Empereur des doutes sur la capacité de l'Italie pour maintenir son indépendance conquise; mais, malgré la mollesse de cette coopération, les victoires de Magenta et de Solferino n'en étaient pas moins des gages acquis de nouveaux triomphes. Il s'ensuit que la conquête de la Vénétie était, en droit, aussi indépendante du concours et du patriotisme des Italiens que l'avait été celle de la Lombardie.

De tous ces motifs, deux seulement ont pu décider

l'Empereur à arrêter subitement le cours de ses victoires. C'est, d'une part, la crainte d'une guerre avec la Prusse et l'Allemagne, et, par suite, d'une guerre européenne; et, d'autre part, le peu de sympathie que les Italiens en général, et le gouvernement sarde en particulier, montraient, depuis le commencement de la guerre, pour le plan d'organisation politique de l'Italie conçu par l'Empereur.

Afin de faire comprendre le premier motif, nous sommes obligé de jeter un coup d'œil rapide sur les relations de la Prusse et de la Confédération germanique, en général, avec les puissances belligérantes.

La Prusse, à laquelle l'Autriche, dès le commencement de la guerre, avait, par déférence, abandonné la présidence de la Diète et la direction des intérêts fédéraux, avait, le 23 avril, le jour même de la signification de l'ultimatum de l'Autriche à Turin, proposé à la Diète germanique de tenir prêts à entrer en campagne tous les contingents fédéraux, et d'armer toutes les forteresses fédérales. Malgré cette mesure d'un caractère au moins défensif, le gouvernement prussien, qui blâmait l'Autriche d'avoir déclaré la guerre et mis l'Allemagne dans une fausse position pour une intervention armée, envoya, peu de temps après, à tous ses agents en Allemagne, une circulaire pour recommander instamment aux petits États de modérer leur ardeur et leur zèle en faveur de l'Autriche.

Dès le 1ᵉʳ mai, la Prusse, en contradiction avec sa circulaire et le blâme jeté à l'Autriche, mit sur le pied de guerre neuf de ses corps d'armée, au lieu de trois qu'elle avait à tenir prêts à marcher aux termes de la constitution fédérale. Cette conduite paraissait si équivoque aux gouvernements des petits États, qu'ils se demandaient si le déploiement insolite des forces prussiennes était une menace pour la France ou pour eux-mêmes ; bref, ils redoutaient que la Prusse n'aspirât à l'hégémonie de l'Allemagne, et ne voulût, le cas échéant, absorber les petits États allemands. La perte de la bataille de Magenta et cette attitude suspecte de la Prusse eurent pour effet de calmer un peu l'enthousiasme belliqueux de l'Allemagne.

Le 13 mai, le plénipotentiaire de Hanovre proposa à la Diète de former dans l'Allemagne méridionale un corps d'observation fédéral dans lequel entrerait le contingent de l'Autriche. Contre l'attente générale, le plénipotentiaire prussien protesta, séance tenante, contre cette proposition, qui, aux yeux de son gouvernement, pouvait attirer immédiatement la guerre sur le sol allemand. En même temps, il réserva expressément à la Prusse le jugement sur le moment opportun d'une intervention armée, ainsi que toute initiative pour les mesures militaires à prendre dans l'intérêt de la Confédération.

Cette attitude de la Prusse à la Diète de Francfort créa un antagonisme flagrant et périlleux entre les deux grandes puissances allemandes.

Dans le courant du mois de mai, le gouvernement prussien envoya le général Willisen à Vienne, dans le but ostensible d'amener une entente cordiale entre les deux cabinets.

Il est intéressant de faire connaître, autant que possible, la pensée de la Prusse et son plan d'intervention armée.

D'après les communications assez embrouillées faites à l'Autriche avant la bataille de Magenta, la Prusse, comme grande puissance européenne, conservait sa neutralité vis-à-vis de l'Autriche et de la France, et paraissait plus leur amie que leur ennemie; mais en sa qualité de grande puissance allemande, elle ne voulait intervenir par les armes qu'en cas d'attaque du territoire fédéral. Comme grande puissance européenne, elle devait prendre, au moment qui lui paraîtrait le plus opportun, l'initiative d'une médiation diplomatique de concert avec les autres grandes puissances neutres, et proposer comme base le maintien des possessions autrichiennes en Italie, c'est-à-dire de la Lombardie et de la Vénétie encore matériellement possédées par l'Autriche.

Comme membre principal de la Confédération germanique, la Prusse ne prendrait les armes qu'en cas d'attaque du territoire fédéral; car la Confédération est, par sa nature, essentiellement défensive. Mais il est essentiel qu'intervenant, soit comme grande puissance médiatrice, soit comme protectrice armée du domaine fédéral, la Prusse parle et paraisse à la tête de toutes les forces fédérales, sans que les États confédérés jouent d'autre rôle que celui d'alliés ou d'auxiliaires. C'est à cette seule condition que la Prusse peut espérer jeter un poids prépondérant dans la balance. L'Autriche doit se tenir à l'écart dans cette circonstance; car, si elle voulait être juge et partie dans la question, elle mettrait la Prusse et toute la Confédération dans une fausse position.

A ces propositions et insinuations de la Prusse, l'Autriche répondit que les intérêts fédéraux étaient sérieusement menacés, puisque le théâtre de la guerre s'étendait en droit et presque de fait jusqu'à la frontière de l'Allemagne méridionale, et que, par conséquent, le cas de défense allégué par la Prusse s'était réalisé, car une contre-attaque ne peut être regardée que comme une défense. D'ailleurs, la guerre d'Italie, disait l'Autriche, est une violation des traités européens; le principe invoqué par la France et la Sardaigne menace tous les États monarchiques fondés sur le principe opposé. Donc il faut que l'Allemagne, avec toutes ses forces fédérales et extra-fédérales, attaque immédiatement la France. Le but à atteindre intéresse non-seulement l'Autriche, mais tous les États, moins les deux adversaires de l'Autriche, et l'objectif ne peut être que Paris.

L'idée prussienne et l'idée autrichienne étaient aussi éloignées l'une de l'autre que les deux pôles.

La Prusse n'admettait l'établissement d'un grand corps d'observation allemand sur le Rhin qu'à la suite d'une grande bataille gagnée ou perdue par l'Autriche en Italie. Si les armes de l'Autriche, dit-elle, sont victorieuses à la première rencontre importante, la France voudra avoir une revanche éclatante; dans ce cas, la Prusse menacera sérieusement la frontière septentrionale de la France pour l'empêcher de réunir toutes ses forces contre l'Autriche. Si, au contraire, les armes autrichiennes subissaient un échec important, l'établissement du corps d'observation pourrait se trouver immédiatement justifié par suite du rapprochement vers le territoire fédéral du théâtre de la guerre d'Italie. Ce n'est qu'à la faveur de ces éventualités que la Prusse croyait pouvoir évincer ou désintéresser dans la question de la guerre, la Russie, alliée morale de la France et décidée à envahir l'Allemagne, si celle-ci prenait fait et cause pour l'Autriche. La Prusse faisait ainsi ressortir avec une complaisance pleine de séduction le magnifique rôle qu'elle conservait contre la France et contre la Russie, puissances qu'elle tenait également en échec par sa position expectante, le tout pour le plus grand bien de l'Autriche qui pouvait, sans danger aucun, concentrer toutes ses forces en Italie et accabler l'ennemi commun. Cette position, ajouta la Prusse, ne pourrait être compromise que par l'immixtion de l'Autriche dans les affaires fédérales. L'Autriche, en conservant la direction de la Confédération, rendrait celle-ci tout à la fois juge et partie dans la question de la guerre et de la paix, et neutraliserait la position de médiatrice armée de la Prusse.

Cette prétention de la Prusse provoqua les soupçons et les appréhensions de l'Autriche, et irrita ceux des petits Etats. *La Prusse ne veut pas que le contingent fédéral autrichien fasse partie du corps d'observation ; elle veut disposer à son gré des forces fédérales ; elle veut nous déconfédérer (entbünden),* disait l'Autriche.

Le général Willisen quitta Vienne le 29 mai, sans que la question délicate des rapports de l'Autriche et de la Prusse entre elles et avec la Confédération fût franchement abordée et résolue.

A cette époque, la Prusse ne promit plus à l'Autriche que de faire *son possible* pour le maintien des possessions autrichiennes en Italie. Cette promesse, quelque vague qu'elle soit, n'avait plus trait qu'à la Vénétie.

L'Autriche, qui sentait la Prusse glisser entre ses mains sans pouvoir la saisir, fit semblant de lui céder en tout. Elle croyait d'autant plus devoir prendre provisoirement cette position, que la Prusse, vers la fin de juin, mobilisa six de ses corps d'armée, la garde, le 3e, le 4e, le 5e, le 7e et le 8e corps, le premier ban de sa landwehr, et qu'elle fit adopter, le 2 juillet, par la Diète de Francfort, l'établissement d'une armée d'observation fédérale composée du 7e corps (Bavière) et du 8e (Wurtemberg, Bade et Hesse-Ducale), placée sous le commandement de la Bavière et destinée à compléter l'armée prussienne dite du bas Rhin et du moyen Rhin.

Le 4 juillet, la Prusse fit une nouvelle étape dans son mouvement dissimulé vers l'hégémonie de l'Allemagne. Elle demanda à la Diète de mettre à sa disposition une armée fédérale septentrionale (9e et 10e corps), et d'abandonner au gouvernement prussien le choix et la nomination du commandant en chef de toutes les forces fédérales. C'est le prince-régent de Prusse qui, de l'aveu de tous les organes officieux de la Prusse, devait être le général en chef de l'armée prussienne fédérale, dont le contingent autrichien devait être absolument exclu. La Prusse ne se lassait de répéter la même thèse : nécessité absolue pour elle d'agir, le cas échéant, comme grande puissance européenne médiatrice ; car autrement, elle se ferait, avec l'Allemagne, juge et partie belligérante : par la même raison, la nomination du général en chef fédéral devait appartenir à la Prusse.

Ces prétentions produisirent sur l'Autriche un effet tout contraire à celui que voulait produire la Prusse.

Le 3 juin, l'Autriche déclara à la Diète qu'elle tenait sur le pied complet de guerre et prête à entrer en campagne une armée fédérale de 131,000 Autrichiens, avec 4,000 chevaux et 180 pièces d'artillerie de campagne, 32,000 hommes de plus que son contingent obligé.

Sur ces entrefaites arrivèrent de Berlin à Vérone, du 14 au 23 juin, les notes qui firent croire à l'Autriche que le concours armé de la Prusse ne lui serait acquis que le jour où elle aurait remporté en Italie un avantage important. C'est sous l'empire de ces idées que l'Autriche précipita la bataille de Solferino.

A peine cette bataille fut-elle perdue, que l'Autriche envoya (3 juillet) à Berlin le prince de Windischgraetz, chargé de demander impérativement à la Prusse de joindre ses armes à celles de la Confédération. Elle ne demanda plus, comme elle avait fait jusqu'alors, que la Prusse lui garantît la possession de la Lombardie avant de se porter médiatrice de la paix ; mais elle engagea toute l'Allemagne, grands et petits États, à réunir leurs forces aux siennes contre l'ennemi commun.

Le 7 juillet, l'Autriche fit à la Diète la proposition de mobiliser immédiatement les contingents fédéraux, y compris le contingent autrichien, et de nommer le prince-régent de Prusse commandant en chef de l'armée fédérale, à la condition qu'il dépendît de la Diète, et fût responsable envers elle.

Cette responsabilité répugna à la Prusse, qui protesta à l'instant contre la proposition de l'Autriche.

De l'exposition qui précède il résulte que la Prusse n'était l'amie ni l'ennemie de la France, de l'Autriche, de l'Allemagne, de la Russie, ou de l'Italie. Pouvant du jour au lendemain sortir de la neutralité à son profit, elle croyait être maîtresse de la situation générale pour jeter au moment opportun, dans la balance, le poids de son épée; mais elle inspirait à toutes les puissances, et surtout à la France, la plus grande méfiance sur ses intentions.

La Prusse pouvait craindre que la France, victorieuse dans la dernière phase de la guerre, ne vînt ensuite à revendiquer les frontières du Rhin; car si la France brisait les forces de l'Autriche, bras droit des petits États allemands, toute l'Allemagne, y compris la Prusse, se trouvait considérablement affaiblie. Donc, si la Prusse doit faire éclater son complot militaire et politique, elle choisira le moment du siége des places fortes de la Vénétie.

L'Empereur, en prenant l'initiative de la paix de Villafranca, fit évanouir comme une ombre cette attitude menaçante de la Prusse, qui pouvait inopinément être investie du commandement absolu des forces allemandes ou accepter la proposition de l'Autriche. La conclusion de la paix après la victoire de Solferino fut un chef-d'œuvre de stratégie qui prévint une guerre générale, et mit toutes les puissances de l'Europe hors de cause avec la France.

L'Empereur avait sur l'Italie les seules vues d'organisation politique compatibles avec la justice, le respect des traités et l'équilibre européen. A ses yeux, la péninsule devait former une fédération d'États analogue à celle de l'Allemagne. La constitution fédérative, excellente pour la défense, n'est nullement menaçante pour l'indépendance des autres États. Alliée à la France, l'Italie unitaire est une menace pour l'Allemagne, l'Autriche et la Prusse, et alliée à une de ces puissances, elle est une menace pour la France. Une saine stratégie ne peut reconnaître qu'une union italienne sous la forme fédérative.

Or, depuis le commencement de la guerre, il devenait de plus en plus visible que les patriotes italiens n'avaient aucun goût pour la fédération. Le gouvernement sarde lui-même favorisait toutes les aspirations unitaires et marchait d'annexion en annexion. Après la victoire de Solferino, l'Empereur crut en avoir assez fait pour l'indépendance italienne, qui faisait fausse route, et, sans abandonner l'idée de fédération, il voulut arrêter l'Italie sur la pente fatale qui l'entraînait à sa ruine.

Il est certain que les forteresses de la Vénétie n'auraient pas résisté plus de six mois à nos canons ; mais ce laps de temps aurait suffi pour faire sortir la Prusse de sa neutralité suspecte, et pour généraliser la guerre.

Il importait par-dessus tout à l'Empereur de conjurer cette éventualité, dont les suites ne se trouvaient pas compensées par la réalisation de l'indépendance italienne. A défaut des obstacles apportés par les Italiens à l'exécution du plan d'organisation politique de l'Empereur, ce motif suffisait pour le décider à offrir la paix à l'Autriche, et à renoncer à la seconde partie de son programme.

Une prudente stratégie peut admettre une Italie fédérative, indépendante; mais elle ne conseillera jamais une Italie unitaire, monarchique ou républicaine.

Après la conduite tenue par la Prusse qui, de parti pris, neutralisait l'élan de l'Allemagne prête à voler au secours de l'Autriche, et qui paraissait n'attendre que le moment de la chute de sa rivale pour faire main basse sur sa succession, quel est l'homme de bon sens qui n'approuvât l'Autriche d'avoir accepté la paix à Villafranca au prix du sacrifice de la Lombardie? L'Autriche, en souscrivant sans hésitation aux propositions de l'Empereur, donna une preuve éclatante du retour de la sagesse séculaire qui l'avait momentanément abandonnée dans cette guerre, et, de plus, elle fit acte de stratégie intelligente en n'exposant pas à un siége fatal le réseau de ses forteresses vénitiennes qui forment une base d'opération et de défense inexpugnable contre l'Italie.

Nous avons considéré les différentes phases de cette campagne féerique, et presque fabuleuse au double point de vue de la Stratégie et de la Tactique générale appliquées par chacune des deux parties belligérantes. Il nous reste à résumer les principaux actes, positifs et négatifs, qui ont valu à l'une des deux parties ses sanglantes défaites, à l'autre ses brillants succès.

Du côté des Autrichiens, nulle trace de stratégie positive ou offensive. On peut distinguer, en fait, quatre époques principales où l'armée autrichienne aurait pu, par une offensive vigoureuse, avoir sur les alliés une supériorité incontestable et décidée.

1.° Tout l'espace de temps qui s'écoula du commencement d'avril au 20 mai 1859, période où les alliés engagés dans des marches longues et pénibles, étaient encore absents du futur théâtre de la guerre. L'armée autrichienne négligea cette occasion unique en son genre, par excès de prudence et de précaution, par crainte d'être coupée de sa base d'opération trop éloignée, la forte position de la Vénétie.

2° La seconde occasion est celle où les alliés, déjà arrivés sur le théâtre de la guerre, n'étaient pas encore concentrés, c'est-à-dire l'époque du 20 mai ou du combat de Montebello. L'armée autrichienne n'en profita pas, autant par crainte que par ignorance. Supposant les alliés assez nombreux et assez concentrés pour agir sur sa gauche et sur son centre, elle se borna à sonder l'ennemi avec des forces assez considérables pour remporter un avantage positif.

3° La troisième occasion est celle où les alliés, déjà arrivés et plus ou moins concentrés sur le théâtre de la guerre, exécutèrent un mouvement de conversion, de décentralisation, et prêtèrent ainsi le flanc aux manœuvres les plus variées, les plus ingénieuses et les plus fécondes. L'armée autrichienne est inexcusable d'avoir laissé échapper cette occasion, qui dura depuis le 20 mai jusqu'au 4 juin, journée de la bataille stratégique de Magenta.

4° La quatrième occasion est celle où les alliés étaient tout à la fois concentrés et avaient victorieusement effectué leur grand mouvement stratégique. Cette époque présente le caractère particulier d'un revirement stratégique et tactique opéré chez l'ennemi, qui, jusqu'alors retranché dans le modeste système de la défensive, passa, contre toute attente, à celui d'une offensive bien caractérisée sur un terrain dont tous les accidents lui étaient essentiellement favorables. L'armée autrichienne, qui avait manqué les trois premières occasions par défaut de stratégie active, ne voulut pas recevoir le démenti d'avoir laissé échapper la quatrième, et la bataille de Solferino vint, à son tour, mettre à l'épreuve sa tactique, qui se trouva n'avoir pas plus de consistance que sa stratégie. Jusqu'à la bataille de Solferino, l'armée autrichienne s'en tint à la défensive, lorsque tout lui commandait l'offensive, et elle n'éprouva que des revers : à l'époque du 24 juin, lorsque tout lui commandait la défensive dans son quadrilatère, elle prit l'offensive, pour en revenir forcément à la défensive dès qu'elle se trouva en contact avec l'ennemi, et elle fut encore battue ; de sorte que, de fait, cette armée, de gré ou de force, n'est jamais sortie du rôle passif de la défense.

Cette aversion pour l'offensive, tranchons le mot,

cette impuissance à manier le levier de l'offensive, aurait dû convaincre l'état-major autrichien que la seule position où il pût tirer le meilleur parti de l'aptitude de son armée, était le célèbre camp fortifié de la Vénétie. C'est jusque-là que l'armée autrichienne cantonnée dans le nord de la Lombardie ou dans le Piémont aurait dû reculer de position en position sans accepter de combat intermédiaire; car la perte d'une bataille est la mort d'une armée, et, fors l'honneur militaire, rien au monde, fût-ce le ciel des élus, ne peut compenser la perte d'une bataille.

Avouons cependant que cette armée, mieux commandée, était de taille à se mesurer avantageusement avec les Français et les Sardes. L'illustre prince Charles et le feld-maréchal Radetzky, son digne disciple, mis à la tête de l'armée autrichienne, commanderaient encore aujourd'hui le même respect qu'en 1797 et en 1848.

A parler absolument, la stratégie française a eu, selon nous, un caractère de simplicité et d'ingénuité, selon nos adversaires, un caractère de trivialité et de médiocrité dont la science n'enseigne pas la théorie et dont l'histoire n'offre qu'un petit nombre d'exemples analogues. La conduite militaire de l'Empereur, depuis le commencement d'avril 1859, époque où la probabilité de la guerre fit jour par jour un nouveau pas, jusqu'après la bataille de Magenta, ne présente aucune trace de stratégie usuelle. On est effrayé à la pensée du mal qu'auraient pu causer à notre armée les Autrichiens en prenant l'initiative d'une attaque vigoureuse pendant l'espace de deux mois entiers. Cette perspective, loin d'inquiéter l'Empereur, n'eut pour effet que de lui faire braver davantage son adversaire : le mouvement de conversion exécuté sur une ligne de 150 kilomètres, à la barbe de l'ennemi, est l'expression la plus exacte et la plus nette de l'idée qu'il se faisait du général en chef autrichien. Un soupçon de stratégie de plus aurait été inutile; un soupçon de moins aurait fait avorter le mouvement de conversion. C'est le sublime de la stratégie.

La stratégie française, en vue de la bataille de Solferino, était à peu près nulle, parce qu'il n'y avait pas d'apparence qu'une bataille pût être livrée entre la Chiese et le Mincio. Toutefois, l'Empereur avait compris qu'il était important de prendre position sur le terrain montueux situé au sud du Tyrol, idée qu'il réalisa tactiquement par la rupture du centre de l'armée autrichienne.

Quant à la tactique française, elle se dessine avec tous ses brillants attributs d'élan, d'agression, de rapidité, de concentration, etc., dès le combat de Montebello, et elle conserve son maximum d'intensité initial jusqu'à la fin de la campagne. Ce caractère ressort surabondamment du simple récit des faits.

Notons seulement l'immense supériorité de l'offensive sur la défensive. A Montebello, 16,000 Autrichiens attaquent 4,000 Français. Le général Forey prend l'offensive, et le général autrichien bat en retraite, croyant avoir 40,000 ennemis sur les bras. Sur le Naviglio, la 1re division de la Garde, six fois vaincue, tient bon contre des forces quadruples. A Solferino, la première armée autrichienne (Wimppfen), de six divisions, recule devant un seul corps français de trois divisions, s'imaginant avoir affaire à des forces supérieures. L'offensive décuple chaque homme. Que nos généraux ne se mettent jamais dans le cas d'être obligés de s'en tenir à la défensive, comme cela est arrivé sur le Naviglio : l'offensive toujours, l'offensive quand même! L'offensive doit d'autant plus s'identifier avec nous, que nos adversaires futurs ne s'en tiendront plus à la simple défensive, comme dans la campagne d'Italie.

Des deux actes principaux qui signalèrent la campagne d'Italie, la bataille de Magenta et celle de Solferino, le premier fut incontestablement le plus important, c'est-à-dire le plus funeste et le plus désastreux pour l'ennemi, le plus fécond et le plus décisif pour les alliés; car il assura la conquête de la Lombardie et fournit une base solide pour opérer celle de la Vénétie, tandis que la bataille de Solferino, qui avait mis l'armée autrichienne hors de combat et ouvert l'entrée du quadrilatère, laissa essentiellement intacte la question de la Vénétie et en livra la solution à de nouveaux hasards de guerre. Après la sanglante bataille livrée sur les bords du Mincio, l'armée autrichienne, abritée derrière des remparts de granit, avait encore autant d'aptitude pour se défendre qu'à la suite de la bataille de Magenta.

Il est donc prouvé une fois de plus, par le fait, que les batailles stratégiques seules sont décisives, et que la science stratégique l'emporte sur l'art tactique le plus heureusement appliqué.

L'idée politique qui a présidé à la guerre d'Italie, a une portée stratégique qu'il serait dangereux de méconnaître. Puisse cette idée, si brillamment servie par la France, la servir à son tour !

PIÈCES JUSTIFICATIVES.

I.

COMBAT DE MONTEBELLO.

1. — *Rapport officiel de M. le général* FOREY, *transmis par* S. Exc. le maréchal BARAGUEY D'HILLIERS *à* S. M. L'EMPEREUR.

Voghera, le 20 mai 1859 (minuit).

Monsieur le maréchal,

J'ai l'honneur de vous rendre compte du combat que ma division a livré aujourd'hui.

Averti, à midi et demi, qu'une forte colonne autrichienne, avec du canon, avait occupé Casteggio et avait repoussé de Montebello les grand'gardes de cavalerie piémontaise, je me suis porté immédiatement aux avant-postes sur la route de Montebello avec deux bataillons du 74°, destinés à relever deux bataillons du 84° cantonnés sur cette route, en avant de Voghera, à hauteur de la Madura.

Pendant ce temps, le reste de ma division prenait les armes; une batterie d'artillerie (6° du 8° régiment) marchait en tête.

Arrivé au pont jeté sur le ruisseau dit Fossazzo, extrême limite de nos avant-postes, je fis mettre en batterie une section d'artillerie, appuyée à droite et à gauche par deux bataillons du 84ᵉ, bordant le ruisseau avec leurs tirailleurs.

Pendant ce temps, l'ennemi avait poussé de Montebello sur Genestrello, et, ayant été informé qu'il se dirigeait sur moi en deux colonnes, l'une par la grande route, l'autre par la chaussée du chemin de fer, j'ordonnai au bataillon de gauche du 74ᵉ de couvrir la chaussée à Cascina-Nuova, et à l'autre bataillon de se porter à droite de la route, en arrière du 84ᵉ.

Ce mouvement était à peine terminé, qu'une vive fusillade s'engageait sur toute la ligne entre nos tirailleurs et ceux de l'ennemi, qui marchait sur nous, soutenant ses tirailleurs par des têtes de colonne débouchant de Genestrello. L'artillerie ouvrit son feu sur elles avec succès; l'ennemi y riposta.

J'ordonnai alors à ma droite de se porter en avant. L'ennemi se retira devant l'élan de nos troupes; mais, s'apercevant que je n'avais qu'un bataillon à la gauche de la route, il dirigea contre lui une forte colonne.

Grâce à la vigueur et à la fermeté de ce bataillon, commandé par le colonel Cambriels, et à des charges heureuses de la cavalerie piémontaise, admirablement conduite par le général de Sonnaz, les Autrichiens durent se retirer.

A ce moment, le général Blanchard, suivi du 98ᵉ et d'un bataillon du 91ᵉ (les deux autres étaient restés à Oriola, où ils ont eu un engagement), me rejoignait et recevait l'ordre d'aller relever le bataillon du 74ᵉ, chargé de défendre la chaussée du chemin de fer et de s'établir fortement à Cascina-Nuova.

Rassuré de ce côté, je poussai de nouveau ma droite en avant, et m'emparai, non sans une résistance sérieuse, de la position de Genestrello. Jugeant alors qu'en suivant avec le gros de l'infanterie la ligne des crêtes, et la route avec mon artillerie protégée par la cavalerie piémontaise, je m'emparerais plus facilement de Montebello, j'organisai ainsi mes colonnes d'attaque, sous les ordres du général Beuret :

Le 17ᵉ bataillon de chasseurs, soutenu par le 84ᵉ et le 74ᵉ, disposés en échelons, s'élancèrent sur la partie sud de Montebello, où l'ennemi s'était fortifié.

Il s'engagea alors un combat corps à corps dans les rues du village, qu'il fallut enlever maison par maison. C'est pendant ce combat que le général Beuret a été blessé mortellement à mes côtés.

Après une résistance opiniâtre, les Autrichiens durent céder devant l'élan de nos troupes, et, bien que vigoureusement retranchés dans le cimetière, ils se virent encore arracher à la baïonnette cette dernière position aux cris mille fois répétés de : *Vive l'Empereur!*

Il était alors six heures et demie ; je jugeai qu'il était prudent de ne pas pousser plus loin le succès de la journée, et j'arrêtai mes troupes derrière le mouvement de terrain sur lequel est situé le cimetière, garnissant la crête avec quatre pièces de canon et de nombreux tirailleurs qui refoulèrent les dernières colonnes autrichiennes dans Casteggio.

Peu de temps après, je vis les colonnes autrichiennes évacuer Casteggio, en y laissant une arrière-garde, et se retirer par la route de Casatisma.

Je ne saurais trop me louer, monsieur le maréchal, de l'entrain de nos troupes dans cette journée : tous, officiers, sous-officiers et soldats, ont rivalisé d'ardeur. Je n'oublierai pas non plus les officiers de mon état-major, qui m'ont parfaitement secondé.

J'aurai l'honneur de vous adresser ultérieurement les noms de ceux qui se sont le plus particulièrement distingués.

Je ne connais point encore le chiffre exact de nos pertes ; elles sont nombreuses, surtout en officiers supérieurs, qui ont payé largement de leur personne. Je les évalue approximativement au chiffre de 600 à 700 hommes tués ou blessés.

Celles de l'ennemi ont dû être considérables, à en juger par le nombre des morts trouvés, surtout dans le village de Montebello.

Nous avons fait environ 200 prisonniers, parmi lesquels se trouvent un colonel et plusieurs officiers. Plusieurs caissons d'artillerie sont également tombés en notre pouvoir.

Pour moi, monsieur le maréchal, je suis heureux que ma division ait été la première engagée avec l'ennemi. Ce glorieux baptême, qui réveille un des beaux noms de l'Empire, marquera, je l'espère, une de ses étapes signalées dans l'ordre de l'Empereur.

Le général commandant la 1re division du 1er corps,

Forey.

P. S. D'après les renseignements qui me viennent de tous côtés, les forces de l'ennemi ne sauraient être au-dessous de 15 à 18,000 hommes, et, si j'en croyais les rapports des prisonniers, elles dépasseraient de beaucoup ce chiffre.

2. — *Rapport du feldzeugmeister comte* Gyulai, *commandant la deuxième armée, à* Sa Majesté l'Empereur d'Autriche, *sur la reconnaissance de Montebello.*

Sire,

Je m'empresse de faire à Votre Majesté un rapport respectueux sur le premier combat important que les troupes de Votre Majesté ont livré dans la présente campagne. Comme il ressort déjà des premiers rapports incomplets, toutes les divisions de la vaillante armée de Votre Majesté, qui se sont trouvées en ligne, ont donné des preuves éclatantes de leur valeur et de leur persévérance. Ainsi que j'en ai informé, à la date du 19 mai, le premier aide-de-camp général de Votre Majesté, par voie télégraphique, j'ordonnai, le 20 mai dernier, une grande reconnaissance sur la rive droite du Pô, parce que les rapports des espions et les observations faites par nos avant-postes, le long de la Sesia et du Pô, avaient fait présumer que l'ennemi projetait de faire, avec des forces considérables, un mouvement dans la direction de Plaisance, en passant par Voghera. Dans la nuit du 19 au 20 mai, trois brigades furent dirigées par Pavie sur la tête de pont de Vaccarizza, où se trouvait déjà, comme garnison, la brigade Boer du 8ᵉ corps. J'avais placé, pour cette expédition, sous les ordres du commandant du 5ᵉ corps, le feld-maréchal-lieutenant Urban qui, par des courses faites précédemment, connaissait le terrain entre Stradella, Vaccarizza et Broni, et qui, dans ce but, stationnait entre la tête de pont de Vaccarizza et Broni, avec une brigade du 9ᵉ corps (général-major Braum) et sa propre division de réserve (général-major Schaaffgotsche). L'expédition commandée par le feld-maréchal-lieutenant comte Stadion se composait donc de la division Paumgarten (brigades Gaal, Bils et Prince de Hesse) du 5ᵉ corps, de la division Braum du 9ᵉ corps et de deux bataillons de la brigade Boer du 8ᵉ corps, ainsi que du régiment Hess en remplacement d'un régiment de la brigade Schaaffgotsche laissé à Plaisance.

Le feld-maréchal-lieutenant Stadion s'avança, le matin du 20, de la tête de pont. Le feld-maréchal-lieutenant Urban s'était avancé sur la route magistrale dans la direction de Casteggio, parcourant probablement les montagnes à gauche avec le 3ᵉ bataillon de chasseurs. Le feld-maréchal-lieutenant Paumgarten le suivit par la plaine, dirigeant la brigade Bils dans la direction de Casatisma, la brigade Gaal dans celle de Robecco. Leur réserve, composée de deux demi-bataillons, ainsi que du train d'artillerie, s'avança dans la direction de Barbaniello. La brigade Prince de Hesse formait l'aile droite et s'avança par Verrua sur Branduzzo. Le feld-maréchal-lieutenant Stadion avait ordonné que, de ces points qui furent atteints vers onze heures, l'attaque se ferait vers midi. A cet effet, le feld-maréchal-lieutenant Urban devait se rendre maître de Casteggio et de Montebello, afin d'avoir une base, pour de là menacer Voghera et forcer ainsi l'ennemi à se déployer. Le général-major Gaal, comme réserve, devait suivre le feld-maréchal-lieutenant Urban. L'ennemi s'étant hâté d'abandonner Montebello, celui-ci poussa au delà de ce village jusqu'à Genestrello. Là il rencontra des forces ennemies supérieures et une sanglante résistance, qui fut cependant vaincue par les vaillants chasseurs du 3ᵉ et du 4ᵉ bataillon des régiments Hess et don Miguel. Nos chasseurs, malgré des pertes nombreuses, se rendirent maîtres des hauteurs et de la ferme de Genestrello. Mais bientôt l'ennemi développa des forces tellement supérieures sans cesse accrues par de nouveaux renforts amenés par le chemin de fer, que le feld-maréchal-lieutenant Urban et la brigade Gaal qui, sur ces entrefaites, l'avaient suivi pour le soutenir, furent repoussés vers Montebello avec de grandes pertes, mais en combattant héroïquement. Pendant ce temps, le feld-maréchal-lieutenant Stadion avait appelé à Casteggio la brigade Bils et avait rapproché la brigade Prince de Hesse plus près de l'aile droite de la ligne de bataille.

L'ennemi développa des forces supérieures toujours croissantes contre le général-major Gaal, que le général Braum renforça du 1ᵉʳ bataillon Hess et du 1ᵉʳ bataillon Rossbach. Après une défense opiniâtre, Montebello fut évacué. L'ennemi, qui avait fait de plus grandes pertes et qui était tenu en échec par la belle tenue de nos troupes, de même que par la ligne de réserve de la brigade Bils prête à l'arrêter, ne continua pas plus loin sa poursuite. Le corps d'expédition, traversant Casteggio sans être beaucoup inquiété, atteignit la tête de pont à la nuit, et fut rappelé le 21 mai de grand matin sur la rive opposée du Pô. Il résulte des différents rapports qui n'ont pas encore pu être complétés, qu'à Genestrello il y avait en ligne, sous le commandement du feld-maréchal lieutenant Urban, le 3ᵉ bataillon de chasseurs, le 3ᵉ don Miguel, 2 bataillons Rossbach, le bataillon de grenadiers Hess, 2 pièces d'artillerie du calibre de 6, et 4 pièces du calibre de 12 du 8ᵉ régiment et 1 division de hussards Haller.

C'est à Genestrello que le combat fut le plus sanglant, que les pertes furent les plus grandes et les forces ennemies trois fois plus nombreuses que les nôtres. A Montebello furent engagés 2 1/2 compagnies de grenadiers Rossbach, 1 bataillon d'infanterie Hess, 2 bataillons d'infanterie archiduc Charles, le bataillon de frontières Liccans, 1 escadron de hussards Haller, 4 pièces d'artillerie du calibre de 6, et 2 du calibre de 12.

Une grande partie des troupes qui avaient été en ligne à Genestrello, se trouvèrent aussi engagées dans la retraite sur Montebello contre des forces doubles. Le prince de Hesse commandait le régiment Culoz, un bataillon Zobel, 4 pièces d'artillerie du calibre de 12, et 3 escadrons de uhlans.

Il y eut des engagements à Calcababbio et à Casane di Lausi. Plusieurs fois l'infanterie attaqua à la baïonnette la cavalerie ennemie et la repoussa. Plusieurs fois l'infanterie envoya sa première décharge à trente pas de distance aux escadrons ennemis, chargeant à fond de train. Les hussards et les uhlans rivalisèrent dans le choix judicieux de la manière de combattre propre à chacune des deux armes. L'artillerie s'avança tout près de l'ennemi et produisit des effets meurtriers, tout en subissant elle-même moins de pertes.

Il est à remarquer que nous avons eu peu de blessures faites par l'artillerie ennemie; presque partout ses coups passèrent par-dessus nos soldats trop rapprochés. L'infanterie de l'ennemi se distingua par son tir, mais nos officiers portent un jugement moins avantageux sur sa cavalerie qui, cédant partout à nos hussards et à nos uhlans, recula à toute attaque sérieuse. La liste de nos pertes complétera ce qui n'est indiqué que sommairement dans le rapport ci-dessus, relativement à la part plus ou moins grande que les différentes divisions prirent au combat.

Le bruit du canon avait aussi attiré dans la direction de Casteggio le feld-maréchal-lieutenant Crenneville qui stationnait à Broni, avec une partie de la brigade Fehlmayer. Le feld-maréchal Stadion lui fit prendre position près de Borgo-San-Giuletta pour recevoir, en cas de besoin, la brigade Bils qui était chargée de couvrir la retraite. Il résulte du rapport que j'ai reçu qu'il n'y eut pas de poursuite et que le feld-maréchal-lieutenant Crenneville retourna encore le soir à Stradella. Le général major prince de Hesse couvrit avec une égale circonspection le flanc droit pendant le mouvement en avant et pendant la retraite. Du côté de l'ennemi, il paraît que tout le corps d'armée de Baraguey d'Hilliers et une brigade piémontaise s'étaient trouvés en ligne. D'après les rapports, furent engagés de fait 12 régiments d'infanterie, plusieurs bataillons de chasseurs, un régiment de cavalerie français, une brigade piémontaise et le régiment de cavalerie piémontais Novare. Les réserves étaient nombreuses et augmentaient à chaque instant.

Le feld-maréchal-lieutenant Stadion évalue le nombre des ennemis au chiffre de 40,000 hommes au moins. Je considère donc l'observation qui se déduit de la reconnaissance en question et qui confirme l'excellence de la position que j'occupe, comme un résultat précieux qui n'a pas été trop chèrement acheté, malgré les sacrifices qu'il nous a coûtés(1).

Quartier-général de Garlasco, le 23 mai 1859.

GYULAI, Feldzeugmeister.

(1) L'état des pertes des Autrichiens, joint au Rapport du général Gyulai, donne 294 tués, 718 blessés et 283 absents.

II.

PASSAGE DU TESSIN ET BATAILLE DE MAGENTA.

Quartier-général de San Martino, le 5 juin 1859.

L'armée française, réunie autour d'Alexandrie, avait devant elle de grands obstacles à vaincre. Si elle marchait sur Plaisance, elle avait à faire le siége de cette place et à s'ouvrir de vive force le passage du Pô, qui en cet endroit n'a pas moins de 900 mètres de largeur, et cette opération si difficile devait être exécutée en présence d'une armée ennemie de plus de 200,000 hommes.

Si l'Empereur passait le fleuve à Valenza, il trouvait l'ennemi concentré sur la rive gauche à Mortara, et il ne pouvait l'attaquer dans cette position que par des colonnes séparées, manœuvrant au milieu d'un pays coupé de canaux et de rizières. Il y avait donc des deux côtés un obstacle presque insurmontable, l'Empereur résolut de le tourner, et il donna le change aux Autrichiens en mettant son armée sur la droite et en lui faisant occuper Casteggio et même Robbio sur la Trebia.

Le 31 mai, l'armée reçut l'ordre de marcher par la gauche, et franchit le Pô à Casale, dont le pont était resté en notre possession; elle prit aussitôt la route de Verceil où le passage de la Sesia fut opéré pour protéger et couvrir notre marche rapide sur Novare. Les efforts de l'armée furent dirigés vers la droite sur Robbio; et deux combats glorieux pour les troupes sardes, livrés de ce côté, eurent encore pour effet de faire croire à l'ennemi que nous marchions sur Mortara. Mais pendant ce temps, l'armée française s'était portée vers Novare, et elle y avait pris position sur le même emplacement où dix ans auparavant le roi Charles-Albert avait combattu. Là, elle pouvait faire tête à l'ennemi ; s'il se présentait.

Ainsi, cette marche hardie avait été protégée par 100,000 hommes campés sur notre flanc droit à Olengo, en avant de Novare. Dans ces circonstances, c'était donc à la réserve que l'Empereur devait confier l'exécution du mouvement qui se faisait en arrière de la ligne de bataille.

Le 2 juin, une division de la Garde Impériale fut dirigée vers Turbigo, sur le Tessin, et, n'y trouvant aucune résistance, elle y jeta trois ponts.

L'Empereur, ayant recueilli des renseignements qui s'accordaient à lui faire connaître que l'ennemi se retirait sur la rive gauche du fleuve, fit passer le Tessin en cet endroit par le corps d'armée du général de Mac-Mahon, suivi le lendemain par une division de l'armée sarde.

Nos troupes avaient à peine pris position sur la rive lombarde, qu'elles y furent attaquées par un corps autrichien venu de Milan par le chemin de fer. Elles le repoussèrent victorieusement sous les yeux de l'Empereur. Dans la même journée du 2 juin, la division Espinasse s'étant avancée sur la route de Navare à Milan jusqu'à Trecate, d'où elle menaçait la tête de pont de Buffalora, l'ennemi évacua précipitamment les retranchements qu'il avait établis sur ce point, se replia vers la rive gauche en faisant sauter le pont de pierre qui traverse le fleuve en cet endroit. Toutefois, l'effet de ses fourneaux de mine ne fut pas complet, et les deux arches de pont qu'il s'était proposé de renverser, s'étant seulement affaissées sur elles-mêmes sans s'écrouler, le passage ne fut pas interrompu.

La journée du 4 avait été fixée par l'Empereur pour la prise de possession définitive de la rive gauche du Tessin. Le corps d'armée du général de Mac-Mahon, renforcé de la division de voltigeurs de la Garde Impériale et suivi de toute l'armée du roi de Sardaigne, devait se porter de Turbigo sur Buffalora et Magenta, tandis que la division des grenadiers de la Garde Impériale s'emparerait de la tête du pont de Buffalora sur la rive gauche, et que le corps d'armée du maréchal Canrobert s'avancerait sur la rive droite pour passer le Tessin au même point.

L'exécution de ce plan d'opérations fut troublée par quelques-uns de ces incidents avec lesquels il faut compter à la guerre. L'armée du roi fut retardée dans son passage de la rivière, et une seule de ses divisions put suivre d'assez loin le corps du général de Mac-Mahon.

La marche de la division Espinasse souffrait aussi des retards, et, d'un autre côté, lorsque le corps du maréchal Canrobert sortit de Novare pour rejoindre l'Empereur, qui s'était porté de sa personne à la tête du pont de Buffalora, ce corps trouva la route tellement encombrée qu'il ne put arriver que fort tard au Tessin.

Telle était la situation des choses, et l'Empereur attendait, non sans anxiété, le signal de l'arrivée du corps du général de Mac-Mahon à Buffalora, lorsque, vers les deux heures, il entendit de ce côté une fusillade et une canonnade très vives : le général arrivait.

C'était le moment de le soutenir en marchant vers Magenta. L'Empereur lança aussitôt la brigade de Wimpffen contre les positions formidables occupées par les Autrichiens en avant du pont; la brigade Cler suivit le mouvement. Les hauteurs qui bordent le Naviglio (grand canal) et le village de Buffalora, furent promptement emportés par l'élan de nos troupes; mais elles se trouvèrent alors en face de masses considérables qu'elles ne purent enfoncer et qui arrêtèrent leurs progrès.

Cependant le corps d'armée du maréchal Canrobert ne se montrait point, et, d'un autre côté, la canonnade et la fusillade qui avaient signalé l'arrivée du général Mac-Mahon, avaient complétement cessé. La colonne du général avait-elle été repoussée, et la division des grenadiers de la Garde allait-elle avoir à soutenir, à elle seule, tout l'effort de l'ennemi?

C'est ici le moment d'expliquer la manœuvre que les Autrichiens avaient faite. Lorsqu'ils eurent appris, dans la nuit du 2 juin, que l'armée française avait surpris le passage du Tessin à Turbigo, ils avaient fait repasser rapidement ce fleuve, à Vigevano, par trois de leurs corps d'armée, qui brûlèrent les ponts derrière eux. Le 4 au matin, ils étaient devant l'Empereur au nombre de 125,000 hommes, et c'est contre ces forces si disproportionnées que la division des grenadiers de la Garde avec laquelle se trouvait l'Empereur, avait seule à lutter dans cette circonstance critique. Le général Regnaud de Saint-Jean-d'Angély fit preuve de la plus grande énergie, ainsi que les généraux qui commandaient sous ses ordres. Le général de division Mellinet eut deux chevaux tués sous lui ; le général Cler tomba mortellement frappé ; le général de Wimpffen fut blessé à la tête ; les commandants Desmé et Maudhuy, des grenadiers de la Garde, furent tués ; les zouaves perdirent 200 hommes, et les grenadiers subirent des pertes non moins considérables.

Enfin, après une longue attente de quatre heures, pendant laquelle la division Mellinet soutint sans reculer les attaques de l'ennemi, la brigade Picard, le maréchal Canrobert en tête, arriva sur le lieu du combat. Peu après parut la division Vinoy, du corps du général Niel, que l'Empereur avait fait appeler, puis enfin les divisions Renault et Trochu du maréchal Canrobert.

En même temps, le canon du général de Mac-Mahon se faisait de nouveau entendre dans le lointain. Le corps du général, retardé dans sa marche, et moins nombreux qu'il n'aurait dû l'être, s'était avancé en deux colonnes sur Magenta et Buffalora.

L'ennemi ayant voulu se porter entre ces deux colonnes pour les couper, le général de Mac-Mahon avait rallié celle de droite sur celle de gauche vers Magenta, et c'est ce qui explique comment le feu avait cessé, dès le début de l'action, du côté de Buffalora.

En effet, les Autrichiens, se voyant pressés sur leur front et sur leur gauche, avaient évacué le village de Buffalora et porté la plus grande partie de leurs forces contre le général de Mac-Mahon, en avant de Magenta. Le 45ᵉ de ligne s'élança avec intrépidité à l'attaque de la ferme de Cascina-Nuova, qui précède le village, et qui était défendue par deux régiments hongrois. 1,500 hommes de l'ennemi y déposèrent les armes, et le drapeau fut enlevé sur le cadavre du colonel. Cependant la division de La Motterouge se trouvait pressée par des forces considérables qui menaçaient de la séparer de la division Espinasse. Le général de Mac-Mahon avait disposé en seconde ligne les treize bataillons des voltigeurs de la Garde, sous le commandement du brave général Camou, qui, se portant en première ligne, soutint au centre les efforts de l'ennemi et permit aux divisions de La Motterouge et Espinasse de reprendre vigoureusement l'offensive.

Dans ce moment d'attaque générale, le général Auger, commandant l'artillerie du 2ᵉ corps, fit mettre en batterie, sur la chaussée du chemin de fer, quarante bouches à feu, qui, prenant en flanc et d'écharpe les Autrichiens défilant en grand désordre, en firent un carnage affreux.

A Magenta, le combat fut terrible. L'ennemi défendit ce village avec acharnement. On sentait de part et d'autre que c'était là la clef de la position. Nos troupes s'en emparèrent maison par maison, en faisant subir aux Autrichiens des pertes énormes. Plus de 10,000 des leurs furent mis hors de combat, et le général de Mac-Mahon leur fit environ 5000 prisonniers, parmi lesquels un régiment tout entier, le 2ᵉ chasseurs à pied, commandé par le colonel Hauser. Mais le corps du général eut lui-même beaucoup à souffrir. 1,500 hommes furent tués ou blessés. A l'attaque du village, le géneral Espinasse et son officier d'ordonnance, le lieutenant Froidefond, étaient tombés frappés à mort. Comme eux, à la tête de leurs troupes, étaient tombés les colonels Drouhot, du 65ᵉ de ligne, et de Chabrière, du 2ᵉ régiment étranger.

D'un autre côté, les divisions Vinoy et Renault faisaient

des prodiges de valeur sous les ordres du maréchal Canrobert et du maréchal Niel. La division Vinoy, partie de Novare dès le matin, arrivait à peine à Trecate, où elle devait bivouaquer, quand elle fut appelée par l'Empereur. Elle marcha au pas de course jusqu'à Ponte di Magenta, en chassant l'ennemi des positions qu'il occupait et en lui faisant plus de 1,000 prisonniers; mais, engagée avec des forces supérieures, elle eut à subir beaucoup de pertes : 11 officiers furent tués et 50 blessés, 650 sous-officiers et soldats furent mis hors de combat. Le 85ᵉ de ligne eut surtout à souffrir : le commandant Delort, de ce régiment, se fit bravement tuer à la tête de son bataillon, et les autres officiers supérieurs furent blessés. Le général de Martimprey fut atteint d'un coup de feu en conduisant sa brigade.

Les troupes du maréchal Canrobert firent aussi des pertes regrettables. Le colonel de Senneville, son chef d'état-major, fut tué à ses côtés ; le colonel Charlier, du 90ᵉ, fut mortellement atteint de cinq coups de feu, et plusieurs officiers de la division Renault furent mis hors de combat, pendant que le village de Ponte di Magenta était pris et repris sept fois de suite.

Enfin, vers huit heures et demie du soir, l'armée française restait maîtresse du champ de bataille, et l'ennemi se retirait en laissant entre nos mains quatre canons, dont un pris par les grenadiers de la Garde, deux drapeaux et 7,000 prisonniers. On peut évaluer à 20,000 environ le nombre des Autrichiens mis hors de combat. On a trouvé sur le champ de bataille 12,000 fusils et 30,000 sacs.

Les corps autrichiens qui ont combattu contre nous, sont ceux de Clam-Gallas, Zobel, Schwartzenberg et Lichtenstein. Le feld-maréchal Gyulai commandait en chef.

Ainsi, cinq jours après le départ d'Alexandrie, l'armée avait livré trois combats, gagné une bataille, débarrassé le Piémont des Autrichiens et ouvert les portes de Milan. Depuis le combat de Montebello, l'armée autrichienne a perdu 25,000 hommes, tués ou blessés, 10,000 prisonniers et 17 canons.

III.

BATAILLE DE MAGENTA.

1. — *Rapport du général* REGNAUD DE SAINT-JEAN-D'ANGÉLY, *commandant en chef la Garde Impériale.*

Au pont de San-Martino, le 5 juin 1859.

Sire,

D'après les ordres de Votre Majesté, la 2ᵉ brigade de grenadiers de la Garde, sous le commandement du général de Wimpffen, est partie de Trecate, le 4 juin à huit heures du matin, pour aller occuper la tête de pont de San-Martino, qui se trouvait évacuée par les Autrichiens. Ceux-ci, en opérant leur retraite la veille, avaient tenté de faire sauter le pont du Tessin. Mais cette opération avait mal réussi, et, bien que deux arches fussent fortement endommagées, elles étaient cependant encore praticables aux fantassins et même à l'artillerie en faisant quelques réparations.

Les grenadiers traversèrent le pont et allèrent reconnaître la rive opposée, sur laquelle l'ennemi ne montrait que peu de forces.

A dix heures du matin, la brigade du général Cler, deux escadrons de chasseurs à cheval de la Garde sous les ordres du général Cassaignolles, trois batteries d'artillerie à pied, et deux batteries d'artillerie à cheval, se mirent en marche de Trecate pour se rendre à la tête de pont de San-Martino, où les troupes arrivèrent à onze heures et demie.

A ce moment, il y eut quelques coups de canons et de fusils échangés entre les Autrichiens et deux bataillons du général de Wimpffen, appuyés par une section d'artillerie à pied. Les tirailleurs autrichiens et quelques pièces qu'ils avaient montées furent rejetés au delà du pont du Naviglio. Vers une heure de l'après-midi, j'ordonnai de cesser ce combat sans objet, et il n'y eut plus que de rares coups de fusils échangés entre nos grenadiers, qui s'étaient rapprochés du pont de San-Martino, et les tirailleurs ennemis, qui avaient réoccupé leurs anciennes positions en avant du pont du Naviglio.

A une heure et demie, Votre Majesté entendit la canonnade engagée vers la droite de la position de l'ennemi, et en conclut que le corps d'armée du général de Mac-Mahon et la division de voltigeurs de la Garde aux ordres du général Camou avaient exécuté leur mouvement tournant.

Laisser ce corps d'armée seul aux prises avec toutes les forces ennemies eût pu rendre plus difficile, ou même indécis le résultat de l'attaque si bien combinée du général de Mac-Mahon. Afin de diviser l'attention et les forces de l'ennemi, Votre Majesté, connaissant la prochaine arrivée des corps du général Niel et du maréchal Canrobert, ordonna à la division de grenadiers de la Garde, forte de moins de 5,000 hommes, d'attaquer de front la position de l'ennemi.

Cette position forme un vaste demi-cercle de collines appuyant sa droite au village de Buffalora, son centre à Magenta et sa gauche à Robecco. Toute cette ligne est couverte par un canal large et profond, le Naviglio Grande, coulant à mi-côte, entre deux digues fort escarpées, et franchissables seulement sur trois ponts vis-à-vis les trois villages. En avant et en arrière du pont de Magenta, se trouvent quatre grandes maisons de granit (les bâtiments de la station et de la douane); ces maisons, occupées par l'ennemi défendaient l'approche du canal et empêchaient ensuite de le franchir.

Le terrain à droite et à gauche de la grande route qui mène du pont de San-Martino à celui de Magenta est coupé de fossés remplis d'eau et de rizières inondées qui rendaient très difficile la marche de l'infanterie en dehors de la route. A gauche, une chaussée étroite conduit au pont de Buffalora;

à droite, la levée du chemin de fer mène à celui de Robecco. Pour enfermer cette formidable position, je fis attaquer à gauche le village de Buffalora par le 2ᵉ de grenadiers sous les ordres du colonel d'Alton, et je fis marcher à droite sur la chaussée du chemin de fer le 3ᵉ de grenadiers commandé par le colonel Metman. Le régiment de zouaves fut massé dans un pli de terrain près de la grande route, et mis à l'abri du feu de l'ennemi; la route elle-même, à la hauteur des zouaves, fut occupée par deux pièces d'artillerie qui soutenaient avec avantage le feu de l'artillerie ennemie.

A droite, le 3ᵉ de grenadiers, dirigé par le général de Wimpffen, enleva à l'ennemi une redoute qui couvrait le pont de Robecco, le rejeta au delà du canal, et, grâce à la vigueur de ce régiment, tous les efforts faits par les Autrichiens pour reprendre ce poste important, furent victorieusement repoussés pendant le reste de la journée.

Une fois ce poste enlevé, le lieutenant-colonel de Tryon, avec un bataillon du 3ᵉ grenadiers, se jeta rapidement à gauche et vint attaquer les deux premières maisons qui couvraient l'approche du pont de Magenta; après une vive fusillade il parvint à s'en emparer, mais sa troupe était trop faible pour déboucher du pont, qui était vigoureusement défendu par des forces très supérieures. Alors les zouaves commandés par le colonel Guignard, et dirigés par le général Cler, appuyèrent l'attaque du 3ᵉ grenadiers, forcèrent le passage du pont, s'établirent dans la maison de droite et durent lutter quelque temps encore avant d'enlever la maison de gauche, d'où partait une fusillade meurtrière. Enfin, après une demi-heure d'un combat opiniâtre, ce poste fut enlevé de vive force, et rien ne s'opposa plus au libre passage du pont.

Peut-être eût-il été prudent de s'arrêter à ce succès et de se borner à la possession de cette sorte de tête de pont en attendant l'arrivée des corps du général Niel et du maréchal Canrobert; cette mesure était d'autant plus nécessaire que le général de Mac-Mahon avait suspendu son attaque; mais, entraînées par leur fougue habituelle, nos troupes, à peine fortes de trois bataillons, sortirent du poste qu'elles avaient conquis et se portèrent sur Magenta, centre de la position ennemie. Bientôt elles se trouvèrent en présence de forces supérieures, et des colonnes ennemies, couvertes de tirailleurs, vinrent menacer leur droite et leur gauche. A ce moment, le général de Cassaignolles, à la tête de 110 chasseurs de la Garde, chargea à plusieurs reprises et avec une remarquable énergie sur la gauche, et, malgré la difficulté du terrain planté d'arbres et de vignes, il parvint à sabrer les tirailleurs ennemis et à arrêter la marche offensive de ses colonnes.

Mais l'ennemi, favorisé par la nature du terrain peu praticable à la cavalerie, reprit bientôt l'offensive, et le faible détachement de chasseurs de la Garde se retira entre les deux maisons qui forment la tête du pont de Magenta, où il fut bientôt rejoint par l'artillerie et l'infanterie qui s'étaient portées sur le centre de la position ennemie.

Les deux fermes, à droite et à gauche du pont, furent fortement occupées par le 3e de grenadiers et les zouaves; la cavalerie fut renvoyée au delà du pont.

Il était quatre heures du soir, l'ennemi se croyait victorieux.

Il importait au succès de la journée de conserver le débouché du pont sur le Naviglio, pour permettre aux corps d'armée du général Niel et du maréchal Canrobert d'aborder l'ennemi aussitôt qu'ils arriveraient.

Votre Majesté ordonna de défendre le poste avec la plus grande énergie, en attendant l'arrivée des renforts qui approchaient. Les ordres de Votre Majesté furent exécutés : les zouaves, les grenadiers du 3e, ainsi que ceux du 1er régiment, qui étaient venus les soutenir, résistèrent à toutes les attaques dans les postes qui leur étaient confiés.

Vers cinq heures du soir, la brigade Picard parut à portée du pont; les grenadiers et les zouaves, reprenant alors l'offensive, s'élancent à la baïonnette, repoussent encore une fois l'ennemi vers Magenta, et assurent un libre débouché aux deux corps d'armée qui arrivaient. La division Vinoy, du corps Niel, entra alors en action. Les opérations du général Niel furent secondées par les feux de l'artillerie de la Garde, dirigés avec habileté sur les réserves ennemies abritées derrière les villages de Castello, de Barsi et de Robecco.

Pendant les opérations dont je viens de rendre compte, le régiment du colonel d'Alton s'était emparé de Buffalora, vigoureusement défendu, et, secondé par le 73ᵉ de ligne du corps d'armée du général de Mac-Mahon, il s'y était maintenu jusqu'à la fin de la journée contre l'attaque de forces supérieures.

Tous les régiments de la division Mellinet, la cavalerie et l'artillerie, ont dignement fait leur devoir. Toutefois l'enlèvement d'une position que l'art et la nature semblaient rendre inexpugnable, position défendue par des forces très supérieures en nombre, n'a pu être obtenu qu'au prix de pertes considérables. Parmi les pertes les plus regrettables, je dois signaler à Votre Majesté celle du brave général Cler, officier du plus grand mérite, qui a reçu la mort en menant les zouaves à la charge.

Dans l'attaque de Buffalora par le 2ᵉ de grenadiers, les commandants de Maudhuy et Desmé de Lisle ont trouvé une mort glorieuse; le général Wimpffen, en conduisant l'attaque de droite, a été légèrement blessé à la figure.

Le général Mellinet, qui, pendant tout le cours de l'action, m'a secondé avec une rare valeur, a eu deux chevaux tués sous lui.

Je mettrai plus tard sous les yeux de Votre Majesté les noms des officiers qui se sont fait le plus remarquer et qui me paraissent plus particulièrement dignes de récompenses.

Bien que M. le général Lebœuf ne soit pas sous mon commandement, je manquerais à un devoir si je ne signalais pas l'énergique assistance que cet officier-général m'a prêtée en dirigeant le feu de mon artillerie pendant le plus chaud de l'action. Son zèle seul l'amenait au milieu de nous : c'est un officier-général qu'on est sûr de rencontrer partout où se présente le danger.

Le général commandant en chef la Garde Impériale,
REGNAUD DE SAINT-JEAN-D'ANGÉLY.

2. — *Rapport du général* DE MAC-MAHON, *commandant en chef le 2ᵉ corps.*

Au quartier-général à Magenta, le 6 juin 1859.

Sire,

Hier j'ai eu l'honneur d'adresser à Votre Majesté un premier rapport succinct sur les opérations du 2ᵉ corps dans la journée du 4 ; je le complète ce matin, ayant reçu les rapports particuliers des commandants de division.

Conformément aux ordres de Votre Majesté, le 2ᵉ corps et la division des voltigeurs de la Garde Impériale ont quitté Turbigo le 4, à dix heures du matin, pour se porter sur Magenta. La 1ʳᵉ division du 2ᵉ corps (division de La Motterouge) est partie de Turbigo par Robecchetto, Malvaggio, Casate et Buffalora, pendant que la division Espinasse se dirigeait sur le même point par Buscate, Inveruno, Mesero et Marcallo.

La division Camou, des voltigeurs de la Garde, marchait dans les traces de la division de La Motterouge. Arrivé à Cuggiono, je m'aperçus que la tête de cette division (il était midi environ) avait l'ennemi devant elle à Casate. Les renseignements que j'ai recueillis dans la journée d'hier indiquent qu'il y avait sur ce point deux régiments autrichiens.

Je les fis attaquer sur-le-champ par le régiment de tirailleurs algériens. Le village étant enlevé, ce régiment s'établit à 200 mètres en avant. Je le fis arrêter sur ce point, et je fis déployer la 1re division, la droite à la Cascina-Valizia, la gauche vers la Cascina-Malastalla, pendant que l'ennemi, de son côté, réunissait des forces à Buffalora et à Cascina-Guzzafame.

Il m'était démontré, par les dispositions que prenait l'ennemi, que j'allais avoir devant moi des forces considérables.

Pendant que la division de La Motterouge formait sa ligne de bataille, je faisais avancer la division de voltigeurs de la Garde en seconde ligne. Cette division était composée de 13 bataillons, ceux-ci par bataillons en masse, à intervalles de déploiement.

Sur ma gauche, je faisais dire au général Espinasse de hâter son mouvement sur Mesero et Marcallo.

Vers deux heures, cet officier-général m'informait qu'il avait lui-même l'ennemi devant lui à Marcallo.

Je lui prescrivis aussitôt d'enlever ce village, puis de s'établir, sa gauche appuyée à Marcallo, sa droite dans la direction de Cascina-Guzzafame. Dès que j'eus la certitude que ces dispositions préparatoires étaient achevées, je fis attaquer vigoureusement Buffalora par la division de La Motterouge, soutenue par la division Camou.

La position de Buffalora, si les renseignements que j'ai reçus sont exacts, se trouvait occupée par 15,000 Autrichiens, ayant en arrière d'eux, entre Buffalora et Magenta, un corps de 20,000 hommes.

L'ennemi avait sur son front, devant le village de Buffalora, une forte batterie d'artillerie et une batterie de fuséens.

La position fut attaquée vigoureusement par le régiment de tirailleurs indigènes et le 45e de ligne, pendant que les grenadiers de la Garde, débouchant par San-Martino, attaquaient également Buffalora et obligeaient l'ennemi à battre en retraite vers Magenta.

Le village de Buffalora étant dépassé par mes troupes, je fis sur-le-champ un quart de conversion à gauche pour former une ligne de bataille appuyée, la droite au chemin de

Buffalora à Magenta, la gauche à Cascina-Nuova, se ralliant de ce côté avec la division Espinasse, vers Marcallo.

Dès que la division de La Motterouge eut achevé de prendre son ordre de bataille et que la division Camou eut débouché sur la gauche de Buffalora, je fis marcher directement toute la ligne sur Magenta, alors très fortement occupé par l'ennemi.

A Cascina-Nuova, le 45ᵉ de ligne s'engagea, avec la plus grande intrépidité, contre les forces qui s'étaient établies dans l'intérieur et autour de cette grande ferme. Deux régiments hongrois, qui défendaient cette position, furent obligés de céder à notre élan : 1,500 hommes environ déposèrent les armes. Un drapeau fut enlevé par le 45ᵉ sur le cadavre du colonel d'un de ces régiments.

Le mouvement se prolongeant en avant vers Cascina-Guzzafame, la division de La Motterouge se trouva avoir devant elle des forces considérables qui manœuvraient dans l'intention évidente de s'opposer à la jonction de mes deux divisions et d'isoler complétement la division Espinasse.

En ce moment, je ralentis un peu le mouvement de la division de La Motterouge, laissant seulement ses tirailleurs s'engager avec l'ennemi, afin de donner le temps aux bataillons de la division de se former en bon ordre, et aux 13 bataillons de la division Camou de prendre également leur ligne de bataille à 200 mètres en arrière de la division de La Motterouge.

Ceci fait, j'ordonnai au général de La Motterouge de faire effort sur Magenta et de faire prendre pour point de direction à tous ses bataillons le clocher de cette ville, en menaçant par son extrême droite, composée du 45ᵉ, la droite de l'ennemi.

Pendant ce temps, la division Espinasse, marchant de Marcallo par Cascina-Medici, abordait l'ennemi par sa droite. Le mouvement convergent des deux divisions s'opéra avec un ensemble et un élan des plus remarquables. La division de La Motterouge, se sentant appuyée par les voltigeurs de la Garde, et ceux-ci ayant en avant une première ligne formée de régiments dont ils connaissaient toute l'ardeur, les deux troupes rivalisèrent d'entrain pour concourir au même but. L'acharnement de l'ennemi dans Magenta fut extrême. Des deux côtés on sentait que Magenta était réellement la clef de la position. Dans ce mouvement d'attaque générale, le général Auger, commandant l'artillerie du 2e corps, avait suivi le mouvement de la division de La Motterouge, établissant successivement les batteries de cette division et celles de la réserve sur la droite de ma ligne de bataille, afin de répondre vigoureusement à l'artillerie ennemie établie au débouché de la ville, sur la route de Buffalora.

Vers sept heures, le gros des forces ennemies dessina son mouvement de retraite vers Robecco, Castellazo et Corbetta. Une partie s'engagea sur le chemin qui conduit de Magenta à Ponte di Magenta.

En ce moment, notre artillerie, avec 40 pièces en batterie sur le chemin de fer parallèle à la direction de la ligne de retraite de l'ennemi, put prendre en flanc et d'écharpe les colonnes autrichiennes qui défilaient de ce côté dans le plus grand désordre.

Celles-ci durent éprouver des pertes considérables, reçues qu'elles étaient dans ce moment avec la plus grande vigueur par l'une des divisions du 4e corps, dont un des régiments, le 52e de ligne, avait concouru un instant à l'attaque de Magenta.

La ville de Magenta, tombée en notre pouvoir vers sept heures et demie, était encore en ce moment même remplie de nombreux détachements ennemis retranchés et barricadés dans toutes les maisons, se défendant avec intrépidité, mais auxquels toute retraite était devenue impossible. A huit heures, le feu cessa des deux côtés, et ces détachements durent mettre bas les armes. L'attaque de la ville par la division Espinasse, faite en même temps que celle de la division de La Motterouge, fait le plus grand honneur aux régiments de la 2ᵉ division.

Le 2ᵉ de zouaves et le 2ᵉ étranger s'y sont fait remarquer tout particulièrement.

Le champ de bataille, entièrement couvert des cadavres de l'ennemi, jonché de ses armes et de ses effets de toute espèce, indique à la fois combien nos troupes ont été vigoureuses et combien les pertes de l'ennemi ont été grandes.

A l'heure qu'il est, j'estime à 5 ou 6,000 le nombre des prisonniers que j'ai fait diriger sur San-Martino.

Il y a plus de 10,000 fusils sur le champ de bataille; nos pertes, quoique sensibles, sont relativement peu considérables.

Le général Espinasse, chargeant de sa personne à la tête d'un de ses bataillons, est tombé mortellement frappé, ainsi qu'un de ses officiers d'ordonnance, dans la ville de Magenta.

Brillamment comme lui, à la tête de leurs troupes, sont tombés les colonels Drouhot, du 65ᵉ de ligne; de Chabrière, du 2ᵉ régiment étranger.

Je ne dois pas omettre de signaler les services que nous a rendus notre cavalerie dans cette journée. Elle a chargé plusieurs fois la cavalerie ennemie, qui cherchait à s'engager dans les intervalles de nos colonnes.

Notamment, mon peloton d'escorte a chargé trois fois sur des parties de uhlans. Nulle part, la cavalerie autrichienne n'a tenu devant la nôtre.

D'après les renseignements fournis par un officier d'ordonnance du général Jellachich, qui a été fait prisonnier, l'ennemi avait devant nous quatre corps d'armée de 30,000 hommes, chacun sur le papier, mais n'ayant en réalité que 25,000 combattants.

Ces corps seraient ceux de Clam-Gallas, Lichtenstein, Benedek et Zobel, commandés en chef par le feld-maréchal Giulay.

Je n'ai pas besoin, Sire, de vous dire combien j'ai à me

féliciter de la vigueur et de l'énergie de toutes les troupes que j'ai l'honneur de commander, à quelques armes qu'elles appartiennent. J'y comprends, bien entendu, la division de voltigeurs de la Garde, qui a été mise un instant sous mes ordres, et dont le concours m'a été très utile.

Si j'éprouve un regret, c'est de ne pouvoir dans ce rapport vous donner les noms des officiers et des soldats, en très grand nombre, qui méritent d'être mis à l'ordre de l'armée.

Les officiers-généraux, sans exception, sont tous dans cette catégorie, et j'en puis dire autant de tous les chefs de corps.

J'ai dirigé hier sur San-Martino 3 canons autrichiens qui ont été enlevés à l'ennemi dans la journée du 4 juin.

Le général commandant en chef le 2ᵉ corps,

De Mac-Mahon.

3. — *Rapport du maréchal* Canrobert, *commandant en chef le 3ᵉ corps.*

Le maréchal commandant le 3ᵉ corps partit de Novare le 4 juin; dès qu'il a eu passé le pont du Tessin (cinq heures du soir) et pris les ordres de l'Empereur, il s'est porté rapidement sur le lieu du combat, où la brigade Picard, de la division Renault, arrivée à quatre heures du soir, s'était placée à la droite des grenadiers de la Garde, qui avaient enlevé avec tant de vaillance des positions vraiment formidables.

A l'arrivée du maréchal, la brigade Picard, aidée de quelques bataillons de la division Vinoy, avait déjà pris et repris plusieurs fois le village de Ponte di Magenta; mais la disposition du terrain, qui s'étend entre ce village et la jetée du chemin de fer, présente un contrefort très rapproché de cette jetée, la dominant, et dont l'occupation était de ce côté une sorte de clef de position.

Le maréchal le fait occuper par plusieurs compagnies que

placent M. le général Courtois d'Hurbal et M. le capitaine de Molènes, un de ses officiers d'ordonnance ; puis il prolonge sa marche jusqu'au village même de Ponte di Magenta, qui, après avoir été pris et repris trois fois, avait encore à être défendu une quatrième contre le retour des Autrichiens.

Le général Picard, le colonel Bellecourt, du 85e, et beaucoup d'officiers qui donnent aux troupes l'exemple de l'entrain et de la ténacité dans l'entrain, le font reprendre de nouveau.

L'ennemi sentait l'importance de ce point, qui, s'il fût resté en son pouvoir, le menait sur le flanc même de notre ligne de communication avec le pont du Tessin. Cette circonstance explique sa ténacité dans les attaques successives et l'irrésistible entrain des nôtres dans les retours offensifs pour reprendre la position.

La brigade Jannin, ayant à sa tête le général Renault, avait enfin pu déboucher et se porter rapidement sur la ligne autrichienne, s'appuyant à Ponte di Magenta, dans la portion de ce village placée sur la rive gauche du canal du Naviglio. Prise et reprise plusieurs fois, cette portion du village, isolée par le pont du Naviglio, que l'ennemi avait fait sauter, reste en possession du général Renault, qui s'y établit définitivement.

La division Trochu, qui n'apparaît sur le théâtre de la lutte que vers huit heures du soir avec sa 1re brigade, s'établit dans le village de Ponte di Magenta et corrobore notre succès par une occupation des plus solides.

De grands éloges doivent être donnés à la troupe, qui, malgré sa faiblesse numérique, les fatigues d'une marche pénible, a constamment suivi l'exemple de ses chefs, à tous les degrés de la hiérarchie, et chargé chaque fois énergiquement l'ennemi à la baïonnette.

Le succès a été glorieux, mais chèrement acheté : plus de 1,100 hommes ont été frappés. Parmi les officiers tués, j'ai la douleur de citer M. le colonel de Senneville, mon chef d'état-major général, officier supérieur accompli; le colonel Charlier, du 90ᵉ, tué à la tête de ses soldats; le capitaine d'état-major Baligand, excellent officier, aide-de-camp de M. le général Jannin. Parmi les blessés se trouvent l'intendant Mallarmé, le colonel Auzouy, du 23ᵉ de ligne; le colonel d'état-major Cornély, mon premier aide-de-camp, contusionné par la chute d'un cheval tué sous lui; le capitaine d'état-major Armand, l'un de mes aides-de-camp, blessé légèrement d'une balle au menton; le sous-lieutenant de Lostanges, atteint d'un léger coup de sabre à la tête.

Nous avons pris à l'ennemi plusieurs centaines de prisonniers, qui ont été immédiatement dirigés sur San-Martino.

Tout porte à croire qu'en face de nous la perte de l'ennemi a été au moins triple de la nôtre.

M. le comte de Vimercati, officier piémontais, mis à ma disposition par l'Empereur, m'a été très utile.

Le maréchal de France, commandant en chef le 3ᵉ corps,

CANROBERT.

4. — *Rapport du général* NIEL, *commandant en chef le 4ᵉ corps.*

Au quartier-général de Ponte di Magenta, le 5 juin 1859.

Sire,

Je n'ai pu encore réunir tous les documents relatifs à la part que la division Vinoy, du 4ᵉ corps, a prise à la bataille qui a été livrée hier au débouché du Tessin; mais je pense que Votre Majesté lira avec intérêt le résumé des renseignements que j'ai déjà pu me procurer.

Au moment où elle venait de prendre son bivouac à Trecate, arrivant de Novare, la division Vinoy a été appelée par l'Empereur. La distance de Trecate à Ponte-Nuova di Magenta a été presque entièrement parcourue au pas de course, et j'ai eu à calmer plutôt qu'à exciter la rapidité de la marche. Il était temps que cette division arrivât. La grande supériorité des forces de l'ennemi faisait éprouver des pertes à la Garde Impériale, qui était vivement pressée dans ses positions. J'ai dû envoyer des renforts sur les points les plus menacés. Les troupes de la division, combattant par groupes de deux ou trois bataillons, ont été plusieurs fois dans des positions critiques. En ligne, nous étions menacés d'être percés, et, quand nous formions des colonnes d'attaque, nous étions enveloppés.

L'ennemi a été chassé de toutes les positions que nous voulions occuper, qui sont restées jonchées de ses morts et de ses blessés. La 2° division a fait plus de 1,000 prisonniers.

Un combat si vif a entraîné des pertes sensibles. D'après les rapports qui me sont arrivés jusqu'à ce moment, et qui sont bien près d'être exacts, la division Vinoy a eu 11 officiers tués et 50 blessés ; le nombre de sous-officiers et soldats tués ou blessés est de 650. Le 85° est le corps qui a le plus souffert ; le commandant Delord, de ce régiment, s'est fait bravement tuer à la tête de son bataillon, et tous les autres officiers supérieurs ont été mis hors de combat. Le général de Martimprey a été blessé à la tête de sa brigade.

J'aurai beaucoup d'actes de bravoure à faire connaître ; mais je crois devoir signaler dès aujourd'hui à Votre Majesté la brillante conduite du général Vinoy. Il est impossible d'allier à un plus haut degré l'ardeur qui électrise le soldat, et la présence d'esprit qui fait parer aux cas difficiles et imprévus.

Tout le monde, Sire, a bien fait son devoir dans la 2° division du 4° corps. On y était heureux de combattree sous les yeux de Votre Majesté.

Le général de division, aide-de-camp de l'Empereur,
commandant le 4° corps,

NIEL.

5. — *Extrait de la* Gazette militaire de Darmstadt.

La *Gazette militaire de Darmstadt* du mois d'août 1859, renferme la réclamation suivante (1), relative à certaines observations faites par un des correspondants de la *Gazette* sur la bataille de Magenta. Le feldzeugmeister Gyulai passe pour être l'auteur de cette communication :

Dans le § 5 de votre honorable correspondant C..., je trouve quelques observations que je crois devoir rectifier.

Votre correspondant prétend que la bataille de Magenta a été un incident de la retraite de l'armée autrichienne, amenée bien plus par les besoins du moment que par des combinaisons; que, dans ce fait du hasard, on ne pouvait donc que difficilement remédier aux fautes déjà commises. Les moyens manquaient pour continuer le lendemain ce combat à moitié perdu : les autres corps n'étaient pas arrivés.

La bataille de Magenta n'a été nullement le fait du hasard.

Quand le commandant autrichien eut renoncé aux avantages que lui offrait sa favorable position de Robbio et Mortara contre la ligne d'opération oblique de l'ennemi (de Novare à Vercelli), ligne qui l'éloignait complètement de sa base, Alexandrie et Casale; quand il eut, par suite, renoncé à la défense indirecte du Tessin, basée sur Bereguardo et Pavie, il se décida à une défense directe derrière ce fleuve. Cette défense directe pouvait être effectuée de deux manières, ou par une position à cheval sur la route de Milan à Magenta, ou par une attaque de flanc analogue à celle qui aurait eu lieu de Mortara contre la ligne de Vercelli à Novare, en se basant sur Pavie et Bereguardo.

La première alternative fut repoussée, parce qu'en cas de revers la retraite aurait dû s'opérer par la route supérieure de Milan et Brescia, et qu'il paraissait dangereux de passer alors dans les grandes villes.

(1) Reproduite par la *Gazette militaire suisse* du 29 août 1859.

D'ailleurs, dès le début des opérations, cette ligne avait été rejetée comme ligne de retraite. On s'était proposé, au contraire, de rester dans les environs du Pô pour occuper, avec le secours des points de manœuvre Vacarizza, Plaisance, Brescia, Borgoforte, une ligne intérieure entre les forces de l'adversaire venant du sud et ses forces venant de l'ouest.

Cette route inférieure, par Crémone, avait aussi été désignée dès le début comme route d'étapes.

Du reste, après la retraite de Mortara, il n'était plus temps de défendre directement Milan dans une position à cheval sur la route supérieure. On se décida donc, en quittant la Lomelline, à un mouvement de flanc contre la ligne de Novare à Milan.

Pour une telle manœuvre, on était appuyé sur Pavie, qui était devenue un petit camp retranché, puis sur Plaisance et sur Pizzighetone. Tous les chemins tendant obliquement de la ligne de Magenta à Milan vers Lodi, Pizzighetone, Plaisance, avaient été, dans cette prévision, exactement reconnus par des officiers de l'état-major général avant l'ouverture des hostilités, et par-ci par-là améliorés. Puis, par ce mode de défense, on avait l'avantage de pouvoir, en cas de perte de la bataille, se retirer derrière le large canal, à l'est d'Abiattegrasso, sur la route de Milan, dont les ponts étaient minés, et d'empêcher ainsi la poursuite. Enfin, le terrain au sud dudit canal ne pouvait pas se prêter à une poursuite énergique.

Après la retraite, commencée le 2 juin, les corps devaient prendre un ordre en forme de croix, à savoir : un corps en tête, trois sur le front, deux en réserve, et s'avancer simplement contre Magenta pour flanquer ainsi le mouvement en avant de l'ennemi. Les corps avaient reçu les ordres nécessaires à cet effet.

Mais il survint, dans la marche en retraite derrière le Tessin, un incident qui ne peut pas être imputé au commandant de l'armée et que les circonstances ne permettent pas de révéler, incident qui empêcha que les corps ne pussent atteindre, le 3, les positions qui leur étaient indiquées, de sorte qu'au lieu de prendre la forme en croix mentionnée, ils durent s'échelonner derrière le Tessin et s'arrêter sur la route d'Abbiategrasso à Bereguardo. Le 8ᵉ corps, par exemple, au lieu d'arriver à Rosate, sa destination, s'arrêta à Bereguardo.

Il en résulta qu'outre la division du 1ᵉʳ corps déjà arrivée à l'armée, il n'y eut que le 2ᵉ corps qui était à Magenta dès le 3, puis le 7ᵉ et le 3ᵉ corps, qui pussent prendre part au combat du 4.

Ce mode de défense du Tessin et de Milan au moyen d'une manœuvre de flanc avait été bien prévu par le commandant supérieur de l'armée, ainsi que peut en témoigner le feld-maréchal Hess, envoyé alors par Sa Majesté, notre chevaleresque Empereur. Le maréchal Hess le trouva même une belle manœuvre.

Avec cela, le commandant en chef pensait que la tête de pont de San-Martino, occupée par plusieurs bataillons et armée de pièces de position, serait bien en état de tenir tête à l'armée française pendant quelques heures; que, si l'on devait se retirer de cette position, on ferait sauter le pont, et qu'on parviendrait à faire perdre ainsi à l'ennemi un temps précieux en attendant la construction des ponts; car nos pontonniers avaient fait l'expérience à Vigevano que le fleuve n'est pas facile à mener.

Cependant, contre les ordres du commandant supérieur, ladite tête de pont fut abandonnée; le pont ne sauta pas convenablement, de telle sorte qu'il put servir à l'infanterie ennemie.

Quant au combat qui s'engagea dès Ponte di Magenta, il n'y eut que les corps sus-indiqués qui y prirent part. Le soir seulement, le 8ᵉ corps arriva à Bestazzo, et le 5ᵉ corps, derrière le 3ᵉ, à Robecco; ce dernier parvint au champ de bataille, mais le 5ᵉ en était encore éloigné de 3 milles.

Le combat, ainsi qu'on le sait assez, nous fut plutôt favorable qu'à nos adversaires, qui, même le matin du 5, se retiraient déjà sur la rive droite du Tessin.

Le commandant en chef était fermement décidé à reprendre le combat le 5. Tous les corps de l'armée, à l'exception du 9e, destiné à couvrir la retraite, devaient y prendre part. Les dispositions de détail, dans lesquelles le principe de la concentration des masses sur le point décisif était complétement suivi, étaient déjà élaborées, lorsqu'un malheureux incident, dont le commandant en chef n'est également point responsable, mais qu'il aurait peut-être pu éviter par une énergie exceptionnelle, survint de nouveau et décida la retraite de l'armée.

Ainsi l'opération derrière le Tessin était bien combinée d'avance, et ce ne sont pas les dispositions de retraite depuis les journées de Vercelli et Palestro qui sont cause que l'armée autrichienne n'a pas pu se concentrer à temps derrière le Tessin, et que les troupes ont été engagées les unes après les autres sur le champ de bataille improvisé de Magenta.

6. — *Rapport du commandant de la deuxième armée, feldzeugmeister comte* Gyulai, *à* l'Empereur d'Autriche.

Sire,

Je m'empresse de transmettre, avec le plus profond respect, à Votre Majesté, par le colonel Weiszirmmel, de l'état-major général, un rapport sommaire sur la bataille de Magenta, et je le ferai suivre d'une description détaillée de cet événement, glorieux pour les armes de Votre Majesté, bien que le succès n'ait pas couronné nos efforts.

Le 4 juin, à sept heures du matin, le lieutenant-feld-maréchal comte de Clam me fit savoir qu'avec environ 7,000 hommes de son corps et le 2e corps, il occupait la position de Magenta, et que de fortes masses ennemies s'avançaient vers cette tête de pont, que le même lieutenant-feld-maréchal avait abandonnée peu de jours auparavant comme ne pouvant pas être défendue.

A l'heure où je reçus cet avis (huit heures un quart du matin), il y avait du 7e corps la division Reischach à Corbetta, le lieutenant-feld-maréchal Lilia à Castelletto, le 3e corps à Abbiategrasso, le 5e également en marche pour se rendre à Abbiategrasso, le 8e corps en marche de Binasco à Bestazzo, le 9e corps aux abords du Pô au-dessous de Pavie.

Je transmis aux corps l'ordre de se porter immédiatement encore plus en avant, et je dirigeai le 3e et le 5e corps d'armée sur le flanc droit de l'ennemi, en cas que l'ennemi dût réellement tenter une attaque en partant de San-Martino. Il était déjà venu à ma connaissance, le jour précédent, que l'ennemi avait passé le Tessin à Turbigo.

C'était de ce côté que j'attendais son attaque principale. Auparavant déjà, la division Cordon, du 1er corps, avait été envoyée à Turbigo. Cependant elle avait dû s'en retirer en partie, et plus tard, lorsque Buffalora fut perdu, elle dut également se retirer de là, parce que l'ennemi l'attaquait dans cette dernière position.

J'ordonnai au lieutenant-feld-maréchal comte de Clam de défendre Magenta, et je fis hâter à tous les corps leur marche en avant.

A midi, l'ennemi commença l'attaque. Disposant de forces supérieures, il parvint à prendre la digue du Naviglio et Ponte di Magenta. Il fit à cette occasion des pertes énormes ; cependant les digues et le terrain coupé lui permirent de s'établir dans cette position vers deux heures. A cette heure-là, je m'étais rendu à Magenta avec mon état-major, et je prenais mes dispositions.

Au moment où la première ligne commençait à céder, la division du lieutenant-feld-maréchal baron Reischach reçut l'ordre de reprendre à l'ennemi Ponte di Magenta. Je me rendis à cheval à Robecco pour indiquer au 3e corps d'armée la direction du flanc droit de l'ennemi. Peu de temps après mon arrivée en cet endroit, on m'annonça la reprise héroïque de Ponte di Magenta et la prise d'un canon rayé.

Sûres de la victoire, les colonnes du 3ᵉ corps se portèrent alors en avant, le général-major Ramming sur la rive orientale du Naviglio, la brigade Hartung entre le canal et Carpenzago, la brigade Dürfeld derrière les deux comme réserve.

Lorsque ces brigades s'avancèrent pour l'attaque, la division du lieutenant-feld-maréchal Reischach était aussi rejetée en arrière, bien que cette division, notamment la brigade du général-major Lebzeltern, qui précédait héroïquement le régiment d'infanterie Empereur dans une attaque contre Buffalora, eût repoussé vaillamment plusieurs assauts.

L'ennemi faisait constamment avancer en ligne des troupes fraîches ; l'apparition du 13ᵉ corps sur le flanc de l'armée alliée fit au commencement un très bon effet. La brigade du général-major Hartung, appuyée par le général-major Dürfeld, s'élança plusieurs fois contre Ponte-Vecchio di Magenta. Ce point fut pris, perdu, puis repris, et enfin il resta au pouvoir de l'ennemi. Des monceaux de cadavres témoignent de l'opiniâtreté dont on a fait preuve de part et d'autre dans cette lutte.

La brigade général-major Ramming, après plusieurs attaques du brave régiment Roi des Belges contre Robecco, dut aussi se retirer et s'arrêta devant cette localité. Vers le soir, le 5ᵉ corps arriva sur le champ de bataille ; la brigade prince de Hesse essaya en vain, bien que combattant avec une rare bravoure, de repousser l'ennemi, qui s'avançait vers Magenta. Magenta, qui était encore tenu par les troupes épuisées du lieutenant-feld-maréchal prince de Lichtenstein, dut enfin être évacué devant les attaques d'un ennemi supérieur en nombre qui arrivait aussi du côté du nord. La division du lieutenant-feld-maréchal Lilia reçut alors l'ordre de se porter sur Corbetta et d'occuper, comme réserve, ce point, par où devait s'effectuer la retraite.

Le soir étant venu, je fis aussi occuper fortement Robecco et tout préparer pour attaquer de nouveau le matin du 5. Les énormes pertes de l'ennemi permettaient aussi d'espérer qu'on le trouverait ébranlé, et la bravoure que nos troupes avaient montrée dans toutes les attaques, permettait d'espérer que leur choc aurait culbuté l'ennemi.

Nous avions fait des prisonniers de presque tous les régiments de l'armée française; il semblait, en conséquence, qu'elle eût engagé ses dernières réserves, tandis que, de notre côté, nous avions encore le 5e et le 8e corps d'armée, et une division du 3e, qui n'avaient pas combattu ; ces troupes pouvaient, arrivant toutes fraîches, peser d'un grand poids dans la balance. J'avais bien calculé tout cela, et je n'attendais plus, tout en achevant de prendre mes dispositions pour l'attaque, que d'avoir reçu l'avis que les troupes occupaient leurs positions, et le chiffre des pertes qu'elles avaient faites.

C'est à ce moment solennel que j'appris que les troupes du 1er et du 2e corps d'armée, qui avaient le plus souffert du premier choc de l'ennemi, s'étaient déjà portées en arrière et qu'elles ne pourraient arriver sur le champ de bataille qu'en faisant une marche de nuit très fatigante. Ces troupes s'étaient déjà remises en route dès trois heures du matin, de sorte qu'à l'heure où il m'eût été possible de les envoyer de nouveau en avant, elles opéraient déjà leur marche en arrière. Dans de telles circonstances, je dus chercher à maintenir intacts, pour couvrir les autres, les corps qui se trouvaient encore prêts à combattre ; il me fallut ordonner la retraite.

Le 5, de bonne heure, le brave régiment d'infanterie grand-duc de Hesse attaqua encore une fois Ponte di Magenta pour faciliter le mouvement de retraite. Ce fut, dit le lieutenant-feld-maréchal prince de Schwartzenberg dans son rapport, le dernier effort d'un brave régiment qui, le jour précédent, avait eu 25 officiers blessés, avait perdu l'officier d'état-major et 9 capitaines, sans jamais une seule fois hésiter à l'attaque ni plier dans la retraite.

L'ennemi fut laissé à Magenta, puis la retraite fut ordonnée. Je crois pouvoir dire en toute assurance que l'ennemi, malgré ses forces supérieures, a payé cher la possession de Magenta, et qu'il rendra à l'armée de Votre Majesté cette justice que ce n'est pas sans avoir soutenu une lutte héroïque qu'elle a cédé à une armée vaillante et supérieure en nombre.

Je ne suis pas en mesure de donner de plus grands détails sur le combat, attendu que, dans les conditions actuelles, je ne pourrais exiger de recevoir en temps utile les rapports des troupes. Je crois n'être pas loin de la vérité en fixant à 4 ou 5,000 le chiffre de nos morts et de nos blessés, et l'ennemi en a certainement perdu moitié plus. Parmi les blessés se trouvent le lieutenant-feld-maréchal Reischach, blessé d'un coup de feu à la hanche, et les généraux Lebzeltern et Dürfeld, blessés tous deux au bras. Je ne manquerai pas, dès que j'aurai reçu les rapports des chefs de corps, d'envoyer à Votre Majesté une relation plus détaillée et de lui donner les noms de ceux qui se sont particulièrement distingués.

Quartier-général de Belgiojoso, le 6 juin 1859.

Feldzeugmeister Gyulai.

IV

COMBAT DE MELEGNANO.

Rapport du maréchal Baraguey d'Hilliers, *commandant en chef le 1er corps.*

Melegnano, le 10 juin 1859.

Sire,

Votre Majesté m'a donné l'ordre, hier, de me porter, avec le 1er corps, sur la route de Lodi, de chasser l'ennemi de San-Giuliano et de Melegnano, en me prévenant que, pour cette opération, elle m'adjoignait le 2ᵉ corps, commandé par le maréchal de Mac-Mahon.

Je me suis porté immédiatement à San-Donato, pour m'entendre avec le maréchal, et nous sommes convenus qu'il attaquerait, avec sa 1ʳᵉ division, San-Giuliano; qu'après en avoir déposté l'ennemi, il se dirigerait sur Carpianello pour passer le Lambro, dont les abords sont très difficiles, et que de là il se dirigerait sur Mediglia.

La 2ᵉ division devait prendre, à San-Martino la route qui, par Trivulzo et Casanova, la conduisait à Bettola, et se dirigeait sur la gauche de Mediglia, de manière à tourner la position de Melegnano.

Il fut convenu que le 1ᵉʳ corps se dirigerait tout entier sur la grande route de Melegnano, enverrait à droite au point indiqué sur la carte « Betolma » la 1ʳᵉ division qui, passant par Civesio, Viboldone, irait à Mezzano, établirait sur ce point une batterie de 12 pièces pour battre Pedriano d'abord et plus tard le cimetière de Melegnano, où l'ennemi s'était retranché et où il avait établi de fortes batteries;

Que la deuxième division du 1ᵉʳ corps, après avoir quitté San-Giuliano, se porterait sur San-Brera et y établirait également une batterie de 12 pièces, pour battre le cimetière et enfiler la route de Melegnano à Lodi;

Qu'enfin la 3ᵉ division du même corps se dirigerait directement sur Melegnano et enlèverait la ville, concurremment avec les 1ʳᵉ et 2ᵉ divisions, dès que le feu de notre artillerie y aurait jeté du désordre.

La 1ʳᵉ division, laissant Melegnano sur sa gauche, eut ordre de se porter sur Cerro; la 2ᵉ et la 3ᵉ sur Sordio, où elles devaient se mettre en rapport avec le 3ᵉ corps qui, par Dresano et Casalmajocco, s'y dirigeait également.

Pour que ces combinaisons pussent avoir un plein succès, il fallait que le temps ne manquât pas à leur développement, et, en me prescrivant d'opérer le jour même mon départ de San-Pietro-l'Olmo, Votre Majesté rendait ma tâche plus difficile, car la tête de la 3ᵉ division du 1ᵉʳ corps ne put entrer en ligne qu'à trois heures et demie, tant la route était embarrassée par les convois des 2ᵉ et 4ᵉ corps. Cependant, à deux heures et demie, je donne l'ordre au maréchal de Mac-Mahon de marcher sur San-Giuliano; il n'y trouva pas l'ennemi, passa le Lambro à gué, quoiqu'un pont fût indiqué sur la carte à Carpianello, et continua son mouvement sur Mediglia.

A cinq heures et demie, la 3ᵉ division du 1ᵉʳ corps arriva à environ 1,200 mètres de Melegnano, occupé par l'ennemi, qui avait élevé une barricade d'environ 500 mètres en avant sur la route, et avait établi des batteries à l'entrée même de la ville, derrière une coupure, à hauteur des premières maisons. J'ordonnai au général Bazaine de disposer sa division pour l'attaque : un bataillon de zouaves fut jeté en avant et sur les flancs en tirailleurs. L'ennemi nous accueillit par une canonnade qui pouvait devenir dangereuse, parce que ses boulets enfilaient la route sur laquelle nous devions marcher en colonne. Notre artillerie répondit avec succès à celle des Autrichiens, et le général Forgeot, avec deux batteries et les tirailleurs de la 1ʳᵉ division à Mezzano, appuya sur notre droite l'attaque que nous allions faire. Je fis mettre les sacs à terre et lancer au pas de course, sur la batterie ennemie, le 2ᵉ bataillon de zouaves, suivi par toute la 1ʳᵉ brigade. Les Autrichiens avaient garni d'une nuée de tirailleurs les premières maisons de la ville, la coupure de la route et le cimetière, et cependant ils ne purent résister à l'élan de notre attaque, battirent en retraite à droite et à gauche, firent une vigoureuse résistance dans les rues, au château, derrière les haies et les murs des jardins, et furent complétement chassés de la ville à neuf heures du soir.

La 2ᵉ division, à son arrivée près de Melegnano, prit à la gauche de la 3ᵉ, suivit la rivière, et prit ou tua les ennemis que nous avions déjà chassés du haut de la ville et dépassés. Le maréchal de Mac-Mahon put même envoyer aux Autrichiens, des balles et des boulets sur la route de Lodi; il s'était porté au bruit de notre fusillade à Cologno.

La résistance de l'ennemi a été vigoureuse. On s'est plusieurs fois abordé à la baïonnette. Dans l'un des retours offensifs des Autrichiens, l'aigle du 33ᵉ, un instant en péril, a été bravement défendue.

Les pertes de l'ennemi sont considérables : les rues et les terrains avoisinant la ville étaient jonchés de leurs morts; 1,200 blessés autrichiens ont été portés à nos ambulances; nous avons fait de 800 à 900 prisonniers et pris une pièce de canon. Nos pertes s'élèvent à 943 hommes tués ou blessés; mais, comme dans tous les engagements précédents, les officiers ont été frappés dans une large proportion. Le général Bazaine et le général Goze ont été contusionnés; le colonel du 1ᵉʳ de zouaves a été tué; le colonel et le lieutenant-colonel du 33ᵉ ont été blessés. Il y a en tout 13 officiers tués et 56 officiers blessés.

J'ai l'honneur d'envoyer à l'Empereur, avec l'état de ces pertes, les propositions faites par les généraux de division, et approuvées par moi. Je le prie d'y avoir égard et de traiter le 1ᵉʳ corps avec sa bienveillance habituelle.

Je lui recommande particulièrement le colonel Anselme, mon chef d'état-major, proposé pour général de brigade; le commandant Foy, dont le cheval a été blessé, et qui est proposé pour lieutenant-colonel; le commandant Melin, proposé pour officier de la Légion d'honneur; le capitaine de Rambaut, pour lequel j'ai demandé déjà de l'avancement, et M. Franchetti, sous-officier au 1ᵉʳ chasseurs d'Afrique, mon porte-guidon, qui a été blessé à mes côtés.

Le maréchal Baraguey d'Hilliers.

V.

BATAILLE DE SOLFERINO.

1. — *Bulletin de la bataille de Solferino.*

Quartier-général de Cavriana, 28 juin 1859

Après la bataille de Magenta et le combat de Melegnano, l'ennemi avait précipité sa retraite sur le Mincio en abandonnant, l'une après l'autre, les lignes de l'Adda, de l'Oglio et de la Chiese. On devait croire qu'il allait concentrer toute sa résistance derrière le Mincio, et il importait que l'armée alliée occupât le plus tôt possible les points principaux des hauteurs qui s'étendent de Lonato jusqu'à Volta, et qui forment, au sud du lac de Garde, une agglomération de mamelons escarpés. Les derniers rapports reçus par l'Empereur indiquaient, en effet, que l'ennemi avait abandonné ces hauteurs et s'était retiré derrière le fleuve.

D'après l'ordre général donné par l'Empereur, le 23 juin au soir, l'armée du Roi devait se porter sur Pozzolengo; le maréchal Baraguey d'Hilliers, sur Solferino; le maréchal duc de Magenta, sur Cavriana; le général Niel, sur Guiddizzolo, et le maréchal Canrobert sur Medole. La Garde Impériale devait se diriger sur Castiglione, et les deux divisions de cavalerie de la ligne devaient se porter dans la plaine, entre Solferino et Medole. Il avait été décidé que les mouvements commenceraient à deux heures du matin, afin d'éviter l'excessive chaleur du jour.

Cependant, dans la journée du 23, plusieurs détachements ennemis s'étaient montrés sur différents points, et l'Empereur en avait reçu avis; mais, comme les Autrichiens ont l'habitude de multiplier les reconnaissances, Sa Majesté ne vit, dans ces démonstrations, qu'un exemple de plus du soin et de l'habileté qu'ils mettent à s'éclairer et à se garder.

Le 24 juin, dès cinq heures du matin, l'Empereur étant à Montechiaro, entendit le bruit du canon dans la plaine, et se dirigea en toute hâte sur Castiglione, où devait se réunir la Garde Impériale.

Pendant la nuit, l'armée autrichienne, qui s'était décidée à prendre l'offensive, avait passé le Mincio à Goïto, Valeggio, Monzambano et Peschiera, et elle occupait de nouveau les positions qu'elle venait tout récemment d'abandonner ; c'était le résultat du plan dont l'ennemi avait poursuivi l'exécution depuis Magenta, en se retirant successivement de Plaisance, de Pizzighetone, de Crémone, d'Ancône, de Bologne et de Ferrare ; en évacuant, en un mot, toutes ses positions, pour accumuler ses forces sur le Mincio. Il avait, en outre, accru son armée de la plus grande partie des troupes composant les garnisons de Vérone, de Mantoue et de Peschiera, et c'est ainsi qu'il avait pu réunir neuf corps d'armée, forts ensemble de 250,000 à 270,000 hommes, qui s'avançaient vers la Chiese, en couvrant la plaine et les hauteurs.

Cette force immense paraissait s'être partagée en deux armées ; celle de droite, d'après les notes trouvées après la bataille sur un officier autrichien, devait s'emparer de Lonato et de Castiglione ; celle de gauche, devait se porter sur Montechiaro. Les Autrichiens croyaient que toute notre armée n'avait pas encore passé la Chiese, et leur intention était de nous rejeter sur la rive droite de cette rivière.

Les deux armées, en marche l'une contre l'autre, se rencontrèrent donc inopinément. A peine les maréchaux Baraguey d'Hilliers et de Mac-Mahon avaient-ils dépassé Castiglione, qu'ils se trouvèrent en présence de forces considérables, qui leur disputèrent le terrain. Au même instant, le général Niel se heurtait contre l'ennemi, à la hauteur de Medole. L'armée du Roi, en route pour Pozzolengo, rencontrait de même les Autrichiens en avant de Rivoltella, et, de son côté, le maréchal Canrobert trouvait le village de Castel Goffredo occupé par la cavalerie ennemie.

Tous les corps de l'armée alliée étant alors en marche à une assez grande distance les uns des autres, l'Empereur se préoccupa tout d'abord de les relier, afin qu'ils pussent se soutenir mutuellement. A cet effet, Sa Majesté se porta immédiatement auprès du maréchal duc de Magenta, qui était à droite dans la plaine, et qui s'était déployé perpendiculairement à la route qui va de Castiglione à Goïto.

Comme le général Niel ne paraissait pas encore, Sa Majesté fit hâter la marche de la cavalerie de la Garde Impériale, et la mit sous les ordres du duc de Magenta, comme réserve, pour opérer dans la plaine, sur la droite du 2ᵉ corps. L'Empereur envoya en même temps au maréchal Canrobert l'ordre d'appuyer le général Niel autant que possible, tout en lui recommandant de se garder à droite contre un corps autrichien qui, d'après les avis donnés à Sa Majesté, devait se porter de Mantoue sur Assola.

Ces dispositions prises, l'Empereur se rendit sur les hauteurs, au centre de la ligne de bataille, où le maréchal Baraguey d'Hilliers, trop éloigné de l'armée sarde pour pouvoir se relier avec elle, avait à lutter, dans un terrain des plus difficiles, contre des troupes qui se renouvelaient sans cesse.

Le maréchal était néanmoins arrivé jusqu'au pied de la colline abrupte, au sommet de laquelle est bâti le village de Solferino, que défendaient des forces considérables retranchées dans un vieux château et dans un grand cimetière, entourés l'un et l'autre de murs épais et crénelés. Le maréchal avait déjà perdu beaucoup de monde et avait dû payer plus d'une fois de sa personne, en portant lui-même en avant les troupes des divisions Bazaine et Ladmirault. Exténuées de fatigue et de chaleur, et exposées à une vive fusillade, ces troupes ne gagnaient du terrain qu'avec beaucoup de difficulté. En ce moment, l'Empereur donna l'ordre à la division Forey de s'avancer, une brigade du côté de la plaine, l'autre sur la hauteur, contre le village de Solferino, et la fit soutenir par la division Camou, des voltigeurs de la Garde. Il fit marcher avec ces troupes l'artillerie de la Garde qui, sous la conduite du général de Sévelinges et du général Lebœuf, alla prendre position à découvert, à 300 mètres de l'ennemi. Cette manœuvre décida du succès au centre.

Pendant que la division Forey s'emparait du cimetière et que le général Bazaine lançait ses troupes dans le village, les voltigeurs et les chasseurs de la Garde Impériale grimpaient jusqu'au pied de la tour qui domine le château, et s'en emparaient. Les mamelons des collines qui avoisinent Solferino étaient successivement enlevés, et, à trois heures et demie, les Autrichiens évacuaient la position sous le feu de notre artillerie couronnant les crêtes, et laissaient entre nos mains 1,500 prisonniers, 14 canons et 2 drapeaux. La part de la Garde Impériale, dans ce glorieux trophée, était de 13 canons et un drapeau.

Pendant cette lutte, et au plus fort du feu, quatre colonnes autrichiennes, s'avançant entre l'armée du Roi et le corps du maréchal Baraguey d'Hilliers, avaient cherché à tourner la droite des Piémontais. 6 pièces d'artillerie, habilement dirigées par le général Forgeot, avaient ouvert un feu très vif sur le flanc de ces colonnes, et les avaient forcées à rebrousser chemin en désordre.

Tandis que le corps du maréchal Baraguey d'Hilliers soutenait la lutte à Solferino, le corps du duc de Magenta s'était déployé dans la plaine de Guidizzolo, en avant de la ferme de Casa-Marino, et sa ligne de bataille coupant la route de Mantoue, dirigeait sa droite vers Medole. A neuf heures du matin, il fut attaqué par une forte colonne autrichienne, précédée d'une nombreuse artillerie, qui vint se mettre en batterie à 1,000 ou 1,200 mètres de notre front. L'artillerie des deux premières divisions du 2ᵉ corps, s'avançant immédiatement sur la ligne des tirailleurs, ouvrit un feu très vif contre le front des Autrichiens, et, dans le même instant, les batteries à cheval des divisions Desvaux et Partouneaux, se portant rapidement sur la droite, prirent d'écharpe les canons ennemis, qui furent ainsi réduits au silence et bientôt forcés à se reporter en arrière. Immédiatement après, les divisions Desvaux et Partouneaux chargèrent les Autrichiens et leur firent 600 prisonniers.

Cependant une colonne de deux régiments de cavalerie autrichienne avait cherché à tourner la gauche du 2ᵉ corps, et le duc de Magenta avait dirigé contre elle six escadrons de chasseurs. Trois charges heureuses de notre cavalerie repoussèrent celle de l'ennemi qui laissa dans nos mains bon nombre d'hommes et de chevaux.

A deux heures et demie, le duc de Magenta prit l'offensive à son tour, et donna au général de La Motterouge l'ordre de se porter sur sa gauche, du côté de Solferino, pour enlever San-Cassiano et les autres positions occupées par l'ennemi.

Le village fut tourné de deux côtés et emporté avec une vigueur irrésistible par les tirailleurs algériens et par le 45ᵉ. Les tirailleurs furent lancés aussitôt après sur le contrefort principal qui relie Cavriana à San-Cassiano, et qui était défendu par des forces considérables. Un premier mamelon, couronné par une espèce de redoute, tombe rapidement au pouvoir des tirailleurs; mais l'ennemi, par un vigoureux retour offensif, parvint à les en déloger. Ils s'en emparèrent de nouveau avec l'aide du 45ᵉ et du 72ᵉ, et furent repoussés une fois encore. Pour soutenir cette attaque, le général de La Motterouge dut faire marcher sa brigade de réserve, et le duc de Magenta fit avancer son corps tout entier.

En même temps, l'Empereur donnait l'ordre à la brigade Manèque, des voltigeurs de la Garde, appuyée par les grenadiers du général Mellinet, de se porter de Solferino contre Cavriana.

L'ennemi ne put résister plus longtemps à cette double attaque soutenue par le feu de l'artillerie de la Garde, et, vers cinq heures du soir, les voltigeurs et les tirailleurs algériens entraient en même temps dans le village de Cavriana.

En ce moment, une effroyable tempête, qui éclata sur les deux armées, obscurcit le ciel et suspendit la lutte; mais, dès que l'orage eut cessé, nos troupes reprirent l'œuvre commencée, et chassèrent l'ennemi de toutes les hauteurs qui dominent le village. Bientôt après, le feu de l'artillerie de la Garde changeait la retraite des Autrichiens en une fuite précipitée.

Pendant cette affaire, les chasseurs à cheval de la Garde, qui flanquaient la droite du duc de Magenta, eurent à charger la cavalerie autrichienne qui menaçait de les tourner.

A six heures et demie, l'ennemi battait en retraite dans toutes les directions.

Mais, bien que la bataille fût gagnée au centre, où nos troupes n'avaient pas cessé de faire des progrès, la droite et la gauche restaient encore en arrière. Cependant les troupes du 4e corps avaient pris, elles aussi, une large et glorieuse part à la bataille de Solferino.

Parties de Carpenedolo à trois heures du matin, elles se dirigeaient sur Medole, appuyées par la cavalerie des divisions Desvaux et Partouneaux, lorsque, à 2 kilomètres en avant de Medole, les escadrons de chasseurs qui éclairaient la marche du corps rencontrèrent les uhlans. Ils les chargèrent avec impétuosité, mais ils furent arrêtés par l'infanterie et l'artillerie ennemie, qui défendaient le village. Le général de Luzy prit aussitôt ses dispositions d'attaque. Pendant qu'il faisait tourner Medole, à droite et à gauche, par deux colonnes, il s'avançait lui-même de front, précédé par son artillerie qui canonnait le village. Cette attaque, exécutée avec une grande vigueur, eut un plein succès : à sept heures l'ennemi se retirait de Medole, et nous lui avions enlevé deux canons et fait bon nombre de prisonniers.

La division Vinoy, qui suivait la division de Luzy, se porta, au sortir de Medole, dans la direction d'une maison isolée, nommée Casanova, qui est située dans la plaine, sur la route de Mantoue, à 2 kilomètres de Guidizzolo. L'ennemi se trouvait en forces considérables de ce côté, et un combat acharné s'engagea, pendant que la division de Luzy marchait vers Ceresara d'une part, et vers Rebecco de l'autre.

En ce moment, l'ennemi tenta de tourner la gauche de la

division Vinoy par l'intervalle que laissaient entre eux le 2ᵉ et le 4ᵉ corps ; il s'approcha jusqu'à 200 mètres du front de nos troupes, mais il fut alors arrêté par le feu de 42 pièces d'artillerie, dirigées par le général Soleille. Le canon de l'ennemi vint aussitôt prendre part à la lutte, et la soutint une grande partie de la journée, bien qu'avec une infériorité manifeste.

La division de Failly arriva à son tour, et le général Niel, réservant la seconde brigade de cette division, porta la première entre Casanova et Rebecco, vers le hameau de Baite, pour relier le général de Luzy au général Vinoy. Le but du général Niel était de se porter vers Guidizzolo, dès que le duc de Magenta se serait emparé de Cavriana, et il espérait couper ainsi à l'ennemi la route de Volta et de Goïto ; mais il fallait, pour exécuter ce plan, que les troupes du corps du maréchal Canrobert vinssent remplacer, à Rebecco, celles du général de Luzy.

Le 3ᵉ corps, parti de Mezzano à deux heures et demie du matin, avait passé la Chiese à Visano, et était arrivé à sept heures à Castel-Goffredo, petite ville enceinte de murs que la cavalerie de l'ennemi occupait encore. Tandis que le général Jannin tournait la position au sud, le général Renault l'abordait de front, faisant enfoncer la porte par les sapeurs du génie, et pénétrait dans la ville en chassant devant lui les cavaliers ennemis.

Vers neuf heures du matin, la division Renault, arrivée à la hauteur de Medole, se reliait sur sa gauche avec le général de Luzy, du côté de Ceresara, et sur sa droite faisait face à Castel-Goffredo, de manière à surveiller les mouvements du corps détaché dont le départ de Mantoue avait été annoncé.

Cette appréhension paralysa, pendant la plus grande partie du jour, le corps d'armée du maréchal Canrobert, qui ne jugea pas prudent de prêter tout d'abord au 4ᵉ corps l'appui que lui demandait le général Niel.

Néanmoins, vers les trois heures de l'après-midi, rassuré

sur sa droite, et ayant jugé par lui-même la position du général Niel, le maréchal Canrobert fit appuyer la division Renault sur Rebecco, et donna ordre au général Trochu de porter sa première brigade entre Casanova et Baite, sur le point où se dirigeraient les plus redoutables attaques de l'ennemi. Ce renfort de troupes fraîches permit au général Niel de lancer, dans la direction de Guidizzolo, une partie des divisions de Luzy et de Failly. Cette colonne s'avança jusqu'aux premières maisons du village; mais, trouvant devant elle des forces supérieures établies dans une bonne position, elle fut contrainte de s'arrêter.

Le général Trochu s'avança alors pour soutenir l'attaque avec la brigade Bataille, de sa division. Il marcha à l'ennemi par bataillons serrés, en échiquier, l'aile droite en avant avec autant d'ordre et de sang-froid que sur un champ de manœuvres. Il enleva à l'ennemi une compagnie d'infanterie et deux pièces de canon, et déjà il était arrivé à une demi-distance de la Casanova à Guidizzolo, lorsque éclata l'orage qui vint mettre fin à cette terrible lutte, que le concours du 3e et du 4e corps menaçait de rendre si funeste à l'ennemi.

Au milieu des péripéties de ce combat de douze heures, la cavalerie a été d'un puissant secours pour arrêter les efforts de l'ennemi du côté de la Casanova. A plusieurs reprises, les divisions Partouneaux et Desvaux ont chargé l'infanterie autrichienne et rompu ses carrés. Mais c'est surtout notre nouvelle artillerie qui produisit sur l'ennemi les effets les plus terribles. Ses coups allaient l'atteindre à des distances d'où les plus gros calibres étaient impuissants à riposter, et jonchaient la plaine de cadavres.

Le 4e corps a enlevé aux Autrichiens un drapeau, 7 pièces de canon et 2,000 prisonniers.

De son côté, l'armée du Roi, placée à notre extrême gauche, avait eu également sa rude et belle journée.

Elle s'avançait forte de quatre divisions, dans la direction de Peschiera, de Pozzolengo et de Madonna della Scoperta, lorsque, vers sept heures du matin, elle rencontra les avant-postes ennemis entre San-Martino et Pozzolengo.

Le combat s'engagea; mais de gros renforts autrichiens accoururent et firent reculer les Piémontais jusqu'en arrière de San-Martino, et menacèrent même de couper leur ligne de retraite. Une brigade de la division Mollard arriva alors en toute hâte sur le lieu du combat, et monta à l'assaut des hauteurs où l'ennemi venait de s'établir. Deux fois elle en atteignit le sommet en s'emparant de plusieurs pièces de canon, mais deux fois aussi elle dut céder au nombre et abandonner sa conquête.

L'ennemi gagnait du terrain, malgré quelques charges brillantes de la cavalerie du Roi, quand le général Cucchiari, débouchant sur le champ de bataille par la route de Rivoltella, vint soutenir le général Mollard. Les troupes sardes s'élancèrent une troisième fois sous un feu meurtrier : l'église et toutes les cassines de la droite furent emportées, et huit pièces de canon furent enlevées; mais l'ennemi parvint encore à les dégager et à reprendre ses positions.

En ce moment, la 2e brigade du général Cucchiari, qui s'était formée en colonnes d'attaque à la gauche de la route de Lugano, marcha contre l'église de San-Martino, regagna le terrain perdu, et emporta les hauteurs pour la quatrième fois, sans réussir cependant à s'y maintenir; car, écrasée par la mitraille et placée en face d'un ennemi qui, renforcé sans cesse, revenait sans cesse à la charge, elle ne put attendre le secours que lui apportait la 2e brigade du général Mollard, et les Piémontais, épuisés, firent retraite en bon ordre sur la route de Rivoltella.

C'est alors que la brigade d'Aoste, de la division Fanti, qui s'était portée d'abord vers Solferino, pour donner la main au maréchal Baraguey d'Hilliers, fut envoyée par le Roi pour appuyer les généraux Mollard et Cucchiari dans l'attaque de San-Martino. Elle fut un moment arrêtée par la tempête; mais, vers cinq heures du soir, cette brigade et la brigade Pignerol, soutenues par une forte artillerie, marchèrent à l'ennemi sous un feu terrible, et atteignirent les hauteurs. Elles s'en emparèrent pied à pied, cassine par cassine, et parvinrent à s'y maintenir en combattant avec acharnement. L'ennemi commença à plier, et l'artillerie piémontaise, gagnant les crêtes, put bientôt les couronner de 24 pièces de canon, que les Autrichiens cherchèrent vainement à enlever. Deux brillantes charges de la cavalerie du Roi les dispersèrent; la mitraille porta le désordre dans leurs rangs, et les troupes sardes restèrent enfin maîtresses des formidables positions que l'ennemi avait défendues, une journée entière, avec tant d'acharnement.

D'un autre côté, la division Durando était restée aux prises avec les Autrichiens depuis cinq heures et demie du matin. A cette heure, son avant-garde avait rencontré l'ennemi à Madonna della Scoperta, et les troupes sardes y avaient soutenu, jusqu'à midi, les efforts d'un ennemi supérieur en nombre, qui les avait enfin obligés à se replier; mais, renforcées alors par la brigade de Savoie, elles reprirent l'offensive, et, repoussant les Autrichiens à leur tour, elles s'emparèrent de Madonna della Scoperta. Après ce dernier succès, le général de La Marmora dirigea la division Durando vers San-Martino, où elle ne put arriver à temps pour concourir à la prise de la position; car elle rencontra sur la route une colonne autrichienne avec laquelle elle eut à lutter pour s'ouvrir passage; et, quand elle eut triomphé de cet obstacle, le village de San-Martino était au pouvoir des Piémontais. Le général de La Marmora avait dirigé, d'autre part, la brigade de Piémont, de la division Fanti, vers Pozzolengo. Cette brigade enleva avec une grande vigueur les positions ennemies en avant du village, et, s'étant rendue maîtresse de Pozzolengo après une vive attaque, elle repoussa les Autrichiens et les poursuivit jusqu'à une certaine distance, en leur faisant essuyer de grandes pertes.

Celles de l'armée sarde furent malheureusement très considérables, et ne s'élevèrent pas à moins de 49 officiers tués, 167 blessés, 642 sous-officiers et soldats tués, 3,405 blessés, 1258 hommes disparus; total 5,525 manquant à l'appel. 5 pièces de canon étaient restées aux mains de l'armée du Roi, comme trophée de cette sanglante victoire qu'elle avait remportée contre un ennemi supérieur en nombre, dont les forces paraissent n'avoir pas été moins de 12 brigades.

Les pertes de l'armée française se sont élevées au chiffre de 12,000 hommes de troupe, tués ou blessés, et de 720 officiers hors de combat, dont 150 tués. Parmi les blessés, on compte les généraux de Ladmirault, Forey, Auger, Dieu et Douay; 7 colonels et 6 lieutenants-colonels ont été tués.

Quant aux pertes de l'armée autrichienne, elles n'ont pu être estimées encore, mais elles ont dû être très considérables, à en juger par le nombre des morts et des blessés qu'ils ont abandonnés sur toute l'étendue du champ de bataille, qui n'a pas moins de 5 lieues de front. Ils ont laissé dans nos mains 30 pièces de canons, un grand nombre de caissons, 4 drapeaux et 6,000 prisonniers.

La résistance que l'ennemi a opposée à nos troupes pendant seize heures peut s'expliquer par l'avantage que lui donnait la supériorité du nombre et les positions presque inexpugnables qu'il occupait.

Pour la première fois, d'ailleurs, les troupes autrichiennes combattaient sous les yeux de leur souverain, et la présence des deux Empereurs et du Roi, en rendant la lutte plus acharnée, devait la rendre aussi plus décisive.

L'Empereur Napoléon n'a pas cessé un seul instant de diriger l'action, en se portant sur tous les points où ses troupes avaient à déployer les plus grands efforts et à triompher des obstacles les plus difficiles. A diverses reprises, les projectiles de l'ennemi ont frappé dans les rangs de l'état-major et de l'escorte qui suivaient Sa Majesté.

A neuf heures du soir, on entendait encore, dans le lointain, le bruit du canon qui précipitait la retraite de l'ennemi, et nos troupes allumaient les feux du bivouac sur le champ de bataille qu'elles avaient si glorieusement conquis.

Le fruit de cette victoire est l'abandon, par l'ennemi, de toutes les positions qu'il avait préparées sur la rive droite du Mincio pour en disputer les approches.

2. — *Rapport de* S. M. LE ROI DE SARDAIGNE.

Le 24 juin, tandis que les troupes françaises, sous les ordres de M. le maréchal Baraguey d'Hilliers, marchaient sur Solferino, trois divisions de l'armée piémontaise avançaient dans la direction de Peschiera, Pozzolengo et Madonna della Scoperta. Elles étaient précédées par des détachements chargés d'éclairer leur marche et de reconnaître le terrain.

La 3ᵉ division (général Mollard) devait battre la plaine comprise entre le chemin de fer et le lac, et la 5ᵉ (général Cucchiari) marcher sur Pozzolengo; on devait aussi se rabattre, la 1ʳᵉ division (général Durando), en passant par Castel Vinzago et Madonna della Scoperta. Le détachement envoyé en reconnaissance par la 5ᵉ division, composé d'un bataillon d'infanterie, d'un bataillon de bersaglieri, d'un escadron de chevau-légers et de deux pièces d'artillerie, sous les ordres du colonel Cadorna, laissa, sur sa droite, les hauteurs de San-Martino qui n'étaient point encore occupées par l'ennemi, et continua à s'avancer par la route de Lugano vers Pozzolengo.

Les avant-postes autrichiens, vigoureusement attaqués et refoulés vers sept heures du matin, furent bientôt soutenus par des forces imposantes devant lesquelles il fallut se replier.

Le général Mollard, entendant la fusillade et le bruit du canon, conduisit la petite colonne qui éclairait la marche de sa division, au secours du colonel Cadorna, et envoya deux compagnies de bersaglieri à la Cascina-Succale pour opérer une diversion.

La 3ᵉ et la 5ᵉ division reçurent l'ordre de hâter leur marche. La colonne du colonel Cadorna se replia lentement et en bon ordre, soutenue par quatre pièces d'artillerie et par un bataillon d'infanterie placés à San-Martino. Mais, sur la droite, l'ennemi gagnait déjà avec de fortes colonnes les hauteurs par Stefano et San-Donino, et s'avançait rapidement sur Cascina Contracio, menaçant de couper la ligne de retraite.

Il fallut abandonner San-Martino. Il était alors neuf heures du matin. La tête de la colonne de la 3ᵉ division commençait à déboucher par la chaussée du chemin de fer. Dans l'espoir de ne pas laisser à l'ennemi le temps de s'établir sur les hauteurs, le général Mollard fit immédiatement marcher à l'assaut le 1ᵉʳ régiment qu'il eut sous la main (7ᵉ d'infanterie) et le fit, bientôt après, soutenir par le 8ᵉ, avec ordre d'attaquer à la baïonnette sans faire un coup de feu.

Soutenus par une batterie et par quelques charges des chevau-légers de Montferrat, deux fois ces braves régiments atteignirent, avec un élan admirable, le sommet des hauteurs, en s'emparant de plusieurs pièces de canon, mais deux fois aussi ils durent céder au nombre, et abandonner leur conquête. Le colonel Berette et le major Lolaro avaient été tués ; le général Ansaldi, les majors Borda et Longoni blessés ; les pertes en officiers subalternes étaient également nombreuses.

L'ennemi gagnait du terrain ; il s'avançait par la Cascina-Selvetta, vers le chemin de fer, pour nous couper cette importante ligne de communication. Une charge brillante, donnée par un escadron de cavalerie, donna le temps de réunir quelques troupes sur le point menacé.

Ce fut alors, vers dix heures du matin, que la division Cucchiari arriva sur le champ de bataille par la route de Rivoltella. Trois bataillons du 12ᵉ régiment furent mis immédiatement à la disposition du général Mollard, afin de l'aider à reprendre la Cascina-Canova, Armia, Selvetta et Monata, et dégager ainsi les approches du chemin de fer.

Sur la gauche, le 4ᵉ bataillon du 12ᵉ et le 11ᵉ régiment d'infanterie furent formés en colonnes d'attaque, à cheval sur la route de Lugano. On s'élança à l'assaut sous un feu meurtrier. Le village de San-Martino, la Roccolo, ainsi que toutes les cassines sur la droite, y compris la Contracania, furent emportés avec une bravoure remarquable. On s'empara de trois pièces d'artillerie, mais l'ennemi parvint encore une fois à les dégager. Dans cette attaque, un major avait été tué ; deux autres majors, ainsi qu'un colonel, blessés : telles étaient les pertes en officiers supérieurs.

Pendant ce temps, la 2ᵉ brigade de la 5ᵉ division, 17ᵉ et 18ᵉ de ligne, avec son bataillon de bersaglieri, se formait en colonne d'attaque sur la gauche de la route de Lugano, laissant le 18ᵉ en réserve ; deux bataillons du 17ᵉ et deux compagnies de bersaglieri marchèrent sur l'église de San-Martino et la Cascina Contracania qui étaient retombées au pouvoir de l'ennemi, et les deux autres bataillons, avec quelques bersaglieri, pliant à gauche, se dirigèrent sur Cascina Corbii di Sotto et Vestone. Le 18ᵉ s'avança pour soutenir le 11ᵉ engagé sur son front. On regagna partout le terrain perdu, on atteignit le point culminant des hauteurs, et les positions furent emportées encore une fois.

Sur ces entrefaites, la brigade Pignerol (division Mollard) arrivait de Desenzano et Rivoltella. Formée sur deux lignes et dirigée avec son artillerie sur la Cascina Contracania, elle avait déjà commencé son feu, et allait compléter le succès de la 5ᵉ division, lorsque celle-ci, écrasée par la mitraille et placée en face d'un ennemi qui recevait sans cesse de nouveaux renforts, dut opérer sa retraite qui eut lieu en bon ordre sur la route de Rivoltella.

Le général Mollard crut dès lors devoir suspendre l'attaque commencée par la brigade Pignerol jusqu'à l'arrivée de nouvelles troupes. L'attaque de San-Martino ne pouvait plus être effectivement renouvelée sans que l'on donnât auparavant quelques heures de repos aux soldats qui avaient combattu toute la matinée sous un soleil ardent, et sans qu'on les fît soutenir par des troupes fraîches.

La seconde division (général Fanti) avait été acheminée vers Solferino, afin de concourir, le cas échéant, à l'attaque dirigée sur ce point par le maréchal Baraguey d'Hilliers.

Le Roi, voyant que la position avait été vaillamment emportée par les troupes françaises, et jugeant, d'autre part, combien il était essentiel de renforcer notre gauche, donna l'ordre à la seconde brigade de cette division de se porter immédiatement sur San-Martino, et, à la première, de marcher vers Pozzolengo, pour soutenir la division Durando, engarée, depuis plusieurs heures, dans un combat où elle avait déjà essuyé beaucoup de pertes.

Lorsque Sa Majesté fut informée que la brigade Aoste (de la seconde division) approchait de San-Martino, elle envoya l'ordre d'attaquer de nouveau cette position et de s'en emparer avant la nuit. La brigade Aoste arriva sous San-Martino vers quatre heures de l'après-midi, et fut placée sous les ordres du général Mollard.

Elle prit position sur la gauche de la brigade Pignerol, en face de la Cascina Contracania. L'artillerie avait l'ordre de n'ouvrir son feu qu'à très petite portée de l'ennemi. On fit déposer les sacs aux soldats, et, vers cinq heures, on commença à marcher en avant.

Un bataillon et deux pièces d'artillerie devaient tâcher de tourner l'ennemi par sa gauche. La 5ᵉ division qui s'était repliée sur la route de Rivoltella, était en marche pour rejoindre le champ de bataille. C'est alors qu'un ouragan terrible s'éleva du côté du lac, suivi d'une pluie torrentielle.

Les colonnes, bravant tous les obstacles, marchèrent résolûment à l'ennemi, qui, délivré de toute attaque sur sa droite, avait porté toute son artillerie sur le sommet des hauteurs entre les Cascina-Contracania et Colombare, d'où il balayait, avec un feu très vif, les approches de la position. La brigade Pignerol s'élança vers la Cascina Contracania; obligée de conquérir pied à pied le terrain, elle éprouva des pertes sensibles. Parmi les officiers supérieurs, les deux colonels furent tués, et un major blessé.

La brigade Aoste marcha sur les Cascina Canova, Armia et Marata, s'en empara successivement, attaqua ensuite la Contracania et l'église de San-Martino, et tâcha de se maintenir dans ces différentes positions, en combattant avec acharnement. Elle avait déjà son général, deux colonels, deux majors blessés et un major tué. Afin de soutenir l'infanterie par un feu imposant d'artillerie, le chef d'état-major fit placer 18 pièces près la Casa-Monata pour battre la Cascina Contracania.

Tous les efforts se dirigèrent bientôt vers ce point. Attaqué de front par le 3ᵉ et le 6ᵉ d'infanterie qui s'avançaient de Casa-Monata ; sur la droite par la brigade Pignerol, et successivement par les 7ᵉ, 12ᵉ, 17ᵉ et 18ᵉ et par les bataillons de bersaglieri, l'ennemi commença à plier. Pour assurer un succès si chèrement acheté, l'ordre fut donné à toute l'artillerie disponible de se porter au galop sur le sommet.

Bientôt après, 24 pièces couronnaient les hauteurs et ouvraient leur feu. L'ennemi qui était à peu de distance, menaçait de se jeter sur nos canons. Un escadron de cavalerie, avec deux charges des plus brillantes, mit le désordre dans ses rangs déjà éclaircis par la mitraille, et, poursuivi par l'infanterie, l'ennemi laissa entre nos mains les formidables positions défendues une journée entière avec tant d'acharnement.

Tandis que le combat s'engageait, dès le matin, sur l'extrême gauche, du côté opposé, sur les collines de Solferino, le 4ᵉ corps d'armée français était aux prises avec l'ennemi et soutenait un combat très vif.

Une reconnaissance, composée de troupes de la 11ᵉ division (Durando) (8ᵉ bataillon de bersaglieri, 1ᵉʳ bataillon de grenadiers et une section d'artillerie de la 10ᵉ batterie), sous la conduite du chef d'état-major, colonel de Casanova, partie de Lonato à l'aube, arriva, vers cinq heures et demie, à la hauteur de la position Madonna della Scoperta, qu'elle trouva occupée par l'ennemi.

Celui-ci fut aussitôt attaqué par les troupes de la reconnaissance suivies de près par la brigade des grenadiers. Ces corps soutinrent à eux seuls, jusque vers midi, les efforts de l'ennemi, supérieur en nombre, puis furent obligés de se replier jusqu'à l'intersection des routes de la Cascina Rondotto. Là, renforcés par quatre bataillons de la brigade de Savoie, commandée par le colonel de Rolland, ils reprirent vivement l'offensive, et chargèrent l'ennemi à la baïonnette. Deux bataillons de grenadiers, envoyés, dès le matin, par Castelloro et Cadignolo, entraient à leur tour en ligne, tandis que la 11e batterie, se mettant en position, ouvrait son feu. Ces efforts combinés décidaient l'ennemi à abandonner les positions conquises dans la matinée.

Le général de La Marmora avait été chargé par le Roi de prendre le commandement de la 1re et de la 2e division. L'ennemi une fois repoussé à Madonna della Scoperta, le général, suivant les ordres de Sa Majesté, dirigea une partie des troupes contre San-Martino, où la 3e et la 5e division continuaient à combattre. La 1re division (Durando) passa par San-Rocca, Cascina Taverna et Monto Lami : elle donna, chemin faisant, contre une colonne ennemie, composée du régiment de Prohaska et d'autres troupes qui avaient combattu à San-Martino, et cherchaient vraisemblablement à tourner les forces qui attaquaient cette position. Cette colonne, repoussée, se replia à la hâte, mais il en résulta un retard dans le mouvement de la 1re division. L'heure était, d'ailleurs, avancée, et ces troupes avaient combattu toute la journée contre trois brigades ennemies. Les pertes de cette division furent : en officiers, 6 morts et 25 blessés ; en troupe, 97 morts et 580 blessés.

La brigade de Piémont de la 2e division (Fanti) avait coopéré également à l'attaque des positions de Madonna della

Scoperta. L'ennemi repoussé, cette brigade fut dirigée par le général de La Marmora contre Pozzolengo. Arrivée à la hauteur de la Cascina Rondotto, elle rencontra un corps ennemi fortement établi dans les cassines Torricelli, San-Giovanni et Piedra, et sur les hauteurs de Serino.

L'ennemi vivement attaqué dans ses positions par le 9e bataillon de bersaglieri (major Angelini), le 4e régiment de Piémont et une section de la 4e batterie, sous le commandement du général Camerana, céda le terrain, et fut poursuivi jusqu'au delà du bourg de Pozzolengo.

Cette même brigade de la 2e division (Fanti), ayant occupé San-Giovanni, une batterie de quatre obusiers y prit position et ouvrit un feu très vif qui prenait à revers les défenses de San-Martino. Cette attaque contribua puissamment à obliger l'ennemi à céder cette position disputée avec acharnement depuis le matin.

La 2e division, outre les graves pertes subies par la brigade d'Aoste, qui avait été postée sur la gauche, compta encore dans cette journée, 1 officier tué, 5 blessés, 16 hommes tués et 36 blessés. Les quatre divisions composant ce jour-là l'armée sarde en ligne, furent toutes engagées, et leurs pertes totales s'élevèrent à 49 officiers tués, 167 blessés, 642 sous-officiers et soldats tués, 3,405 blessés, 1,258 hommes dispersés; total : 5,525 manquant à l'appel. Plusieurs corps ont eu le quart de leur effectif hors de combat, et un bataillon de bersaglieri, sur 13 officiers, en eut 7 tués ou blessés; trois colonels de la même division ont succombé glorieusement.

L'ennemi, à la fin de la journée, avait été chassé de toutes ses positions, et celle de Pozzolengo avait été occupée par nos troupes : 5 pièces de canon étaient restées dans nos mains comme trophées de cette sanglante victoire, où nos troupes avaient eu à lutter contre des forces bien supérieures. Celles-ci peuvent être portées, selon toute vraisemblance, à 12 brigades ; car il a été fait des prisonniers appartenant à ces divers corps.

L'armée autrichienne avait déployé toutes ses forces, s'élevant à près de 200,000 hommes. Reprenant l'offensive, elle avait repassé le Mincio, et occupé les positions de Pozzolengo, Solferino, étendant sa gauche dans la plaine de Guidizzolo ; mais le soir, sur tous les points de ce vaste champ de bataille, elle avait dû se replier et mettre entre elle et l'armée alliée victorieuse la barrière du Mincio et de ses forteresses.

Le chef de l'état-major,

Lieutenant-général DELLA ROCCA.

3. — *Rapport du maréchal* REGNAUD DE SAINT-JEAN-D'ANGÉLY, *commandant en chef de la Garde Impériale.*

Cavriana, 27 juin 1859.

Sire,

Le 24 juin, la Garde Impériale est campée, les deux divisions d'infanterie à Montechiaro, les huit batteries d'artillerie et la division de cavalerie à Castenedolo.

Votre Majesté lui donna l'ordre de partir de ces deux positions pour se rendre à Castiglione.

L'infanterie partit de Montechiaro à cinq heures du matin, l'artillerie partit à la même heure de Castenedolo, et rejoignit la gauche des deux divisions d'infanterie à Montechiaro, vers sept heures moins un quart.

La division de cavalerie ne devait partir qu'à neuf heures du matin de Castenedolo et marcher librement, afin de ménager ses chevaux.

Vers six heures du matin, une canonnade bien nourrie s'engagea avec l'ennemi qui avait pris position au delà de Castiglione et s'était décidé à livrer bataille.

Votre Majesté ordonna alors à la Garde d'accélérer son mouvement. L'ordre fut expédié tout de suite à la cavalerie de partir avant l'heure qui lui avait été désignée : à huit heures, elle put monter à cheval, et vers neuf heures et demie, elle arriva sur le lieu du combat, où elle fut mise à la disposition de M. le maréchal de Mac-Mahon, d'après les ordres de Votre Majesté.

Les deux divisions d'infanterie de la Garde avaient débouché de Castiglione par la route de Guidizzolo, mais Votre Majesté ayant jugé que le point décisif de la bataille était l'enlèvement de la position de Solferino, vivement défendue par l'ennemi, donna l'ordre à sa Garde de serpenter à gauche, afin de se trouver en situation d'appuyer l'attaque du maréchal Baraguey d'Hilliers contre Solferino.

La division de voltigeurs, commandée par le général Camou, fut placée en ligne, développée derrière le 1er corps, et, à 500 mètres en arrière, la division Mellinet fut formée en colonne double par division à distance de déploiement.

La division Forey ayant éprouvé des pertes sensibles dans l'attaque de la position del Monte, la brigade Manèque, composée des chasseurs à pied de la Garde, des 1er et 2e voltigeurs, fut portée à son secours, et enleva ces positions aux cris de : Vive l'Empereur!

Au même moment, deux bataillons du 2e voltigeurs, lancés sur la tour et le couvent de Solferino, les enlevèrent avec un remarquable élan.

Ces bataillons ont ensuite occupé les crêtes de la position del Monte et y ont été soutenus par l'artillerie à cheval de la Garde qui vint se mettre en batterie sur la grande route de Cavriana. Bientôt l'ennemi chercha à reprendre cette importante position, et le petit nombre de troupes qui étaient sur ce point n'aurait pas permis de la conserver, si Votre Majesté, en se rendant parfaitement compte de l'état des choses, n'avait envoyé immédiatement l'ordre à la division de grenadiers, commandée par le général Mellinet, de soutenir les batteries de la Garde et la brigade Manèque. Cet ordre promptement exécuté par le général Mellinet, permit à la brigade Manèque et à l'artillerie de la Garde, non-seulement de conserver la position menacée pendant un instant, mais encore de gagner du terrain en avant, en s'emparant successivement des positions de l'ennemi.

La brigade Manèque arriva ainsi à quelque distance de Cavriana, position importante entourée de vieilles fortifications, où l'ennemi pouvait renouveler dans la ville et dans le château la longue résistance qu'il avait opérée à Solferino.

Votre Majesté envoya l'ordre à l'artillerie de la Garde de battre cette position, et à la brigade Manèque de l'enlever. Cet ordre fut exécuté avec vigueur et intelligence sous les yeux de Votre Majesté.

Le village de Cavriana venait d'être enlevé vers cinq heures du soir, lorsqu'un violent orage éclata et suspendit un instant les opérations. Mais à peine avait-il cessé que les voltigeurs de la Garde reprirent l'œuvre commencée et chassèrent l'ennemi des hauteurs qui dominent le village où le quartier-général de Votre Majesté devait être établi, et terminèrent ainsi la journée.

La brigade Manèque a enlevé un drapeau, des prisonniers et 13 pièces de canon aux Autrichiens.

Pendant toute cette affaire, l'artillerie de la Garde s'est fait remarquer par la précision de son tir et le choix successif de ses positions. Partout où elle a eu à contre-battre des batteries ennemies, elle a fait taire leur feu en peu de temps.

La cavalerie, commandée par le général Morris, est venue, dès son arrivée sur le champ de bataille, et d'après les ordres de Votre Majesté, se placer sous le commandement du maréchal de Mac-Mahon, qui opérait dans un pays de plaine, où, dans certains cas, elle pourrait trouver l'occasion de faire un bon service.

En attendant l'arrivée du corps du général Niel qui devait se lier par sa gauche au maréchal de Mac-Mahon, elle fut employée à couvrir la droite du 2ᵉ corps, et, à cet effet, le général Morris disposa ses trois brigades par échelons et les fit couvrir par une ligne de tirailleurs.

Le général Morris attendait avec impatience l'occasion de

faire agir sa cavalerie; elle se présenta vers trois heures et demie.

Une colonne de cavalerie autrichienne ayant paru, il la fit charger en flanc par les chasseurs à cheval. Les Autrichiens, refoulés, se retirèrent à droite vers leurs batteries, dont le feu arrêta notre poursuite.

Je viens d'exposer la part que la Garde a prise à la bataille de Solferino. Là, comme à Magenta, elle a agi sous les yeux et l'impulsion directe de Votre Majesté qui a pu juger par elle-même du courage et du dévouement absolu qu'elle mettait à exécuter ses ordres.

Je ferai connaître, plus tard, à Votre Majesté, les noms des officiers qui se sont le plus particulièrement distingués, et je les proposerai pour des récompenses.

Le maréchal de France, commandant en chef de la Garde Impériale,

REGNAUD DE SAINT-JEAN-D'ANGÉLY.

P. S. Je dois signaler à Votre Majesté M. Moniglia, lieutenant de chasseurs à pied, qui a pris, dans le village de Solferino, quatre pièces de canon attelées, commandées par un colonel qui lui a remis son épée.

4. — *Rapport du maréchal* BARAGUEY D'HILLIERS, *commandant en chef le* 1er *corps.*

Pozzolengo, 25 juin 1859.

Sire,

Votre Majesté m'avait donné l'ordre de me porter, le 24, d'Esenta à Solferino. Je fis partir, à deux heures du matin, par la route de la montagne, la division Ladmirault avec 4 pièces d'artillerie, et par celle de la plaine, à trois heures, les divisions Forey et Bazaine, avec leur artillerie, l'artillerie de réserve et les bagages.

A peine la tête de cette dernière colonne était-elle arrivée aux Fontanes, que la division Forey engagea deux compagnies de chasseurs avec l'ennemi, le débusqua sans trop de difficulté des hauteurs du Monte di Valscura, et, avec deux bataillons du 74ᵉ, le chassa du village de Grole, où la résistance fut plus sérieuse.

A ce moment, la 2ᵉ division à gauche de la 1ʳᵉ, était ralliée, dans une vallée assez large, bordée des deux côtés de collines élevées s'étendant par des positions successives et étagées jusqu'à Solferino. Le général de Ladmirault disposa sa division en trois colonnes : celle de droite, composée de deux compagnies de chasseurs et de quatre bataillons, confiée à M. le général Douay; celle de gauche, composée comme la première, sous les ordres du général de Négrier, et se réserva la colonne du centre, composée de quatre compagnies de chasseurs, de quatre bataillons et de l'artillerie.

Les divisions Forey et Ladmirault s'avancèrent parallèlement sur Solferino : la première, à droite, attaquant le mont Fenile; la deuxième, à gauche, enlevant à l'ennemi les premiers mamelons boisés de sa position.

L'occupation du mont Fenile par le 84ᵉ permit à la sixième batterie du 8ᵉ régiment de s'y établir et de protéger le mouvement de la 1ʳᵉ brigade, commandée par le général Dieu, qui descendit le revers du mont Fenile et se porta dans la direction de Solferino, en chassant de crête en crête les troupes ennemies, dont le nombre s'accroissait sans cesse. Cette brigade prit position devant des forces supérieures, et dirigea le feu de son artillerie sur les hauteurs couronnées par une tour et un bois de Cyprès. Ce fut pendant cette canonnade que le général Dieu, gravement blessé, dut remettre son commandement à M. le colonel Cambriels, du 84ᵉ.

Votre Majesté arriva elle-même près des batteries de la division Forey, et, après avoir examiné la position, donna l'ordre de porter en avant, avec quatre pièces de la réserve du 1ᵉʳ corps, la brigade d'Alton, déployée par bataillon, à demi-distance en colonne par peloton. Le général Forey se mit à la tête de cette brigade, qui s'avança avec élan, mais qui fut accueillie par un feu de mitraille et de mousqueterie si violent de front et d'écharpe, qu'elle dut arrêter son mouvement. Votre Majesté envoya aussitôt la brigade Manèque, des voltigeurs de la Garde, soutenir la 1re division, qui, ranimée par ce secours, battit la charge, se reporta en avant, attaqua l'ennemi au cri de : *Vive l'Empereur !* et, après une lutte opiniâtre, s'empara du mamelon aux Cyprès et de la tour qui domine Solferino.

La division Ladmirault avait commencé son attaque en même temps que la division Forey; elle mit d'abord son artillerie en batterie, et, après une canonnade qui avait ébranlé l'ennemi, elle s'élança et enleva à la baïonnette les premières positions ; mais bientôt ses charges firent démasquer des bataillons entiers fournissant le feu le plus serré et le plus meurtrier, et elle n'avança plus qu'à grand'peine et pied à pied. Le général de Ladmirault fut atteint d'un coup de feu à l'épaule, se retira un instant pour se faire panser, reprit le commandement et lança ses quatre bataillons de réserve, qui imprimèrent à notre attaque une nouvelle impulsion. Frappé d'une nouvelle balle, le général de Ladmirault fut contraint de remettre son commandement au général de Négrier. L'opiniâtre résistance de l'ennemi, les forces considérables qu'il nous opposait, et les difficultés que présentaient à la 2e division le terrain très rétréci des attaques et les feux croisés du mamelon aux Cyprès et du cimetière crénelé, contre lequel plusieurs charges au pas de course avaient vainement été tentées, me forcèrent à engager la division Bazaine. Le 1er régiment de zouaves, et bientôt après le 34e, vinrent appuyer la 2e division ; l'ennemi couvrit nos colonnes de feux d'artillerie, de mousqueterie et de fusées, et tenta à plusieurs reprises des retours offensifs sur nos deux flancs. Le 37e fut aussi lancé en avant.

Le cimetière arrêtait tous nos efforts; voyant qu'il était indispensable de démolir cet obstacle, je donnai l'ordre d'y faire brèche en portant à découvert, à 300 mètres du mur, dans un poste très périlleux, une batterie d'artillerie du 10ᵉ régiment, commandée par M. le capitaine de Canecaude. La demi-batterie de montagne et d'autres pièces des divisions concentrèrent leur tir dans la même direction. Après un feu bien dirigé et très nourri, les murs du cimetière, des maisons et du château, étant suffisamment ébréchés, et l'artillerie ennemie du mamelon des Cyprès ayant été éteinte par l'artillerie du général Forey et par la 9ᵉ batterie du 10ᵉ régiment de la 3ᵉ division, le général Bazaine lança sur le cimetière le 3ᵉ bataillon du 78ᵉ, commandé par le chef de bataillon Lafaille, et fit sonner et battre la charge dans les deux divisions. Toutes les troupes s'élancèrent et emportèrent le village et le château au moment même où la 1ʳᵉ division apparaissait sur le sommet de la tour et au bois de Cyprès.

Je crois remplir un devoir en rendant témoignage de la bravoure et de la fermeté de la brigade de la Garde, que Votre Majesté a envoyée soutenir la 1ʳᵉ division dans un moment difficile ; une batterie de la Garde, conduite par le général Lebœuf, et lançant dans le village une grêle d'obus, a puissamment secondé notre attaque.

Le 1ᵉʳ corps a tué à l'ennemi 800 ou 1,000 hommes environ, lui a blessé beaucoup de monde, lui a fait 1,200 prisonniers, pris 4 canons, 2 caissons et 2 drapeaux. Il n'a pas obtenu ce succès sans éprouver des pertes regrettables. Les généraux de Ladmirault et Dieu ont été blessés dangereusement, le général Forey légèrement. Les colonels de Taxis, Brincourt, Pinard et Barry, ont été blessés, ainsi que les lieutenants-colonels Vallet, Maire, Hémard et Servier. Le lieutenant-colonel Ducoin et les chefs de bataillon Kléber, de Saint-Paër, Angevin et Guillaume, ont été tués. Les chefs de bataillon Brun, Meuriche, de Pontgibaud, Lebreton, Laguerre, Lesèble, Mocquery, Couzy, Lespinasse et Foy, ont été blessés. Le nombre des officiers hors de combat est de 234, et celui des soldats tués ou blessés s'élève à 4,000 environ.

J'ai adressé à Votre Majesté des mémoires de proposition, non-seulement pour pourvoir aux emplois vacants, mais encore pour les récompenses à accorder à de braves soldats qui ont bien mérité de la patrie et de l'Empereur dans cette grande journée, où les deux armées se sont rencontrées sur un vaste terrain dont Solferino occupait au centre un des points du plus difficile accès. Votre Majesté, qui était elle-même sur le lieu du combat, a vu et apprécié les obstacles que le 1er corps a eu à vaincre, les forces nombreuses que l'ennemi lui a opposées et la ténacité de la défense, augmentée encore, dit-on, par la présence du général en chef autrichien à Solferino.

Après la prise du village, les troupes étaient à peine reformées, que, sur l'ordre de Votre Majesté, la 1re division s'est portée sur les crêtes, dans la direction de Cavriana; la 3e division a poursuivi l'ennemi pendant une lieue dans la plaine, et, couvrant du feu de ses batteries les colonnes autrichiennes en retraite, leur a fait éprouver de grandes pertes et capturé de nombreux prisonniers. Parties d'Esenta à deux et trois heures du matin, mes divisions n'ont pris leurs bivouacs qu'à neuf heures du soir.

Pendant le combat, et au plus fort du feu, vers midi, nous aperçûmes quatre colonnes autrichiennes qui cherchaient à tourner la droite de l'armée piémontaise; six pièces d'artillerie, dirigées par M. le général Forgeot, forcèrent, par un feu très juste et très vif, ces colonnes à rebrousser chemin en désordre.

Je ne saurais assez louer le zèle et la vigueur de tous les officiers des divisions du 1er corps et de l'état-major général, et particulièrement des généraux Forey, de Ladmirault, Bazaine et Forgeot. Je m'abstiens de faire des citations individuelles, parce qu'elles seraient trop nombreuses. Je dois aux officiers de toutes les armes ce tribut d'éloges bien mérité, et si, parmi eux, le chiffre des tués et blessés dans ce rude combat est au-dessus de la proportion ordinaire, c'est que tous ont payé largement de leurs personnes, heureux de donner ainsi à l'Empereur une nouvelle preuve de leur dévouement.

Le maréchal Baraguey d'Hilliers.

5. — *Rapport du maréchal* de Mac-Mahon, *commandant en chef le 2ᵉ corps.*

Au quartier-général, à Civriana, le 26 juin 1859.

Sire,

Conformément aux ordres de Votre Majesté, le 2ᵉ corps a quitté Castiglione le 24 au matin pour aller occuper Cavriana. Il a débouché de Castiglione vers trois heures, marchant sur une seule colonne par la route de Mantoue, afin de ne pas gêner le mouvement des 1ᵉʳ et 4ᵉ corps, qui marchaient sur ses flancs en arrière de lui.

Il devait quitter la route de Mantoue à environ 9 kilomètres de Castiglione et se porter sur Cavriana par le chemin de San-Cassiano.

Vers quatre heures, je fus prévenu par le général Gaudin de Villaine, qui éclairait ma marche, que l'ennemi était devant moi à peu de distance, sur la route même que je suivais.

A cinq heures, la fusillade s'engageait entre mes tirailleurs et ceux de l'ennemi, qui occupaient la ferme de Casa-Marino.

Je me portai de ma personne à Monte-Medolano, qui est près de cette ferme, et de cette éminence je pus me convaincre que j'allais avoir affaire à des masses ennemies avec lesquelles il fallait compter.

A cette même heure (cinq heures), j'entendais un vif engagement sur ma gauche, entre Castiglione et Solferino.

C'était le maréchal Baraguey d'Hilliers, qui, dans sa marche sur ce dernier point, se trouvait aux prises avec l'ennemi.

Du côté de Cavriana, j'apercevais un grand mouvement de

troupes ennemies venant couronner successivement toutes les hauteurs qui s'étendent entre Solferino et Cavriana.

La situation dans laquelle je me trouvais méritait réflexion. Je sentais la nécessité de me porter aussitôt que possible sur le canon du maréchal Baraguey d'Hilliers; mais, d'un autre côté, je ne pouvais dégarnir et marcher sur Solferino ou sur Cavriana sans courir le risque de permettre à l'ennemi de couper l'armée en deux, en débouchant dans cette même plaine par la route de Mantoue à Guidizzolo, entre les 3ᵉ et 4ᵉ corps et moi.

J'étais sans nouvelles du général Niel, et je sentais toute l'importance de me maintenir dans la position où je me trouvais et de savoir, avant de faire un mouvement, s'il était à même de me soutenir en occupant la ligne qui s'étend de Medole à Guidizzolo.

Vers six heures, je ne voyais point encore les colonnes du général Niel du côté de Medole. J'envoyai mon chef d'état-major général dans cette direction, afin de savoir où en était le mouvement du 4ᵉ corps sur Guidizzolo.

Le général Lebrun arriva à Medole au moment même où le 4ᵉ corps attaquait ce village, où l'ennemi s'était établi fortement.

Le général Niel, prévenu de l'intention que j'avais de me porter vers le 1ᵉʳ corps, me fit connaître que, dès qu'il aurait enlevé Medole, il se rapprocherait aussi vite que possible de ma droite, afin de me permettre d'exécuter mon mouvement sur Cavriana. Il me prévenait en même temps qu'il ne pourrait me rejoindre avant que le 3ᵉ corps n'eût fait sa jonction avec lui pour appuyer sa droite.

Vers huit heures et demie, m'apercevant que les forces de l'ennemi augmentaient sur mon front dans la plaine de Guidizzolo, je fis attaquer la ferme de Casa-Marino pour porter ma tête de colonne à la hauteur de cette ferme, d'où je devais mieux juger les mouvements et les forces de l'ennemi.

Je pris alors les dispositions suivantes :

La 2ᵉ division, qui marchait en tête du corps d'armée, fut déployée en avant de la ferme, perpendiculairement à la route de Mantoue, sa droite à cette route. A sa hauteur, se prolongeant la ligne de bataille, je fis placer la 1ʳᵉ brigade de la 1ʳᵉ division, sa gauche à la même route, sa droite se dirigeant vers Medole, par où devait venir le corps du général Niel. La 2ᵉ brigade de la 1ʳᵉ division, formant la réserve du corps d'armée, fut établie en arrière de Casa-Marino, vers la ferme Barcaccia, pour tenir tête aux colonnes de cavalerie qui, de San-Cassiano, menaçaient de faire une trouée entre le 1ᵉʳ et le 2ᵉ corps. La cavalerie de réserve (7ᵉ régiment de chasseurs) couvrit de ce même côté la gauche de ma 2ᵉ division.

A peine ces dispositions étaient-elles prises, qu'une forte colonne autrichienne, venant de Guidizzolo par la route de Mantoue, s'avança sur Casa-Marino. Elle était précédée d'une nombreuse artillerie qui vint se mettre en batterie à 1000 ou 1200 mètres en avant de mon front.

Les quatre batteries d'artillerie des 1ʳᵉ et 2ᵉ divisions (12ᵉ du 7ᵉ, 11ᵉ du 11ᵉ, 2ᵉ du 9ᵉ et 13ᵉ du 13ᵉ) se portèrent immédiatement sur la ligne des tirailleurs et ouvrirent un feu très vif qui força bientôt l'artillerie ennemie à se reporter en arrière, après avoir vu sauter deux de ses caissons. C'est au commencement de ce combat d'artillerie contre artillerie que le général Auger eut le bras gauche emporté par un boulet.

Sur ces entrefaites, on me signalait les divisions de cavalerie Partouneaux et Desvaux, arrivant en arrière de la droite de ma ligne de bataille. Je les fis prévenir de se porter rapidement à la hauteur de ma droite, de manière à occuper l'espace laissé libre jusque-là entre Medole et Monte-Medolano.

Les batteries à cheval de ces deux divisions se déployèrent en avant de leur front, et prirent d'écharpe l'artillerie ennemie, déjà battue de front par le canon de mes divisions. Les généraux Partouneaux et Desvaux exécutèrent plusieurs charges heureuses. Dans l'une d'elles, 600 hommes d'infanterie furent rejetés sur nos tirailleurs qui les firent prisonniers.

Pendant que ceci se passait sur ma droite, une colonne, composée de deux régiments de cavalerie, cherchait à tourner ma gauche, qui était soutenue par deux escadrons du 4ᵉ chasseurs et quatre escadrons du 7ᵉ chasseurs, commandés par le colonel Savaresse. Notre cavalerie repoussa vigoureusement trois charges de l'ennemi, et le rejeta, dans le plus grand désordre, sur les bataillons de gauche de la 2ᵉ division (11ᵉ bataillon de chasseurs, 72ᵉ de ligne), qui s'étaient formés en carrés. L'ennemi laissa sur le terrain un grand nombre de chevaux tués ou blessés. Nos chasseurs ramenèrent plusieurs prisonniers, parmi lesquels un officier supérieur et une trentaine de chevaux tout harnachés.

Grâce à ces charges heureuses, grâce au feu de mon artillerie, je pus maintenir partout l'ennemi à bonne distance, et attendre, non sans une certaine impatience, l'entrée en ligne du 4ᵉ corps.

Vers onze heures seulement, je reçus du général Niel l'avis qu'il était en mesure de marcher directement sur Cavriana. J'ordonnai au général de La Motterouge de se porter, avec sa division disposée sur deux ligues, vers Solferino, où il devait faire jonction avec l'infanterie de la Garde Impériale qui marchait sur ce point. Le général Decaen devait suivre son mouvement.

En ce moment (deux heures et demie), la division de cavalerie de la Garde Impériale était mise à ma disposition par ordre de Votre Majesté.

J'ordonnai au général Morris de se porter dans l'intervalle qui séparait ma droite des divisions Partouneaux et Desvaux, et de se former, en arrière, en échelons, dès que le 2ᵉ corps se reporterait en avant. De cette manière, il devait me relier avec le quatrième corps.

Ces dispositions prises, et dès que la division La Motterouge eut fait sa jonction avec les voltigeurs de la Garde, tout le

2ᵉ corps fit, dans chaque bataillon, tête de colonne à droite pour se porter sur San-Cassiano et sur les autres positions que l'ennemi occupait dans la plaine.

Le village de San-Cassiano fut tourné à droite et à gauche, et enlevé en un instant, avec un élan irrésistible, par les tirailleurs indigènes et par le 45ᵉ de ligne.

Les tirailleurs algériens appuyèrent ensuite à gauche, pour se porter sur le contre-fort principal qui relie Cavriana à San-Cassiano.

Ce contre-fort était fortement défendu par l'ennemi qui avait réuni sur ce point des forces considérables. Le premier mamelon, sur lequel se trouvait une espèce de redoute, fut enlevé par les tirailleurs. Mais en ce moment, je m'aperçus que l'ennemi faisait un nouvel effort pour se jeter entre ma droite et le général Niel, et que, d'un autre côté, la colonne qui était à ma gauche, n'arrivait pas encore à ma hauteur.

Je dus donc faire arrêter un moment le mouvement général en avant.

L'ennemi réunit alors de grandes forces entre Cavriana et la redoute occupée par les tirailleurs, puis il fit tout à coup un vigoureux retour offensif qui les obligea à quitter cette position. Un bataillon du 45ᵉ et une partie du 72ᵉ, commandée par le colonel Castex, vinrent alors en aide aux tirailleurs, qui reprirent la redoute, où ils durent également s'arrêter d'après l'ordre donné.

Le 45ᵉ et le 72ᵉ de ligne prirent position plus en arrière.

Bientôt l'ennemi fit un nouvel effort sur les tirailleurs et les força une seconde fois à quitter la position. J'ordonnai alors au général de La Motterouge de soutenir cette colonne avec sa brigade de réserve (65ᵉ et 70ᵉ de ligne), et je prescrivis à tout le corps d'armée de se porter en avant, dès que notre attaque de gauche recommencerait.

Dès que le général de La Motterouge eut rejoint les tirailleurs et le 35ᵉ, toute la colonne se porta en avant. Elle fut soutenue dans ce mouvement par un bataillon de grenadiers, et, un peu en arrière, par le reste de la brigade de la Garde, commandée par le général Niel.

Toutes les positions furent successivement enlevées jusqu'à Cavriana, où les tirailleurs indigènes entrèrent en même temps que les voltigeurs de la Garde, qui y arrivèrent par le chemin de Solferino.

La division Decaen suivit le mouvement et chassa l'ennemi de plusieurs fermes qui se trouvaient devant elle dans la plaine.

La cavalerie de la Garde qui, sous les ordres du général Morris, flanquait mon extrême droite pendant tout le mouvement, était formée en trois échelons.

Le premier, composé des chasseurs et des guides, avait sa gauche appuyée à la droite de la division Decaen ; les deux autres, situés un peu plus en arrière, se reliaient avec le général Desvaux.

Vers trois heures, le général Morris fit charger en flanc, par le général Cassaignoles, une colonne de cavalerie autrichienne qui menaçait de tourner sa droite.

Un peu plus tard, un régiment de cavalerie ennemie chercha à repousser un escadron de chasseurs de la Garde qui formait une ligne de tirailleurs conduite d'une manière remarquable par le commandant de Lavigerie. L'ennemie prit sa direction, sans s'en douter, sur le 11e bataillon de chasseurs à pied, qui était formé en carré dans un chemin creux et dans les blés, d'où il ne pouvait être aperçu.

Ce bataillon se leva tout à coup et fit feu de deux de ses faces. La cavalerie ennemie fit aussitôt demi-tour et se retira en désordre, prise alors en flanc par une batterie de la 2e division et par une batterie de la Garde.

Vers six heures et demie, l'ennemi était en retraite dans toutes les directions, ayant éprouvé de très grandes pertes, à en juger par le nombre de cadavres qu'il avait laissés sur le terrain.

La 1re division bivouaqua alors sur le contre-fort situé en

arrière de Cavriana, et la deuxième division resta en bataille dans la plaine, de manière à faciliter la jonction du 4ᵉ corps avec le 2ᵉ.

Je n'ai pas besoin de dire ici si les troupes du 2ᵉ corps ont combattu vaillamment pendant cette longue journée. Votre Majesté a pu juger elle-même de leur élan irrésistible pendant les diverses phases de la bataille. Elle a vu de ses propres yeux, comment elles ont su, à la fin de la journée, pour couronner la victoire, enlever la position si difficile de Cavriana, et battre l'ennemi sur les hauteurs, où il a essayé vainement de tenir devant elles.

Nos pertes ont été malheureusement très sensibles : il n'en pouvait être autrement.

Au début de la bataille, le général Auger, commandant l'artillerie du 2ᵉ corps, a eu le bras gauche emporté par un boulet.

Le colonel Douay, du 70ᵉ de ligne, le colonel Laure et le lieutenant-colonel Herment, du régiment de tirailleurs, ont été tués bravement à la tête de leurs troupes.

Parmi les corps qui ont le plus souffert, je citerai : le régiment de tirailleurs, qui a eu 7 officiers tués et 22 officiers blessés, le 72ᵉ de ligne, qui a eu 5 officiers tués et 19 officiers blessés ; le 45ᵉ de ligne, déjà si éprouvé à Magenta, a eu 20 officiers mis hors de combat dans la journée du 24 juin.

En résumé, dans cette rude journée, le 2ᵉ corps a eu : 19 officiers tués, 95 officiers blessés, 192 soldats tués, 1,266 blessés et 300 disparus. (Ce dernier chiffre, qui était de 500 hier, diminue d'heure en heure, par la suite de la rentrée à leurs régiments des hommes fatigués qui n'avaient pu suivre.)

Je ne fais pas en ce moment de citations particulières à Votre Majesté ; je me réserve d'appeler ultérieurement toute sa bienveillante sollicitude sur ceux qui, braves entre tous, ont mérité d'être proposés pour des récompenses.

Le maréchal commandant en chef le 2ᵉ corps,
DE MAC-MAHON, DUC DE MAGENTA.

6. — *Rapport du maréchal* CANROBERT, *commandant en chef le 3ᵉ corps.*

Bivouac de Rebecco, le 25 juin 1859.

Sire,

En rendant compte à Votre Majesté, dès hier soir, des opérations auxquelles le 3ᵉ corps a pris part dans la journée du 24 juin courant, je n'ai pu fournir à l'Empereur que des indications sommaires en l'absence de renseignements transmis par les généraux commandant les divisions : les rapports que je reçois aujourd'hui me permettent d'entrer dans des détails plus précis.

Parti de Mezzano le 24 juin, à deux heures et demie du matin, en me dirigeant sur Medole, conformément aux ordres de l'Empereur, j'ai effectué le passage de la Chiese à Visano, sur un pont jeté pendant la nuit par le génie piémontais. J'avais prescrit la veille au soir à la brigade Jannin, de la division Renault, de se porter sur ce point pour protéger l'opération.

A sept heures, ma tête de colonne arrivait à Castel-Goffredo, et les renseignements recueillis par mon avant-garde m'apprenaient que la cavalerie ennemie était encore dans cette petite ville, ancienne place ceinte d'une muraille et munie de portes qui avaient été barricadées. Le général Jannin, à la tête d'un bataillon du 56ᵉ, reçut l'ordre de tourner la position et de se diriger au sud de la ville pour y pénétrer par la porte de Mantoue. Le général Renault se plaça à la tête des troupes qui devaient attaquer de front, et la porte du côté d'Acqua-Fredda fut abattue à coups de hache par le génie.

Les hussards du 2ᵉ régiment, composant mon escorte, sous la vigoureuse impulsion de leur chef, le capitaine-commandant Lecomte, se ruèrent sur un piquet de hussards autrichiens qui se trouvaient dans la ville et le sabrèrent. Ces cavaliers ont fait preuve d'un grand élan ; ils ont eu plusieurs blessés et ont tué et blessé quelques hommes à l'ennemi.

A neuf heures un quart, le 3ᵉ corps est arrivé à la hauteur de Medole. En entrant dans ce village, j'ai appris que le 4ᵉ corps était engagé en avant de moi. L'aile droite de ce corps, commandée par le général de Luzy, avait dû soutenir des attaques très sérieuses, et, menacée d'être tournée, elle demandait instamment à être appuyée.

Le général commandant le 4ᵉ corps m'adressait également plusieurs officiers pour me demander d'envoyer des renforts sur son centre, qui avait eu beaucoup à souffrir.

A ce moment même, je recevais de l'Empereur communication d'une lettre par laquelle on m'annonçait qu'un corps de 25 à 30,000 hommes était sorti de Mantoue par la porte Pradella dans la journée d'hier 23, et que ses avant-postes étaient au village d'Acqua-Negra. Ces renseignements étaient, du reste, corroborés par le général de Luzy, qui annonçait avoir vu une colonne considérable passer de sa gauche vers sa droite, par des renseignements émanant des gens du pays, enfin par une indication consistant en une longue traînée de poussière se dirigeant du côté d'Assola vers Acqua-Fredda.

Pour faire face aux exigences de la situation, je m'empressai d'envoyer le général Renault, avec six bataillons, soutenir le général de Luzy sur la route de Ceresara. Le 41ᵉ prit position à 2 kilomètres de Medole, à cheval sur la Seriola-Marchionale. Le 56ᵉ fut placé en retour, faisant face à Castel-Goffredo, de manière à surveiller le mouvement tournant annoncé de la part de l'ennemi. Une section d'artillerie se mit en batterie sur la route à la hauteur des tirailleurs et fit feu sur les colonnes autrichiennes qui se dirigeaient sur notre droite.

Cette disposition permit à la division de Luzy d'appuyer à gauche, vers le centre du général Niel, et, vers une heure de l'après-midi, les attaques sur Rebecco paraissant plus menaçantes, j'appelai la totalité de la division Renault, moins deux bataillons du 23ᵉ de ligne, que je laissai à la garde de Medole. La division fut alors établie sur la droite et la gauche de la Seriola, se reliant fortement à la droite du 4ᵉ corps, qu'elle suivit dans un mouvement prononcé que ce dernier put faire vers la gauche.

Une partie de la division Renault se trouva donc, par suite de ce mouvement, à la hauteur de Rebecco, sur lequel durent se porter un bataillon du 56ᵉ, le 90ᵉ avec deux compagnies du 8ᵉ bataillon de chasseurs à pied et une section d'artillerie. Cette attaque fut dirigée de la manière la plus énergique par le colonel Guilhem, du 90ᵉ, et le commandant Schwartz, du 56ᵉ. Cette colonne arriva en ligne au moment où le 73ᵉ (division de Luzy), débordé sur sa droite, était menacé d'être tourné; une vigoureuse charge à la baïonnette du 56ᵉ, dirigée par le commandant Schwartz, eut un plein succès, et plus tard, vers les cinq heures, cette portion de la division Renault occupait le village de Rebecco.

Le 3ᵉ corps avait, en raison des éventualités qui pouvaient se produire sur sa droite, disposé d'une partie déjà bien importante de ses forces, et cependant de nouvelles demandes lui étaient adressées instamment, afin d'appuyer le centre du 4ᵉ corps, sur lequel l'ennemi faisait, comme sur la droite, un effort désespéré. Supposant que la division Bourbaki, ainsi que la brigade Collineau, de la division Trochu, seraient suffisantes pour repousser le corps ennemi annoncé de Mantoue, j'envoyai le général Trochu avec la brigade Bataille, de sa division, au général Niel pour être placé entre les divisions de Failly et Vinoy, du 4ᵉ corps.

A quatre heures, cette brigade entrait en ligne, les bataillons en colonne serrée par division dans l'ordre en échiquier que je leur prescrivis sur le terrain, l'aile gauche refusée et l'artillerie à portée d'agir efficacement. Ce renfort permettait au général Niel de prononcer un mouvement offensif qui a d'abord repoussé l'ennemi; mais celui-ci ayant opéré un retour, la brigade Bataille a été lancée de nouveau, et, conduite avec un admirable entrain par le général Trochu, a refoulé définitivement l'ennemi, qui n'a pas reparu.

Dans cette marche rapide fournie jusqu'à la route de Ceresara, le 44°, formant l'aile droite, a été un instant débordé par l'ennemi ; mais, sur l'ordre du général Bataille, dont je ne saurais trop louer le courage et le sang-froid, les deux derniers bataillons, vigoureusement conduits par le colonel Pierson et le commandant Coudanieu, ont fait face à droite, marché rapidement sur la tuilerie et serré de si près l'ennemi qu'ils lui ont fait des prisonniers et l'ont forcé à abandonner deux pièces qui ont été prises.

Le 43° de ligne, dont un bataillon s'est trouvé un instant très sérieusement engagé, a montré une grande solidité. J'ai le regret d'annoncer à l'Empereur que son chef, le colonel Broutta, a été mortellement blessé.

Le 19° bataillon de chasseurs à pied s'est également distingué par son élan.

Pour soutenir son mouvement de la brigade Bataille, j'avais prescrit au général Courtois d'Hurbal de faire avancer son artillerie de réserve, qui était venue prendre position.

J'avais envoyé le colonel Besson, mon chef d'état-major général, sur la route de Medole à Castel-Goffredo pour s'assurer si les reconnaissances du général Bourbaki avaient pu faire découvrir quelque chose des projets de l'ennemi au sujet du mouvement tournant annoncé. De forts détachements de uhlans, appuyés par l'artillerie légère, avaient pu faire croire à la réalisation de cette attaque, à laquelle il était indispensable de parer ; mais, comme il avait été constaté à plusieurs reprises qu'aucun corps d'infanterie ne paraissait derrière la cavalerie, je crus pouvoir laisser la brigade Collineau, de la division Trochu, seule, pour couvrir Medole et faire entrer en ligne la division Bourbaki. A partir de ce moment, notre position était entièrement assurée.

La part prise par le général Trochu au succès de la journée mérite d'être signalée tout spécialement et fait le plus grand honneur à cet officier-général, qui se loue beaucoup de son aide-de-camp, le capitaine Capitan, lequel a eu un cheval tué sous lui.

Les pertes éprouvées par les troupes du 3ᵉ corps engagées dans la bataille du 24 juin s'élèvent à 250 tués ou blessés, parmi lesquels 30 officiers tués et 12 blessés.

Maréchal CANROBERT.

7. — *Rapport du maréchal* NIEL, *commandant en chef le 4ᵉ corps.*

Au quartier-général de Volta, le 25 juin 1859.

Sire,

Les troupes du 4ᵉ corps ont pris une large et glorieuse part à la bataille de Solferino. Je vais rendre à Votre Majesté un compte sommaire de cette rude journée.

D'après l'ordre de marche du 24 juin, le quartier impérial devait se porter avec la Garde de Montechiaro à Castiglione et à Cavriana; le 3ᵉ corps, de Mezzano à Medole; enfin le 4ᵉ corps, renforcé des deux divisions de cavalerie Partouneaux et Desvaux, de Carpenedolo à Guidizzolo. Le roi de Sardaigne devait occuper Pozzolengo.

Le 4ᵉ corps s'est mis en route à trois heures du matin, les soldats ayant pris le café. Les trois divisions d'infanterie suivaient la route de Carpenedolo à Medole; les batteries et le parc de réserve étaient intercalés entre la division Vinoy et la division de Failly; la division de Luzy marchait en tête, éclairée par deux escadrons du 10ᵉ chasseurs, commandés par le général de Rochefort. La route traverse un pays couvert de riches cultures, d'arbres et de vignes; elle est bordée par des fossés profonds et pleins d'eau. Les deux divisions de cavalerie marchaient sur la route de Castiglione à Goïto, qui traverse une plaine de 3 ou 4 kilomètres de largeur, où la cavalerie et l'artillerie peuvent facilement manœuvrer. Cette route passe à Guidizzolo.

A environ 2 kilomètres de Medole, les escadrons du général de Rochefort ayant rencontré les uhlans, les chargèrent avec impétuosité; mais ils furent bientôt arrêtés par des troupes d'infanterie qui occupaient le village en force, soutenues par de l'artillerie. Le général de Luzy prit immédiatement ses dispositions d'attaque; il fit entourer le village des deux côtés de la route par plusieurs bataillons d'infanterie, sous les ordres des généraux Lenoble et Douay, et, dès qu'il fut en vue des premières maisons qu'occupait l'ennemi, il les fit canonner.

Bientôt après, les mouvements de flanc étant bien prononcés, il fit battre la charge et aborda lui-même le village avec une forte colonne d'infanterie. Cette attaque, exécutée avec une grande bravoure, fut couronnée d'un plein succès. A sept heures, Medole était en notre pouvoir, et l'ennemi se retirait, ayant essuyé de grandes pertes, et laissant entre nos mains deux canons et beaucoup de prisonniers.

Au sortir de Medole, trois bataillons de la division de Luzy se portèrent sur la route de Ceresara, tandis que la brigade Douay marchait à la poursuite de l'ennemi vers Robecco, village situé à une lieue de Medole, sur la route de Guidizzolo. Cette brigade rencontra bientôt des forces supérieures qui arrêtèrent sa marche.

Aussitôt que la division Vinoy vint déboucher du village de Medole, je fis porter en avant, vers la route de la plaine, huit pièces appartenant à la division de Luzy; la division Vinoy alla soutenir cette artillerie, repoussant en même temps l'ennemi, qui occupait de petits fourrés dans la direction d'une maison isolée nommée Casa-Nuova, qui se trouve sur la droite de la grande route de Goïto, à 2 kilomètres de Guidizzolo. Des combats acharnés se sont livrés pendant toute la journée autour de cette maison.

Dès que je pus sortir du pays couvert que traverse le chemin de Medole, j'aperçus dans la plaine de fortes colonnes autrichiennes d'infanterie et de cavalerie qui faisaient face au corps du maréchal de Mac-Mahon, et qui menaçaient de m'envelopper dans le mouvement que je faisais sur leur flanc. La division Vinoy se forma en bataille dans une direction oblique qui me rapprochait du maréchal de Mac-Mahon, et, sous cet appui, je fis déboucher de Medole l'artillerie de réserve, qui se mit en batterie, ayant derrière elle et à sa gauche les divisions de cavalerie.

Pour avoir un appui à sa droite, le général Vinoy enleva à l'ennemi la ferme de Casa-Nuova ; mais, occupant ainsi un front très étendu pour mes forces, j'attendais avec impatience la division de Failly, qui, de son côté, doublait de vitesse pour venir prendre part au combat.

L'ennemi tenta de tourner la gauche du général Vinoy dans l'espace que laissaient entre eux le 2e et le 4e corps. Une colonne d'infanterie, soutenue par une nombreuse cavalerie, s'approcha jusqu'à 200 mètres de la division Vinoy ; mais elle fut arrêtée par la mitraille et les boulets des 42 pièces d'artillerie des divisions et de la réserve, qui prenaient successivement leur poste de combat, et qui bientôt furent toutes en batterie sous l'habile direction du général Soleille. L'ennemi déploya à son tour son artillerie.

Dans cette lutte, qui dura une grande partie de la journée, notre artillerie eut toujours un avantage incontestable, et ses terribles effets sont marqués par les débris d'hommes et de chevaux qui jonchent le sol.

A mesure que le corps du maréchal de Mac-Mahon s'avançait, la division Vinoy, pivotant sur la Casa-Nuova, suivait le mouvement par l'aile gauche. Mais les forces ennemies qui reculaient dans la plaine portaient leurs efforts sur la Casa-Nuova et sur les premières maisons de Robecco, où se livraient des combats acharnés. Dès que la division de Failly put entrer en ligne, je donnai pour direction à sa tête de colonne le hameau de Baite, situé entre Robecco et la ferme de Casa-Nuova.

Le général de Failly s'y porta avec la brigade O'Farrell, et je conservai sous ma main, comme réserve, la brigade Saurin.

A partir de ce moment, mes troupes étaient disposées comme il suit, de la droite à la gauche : au village de Rebecco, la division de Luzy ; à Baite, la 1re brigade de la division de Failly ; à gauche, se dirigeant dans la direction du maréchal de Mac-Mahon, la division Vinoy déployée, sept batteries d'artillerie et deux divisions de cavalerie.

Le but que je poursuivais, et qui aurait donné de magnifiques résultats si j'avais pu l'atteindre, c'était que, lorsque Cavriana serait au pouvoir du 2e corps, le maréchal Canrobert, arrivé à Medole, voulût bien envoyer en avant une ou deux de ses divisions pour occuper Rebecco. Alors, avec les deux divisions de Luzy et de Failly, j'allais m'emparer de Guidizzolo, et, maître de l'embranchement des routes, je coupais la retraite, soit sur Goïto, soit sur Volta, aux masses ennemies qui occupaient la plaine ; malheureusement, le maréchal Canrobert, menacé sur sa droite, ne jugea prudent de me prêter son appui que vers la fin de la journée.

L'ennemi, qui sentait tout le danger que lui faisait courir ma marche sur Guidizzolo, réunit tous ses efforts pour l'arrêter.

Une lutte des plus vives se prolongea pendant plus de six heures autour de la ferme de Casa-Nuova, au hameau de Baite et au village de Rebecco. Quand le combat avait lieu par des feux d'infanterie, l'ennemi ayant l'avantage du nombre, je perdais du terrain. Alors je formais une colonne d'attaque avec un des bataillons de ma réserve, et la baïonnette nous donnait plus que la fusillade ne nous avait fait perdre.

Dans ces combats incessants, j'ai eu le regret de voir tomber de braves soldats et des chefs bien dignes de les commander.

Le colonel Lacroix, du 30e de ligne ; le colonel Capin, du 53e ; le colonel Broutta, du 43e (division Trochu) ; les lieutenants-colonels de Neuchèze, du 8ᵉ de ligne ; de Campagnon, du 2ᵉ de ligne ; Des Ondes, du 5ᵉ hussards ; les chefs de bataillon Nicolas, Tiersonnier et Hébert, se sont fait tuer à la tête de leurs troupes.

Le général Douay, qui s'est particulièrement distingué dans cette journée, et un grand nombre d'officiers supérieurs, ont reçu des blessures qui priveront momentanément l'Empereur de leurs services.

A toutes ces pertes j'en dois ajouter une qui m'est particulièrement sensible, celle du colonel du génie Jourgon, officier accompli, aussi remarquable par sa science que par ses qualités militaires.

La cavalerie nous a été d'un puissant secours pour éloigner de la Casa-Nuova l'infanterie ennemie, qui renouvelait sans cesse ses efforts pour nous enlever ce point d'appui important.

Les deux divisions de Partouneaux et Desvaux ont, à plusieurs reprises, chargé l'infanterie autrichienne avec une grande bravoure.

Vers trois heures, M. le maréchal Canrobert, étant venu sur le champ de bataille pour juger par lui-même ma position, envoya l'ordre à la division Renault, du 3ᵉ corps, qui observait la route de Medole à Ceresara, d'appuyer sur Rebecco, et il ordonna en même temps au général Trochu d'amener sa 1ʳᵉ brigade sur le lieu même où se trouvait ma réserve, entre Casa-Nuova et Baite, car c'était toujours là que se portaient les plus grands efforts de l'ennemi.

Voyant que j'allais être soutenu par des troupes fraîches, je formai immédiatement quatre bataillons de la division de Luzy en colonnes d'attaque ; j'y joignis deux bataillons de la division de Failly, qui formaient en ce moment mon unique réserve, et le général de Luzy conduisit les troupes dans la direction de Guidizzolo.

La tête de colonne, formée par un bataillon du 30ᵉ de ligne, arriva jusqu'aux premières maisons du village ; mais, trouvant devant elle des forces supérieures, elle dut se retirer.

Nos soldats étaient, d'ailleurs, accablés par la fatigue ; ils marchaient et combattaient depuis douze heures sur un terrain complétement dépourvu d'eau, et, pendant cette lutte incessante, ils n'avaient pas eu le temps de manger.

Cependant, M. le maréchal Canrobert ayant bien voulu me promettre l'arrivée avant la nuit de la division Bourbaki, je voulus tenter un dernier effort sur Guidizzolo avec la brigade Bataille, de la division Trochu, qui avait pris la place de ma réserve. Le général Trochu, ayant formé ses bataillons en colonnes serrées, les conduisit à l'ennemi en échiquier, l'aile droite en avant, avec autant d'ordre et de sang-froid que sur un champ de manœuvres. Il enleva à l'ennemi une compagnie d'infanterie et deux pièces de canon, et arriva jusqu'à demi-distance de la Casa-Nuova à Guidizzolo.

Un violent orage, précédé de tourbillons de poussière, qui nous plongea dans l'obscurité, vint mettre fin à cette terrible lutte, et le 4ᵉ corps prit ses bivouacs sur un champ de bataille qu'il avait glorieusement conquis. Il a pris à l'ennemi un drapeau, enlevé par des soldats du 76ᵉ de ligne, et sept pièces de canon. Il a fait environ 2,000 prisonniers, et, sur un champ de bataille qui a près de 2 lieues de long, la marche du 4ᵉ corps est jonchée des cadavres de l'ennemi. La lutte a été longue et opiniâtre, et il n'est pas un bataillon du corps d'armée qui n'y ait pris part.

Je ne puis citer à Votre Majesté les nombreux actes de bravoure dont j'ai été témoin ou qui m'ont été rapportés ; mais je dois lui dire que chacun a fait noblement son devoir, et qu'en voulant donner des témoignages de satisfaction, je suis tout naturellement conduit à parler à Votre Majesté de la belle conduite des généraux de division ; après eux, des généraux de brigade, et ensuite des chefs de corps, qui ont été en si grand nombre tués ou blessés.

Voici l'état des pertes éprouvées par les troupes du 4ᵉ corps et des deux divisions de cavalerie :

DE 1859.

4ᵉ CORPS.	TUÉS.		BLESSÉS.		DISPARUS.	
	Officiers.	Troupes.	Officiers.	Troupes.	Officiers.	Troupes.
1ʳᵉ division d'infanterie (de Luzy).	15	276	84	1552	»	»
2ᵉ — — (Vinoy).	4	150	39	896	»	126
3ᵉ — — (de Failly).	18	89	58	723	3	372
Division de cavaler. (Partouneaux)	1	12	7	44	»	4
— — (Desvaux).	7	51	15	137	4	38
Artillerie..................	»	8	4	65	»	1
État-major..............	1	»	»	5	»	»
	46	586	207	3417	7	541
	632		3624		548	
	4804					

Le maréchal, commandant le 4ᵉ corps,

Niel.

8. — *Bulletin autrichien de la bataille de Solferino.*

L'armée impériale avait occupé, le 21 juin, les positions qui lui avaient été désignées derrière le Mincio; le 8ᵉ corps d'armée se tenait à l'extrémité de l'aile droite, entre Peschiera et Casa-Nuova; le 5ᵉ corps d'armée s'étendait de Brentina à Salianze; le 1ᵉʳ et le 7ᵉ corps étaient en réserve à Quaderni et San-Zenore di Mozzo; la cavalerie et l'artillerie de réserve à Rosegaferro, près de Villafranca, où le quartier général de l'Empereur avait été transporté depuis le 20 juin.

De la 1ʳᵉ armée, le 3ᵉ corps se trouvait tout près de Pozzolo; le 7ᵉ à Goïto et aux environs; le 14ᵉ corps d'armée, arrivé entre temps, était à Roverbella; la division de cavalerie du lieutenant-feld-maréchal comte Zedtwitz, à Mozze-cane.

L'armée autrichienne se trouvait ainsi réunie aux renforts disponibles qu'elle avait reçus, et mise de la sorte en mesure de pouvoir prendre contre l'ennemi, bien qu'encore supérieur en nombre, une vigoureuse offensive avec quelque chance de succès.

De plus, les dernières nouvelles que nous avions reçues sur les mouvements et les intentions probables de l'ennemi, nous firent croire que nous devions précipiter l'attaque le plus possible.

En conséquence, le 24 juin fut désigné pour le passage du Mincio.

L'ennemi s'était provisoirement borné à occuper fortement la ligne de la Chiese sans suivre l'armée impériale dans sa retraite au delà du Mincio. Une patrouille composée d'un escadron de hussards Empereur, d'un escadron de uhlans de Sicile et de deux pièces d'artillerie à cheval, sous le commandement du major Appell, du régiment de uhlans que nous venons de nommer, avait été chargée de reconnaître le pays coupé de collines qui se trouve entre les deux fleuves; elle n'avait nulle part rencontré de colonnes importantes, mais seulement quelques détachements isolés.

A Chiodino et à Castel-Venzago, il y eut des escarmouches qui se terminèrent par la retraite de l'ennemi, et dans lesquelles nous perdîmes 2 officiers, 5 hommes et 9 chevaux.

La 1re armée avait également envoyé vers la Chiese des reconnaissances qui ne rencontrèrent nulle part l'ennemi.

Le 23 juin au matin, l'armée autrichienne commença son mouvement en avant. L'extrémité de l'aile droite était formée par la brigade Reichlin, du 6e corps d'armée qui, arrivée de Roveredo, se porta à travers le camp retranché de Peschiera vers Ponti, pour s'y joindre au 8e corps d'armée, qui passa le Mincio près de Salianze, et atteignit Pozzolengo sans avoir éprouvé, de la part de l'ennemi, la moindre résistance.

Le 5ᵉ corps d'armée passa le fleuve à Valeggio et se dirigea sur Solferino.

Le 1ᵉʳ corps d'armée suivit le 5ᵉ et remonta vers Cavriana.

Le 7ᵉ corps d'armée et la division de cavalerie de réserve du lieutenant-feld-maréchal comte Mensdorf passèrent le Mincio sur un pont de chevalets près de Ferri, entre Massimbana et Pozzolo, et se rendirent, le premier à Foresto, la seconde au delà de cette localité jusqu'à Tezze, près de [Cavriana.

Toutes les parties de la seconde armée, placée sous les ordres du général de cavalerie comte Schlick, atteignirent, dans le courant de l'après-midi, les points qui leur avaient été désignés, sans rencontrer l'ennemi, et le soir, les avant-postes furent avancés de Casa-Zapablia jusqu'à Le Grole, en passant par Contrada-Mescolaro et Madonna della Scoperta.

La première armée, sous le commandement du feld-zeugmeister comte Weimpffen, formait l'aile gauche de l'avantgarde, et passa également le Mincio à Ferri, avec le 3ᵉ corps d'armée; le 9ᵉ et le 11ᵉ corps, ainsi que la division de cavalerie du lieutenant-feld-maréchal comte Zedtwitz, effectuèrent leur passage à Goïto. Cette dernière division, appuyée par le 7ᵉ corps d'armée, s'avança jusqu'à Medole; le 3ᵉ corps et le 7ᵉ corps d'armée campèrent à Guidizzolo, et le 11ᵉ, comme réserve, à Castel-Guimaldo.

Du 2ᵉ corps d'armée la division du lieutenant-feld-maréchal, comte Jellachich, reçut l'ordre de se rendre de Mantoue à Marcaria, pour prendre part aux opérations de l'armée principale et pouvoir agir sur le flanc de l'ennemi au-delà de Goffredo.

Le commandant de corps, lieutenant-feld-maréchal prince Édouard de Liechtenstein, prit en personne le commandement de cette division.

Le 6ᵉ corps d'armée avait pour mission d'appuyer, dans la mesure des circonstances, la marche en avant de l'armée par des détachements envoyés du sud du Tyrol.

Pendant que le gros de l'armée autrichienne avait ainsi pris position, dans la journée du 23, de Pozzolengo à Guiddizzolo pour agir ensuite concentriquement dans la direction de la Chiese, et attaquer l'armée ennemie dans ses positions principales de Carpenedole et de Montechiaro, l'ennemi, soit qu'il eût été entre temps informé de nos projets, soit qu'il exécutât un plan arrêté d'avance, fit également un mouvement en avant, et le 23 il avait, avec toute l'armée piémontaise et quelques détachements français forts de 60,000 à 70,000 hommes, atteint les points d'Esenta, Dessenzano et Rivoltella, ainsi que les positions avancées de Castel-Venzago et de San-Martino, pendant que le gros de l'armée française occupait fortement Castiglione delle Stiviere, Carpenedole et Montechiaro, et envoyait des détachements jusque vers Solferino et Medole.

Les deux armées se rencontrèrent. Dès le 24, de grand matin, l'ennemi entreprit, avec des forces considérables, une attaque générale contre la ligne de marche de l'armée autrichienne.

A l'aile droite, les troupes du 8ᵉ corps d'armée, sous la conduite du lieutenant-feld-maréchal Benedek, réussirent, non-seulement à soutenir et à repousser le choc violent de l'armée piémontaise, mais encore elles poussèrent jusqu'à San-Martino, s'emparèrent de cette position favorable et parvinrent à y maintenir la lutte.

Les troupes piémontaises furent repoussées avec des pertes considérables jusqu'à Rivoltella et Dessenzana.

Au centre des positions autrichiennes, dont les hauteurs qui dominaient Solferino formaient la clef, la brigade Bils, avant-garde du 5ᵉ corps d'armée, fut également attaquée avec violence de très grand matin, dans sa position avancée, et se trouva engagée dans une lutte ardente.

L'attaque ennemie se développa bientôt avec des forces de beaucoup supérieures sur toute la ligne du 5ᵉ corps d'armée.

Au premier rang, les brigades Bils et Puchner (infanterie

Kinsky et Culoz, 1ᵉʳ bataillon Ogulins et 4ᵉ bataillon chasseurs de l'Empereur) firent preuve d'une bravoure et d'une énergie admirables; elles repoussèrent à la baïonnette, jusqu'à onze heures du matin, toutes les attaques d'un ennemi trois fois plus nombreux, qui cependant avançait sans cesse avec de nouvelles troupes, mettait de nouveaux canons en batterie, et, à une distance de près de 3,000 pas, inondait avec succès Solferino de grenades.

Cependant, lorsque l'ennemi, avec une forte division, pénétra aussi dans la vallée, au nord de Solferino et dans le val de Quadri, menaçant ainsi de déborder la position des brigades ci-dessus nommées, il fut impossible, même avec la résistance des brigades Koller et Gaal, du 5ᵉ corps d'armée, qui étaient arrivées entre temps, de rétablir dans de bonnes conditions le combat qui, dès midi, commença à prendre une tournure défavorable.

N'étant pas appuyées avec une énergie suffisante par le corps d'armée, les troupes du 5ᵉ corps qui, après avoir été repoussées à plusieurs reprises, s'étaient de nouveau lancées en avant avec les réserves et avaient reconquis leurs premières positions, se virent enfin obligées d'abandonner les premières hauteurs qui commandent le champ de bataille, et de se retirer sur les cimes de Monte-Mezzano; puis, lorsque de fortes colonnes ennemies s'avancèrent sur la route qui, de Castiglione, conduit par Le Grole à Solferino, elles durent évacuer cette dernière localité, et se borner à occuper le château, le cimetière et la Rocca, et, enfin, après une héroïque résistance, il leur fallut aussi céder ces dernières positions.

Ce n'est qu'après la lutte la plus sanglante, et au prix de sacrifices énormes, que l'ennemi parvint à arracher ces points dominants au brave régiment Reischach, qui, avec un admirable dévouement, protégea et couvrit le départ des troupes de son propre corps et de celles du 1ᵉʳ, non sans faire les pertes les plus considérables. Les troupes du 5ᵉ corps se retirèrent à Mescolaro et Pozzolengo, celles du 1ᵉʳ se replièrent sur Cavriana, et de là sur Volta et Valeggio.

Le 4ᵉ corps d'armée qui, de Foresto, s'était avancé pendant ce temps-là en partie vers Cavriana, en passant par les hauteurs situées au sud de cette dernière localité, n'arriva malheureusement pas à temps pour retarder la perte de Solferino, et donner sur ce point une tournure favorable à la lutte; par contre, il réussit, en occupant Cavriana et les collines environnantes, à protéger la retraite du centre, jusqu'à ce que l'ennemi, en avançant des hauteurs de Solferino qui dominent cette dernière position, et la foudroyant de son artillerie, elle ne fût plus tenable.

La division de cavalerie Mensdorf, composée de trois brigades, s'était, dès le matin, avancée dans la plaine, au delà du val de Termine, pour s'emparer du terrain ouvert et favorable au mouvement de la cavalerie, qui se trouve entre Casa-Mariana et San-Cassiano; elle attaqua les batteries ennemies établies à cheval sur la route et les détachements de cavalerie; mais elle eut à essuyer un violent feu croisé de quatre à cinq batteries, et dut se retirer. Pendant que le 7ᵉ corps se portait en avant, cette division chercha à appuyer, par son artillerie, les mouvements de ce corps; mais elle ne put résister au feu de l'ennemi, qui disposait d'un beaucoup plus grand nombre de canons.

Sur l'aile gauche, les détachements de la 1ʳᵉ armée, envoyés, dès le 23 au soir, en avant de Medole (2ᵉ bataillon du régiment d'infanterie archiduc François-Charles), furent violemment attaqués au point du jour, et, après une lutte acharnée, rejetés vers Guidizzolo.

L'ennemi, en les poursuivant, s'empara du village de Rebecco, situé entre Guidizzolo et Medole, et s'y établit avec des forces imposantes.

Le 9ᵉ corps et le 3ᵉ corps d'armée arrivaient cependant de Guidizzolo; le dernier s'avança sur la grande route jusqu'à la Quagliara, mais ne put aller au delà, car le 9ᵉ corps ne parvint pas, malgré tous ses efforts, à déloger l'ennemi de Rebecco.

Pendant plusieurs heures, le combat se livra pour la possession de cette localité, où l'ennemi envoyait constamment de Medole des réserves fraîches, tandis que de notre côté nous détachions de suite du 4ᵉ corps, arrivé entre temps de Castel-Grimaldo la division Blomberg (brigades Dobrzensky et Host) pour appuyer le 9ᵉ corps d'armée, et la brigade Baltin pour couvrir le 5ᵉ corps. La localité de Rebecco fut plusieurs fois prise et reperdue; la lutte s'arrêta plusieurs fois, et plusieurs fois l'armée autrichienne reprit l'offensive.

Mais, bien qu'appuyées par une attaque énergique contre Medole, les troupes du 9ᵉ et du 11ᵉ corps, malgré de vigoureux efforts et des pertes considérables, ne purent obtenir aucun avantage durable. Le 3ᵉ corps se trouva par là arrêté dans sa marche en avant, et il résista avec une admirable persévérance aux violentes attaques de l'ennemi, qui se renforçait sans cesse.

La division de la cavalerie Zedtwitz, dont l'appui était indispensable et continuellement attendu pour dégager l'aile gauche, ne vint pas, attendu que, par suite du combat livré le matin de bonne heure à Medole, elle avait dû se retirer jusqu'à Ceresara et Goïto.

Le mouvement de flanc que deux brigades du 2ᵉ corps d'armée avaient reçu l'ordre d'exécuter, et qui pouvait avoir un effet décisif sur le flanc et les derrières de l'ennemi, ne fut pas non plus exécuté, car la nouvelle de l'approche d'un gros corps ennemi venant de Piadena et Cremone (où se trouvait, en effet, la division d'Autemare) retint cette division à Marcaria dès qu'elle eut passé l'Oglio.

L'aile gauche, sur l'ordre de l'Empereur, essaya encore une fois, vers trois heures de l'après-midi, de reprendre l'offensive.

Après que la brigade Gretschke, du 11ᵉ corps d'armée, se fut avancée jusqu'à Guiddizzolo, pour rallier les détachements déjà ébranlés de son propre corps et du 9ᵉ, les deux dernières batteries de réserve furent amenées, sous la protection de deux bataillons et de deux divisions de cavalerie, pour canonner l'artillerie ennemie pendant que, espérant toujours dans l'appui de la cavalerie de réserve, les troupes faisaient encore une attaque générale. Mais ce fut en vain : fortement et sans cesse pressées sur le flanc gauche, ces troupes ne purent, cette fois encore, obtenir un bon résultat.

Vers le même temps, Cavriana, après une vaillante résistance, était aussi tombé au pouvoir de l'ennemi; deux brigades du 7ᵉ corps d'armée, enflammées par la présence de S. M. l'Empereur, avaient défendu longtemps, avec des chances diverses, cette localité et les hauteurs environnantes; l'aile gauche de ce corps, appuyée par la division de cavalerie Mensdorf, qui revenait à la charge pour la troisième fois, fit encore une dernière tentative pour repousser l'ennemi, qui s'avançait en forces supérieures de San-Cassiano à Cavriana.

Le centre ayant ainsi cédé à Solferino et à Cavriana, l'aile gauche ne pouvait plus forcer la position de l'ennemi, et, à quatre heures de l'après-midi, on décida la retraite générale.

A l'aile gauche, elle fut couverte par les deux derniers bataillons intacts du régiment d'infanterie archiduc Joseph et le brave 10ᵉ bataillon de chasseurs, sous la direction personnelle du lieutenant-feld-maréchal Weigl, commandant le corps d'armée. Guiddizzolo ne fut abandonné qu'à dix heures du soir, après que toutes les troupes eurent évacué la place, emmené les blessés et mis les batteries en sûreté.

Au centre, la retraite fut couverte par les troupes du 7ᵉ corps d'armée, qui firent preuve de fermeté et de dévouement, et l'on se retira en bon ordre et en combattant par le Bosco-Scuro, derrière Cavriana.

Un violent orage ayant interrompu, de part et d'autre, le combat pendant une demi-heure, l'ennemi cessa complétement de s'avancer dans le Bosco-Scuro. Les brigades Brandenstein et Wussin (les braves régiments d'infanterie archiduc Léopold et Empereur, le 19ᵉ bataillon de chasseurs et le 1ᵉʳ bataillon de Liccans) se retirèrent en bon ordre à Volta, sous la conduite du lieutenant-feld-maréchal prince de Hesse; elles y arrivèrent à huit heures du soir, et l'occupèrent convenablement pour couvrir la retraite du train de l'armée à travers les défilés difficiles de Borghetto et Valeggio.

La brigade Gablentz, de la même division, occupa, jusqu'à dix heures du soir, les hauteurs situées immédiatement en face de Cavriana, avec deux bataillons d'infanterie Gruber et trois bataillons de chasseurs Empereur, et, après avoir reçu tous les petits détachements qui se retiraient, elle se replia tard dans la nuit sur Volta, et, dès le point du jour, elle passa le Mincio sur le pont de Ferri.

A l'aile droite, le 8ᵉ corps d'armée s'était maintenu dans les conditions de lutte les plus favorables. Dès que le 5ᵉ corps d'armée eut commencé sa retraite vers Pozzolengo, le lieutenant-feld-maréchal Benedek se retira aussi sur Salionze, après avoir repoussé deux attaques de l'ennemi en forces supérieures et lui avoir fait 400 prisonniers.

Pozzolengo resta occupé jusqu'à dix heures du soir par les troupes du 5ᵉ et du 1ᵉʳ corps.

Dans ces combats, comme dans les autres, les troupes impériales se sont battues avec une admirable bravoure.

Les troupes du 5ᵉ et du 8ᵉ corps d'armée, qui ont été conduites avec beaucoup de prudence et d'activité, se sont comportées d'une manière admirable, et ont fait preuve d'un dévouement au-dessus de tout éloge.

Du 1ᵉʳ corps d'armée, le régiment italien Wernhardt, infanterie, qui s'est très bravement battu, est cité d'une manière tout à fait honorable dans le rapport détaillé du commandant d'armée. Dans la cavalerie, le régiment de hussards du roi de Prusse mérita la mention la plus glorieuse; ce régiment, sous le feu le plus violent des batteries ennemies, a exécuté une charge contre le régiment français des chasseurs d'Afrique, auquel il a fait subir des pertes considérables ; de plus, il a fait à l'ennemi de nombreux prisonniers.

Nos pertes, surtout en officiers, sont très considérables ; dans quelques corps de troupes, elles s'élèvent au quart de l'effectif total. Les rapports détaillés et nominatifs des pertes ont été donnés par la *Gazette de Vienne*. Mais l'ennemi a éprouvé aussi des pertes énormes ; notamment à l'assaut de Cavriana et de Solferino.

Sur aucun point, il n'osa contrarier le moins du monde la retraite de nos troupes.

Au centre, il n'a pas poussé plus loin que Cavriana ; sur les deux ailes, l'ennemi n'avait pu gagner un pouce de terrain sur nos troupes.

De notre côté, les 1er, 3e, 5e, 7e, 8e, 9e et 11e corps d'armée, et une brigade du 6e, avaient pris part au combat. Du côté de l'ennemi, il y avait, au dire des prisonniers, 5 régiments de cavalerie, le corps d'armée de Niel et de Mac-Mahon à l'aile droite, en face de l'aile gauche autrichienne, au centre, les corps d'armée de Canrobert et de Baraguey d'Hilliers, puis la Garde, et enfin toute l'armée piémontaise à l'aile gauche, de sorte que toute l'armée ennemie était engagée.

L'armée autrichienne n'est pas ébranlée, et elle se tient prête au combat dans les positions qui lui ont été désignées par l'Empereur. Si les forces supérieures de l'ennemi et un concours de circonstances contraires lui ont, cette fois encore, dérobé la palme de la victoire, elle se sent cependant encouragée et relevée par la conscience qu'elle a d'avoir, non-seulement donné à l'agresseur des preuves réitérées de sa vaillance et de sa fermeté, mais encore, dans cette nouvelle rencontre, de lui avoir causé de grandes pertes, d'avoir essentiellement ébranlé ses forces, et contribué par là, au moins en partie, à amener le succès final.

9. — *Lettres des maréchaux* Canrobert et Niel.

Valeggio, le 8 juillet 1859.

Je lis à l'instant dans le *Moniteur* du 4 juillet votre rapport à l'Empereur, sur la part prise par le 4e corps à la bataille de Solferino, et ce n'est pas sans un pénible étonnement que j'y remarque le passage suivant venant après le développement d'un de vos plans de bataille : « Malheureusement le maréchal Canrobert, menacé sur sa droite, ne jugea prudent de me prêter son appui que vers la fin de la journée ! » Vous regretterez, monsieur le maréchal, d'avoir écrit ces lignes lorsque vous saurez que, dès mon arrivée à Medole, avec l'avant-garde de mon corps d'armée, à neuf heures et quart du matin seulement, j'ai appris que vous étiez aux prises avec l'ennemi. Sans perdre une minute, j'ai pris mes dispositions pour obtempérer aux demandes de secours que m'adressait le général de Luzy qui tenait votre droite à trois quarts de lieue de Medole.

A cette heure, neuf heures et quart, je n'avais sous la main qu'une petite avant-garde de la division Renault, et j'ai tout de suite donné l'ordre à cet officier-général de réunir le plus tôt possible de quatre à cinq bataillons, et de les porter, sans sacs, au secours du général de Luzy. Cet ordre était exécuté à dix heures et demie du matin, et il ne pouvait matériellement l'être plus tôt. Ces cinq bataillons étaient suivis aussi promptement que leur arrivée successive le permettait, des autres, moins deux de la division Renault.

La gauche de cette division n'était pas encore rendue à Medole, que je recevais de l'Empereur l'invitation pressante de me tenir en garde contre un corps tournant de 25 à 30,000 hommes, sorti de Mantoue la veille, et qui a, en effet, été paralysé par une de mes divisions ; en même temps vous m'envoyiez plusieurs de vos aides-de-camp pour me demander d'appuyer votre centre sérieusement menacé. Quelles que fussent, dans cette circonstance, mes préoccupations pour mon flanc droit et mes derrières, sur lesquels on m'annonçait que se portaient de gros détachements de cavalerie avec du canon, je pris sur moi d'envoyer au général Trochu, encore en arrière, l'ordre de prendre sa première brigade et de vous l'amener sans sacs aussi promptement que possible. Je mettais donc ainsi, monsieur le maréchal, à votre disposition par fractions successives, et aussitôt après leur arrivée, la moitié de mon corps d'armée, et permettez-moi de vous le rappeler, n'écoutant que mon désir d'aider de mon mieux un compagnon d'armes dans l'embarras, je précédai de ma personne près de vous les soldats que je vous prêtais, afin de stimuler, par la présence sous le feu de leur maréchal, leur ardeur pour les utiles services que vous en attendiez, et qu'ils ont été heureux de vous rendre au nom de l'Empereur.

Je ne puis m'empêcher non plus, monsieur le maréchal, de vous faire remarquer, à propos du passage de votre rapport où vous parlez du succès que vous auriez obtenu, si le 3ᵉ corps eût été en entier près de vous, que si ce corps avec les généraux de division Renault, Bourbaki et Trochu dirigés par leur chef, eût pu prendre en entier part à l'action, il aurait été assez heureusement inspiré pour ne pas vous laisser réaliser seul le succès que vous méditiez.

Ainsi je termine, monsieur le maréchal, en vous faisant observer que votre assertion sur le retard à l'aide que j'ai été assez heureux pour vous prêter, est contraire à l'exactitude des faits accomplis, il est vrai, loin de vos yeux, mais sous les miens et sous ceux de plusieurs de vos officiers, ainsi que sous ceux de mon état-major; qu'elle porte une fâcheuse atteinte à ce principe de simple morale qui veut que l'obligé ne méconnaisse pas le service généreusement rendu, et qu'elle pourrait, dans une circonstance analogue, faire hésiter un chef de corps d'armée à se dépouiller lui-même d'une grande partie de ses troupes en faveur d'un frère d'armes compromis.

Je donne connaissance à l'Empereur de cette lettre que j'ai été dans la pénible nécessité de vous écrire.

Veuillez, etc. CANROBERT.

Oliosi, le 11 juillet 1859.

Monsieur le maréchal,

Je réponds à la lettre que vous m'avez fait l'honneur de m'écrire, le 8 de ce mois, et que j'ai lue avec un vif sentiment de regret. Je ne puis admettre les reproches d'inexactitude que vous adressez à mon rapport. Voici résumés, en peu de mots, les faits, tels que je les ai vus.

Vers neuf heures du matin, le 24 juin, le 3e corps entrait à Medole, à peu près en même temps que la division de Failly. La majeure partie de la division de Luzy occupait Rebecco, et trois bataillons de cette division gardaient la route de Medole à Ceresara.

L'ennemi attaquant en force Rebecco, j'y envoyai d'abord le 73e de la division Vinoy, et, dès que la division Failly parut, je dirigeai sa 1re brigade, un peu plus à gauche, sur le hameau de Baite, conservant sa seconde brigade sous ma main comme réserve. Que se passa-t-il depuis dix heures du matin jusqu'à trois heures de l'après-midi, pendant cinq heures?

L'ennemi, refoulé de la plaine par le 2e corps et par l'aile gauche du 4e, se reportait sur Baite et Rebecco. En même temps, le général de Luzy voyait d'autres colonnes d'Autrichiens, allant de droite à gauche, traverser la route de Ceresara, pour se porter sur les mêmes points; la Casa-Nuova, où cinq compagnies s'étaient barricadées, a été, à plusieurs reprises, complétement enveloppée par les Autrichiens; le général de Failly demandait des secours avec instance : il était attaqué par des forces toujours croissantes. Il en était de même au village de Rebecco, dont les premières maisons nous ont été plusieurs fois reprises. Pendant ce temps, je vous ai successivement envoyé sept officiers, pour vous prier instamment de faire appuyer sur Rebecco la division Renault, qui avait pris position sur la route de Ceresara, en vous faisant connaître que j'éprouvais de très grandes pertes, que mes troupes étaient harassées, et que j'épuisais mes réserves, mais que je tenais partout, et que si vous pouviez joindre vos efforts aux miens, la victoire était assurée.

Ces officiers me rapportaient toujours cette même réponse: qu'un corps de 25 à 30,000 hommes menaçait de tourner la droite de l'armée, et que je ne pouvais compter sur un autre appui que celui qui résultait de la position prise par la division Renault. En même temps le chef d'état-major et l'aide-de-camp du général Renault déclaraient à mes officiers que la division était prête, mais qu'elle n'avait pas l'ordre de s'engager. Toute l'armée connaît la bravoure de la division Renault et de son digne chef; elle était, à dix heures et demie du matin à côté de la division de Luzy. Celle-ci a eu 99 officiers et 1,828 soldats tués ou blessés, et l'on m'a assuré que la division Renault n'avait pas eu 10 hommes hors de combat. Jugez donc vous-même, monsieur le maréchal, si j'ai reçu de cette division l'appui que je demandais.

Vers trois heures environ, on m'a annoncé votre arrivée; alors la division Renault remplaçait en grande partie la division de Luzy, en appuyant sur Rebecco, en avant duquel se trouvait alors le 73e de ligne, et vous aviez bien voulu faire venir la 1re brigade de la division Trochu, pour remplacer mes réserves. Dès l'arrivée de cette brigade, j'ai formé, sous vos yeux, des colonnes d'attaque avec quatre bataillons épuisés de la division de Luzy, et les deux seuls bataillons de réserve qui me restaient. Il était quatre heures du soir, et le combat s'était engagé à six heures du matin. Voilà pourquoi j'ai dit que, par des motifs qu'il ne m'appartenait pas d'apprécier, et que vous exposez vous-même dans votre rapport, vous n'aviez cru pouvoir me prêter votre appui que vers la fin de la journée. Quand les secours sont arrivés, ils ont été des plus efficaces, ainsi que mon rapport le fait ressortir, et je vous ai témoigné toute ma reconnaissance.

Enfin, monsieur le maréchal, je ferai une réflexion qui répondra à un des derniers passages de votre lettre. Lorsqu'un général de division prie un maréchal de France de lui venir en aide pour exécuter un mouvement en commun, c'est évidemment avec la pensée d'agir sous ses ordres. Si des préoccupations d'amour-propre ou d'intérêt personnel avaient eu de l'influence sur mes résolutions (ce qui, grâce au ciel, n'a jamais eu lieu), elles ne m'auraient donc pas poussé à demander votre appui sur Guiddizzolo.

En résumé, monsieur le maréchal, si vous n'aviez pas été menacé sur votre droite, votre corps d'armée n'aurait-il pas marché, dès le matin, sur l'ennemi qui défendait Guiddizzolo avec tant d'acharnement? Si ce village avait été enlevé par les efforts réunis des 3e et 4e corps, la retraite d'une partie de l'armée ennemie n'était-elle pas fortement compromise? Pourquoi cette réflexion, qui se présente si naturellement à l'esprit lorsqu'on examine la lutte qu'a soutenue le 4e corps, n'aurait-elle pas dû figurer dans mon rapport à l'Empereur? Si elle est présentée sous une forme qui vous a déplu, je le regrette sincèrement, et je conserve l'espoir que, reportant vos souvenirs sur tout ce qui a précédé votre arrivée au milieu des troupes du 4e corps, vous reviendrez à des sentiments plus justes et plus bienveillants que ceux qui ont inspiré votre lettre.

Le maréchal de France commandant le 4e corps,
Niel.

10. — *Note du* Moniteur universel *du 7 août* 1859.

Le maréchal commandant le 3e corps de l'armée d'Italie a réclamé contre un passage du rapport sur la bataille de Solferino, adressé à l'Empereur par le commandant du 4e corps.

Sa Majesté a ordonné l'insertion de la note suivante :

Il est dit dans ce passage que le 3ᵉ corps n'a donné son appui au 4ᵉ que sur la fin de la journée. Cependant, dès son arrivée au village de Medole, le maréchal Canrobert envoya les premières troupes de la division Renault sur la route de Ceresara, avec la mission de couvrir la droite du 4ᵉ corps. La présence de ces troupes a donc eu pour résultat, dès dix heures du matin, d'enlever au général Niel toute appréhension sur les attaques qu'il pouvait avoir à craindre sur son flanc droit, qui n'était gardé que par trois de ses bataillons. Il est donc juste de reconnaître que le maréchal Canrobert avait déjà donné un appui utile au 4ᵉ corps avant l'heure où la division Renault vint occuper le village de Rebecco pour permettre au général Niel d'en retirer une partie de la division de Luzy, en même temps que la 1ʳᵉ brigade de la division Trochu venait combattre au milieu des troupes du 4ᵉ corps. D'ailleurs, le général Niel ne pouvait avoir l'intention dans son rapport à l'Empereur d'incriminer en aucune manière la conduite du maréchal Canrobert, dont le caractère chevaleresque est bien connu.

11. — *Note du* Moniteur universel, *du* 10 *septembre* 1859.

Quand les faits parlent d'eux-mêmes, il semble, au premier abord, inutile de les expliquer. Cependant, lorsque la passion ou l'intrigue défigure les choses les plus simples, il devient indispensable d'en rétablir le caractère, afin que chacun puisse apprécier en connaissance de cause la marche des événements.

Au mois de juillet dernier, lorsque les armées franco-sardes et autrichiennes étaient en présence entre l'Adige et le Mincio, les chances étaient à peu près égales des deux côtés; car, si l'armée franco-sarde avait pour elle l'influence morale des succès obtenus, l'armée autrichienne était numériquement plus forte et s'appuyait non-seulement sur des forteresses redoutables, mais encore sur toute l'Allemagne, prête, au premier signal, à prendre fait et cause pour elle. Cette éventualité se réalisant, l'Empereur Napoléon était forcé de retirer ses troupes des bords de l'Adige pour les porter sur le Rhin, et dès lors la cause italienne, pour laquelle la guerre avait été entreprise, se trouvait sinon perdue, du moins grandement compromise. Dans ces graves circonstances, l'Empereur pensa qu'il serait avantageux pour la France d'abord, pour l'Italie ensuite, de conclure la paix, pourvu que les conditions fussent conformes au programme qu'il s'était imposé et utiles à la cause qu'il voulait servir.

La première question était de savoir si l'Autriche céderait par traité le territoire conquis ; la seconde, si elle abandonnerait franchement la suprématie qu'elle s'était acquise dans toute la Péninsule ; si elle reconnaîtrait le principe d'une nationalité italienne, en admettant un système fédératif ; si enfin elle consentirait à doter la Vénétie d'institutions qui en fissent une véritable province italienne.

Relativement au premier point, l'empereur d'Autriche céda sans contestation le territoire conquis, et, relativement au second, il promit les plus larges concessions pour la Vénétie, admettant pour son organisation future la position du Luxembourg vis-à-vis de la Confédération germanique ; mais il mettait à ces concessions pour condition, *sine qua non*, le retour des archiducs dans leurs États.

Ainsi, la question se trouvait bien nettement posée à Villafranca : ou l'Empereur ne devait rien stipuler pour la Vénétie et se borner aux avantages acquis par ses armes, ou bien, pour obtenir des concessions importantes et la reconnaissance du principe de la nationalité, il devait donner son adhésion au retour des archiducs. Le bon sens traçait donc sa conduite, car il ne s'agissait nullement de ramener les archiducs avec le concours des troupes étrangères, mais, au contraire, de les faire rentrer avec des garanties sérieuses, par la libre volonté des populations, auxquelles on ferait comprendre combien ce retour était dans les intérêts de la grande patrie italienne.

Voilà, en peu de mots, l'exposé véritable de la négociation de Villafranca, et, pour tout esprit impartial, il est évident que l'Empereur Napoléon obtenait, par le traité de paix, autant et plus peut-être qu'il n'avait conquis par les armes. Il faut même bien le reconnaître, ce n'est pas sans un sentiment de profonde sympathie que l'Empereur Napoléon vit avec quelle franchise et quelle résolution l'empereur François-Joseph renonçait, dans l'intérêt de la paix européenne et dans le désir de rétablir de bonnes relations avec la France, non-seulement à une de ses plus belles provinces, mais encore à la politique dangereuse peut-être, en tout cas non dépourvue de gloire, et qui avait assuré à l'Autriche la domination de l'Italie.

En effet, si le traité était sincèrement exécuté, l'Autriche n'était plus pour la Péninsule cette puissance ennemie et redoutable contrariant toutes les aspirations nationales depuis Parme jusqu'à Rome et depuis Florence jusqu'à Naples; mais elle devenait, au contraire, une puissance amie, puisqu'elle consentait de plein gré à ne plus être puissance allemande de ce côté des Alpes et à développer elle-même la nationalité italienne jusqu'aux rivages de l'Adriatique.

D'après ce qui précède, il est facile de comprendre que si, après la paix, les destinées italiennes eussent été confiées à des hommes plus préoccupés de l'avenir de la patrie commune que de petits succès partiels, le but de leurs efforts aurait été de développer et non d'entraver les conséquences du traité de Villafranca. Quoi de plus simple et de plus patriotique, en effet, que de dire à l'Autriche : Vous désirez le retour des archiducs? Eh bien, soit; mais alors exécutez loyalement vos promesses concernant la Vénétie; qu'elle reçoive une vie à elle propre; qu'elle ait une administration et une armée italiennes; en un mot, que l'empereur d'Autriche ne soit plus, de ce côté des Alpes, que le grand-duc de la Vénétie, comme le roi des Pays-Bas n'est plus pour l'Allemagne que le grand-duc de Luxembourg.

Il est possible même que, par suite de négociations franches et amicales, on eût amené l'empereur d'Autriche à adopter des combinaisons plus en rapport avec les vœux manifestés par les duchés de Modène et de Parme.

L'Empereur Napoléon, après ce qui s'était passé, devait compter sur le bon sens et le patriotisme de l'Italie, et croire qu'elle comprendrait le mobile de sa politique, qui se résume par ces paroles :

« Au lieu de risquer une guerre européenne, et par conséquent la dépendance de son pays; au lieu de dépenser encore 300 millions et de répandre le sang de 50,000 de ses soldats, l'Empereur Napoléon a accepté une paix qui sanctionne, pour la première fois depuis des siècles, la nationalité de la Péninsule. Le Piémont, qui représente plus particulièrement la cause italienne, trouve sa puissance considérablement augmentée, et, si la confédération s'établit, il jouera le principal rôle; mais une seule condition est mise à tous ces avantages, c'est le retour des anciennes maisons souveraines dans leurs États. »

Ce langage, nous le croyons encore, sera compris de la partie saine de la nation ; car sans cela qu'arrivera-t-il? Le gouvernement français l'a déjà déclaré : les archiducs ne seront pas ramenés dans leurs États par une force étrangère ; mais une partie des conditions de la paix de Villafranca n'étant pas exécutée, l'empereur d'Autriche se trouvera délié de tous les engagements pris en faveur de la Vénétie. Inquiété par des démonstrations hostiles sur la rive du Pô, il se maintiendra en état de guerre sur la rive gauche, et, au lieu d'une politique de conciliation et de paix, on verra renaître une politique de défiance et de haine qui amènera de nouveaux troubles et de nouveaux malheurs.

On semble espérer beaucoup d'un congrès européen; nous l'appelons nous-mêmes de tous nos vœux ; mais nous doutons fort qu'un congrès obtienne de meilleures conditions pour l'Italie. Un congrès ne demandera que ce qui est juste; et serait-il juste de demander à une grande puissance d'importantes concessions sans lui offrir en échange des compensations équitables? Le seul moyen serait la guerre; mais que l'Italie ne s'y trompe pas, il n'y a qu'une seule puissance en Europe qui fasse la guerre pour une idée, c'est la France, et la France a accompli sa tâche.

ERRATA.

Page 10, ligne 23, au lieu de : trois rangs, lisez : deux rangs.
— 15, — 10, — Paul Horny, lisez : Polhorny.
— 15, — 18, — Dientl, lisez : Dienstl.
— 16, — 32, — régiment Weigl, lisez : 39e régiment infant don Miguel.
— 48, — 25, — gauche, lisez : droite.
— 60, — 4, — Casalisma, lisez : Casatisma.
— 82, — 10, — Galasco, lisez : Garlasco.
— 85, — 28, — 2e corps, lisez : 1er corps.
— 116, — 16, — sur la route, lisez : par la route.
— 136, — 5, — occidental, lisez : oriental.
— 137, — 2, — Slankowics, lisez : Stankowics.
— 148, — 7, — avantageuse, lisez : avant-garde.
— 150, — 13, — dessinée, lisez : dessiné.
— 165, — 24, — officiels, lisez : officieux.
— 171, — 20, — Robecca, lisez : Robecco.
— 178, — 9, — de succès, lisez : d'insuccès.
— 187, — 17, — 4 juin, lisez : 3 juin.

TABLE DES MATIÈRES.

Composition de l'armée autrichienne d'Italie..................	6
Composition de l'armée française au moment de son entrée en campagne..	20
Composition de l'armée sarde............................	29
Les frontières de la Lombardo-Vénétie considérées comme bases de défense et d'opération.............................	30
Première période, ou période d'attitude défensive de l'Autriche....	38
Deuxième période, ou période d'attitude offensive de l'Autriche....	223
Troisième période, ou période française.....................	314
Pièces justificatives...................................	337

PLANCHES.

Carte du bassin du Pô, ou carte du théâtre de la guerre.
Plan de la bataille de Magenta.
Plan de la bataille de Solferino.

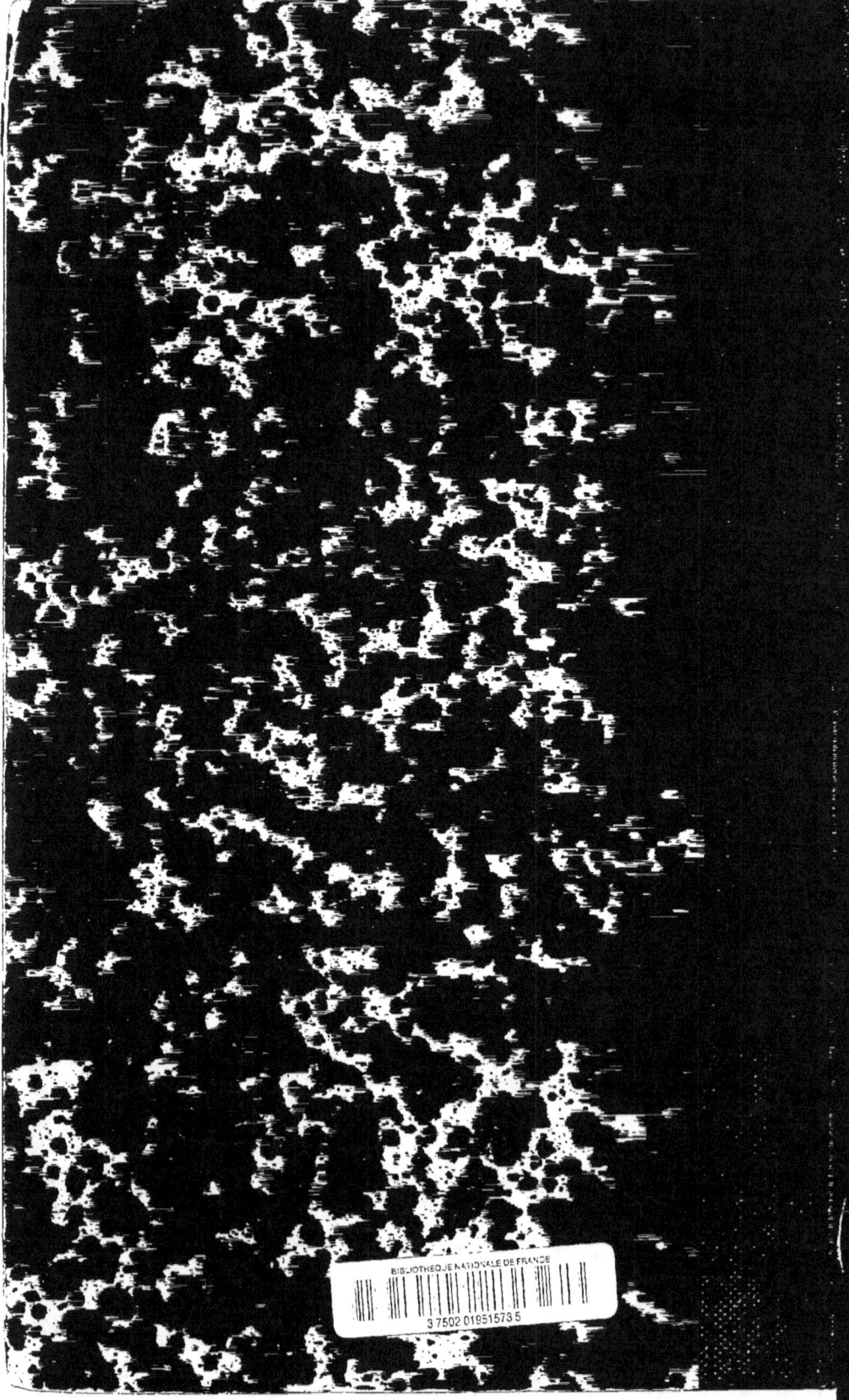

www.ingramcontent.com/pod-product-compliance
Lightning Source LLC
Chambersburg PA
CBHW070543230426
43665CB00014B/1792